高等职业教育铁道供电技术专业“十三五”规划教材
全国高职院校专业教学创新系列教材——铁道运输类

接触网设备检修与维护

（第2版）

主　编　张灵芝
副主编　龙　剑　严兴喜　韩晓峰　孔文龙
主　审　刘　翔

西南交通大学出版社
·成　都·

图书在版编目（CIP）数据

接触网设备检修与维护 / 张灵芝主编. —2 版. —成都：西南交通大学出版社，2018.2

高等职业教育铁道供电技术专业“十三五”规划教材

全国高职院校专业教学创新系列教材. 铁道运输类

ISBN 978-7-5643-6047-4

Ⅰ. ①接… Ⅱ. ①张… Ⅲ. ①电气化铁道－接触网－检修－高等职业教育－教材 Ⅳ. ①U226.8

中国版本图书馆 CIP 数据核字（2018）第 021788 号

高等职业教育铁道供电技术专业“十三五”规划教材

全国高职院校专业教学创新系列教材——铁道运输类

接触网设备检修与维护

（第 2 版）

主编　张灵芝

责任编辑　张文越

封面设计　何东琳设计工作室

出版发行　西南交通大学出版社

（四川省成都市二环路北一段 111 号

西南交通大学创新大厦 21 楼）

邮政编码　610031

发行部电话　028-87600564　028-87600533

官网　http://www.xnjdcbs.com

印刷　四川煤田地质制图印刷厂

成品尺寸　185 mm × 260 mm

印张　24.25

字数　604 千

版次　2018 年 2 月第 2 版

印次　2018 年 2 月第 3 次

定价　69.80 元

书号　ISBN 978-7-5643-6047-4

课件咨询电话：028-87600533

图书如有印装质量问题　本社负责退换

出版说明

近年来，我国铁路建设快速发展，取得了令世人瞩目的成绩。到2015年年底，全国铁路运营里程达12.1万千米，居世界第二位。在铁路建设快速发展的当下，企业急需大量德才兼备的高技能型专业人才，这对铁路职业教育提出了更高的要求。

为适应新形势，同时为满足企业对人才培养的迫切需要，促进铁路专业课程体系与教材体系趋于完善，西南交通大学出版社与全国19所铁路高、中职学校共同策划，拟在今明两年内出版一套“十三五”规划教材——高等职业教育铁道供电技术专业“十三五”规划教材。这套教材包括：《安全用电》《高电压工程》《接触网施工》《牵引供电规程》《接触网实训教程》《电力线路施工与检修》《电机与电力控制技术》《接触网设备检修与维护》《变电所综合自动化技术》《牵引变电系统运行与维护》《继电保护装置运行与调试》《高压电气设备的检修与试验》等。

这套教材严格遵照教育部《普通高等学校高等职业教育专科（专业）目录（2015年）》与《高等职业学校专业教学标准》的文件精神编写，切合高职院校专业教学与铁路现场实际，具有创新性，是目前铁道供电技术专业的最新教材，能在为我国电气化铁路行业培养出更多高素质、专业技术强的接班人方面发挥重要作用。其编写特色体现在：

1. 针对性强

主要针对高职院校铁路行业技能型人才培养目标以及目前铁道供电技术专业教学与人才培养方案。书里的内容皆对应铁道供电技术专业的核心课程或主干课程。

2. 实用性强

在编写内容布局上，遵循高职院校教学的“必需、够用、实用”原则，充分体现高等职业教育的实用特征；在编写体系设置上，坚持以“夯实基础，贴近岗位”为准则，突出可操作性，使知识与技能较好融合。为便于教学，每本书皆配有教师可用、学生可学的资料、资源。

3. 编者基础厚实

担任本套教材的主编和其他编者（不少是双师型教师），既有丰富的实践经验与课堂教学经验，又有编写出版教材的经历。在铁路建设高速发展以及中国高铁迈向世界的背景下，他们仍在继续不断地学习与钻研现代铁路技术，走访企业、现场，搜集、掌握相关技术资料，这为编写出版高质量的教材奠定了坚实基础。

4. 立体化

本套教材在纸质出版时辅以数字出版，使教材表现形态多元化、立体化。学生可通过扫二维码或使用网络媒体等多种手段，获得丰富的学习资源，提高学习效率。这样的教材，会使教学变得更加开放、便捷，从而实现更好培养高技能型人才的目标。

本套教材的出版，得到以下学校的积极响应和大力支持，我们在此表示衷心的感谢。它们是：包头铁道职业技术学院、辽宁铁道职业技术学院、北京铁路电气化学校、天津铁道职业技术学院、西安铁路职业技术学院、武汉铁路职业技术学院、山东职业学院、贵阳职业技术学院、四川管理职业学院、黑龙江交通职业技术学院、吉林铁道职业技术学院、昆明铁道职业技术学院、广州铁路职业技术学院、湖南铁道职业技术学院、湖南铁路科技职业技术学院、湖南高速铁路职业技术学院、郑州铁道职业技术学院、湖北铁路运输职业技术学院、南京铁道职业技术学院等。

同时，我们还要对在教材出版幕后做出积极贡献的相关领导及专家表示崇高的敬意。他们是：西南交通大学陈维荣教授，湖南铁路科技职业技术学院副院长石纪虎教授，黑龙江交通职业技术学院副院长宫国顺教授，包头铁道职业技术学院院长张澍东教授，广州铁路职业技术学院王亚妮教授、谢家的教授，北京铁路电气化学校林宏裔科长。此外，还要特别感谢以下做出重要贡献的老师，他们或建言献策、直抒己见，或主动担纲、揽承编写任务。他们是：杨旭清、祁玚娟、刘德勇、郭艳红、林宏裔、谢奕波、赵先堃、江澜、支崇珏、于洪永、高秀梅、魏玉梅、曾洁、唐玲、严兴喜、袁兴伟、谢芸、杨柳、邓缬、王向东、张灵芝、龙剑、上官剑、饶金根、程波等。

教材是体现教学内容和教学方法的知识载体，是人才培养工作顺利开展的重要基础，需要社会关注与扶持。我社作为轨道交通特色出版社，一直坚持把服务高职院校教学与服务铁路企业人才培养作为出版社的重要工作之一，把规划、开发与出版更多的、更优质的轨道交通类教材作为首要任务并予以落实。希望本套教材的出版，能对高职院校的铁路专业教学与改革，对铁路企业、现场的职工培训与人才培养发挥重要作用，产生积极影响。

西南交通大学出版社

2016 年 7 月

高等职业教育铁道供电技术专业“十三五”规划教材

编 委 会

第2版前言

接触网是向轨道交通电力或者动车车辆提供电能的供电设备，一旦出现故障必将影响行车运营，因此接触网检修人员的综合素质直接决定了行车安全和服务质量。随着轨道交通行业的大发展，接触网设备检修与维护任务日益繁重，标准更加精细，因此要求将传统的接触网理论知识与操作技能结合起来，通过业务学习和培训，进一步提高接触网检修人员的综合素质，不断提高接触网运营保障和检修维护水平。

一、本教材特色

本教材在收集行业发展需求的基础上，以接触网工成长过程中的典型工作任务为线索，将接触网工岗位职业技能要求分为基础和专项技能两大部分，按照从易到难的知识建构发展阶段，从接触网结构、接触轨类型和工具图纸的认知着手，逐步从巡视、防护、登杆等简单项目作业，到接触网设备检修、维护等较为复杂的专门项目实施作业，共设有十七个学习情境，分为三十个具体的项目任务。每个学习情境都包含导读、学习目标、任务描述、资讯、任务实施及考核、习题，每个任务都设有理论学习部分和作业指导书，任务考核均有可执行的带评分标准的考核表格。在教材的总体内容上，注重理论结合实际，图文并茂，从最基础的知识理解和技能训练着手，提高教材的实用性，力求满足职业院校和企业员工进行接触网工相关岗位的学习和培训要求。

本书为第二版，在第一版的基础上完善了内容，更正了第一版的不足，加入了接触轨的相关介绍和安装、更换内容，并提供配套课件和教学视频、三维动画、图片、考核标准和课后习题，习题答案可提供给教师或者培训师，并提供在线测试，便于教师上课、企业培训或学生自学。同时本书也是湖南省2015年职业教育省级重点建设项目：电气化铁道技术专业中高职人才培养衔接试点项目成果之一。

二、本教材内容

本书采用基于工作过程的接触网工典型工作任务来设置学习情境，书中系统地阐述了接触网基本结构、接触轨的认识、安装和更换、接触网常用零部件和图纸识图方法和技巧、常用工具仪表的使用方法、接触网作业防护设置和巡视标准、常见的三种登杆作业技巧和注意事项、接触网运行管理要求以及相应的技术资料、台账记录和作业票的填写标准、接触网参数测量和调整、接触网腕臂预配调及检调、补偿装置的调整、接触网分段、分相绝缘装置检调、接触网线岔检修、锚段关节检修、隔离开关与电连接调整检修、中心锚结的调整、线索接头及补强制作等接触网常见设备的检修与维护作业，每个学习情境均配有有针对性的习题和课件、视频和考核表格。

三、本教材编写分工

本书由湖南铁路科技职业技术学院张灵芝担任主编，湖南高速铁路职业技术学院龙剑、黑龙江交通职业技术学院严兴喜、西安铁路职业职业技术学院韩晓峰、长沙市轨道交通集团综合机电部孔文龙、广州铁路（集团）公司长沙供电段职教科苏宇荣任副主编，湖南铁路科技职业技术学院贺国方、张敏海、易鸣和包头铁路职业技术学院祁瑒娟、湖南高速铁路职业技术学院上官剑参编。广州铁路（集团）公司长沙供电段职教科刘翔担任主审，负责教材有关技术内容审核。具体教材编写分工如下：张灵芝负责前言、学习情境一、二、三、四、十的编写以及全书的统稿和各章节的课件和习题编写，贺国方编写学习情境五，张敏海和易鸣编写学习情境六，祁瑒娟编写学习情境七，严兴喜编写学习情境八、十一，韩晓峰编写学习情境九、十二、十三、十四，龙剑和上官剑编写学习情境十五、十六、十七，刘翔、孔文龙、苏宇荣提供了教材所需现场资料、视频和图片。在编写过程中，还得到了长沙城市轨道交通有限责任公司张劲夫、李春生、付治国等有关现场技术专家的大力支持和帮助，在此表示衷心感谢！

由于编者水平有限，不妥之处在所难免，恳请广大读者批评指正。

编　者

2018 年 2 月

第1版前言

随着电气化铁道的发展，接触网设备检修与维护任务日益繁重，标准更加精细，因此其要求将传统的接触网理论知识与操作技能结合起来。本教材以接触网工成长过程中的典型工作任务为线索，从接触网结构和工具图纸的认知着手，逐步从巡视、防护、登杆等简单项目作业，到接触网设备检修、维护等较为复杂的项目实施作业，为其提供必要的理论知识和实践技能训练指导。

一、本教材特色

本书采用基于工作过程的接触网工典型工作任务来设置学习情境，每个学习情境都包含导读、学习目标、任务描述、资讯、任务实施及考核，每个任务都设有理论学习部分和作业指导书，任务考核均有可执行的考核表格。书中系统地阐述了接触网作业方式、作业程序、检修标准、接触网运行管理要求以及相应的技术资料、台账记录的设置和填写标准，对接触网检修天窗作业管理、接触网主要零件、图纸、工具和设备（如腕臂、补偿装置、分段和分相绝缘器、线岔、锚段关节、隔离开关与电连接、中心锚结）都做了介绍，并对接触网常见设备的检修与维护作业内容进行了重点论述。

本书内容注重理论结合实际。本教材紧扣接触网工有关专业如铁道供电、城市轨道交通供配电技术等人才培养方案中课程标准的基本要求，在编写过程中采用了来自接触网运营现场的技术规范和检修标准，立足于接触网工职业岗位需求和职业鉴定标准，以能解决接触网设备检修与维护过程中的实际问题为目的，以现场真实的工作任务作为教学载体，以完成某项工作任务为目标，引导学生自主学习，使学生掌握相关的知识与技能，突出培养学生对所学知识的应用能力和动手能力，同时培养学生良好的职业操作规范，以及敬业爱岗、团结协作等综合素质和能力。

本书提供配套课件和教学视频、图片，便于教师上课、企业培训或学生自学。

二、本教材内容

本书主要介绍了接触网常用零部件和图纸、常用工具仪表的使用方法、接触网作业防护设置和巡视标准、常见的三种登杆作业技巧和注意事项、接触网参数测量和调整、接触网腕臂预配调及检调、补偿装置的调整、接触网分段、分相绝缘装置检调、接触网线岔检修、锚段关节检修、隔离开关与电连接调整检修、中心锚结的调整、线索接头及补强制作等常见接触网设备结构和检修标准、维护方法。

三、本教材编写分工

本书由湖南铁路科技职业技术学院张灵芝担任第一主编，湖南高速铁路职业技术学院龙剑和黑龙江交通职业技术学院严兴喜分别任第二主编和第三主编，西安铁路职业职业技术学院韩晓峰和广州铁路（集团）公司长沙供电段职教科刘翔任副主编，湖南铁路科技职业技术学院贺国方、张敏海、易鸣和包头铁路职业技术学院祁玚娟、 湖南高速铁路职业技术学院上官剑参编。广州铁路（集团）公司邓义华负责教材有关技术内容审核。具体编写分工如下：张灵芝负责前言、学习情境一、二、三、九的编写以及全书的统稿，贺国方编写学习情境四，张敏海和易鸣编写学习情境五，祁瑒娟编写学习情境六，严兴喜编写学习情境七、十，韩晓峰编写学习情境八、十一、十二、十三，龙剑和上官剑编写学习情境十四、十五、十六，刘翔提供了教材所需现场资料、视频和图片。在编写过程中，本书还得到了广州铁路（集团）公司衡阳供电段赵灵龙、长沙城市轨道交通有限责任公司张劲夫、李春生等有关现场技术专家的大力支持和帮助，在此表示衷心感谢！

由于编者水平有限，书中不妥之处在所难免，恳请广大读者批评指正。

编　者

2016 年 7 月

多媒体资源目录

续表

序号	章	节	资源名称	资源类型	页码
26	学习情境九	任务一	章节教案：接触网导高的调整	PPT	197
27		任务二	章节教案：接触网拉出值的调整	PPT	200
28		任务三	章节教案：接触网吊弦的调整	PPT	208
29			动画演示：吊弦检修	视频	208
30		习题	微信扫码 习题自测	题库	220
31	学习情境十	任务一	章节教案：接触网腕臂的预配和安装	PPT	221
32		任务二	章节教案：接触网支撑定位装置的检调	PPT	236
33		习题	微信扫码 习题自测	题库	247
34	学习情境十一	任务一	章节教案：滑轮补偿装置检修及更换	PPT	248
35		任务二	章节教案：棘轮补偿装置检修及更换	PPT	256
36		习题	微信扫码 习题自测	题库	265
37	学习情境十二	任务一	章节教案：接触网分相绝缘装置调整	PPT	266
38		任务二	章节教案：接触网分段绝缘装置调整	PPT	276
39		习题	微信扫码 习题自测	题库	287
40	学习情境十三	任务	章节教案：线岔状态调整	PPT	288
41		习题	微信扫码 习题自测	题库	302
42	学习情境十四	任务	章节教案：锚段关节检调	PPT	303
43		习题	微信扫码 习题自测	题库	311
44	学习情境十五	任务一	章节教案：隔离开关检修调整	PPT	312
45		任务二	章节教案：电连接检修调整	PPT	327
46			动画演示：连接线检查	视频	328
47		习题	微信扫码 习题自测	题库	336
48	学习情境十六	任务	章节教案：中心锚结检修	PPT	337
49			动画演示：锚结检查	视频	337
50		习题	微信扫码 习题自测	题库	346
51	学习情境十七	任务一	章节教案：承力索接头及补强制作	PPT	347
52			动画演示：承力索检修	视频	347
53		任务二	章节教案：接触线接头及补强制作	PPT	355

续表

续表

序号	章	节	资源名称	资源类型	页码
82	附录	附录二　高铁接触网岗位技能达标培训课件	无交分线岔检查.pps	PPT	368
83			隧道预埋件及吊柱检查	PPT	368
84			空气绝缘距离	PPT	368
85			电连接检查	PPT	368
86			硬横梁平推检查	PPT	368
87			支柱基础及拉线平推检查	PPT	368
88			交叉线岔检修	PPT	369
89			吴江天龙分段绝缘器检修	PPT	369
90			接触网验电接地及监护	PPT	369
91		附录三　城轨岗位技能达标课件	接触网设备结构及刚性悬挂安装	PPT	369
92		附录四　动画演示	避雷器检查作业准备	视频	369
93			避雷器检查项目	视频	369
94			避雷器检查方法与标准	视频	369
95			避雷器重点控制事项	视频	369
96			保护铠甲检修	视频	369
97			弹性吊索检修	视频	369

多媒体资源使用帮助：

1. 请按照本书封底的操作提示，使用微信扫描封底二维码，关注“交大 e 出版”微信公众号并成为本书数字会员。

2. 多媒体资源目录中的所有资源在书中相应位置都设有二维码，请使用手机微信扫描该二维码，直接点击即可免费阅读/获取相应资源。

目　录

第一篇　接触网基础技能

第二篇　接触网专项技能训练

第一篇　接触网基础技能

学习情境一　接触网的认知

【导读】

本学习情境重点介绍接触网的不同类型和对接触网结构的认知，包括介绍接触网的定义（狭义和广义）、作用、供电方式、基本结构和类型、接触网典型结构和作用，并通过对支柱认知和停电作业实施，完成对本学习情境的综合应用。

【学习目标】

本节主要通过完成两个任务，学习接触网类型和结构，掌握接触网的广义和狭义的定义；掌握接触网的供电方式的不同分类和各自特点；掌握接触悬挂的分类，重点掌握链形悬挂各自的优缺点；掌握接触网典型结构，各组成部分应包括的主要设备及作用，以及接触网常见的纵向结构和横向结构的作用。

任务一　接触网类型的认知

【任务描述】

本任务是对接触网作用的整体介绍，通过本任务的完成，学生应能实现对接触网整体作用的认知，为后续任务的执行奠定基础。

微信扫二维码，
看本章教案

【资讯】

一、理论学习部分

接触网是牵引供电系统的一部分，是一种沿钢轨架设的特殊供电线路，将从变电所获得的电能传输给电力机车。

（一）接触网的定义

接触网本质上就是一种传输电能的线路，与传统的电力线路一样，将从变电所获得的电能进行远距离传输，送给指定的用电设备。但由于接触网的用电设备是指定的电气化铁路或城市轨道交通用的电力机车，因此接触网的电压等级和供电方式与传统电力线路不同。

电力机车的特点是必须随时变换运行位置，为保障运行安全，不能将电线直接与电力机车固定连接，只能将提供电能的线路进行固定架设，通过与电力机车上的受电弓或取流靴直接接触传输电能，因此叫做“接触网”。

接触网有广义和狭义的定义。广义上的接触网包括电气化铁路和城市轨道交通中向电力机车提供电能的多种类型的特殊供电线路，目前包括架空柔性接触网、架空刚性接触网（又叫刚性悬挂）、接触轨。

狭义的接触网特指架空柔性接触网，在电气化铁道中，它是沿钢轨上空“之”字形架设的供受电弓取流的高压输电线。其由接触悬挂、支持装置、定位装置、支柱与基础几部分组成，如图 1-1-1 所示。它的特点是采用承力索、接触线、吊弦等柔性线索组成链形悬挂。其优点是第一次投资少；缺点是结构稳定性差，维护成本较高，需占用较大空间。

图 1-1-1　柔性接触网（高速铁路接触网）

刚性悬挂是一种将接触导线夹装在汇流排上的悬挂方式，依靠汇流排自身的刚性使得接触导线保持在同一安装高度，从而取消链形悬挂承力索而使接触悬挂系统具备最小的结构高度，最大程度上利用有限的悬挂空间。刚性悬挂系统中接触导线及汇流排不受张力作用，与柔性接触悬挂系统相比，其无断线的可能。Π 形和 T 形刚性悬挂汇流排分别如图 1-1-2、图 1-1-3 所示。

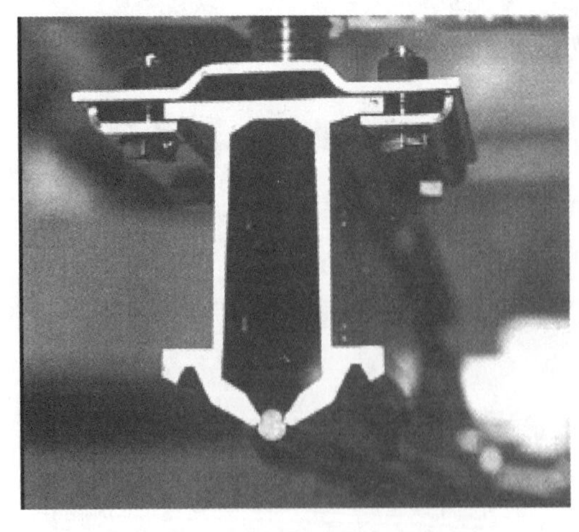

图 1-1-2　Π 型刚性悬挂汇流排

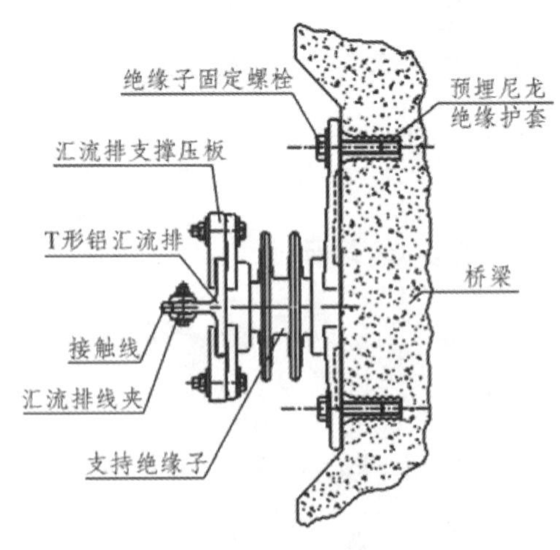

图 1-1-3　T 型刚性悬挂汇流排

接触轨是采用钢轨或者铺设第三根钢轨将电能传输到地铁和城市轨道交通系统中的电力牵引车辆上的装置，如图 1-1-4 所示。接触轨通过集电靴将电能传输给车辆。根据集电靴从接触轨的取流方式不同，接触轨的安装方式可分为上接触、下接触、侧接触三种方式（见图 1-1-5 ~ 图 1-1-7）。接触轨系统主要由钢铝复合轨（包括铝轨本体和不锈钢带）、膨胀接头、端部弯头等相关部件及绝缘支撑装置组成，为电力机车组提供电能。电力的输送是通过电力机车集电靴与复合轨的接触来实现的。车底接触器与接触轨如图 1-1-8、图 1-1-9 所示。

图 1-1-4　接触轨（侧式）

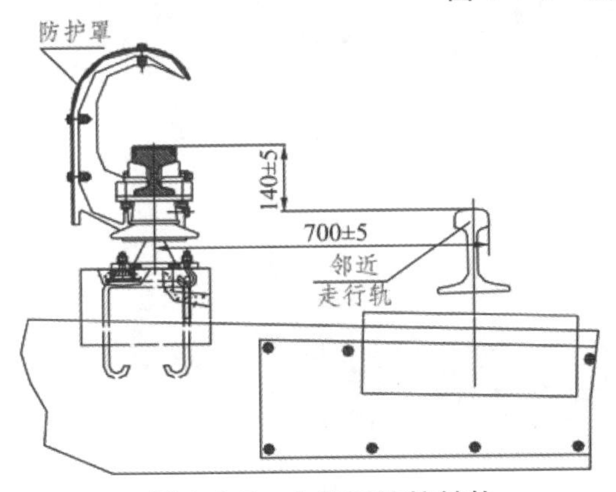

图 1-1-5　上部受流接触轨

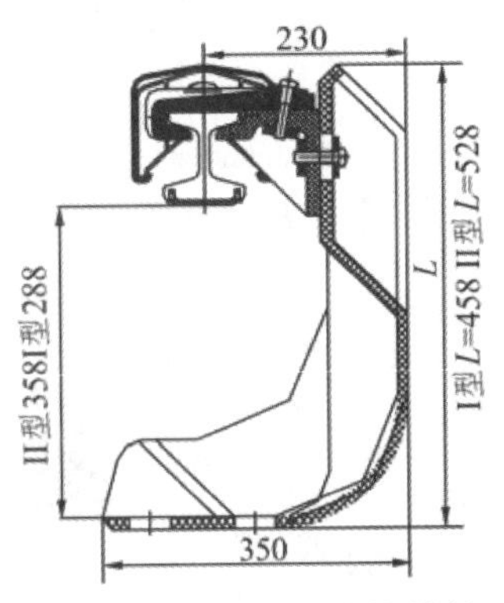

图 1-1-6　下部受流接触轨

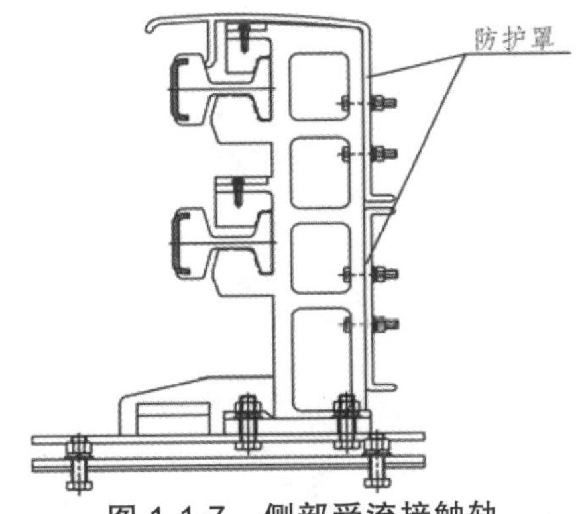

图 1-1-7　侧部受流接触轨

图 1-1-8 车底接触器与接触轨（侧式）正面

图 1-1-9 车底接触器与接触轨（侧式）侧面

（二）接触网的供电方式

微信扫二维码，看本章教案

地方电力网将电能输送到铁路牵引变电所，经变电所主变压器降压至适合于电力机车使用的电压等级后，再经馈电线将电能送到接触网上，因此接触网是向电力机车供电的特殊输电线路，是牵引供变电系统的重要组成部分。牵引供变电系统示意图如图 1-1-10 所示。

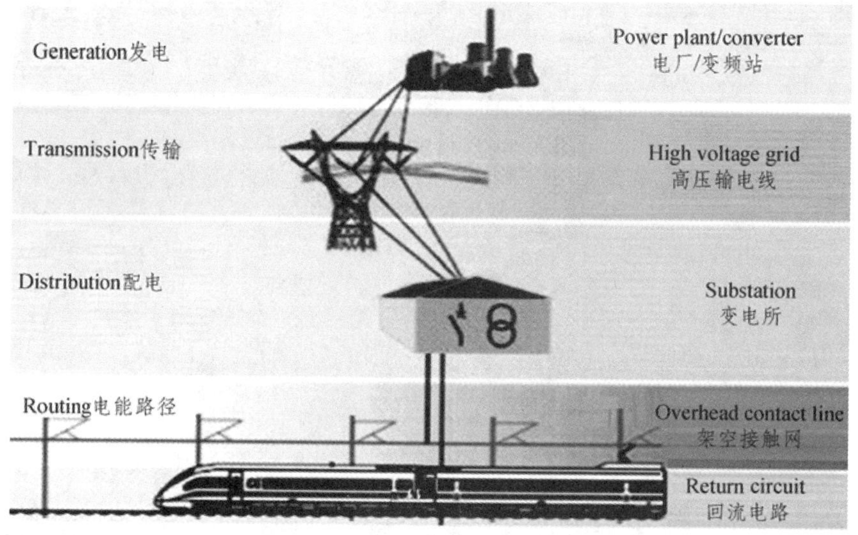

图 1-1-10 牵引供变电系统示意图

根据牵引变电所向接触网供电时的供电区段长短及分区所工作情况，可以分为直接供电、单边和双边供电、越区供电、并联供电等供电方式。

接触网上的额定电压为 25 kV，由于供电距离较长，电能在输电线路和接触网中产生电能损耗，使接触网末端电压降低。为了让接触网末端电压不低于电力机车的最低工作电压，要求两牵引变电所之间的距离一般为 40 ~ 60 km，牵引变电所馈出母线上的额定电压为 27.5 kV，实际值需经供电计算确定。如图 1-1-11 所示为直接供电方式的供电系统图。

两个牵引变电所将接触网分成两个供电分区（又称供电臂），正常情况两相邻供电臂在接触网上是绝缘的，每个供电分区只从一端牵引变电所获得电能的供电方式称为单边供电。若两个供电分区通过开关设备在电路上连通，两个供电分区可同时从两个牵引变电所获得电能，这种供电方式称为双边供电。双边供电可提高接触网电压水平，减少电能损耗；但其馈线和分区所的保护及开关设备都较复杂，因此，目前采用较少。

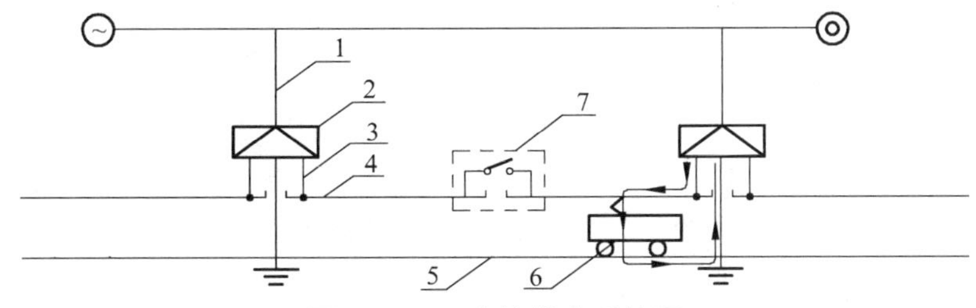

图 1-1-11　直接供电系统图

1—输电线；2—牵引变电所；3—馈电线；4—接触网；5—钢轨；6—电力机车；7—分区所

单边和双边供电为正常的供电方式，还有一种非正常供电方式（也称事故供电方式），叫越区供电，如图 1-1-12 所示。

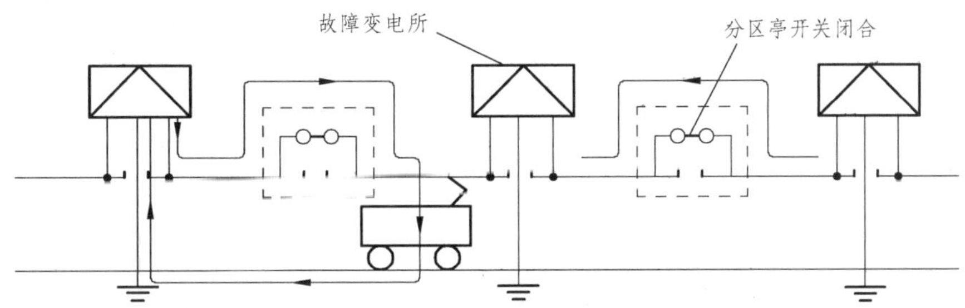

图 1-1-12　越区供电示意图

越区供电是当某一牵引变电所因故障不能正常供电时，故障变电所担负的供电臂，经分区所开关设备与相邻供电臂接通，由相邻牵引变电所进行临时供电。这种供电方式称为越区供电。因越区供电增大了该变电所主变压器的负荷，对电气设备安全和供电质量影响较大，因此，只能在较短时间内实行越区供电，这是避免中断运输的临时性措施。

并联供电方式与上述越区供电基本相同，但每一供电臂分别向上、下行接触网供电，因此牵引变电所馈出线有四条。同一侧供电臂上、下行线实行并联供电，可提高供电臂末端电压。越区供电时，通过分区所开关设备来实现。并联供电情况如图 1-1-13 所示。

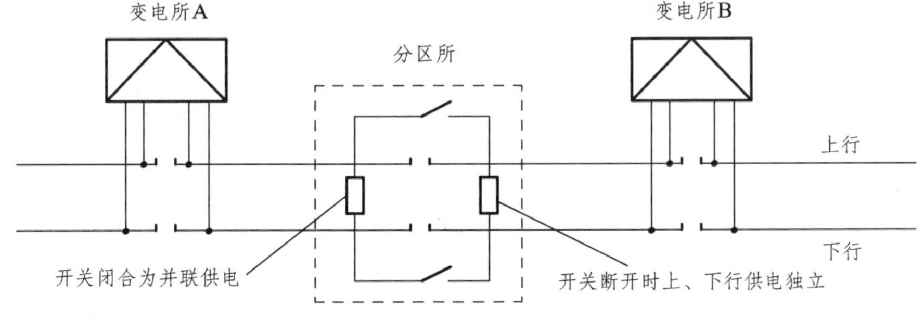

图 1-1-13　并联供电示意图

我国电气化铁道采用单相工频 25 kV 交流制，由于单相大电流在线路周围空间产生较强电磁场，使邻近通信、广播设备等产生杂音干扰和感应电压。为减少电气化铁道对沿线通信设备的干扰，保障其设备、人身安全及正常工作，在牵引供电系统中采取了许多防干扰措施，根据所使用的不同设备形成了不同的牵引供电方式。目前我国的牵引供电方式主要有直接供电、BT 供电、AT 供电、直供加回流线供电四种方式。

1. 直接供电方式

直接供电方式是指牵引变电所与接触网间不设置任何防干扰设备。这种供电方式的馈电回路结构简单、造价低，但对通信线路干扰较大。因此，根据我国目前通信设备状况，此种供电方式仅适用于通信线路较少的电气化铁路区段，或将通信线路改迁至远离电气化铁路的地区。其工作原理如图 1-1-14 所示。

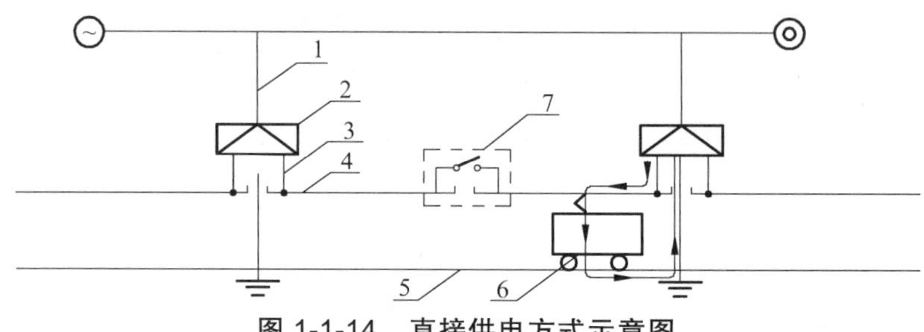

图 1-1-14　直接供电方式示意图

1—国家电力供电线路；2—牵引变电所；3—馈电线；4—接触网；5—钢轨；6—机车；7—分区所

2. BT 供电方式

在牵引供电系统中加装吸流变压器-回流线装置的供电方式称 BT 供电方式，这种供电方式适用于电气化铁道穿越大、中城市及铁路两侧分布通信线路较多的地区，能有效地减轻电磁场对附近通信设备的干扰影响，但由于吸流变压器原、次边线圈串入接触网和回流线内，使牵引网阻抗增大、降低了供电臂末端电压，造成牵引变电所间距减小、馈电回路结构复杂、造价较高等弊病，其工作原理如图 1-1-15 所示。

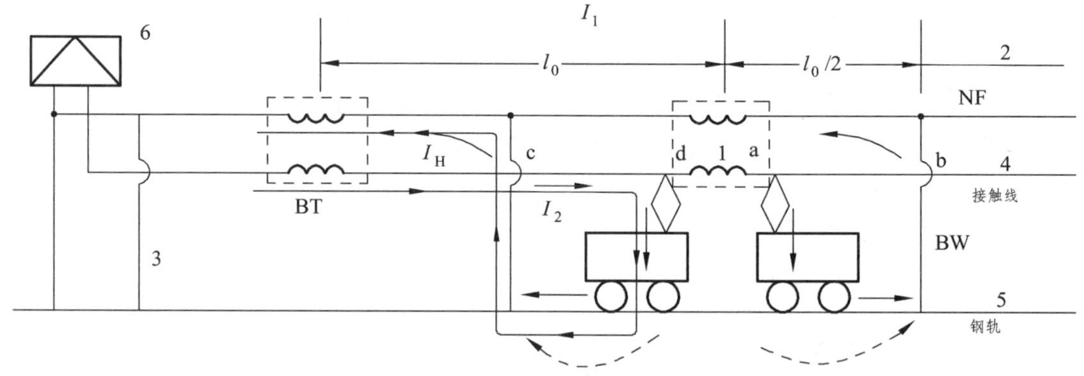

图 1-1-15　（吸流变压器）BT 供电方式示意图

1—吸流变压器；2—回流线；3—吸上线；4—接触线；5—钢轨；6—变电所

吸流变压器采用变比为 1∶1 的特殊变压器，其特点是要求励磁电流小，不超过额定电流值的 2%。每隔 2 ~ 4 km 装设一台吸流变压器，并与接触网同杆架设回流线。每两台吸流变压器之间，经吸上线与轨道相连。

接触网上的牵引电流流经吸流变压器原边绕组，经电力机车流入钢轨。吸流变压器次边绕组串入回流线内，通过吸流变压器电磁工作原理，将钢轨回路中的牵引电流经吸上线吸引至回流线并返回牵引变电所。在理想的情况下，接触网与回流线上的电流大小相等、方向相反，它们在周围空间产生的电磁场互相抵消，从而消除了对附近通信线路的电磁干扰。但实际上，回流线的电流总是小于接触网上的电流，仍有小部分牵引电流经钢轨和大地返回牵引变电所。另外，当电力机车位置在吸流变压器附近时，从机车到吸上线之间的半段距离中，牵引电流基本上流经钢轨，这种情况称为“半段效应”，上述情况下对通信线路仍有一定的干扰。因此该种供电方式已经逐步被淘汰。

3. AT 供电方式

AT 供电方式又称自耦变压器供电方式。随着对外开放和国外先进技术的引进，我国在新建电气化铁道上已有采用该供电方式，AT 供电方式工作原理如图 1-1-16 所示。目前我国高速铁路主要采用这种供电方式。

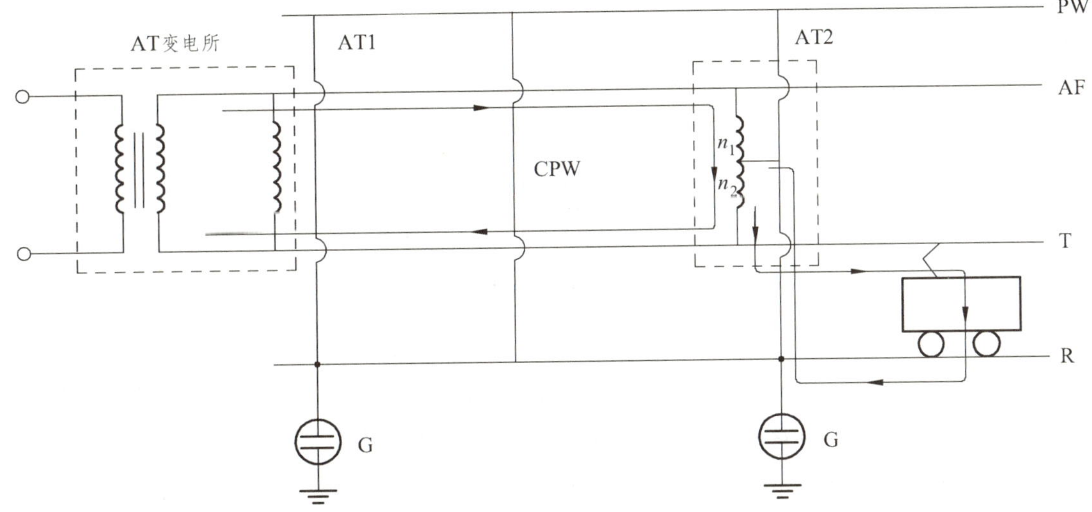

图 1-1-16　（自耦变压器）AT 供电方式示意图

在 AT 牵引变电所中，牵引变压器将 110 kV 三相电降压至单相 5 kV，然后经自耦变压器两端分别接到接触网和正馈线上，自耦变压器中心抽头与钢轨相连，则钢轨与接触网间的电压正好是自耦变压器两端电压的一半，即 27.5 kV，与正常接触网工作电压相同。

机车在正常运行时，由于接触网与钢轨及正馈线与钢轨间的自耦变压器线圈上的电压相等，因此接触网和正馈线上各通过二分之一的牵引电流，且大小相等、方向相反，消除了对附近通信线路的干扰，同时减少了电能损耗。正馈线与接触网同杆架设在支柱田野侧。

在 AT 供电方式区段，与接触网同杆架设在田野侧的还有一条保护线，它相当于架空地线，在自耦变压器处保护线经接触悬挂接地部分或双重绝缘子中部同钢轨连接。保护线电位一般在 500 V 以下，正常情况下无电流通过。当绝缘子发生闪络时，短路电流可通过保护线形成回路，减少了对铁路信号轨道电路的干扰。同时其对接触网起屏蔽作用，也可减少对架空通信线的干扰，另外起避雷线的作用，雷电可通过接在保护线上的放电器入地。

横向连接线将钢轨与保护线并联，其目的是在钢轨对地泄漏电阻和机车取流较大时，降低钢轨电位。

除了牵引变电所馈出线处设置自耦变压器外，在供电臂中还要单独设置自耦变压器（即 AT 所）。AT 所的间隔除要考虑防止干扰外，还应考虑供电回路阻抗及钢轨电位的影响，一般按 10 ~ 15 km 间隔设置。

采用 AT 供电方式使牵引网电压增高，电流减小，牵引变电所间距离增大，提高了供电质量，减少了投资；自耦变压器并联于接触网上，不需增设电分段，能适应高速、大功率电力机车运行。但 AT 供电方式也使牵引变电所主接线和接触网结构复杂，带来增设了 AT 所等不利因素。

4. 直供加回流线供电方式

在近几年新建的电气化铁道区段，我国普遍采用一种称为直供加回流线的供电方式，它与直供、BT 供电方式不同之处在于其在接触网支柱田野侧，架设一条回流线，不设吸流变压器。每隔一定距离，通过吸上线将回流线与轨道扼流变压器中性点相连。扼流变压器连接情况如图 1-1-17 所示。扼流变压器装在轨道电路绝缘处，起到平衡两条钢轨间电压，降低对信号轨道电路的影响。

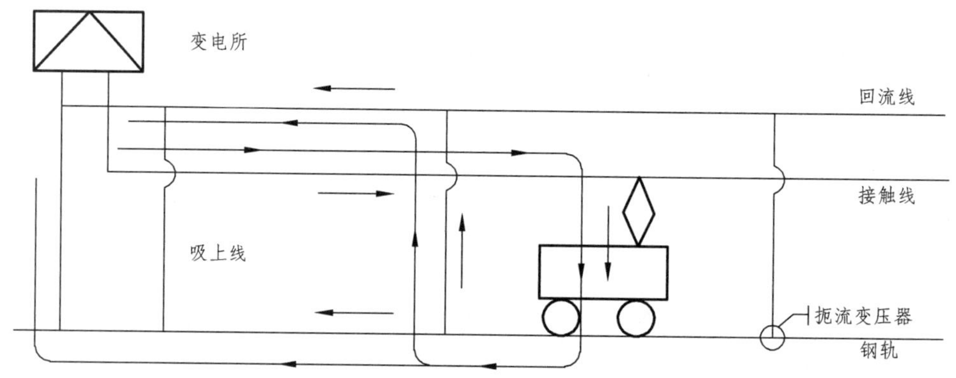

图 1-1-17　直供加回流线供电方式示意图

直供加回流线供电方式，其回流线不仅仅提供牵引电流通道，而且也起到了防干扰的作用，即回流线中的电流与接触网中的牵引电流大小相等、方向相反，空间电磁场互相抵消。该方式去掉了吸流变压器，减小了牵引网阻抗，也减少投资和维修工作量，是目前经济技术指标比较好的一种供电方式。目前我国早期普速铁路主要采用这种供电方式。

（三）接触网的悬挂类型

微信扫二维码，看本章教案

接触网的分类大多以接触悬挂的类型来区分。在一条接触网线路上，无论是在区间还是站场，为了满足供电和机械方面的要求，总是将接触网分成若干长度一定且相互独立的分段，这就是接触网的锚段。我们所讲的接触悬挂分类是针对架空式接触网中的每个锚段而言。接触悬挂的种类较多，一般根据其结构的不同分成简单接触悬挂和链形接触悬挂两大类。

1. 简单接触悬挂

动画演示：接触网悬挂介绍

简单接触悬挂（以下简称简单悬挂）是由一根接触线直接固定在支柱支持装置上的悬挂形式。它在发展中经历了未补偿简单悬挂、季节调整式简单悬挂和目前采用的带补偿装置及弹性吊索式简单悬挂。其结构分别如图 1-1-18 和图 1-1-19 所示。

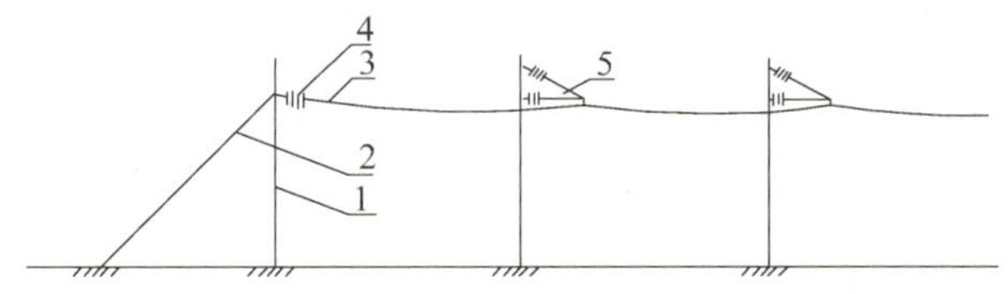

图 1-1-18　未补偿简单悬挂示意图

1—支柱；2—拉线；3—接触线；4—绝缘子串；5—腕臂

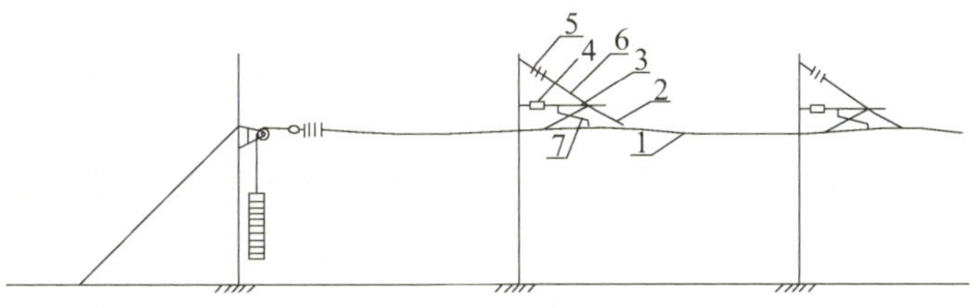

图 1-1-19　带补偿及弹性吊弦简单悬挂示意图

1—接触线；2—弹性吊弦；3—腕臂；4—棒式绝缘子；5—悬式绝缘子；6—拉杆；7—定位器

接触线（或承力索）端头同支柱的连接称为线索的下锚。下锚分两种方法：一种是将线索端头同支柱直接固定连接，称为硬锚或死锚；另一种是加装补偿装置，以调整线索的弛度和张力。

未加补偿的简单悬挂结构简单，要求支柱高度较低，因此，建设投资低，施工和检修方便。其缺点是导线的张力和弛度随气温的变化较大，导线的弹性不均匀，不利于电力机车高速运行时取流。

近年来，国内外对简单悬挂做了不少研究和改进。我国现采用的带补偿装置及弹性吊弦的简单悬挂是在接触线下锚处装设了张力补偿装置，以调节张力和弛度的变化。在悬挂处加装 8 ~ 16 m 长的弹性吊弦，通过弹性吊弦悬挂接触线，增加了悬挂点，减小了悬挂点处产生的硬点，改善了取流条件。另外跨距适当缩小，增大接触线张力的同时改善弛度对取流的影响。根据我国的试验结果，这种弹性简单悬挂在行车速度小于 90 km/h 时，弓线接触良好，取流正常，所以在多隧道的山区和行车速度不高的线路上可广泛采用。

整体而言，简单悬挂弹性较差，弛度较大，稳定性不高，我国较少采用这种悬挂。

2. 链形悬挂

链形悬挂是一种运行性能较好的悬挂形式。它的特点是接触线通过吊弦悬挂在承力索上，承力索通过钩头鞍子或悬吊滑轮悬挂在支持装置的腕臂上，使接触线在不增加支柱的情况下增加了悬挂点，通过调整吊弦长度使接触线在整个跨距内对轨面的高度基本保持一致；减小了接触线在跨距中的弛度，改善了弹性，增加了悬挂重量，提高了稳定性，可以满足电力机车高速运行取流的要求。我国大多数接触网线路均采用链形悬挂类型。

链形悬挂分类方法较多，按悬挂链数可分为单链形、双链形和多链形（又称三链形）。目前我国采用单链形悬挂，如图 1-1-20 所示。

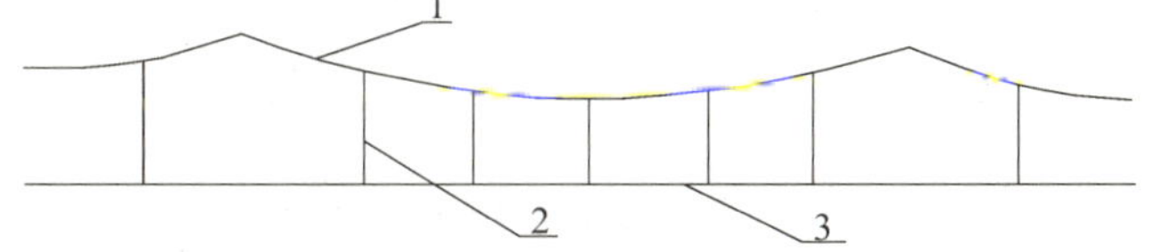

图 1-1-20　单链形接触悬挂示意图

1—承力索；2—吊弦；3—接触线

双链形悬挂的接触线经短吊弦悬挂在辅助吊索上，辅助吊索又通过吊弦悬挂在承力索上，如图 1-1-21 所示。双链形又叫复链形，以日本新干线为典型代表。我国很少采用这种悬挂。

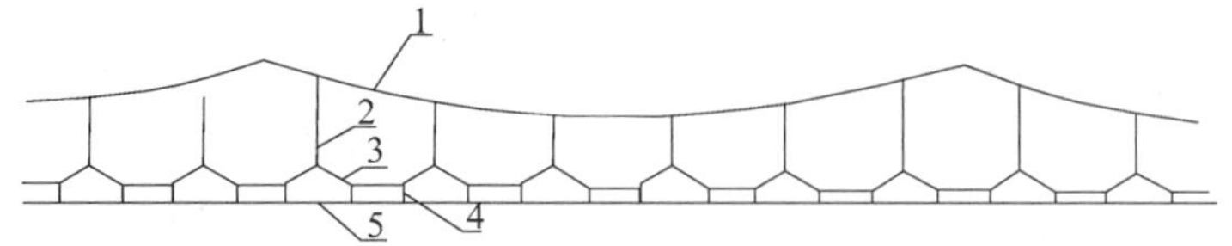

图 1-1-21 双链形接触悬挂示意图

1—承力索；2—吊弦；3—辅助吊弦；4—短吊弦；5—接触线

双链形悬挂接触线弛度小，稳定性好，弹性均匀，有利于电力机车高速运行取流。但结构较复杂，投资及维修费用高，我国仅在个别地段试用。

双链形悬挂及其他悬挂类型由于结构复杂、不易施工、维修困难、设计烦琐、造价高等原因，目前在全世界范围内应用较少。

链形悬挂根据线索的锚定方式（即线索两端下锚的方式），又可分为下列几种形式：

1）未补偿简单链形悬挂

这种悬挂方式的承力索和接触线两端无补偿装置，均为硬锚。因此，在温度变化时，承力索和接触线的张力、弛度变化较大，一般不采用，其结构形式如图 1-1-22 所示。

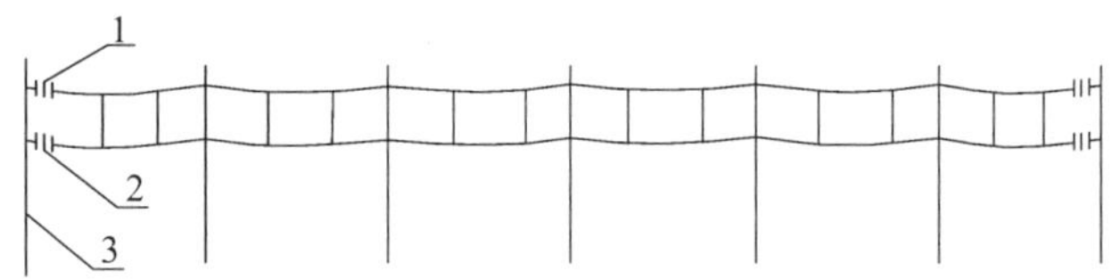

图 1-1-22 未补偿简单链形悬挂示意图

1、2—绝缘子串；3—支柱

2）半补偿简单链形悬挂

在半补偿简单链形悬挂中，接触线两端设补偿装置，承力索两端为硬锚，如图 1-1-23 所示。

半补偿简单链形悬挂与未补偿简单链形悬挂相比在性能上得到了很大改善，但由于承力索为硬锚，当温度变化时，承力索的张力和弛度随之发生变化，对接触线产生一定影响。同时，在温度变化时，承力索的弛度变化使吊弦上端产生上、下位移，而吊弦下端随接触线发生顺线路方向偏斜。由于各吊弦的偏斜，造成接触线各断面受力不均匀，特别是在极限温度下，使接触线在锚段中部和下锚端之间出现较大张力差，接触线张力和弹性不均匀，在支柱悬挂点处产生明显的硬点，不利于电力机车高速运行取流。因此，这种悬挂只用于行车速度不高的车站侧线和支线上。

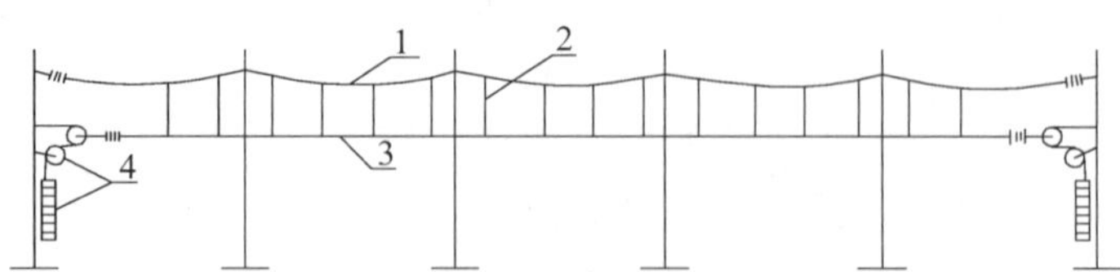

图 1-1-23 半补偿简单链形悬挂示意图

1—承力索；2—吊弦；3—接触线；4—补偿器

3）半补偿弹性链形悬挂

半补偿弹性链形悬挂和半补偿简单链形悬挂的区别在于支柱定位点处吊弦形式的不同，如图 1-1-24 所示。

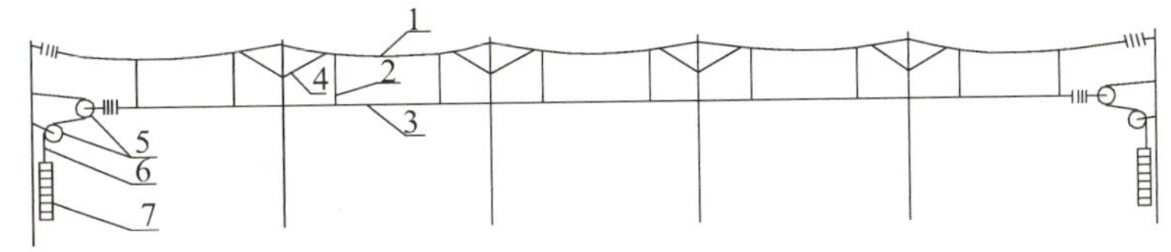

图 1-1-24　半补偿弹性链形悬挂示意图

1—承力索；2—吊弦；3—接触线；4—弹性吊弦；5—补偿滑轮；6—补偿绳；7—补偿坠砣

弹性链形悬挂在支柱悬挂点处增设了一根弹性吊弦。弹性吊弦由长 15 m 的辅助绳和一根（或两根）短吊弦构成。安装时，辅助绳两端分别固定在承力索上，短吊弦上端用 U 形滑动夹板同辅助绳连接，下端与接触线定位器相连，当温度变化时，可避免短吊弦产生过大偏斜。弹性吊弦的作用是增加支柱处接触线固定点（又称定位点）的弹性，使其弹性均匀，有利于机车受电弓取流。这种悬挂方式多用于行车速度不超过 100 km/h 的线路上。

4）全补偿链形悬挂

全补偿链形悬挂，即承力索和接触线两端下锚处均装设补偿装置，如图 1-1-25 所示。

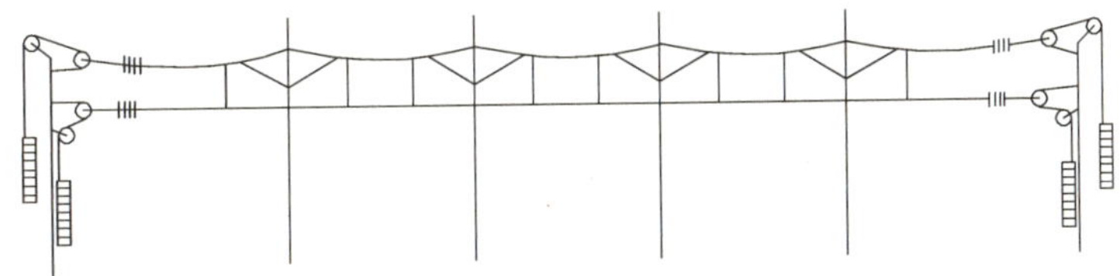

图 1-1-25　全补偿链形悬挂示意图（带弹性吊索）

全补偿链形悬挂在温度变化时，由于补偿装置的作用，承力索和接触线的张力基本不发生变化，弹性比较均匀，有利于机车高速取流。因此，这种悬挂得到广泛使用。

全补偿链形悬挂分为全补偿简单链形悬挂和全补偿弹性链形悬挂两种形式。这两种悬挂的主要区别在于定位点处有无弹性吊弦。全补偿简单链形悬挂因支柱定位点处无弹性吊弦，容易在定位点处出现硬点，产生弹性不均匀的现象，但安装调整较为简单，便于维护。全补偿简单链形悬挂在定位点处安装有弹性吊弦，定位点处弹性好，适合行车速度较高的线路，但安装调整较为复杂。两种悬挂各有优缺点，目前在我国均有应用。

链形悬挂按其承力索和接触线在平面上布置的位置，可分为下列几种形式：

（1）直链形悬挂。

直链形悬挂是承力索和接触线布置在同一垂直平面内，它们在水平面上的投影是一条直线。

直链形悬挂的风稳定性较差，在大风作用下接触线易产生横向摆动，造成接触线与受电弓脱离而发生事故（简称脱弓事故）。目前我国电气化铁道，在曲线区段采用这种悬挂形式，即在支柱定位点处为保证受电弓磨耗均匀，接触线向曲线外侧拉出一定距离，承力索则布置在接触线的正上方。

（2）半斜链形悬挂。

在半斜链形悬挂中，承力索与接触线不在同一垂直平面内，它们在水平面上的投影有一个较小的偏移，如图 1-1-26 所示。

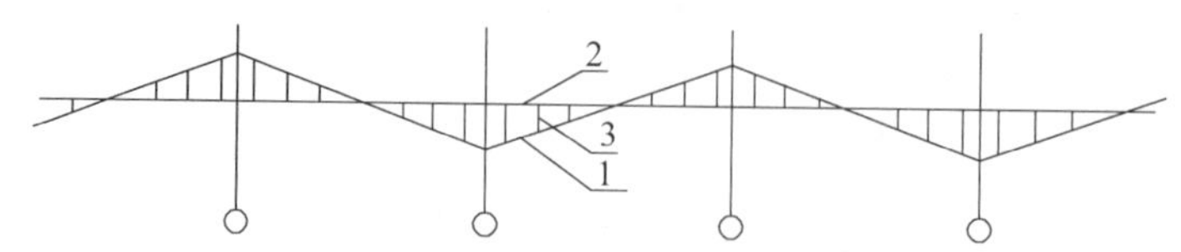

图 1-1-26　半斜链形悬挂示意图

1—接触线；2—承力索；3—吊弦

半斜链形悬挂风稳定性好，施工方便，我国在直线区段采用这种悬挂方式。在直线区段，接触线在每一支柱定位点处，通过定位装置被布置成“之”字形，承力索则布置在线路中心线的正上方。

（3）斜链形悬挂。

斜链形悬挂是指接触线和承力索在水平面上的投影有一个较大的偏移。在直线区段支柱处，接触线和承力索均布置成方向相反的“之”字形，如图 1-1-27 所示。

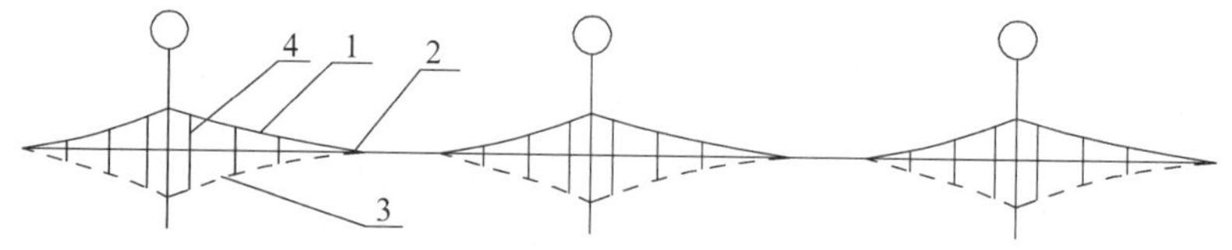

图 1-1-27　直线上的斜链形悬挂示意图

1—接触线；2—线路中心线；3—承力索；4—吊弦

在曲线区段，承力索对线路中心线向外侧有一个较大的偏移，吊弦的倾斜角较大。这种悬挂的优点是风稳定性最好，可增大两支柱之间的距离（简称跨距）；但其结构复杂，设计及计算繁琐，施工和检修困难，造价较高，在我国很少被采用。

二、作业指导书

本任务主要是学习理论基础，因此任务中的作业实施可以针对具体现场情况进行认知学习。在这里，我们以接触网悬挂类型的认知为例进行展示，大家也可参考以下作业指导书针对其他接触网认知开展学习。

（一）范　围

本作业指导书规定了对接触网悬挂类型认知学习内容。

（二）引用规范性文件

《铁路电力牵引供电设计规范》（TB 10009—2005）。

（三）作业目的

完成对接触网悬挂类型的认知学习，熟知四种不同的接触网悬挂类型的各自优缺点。

（四）作业内容

通过对比分析接触网不同悬挂类型的各自优缺点可知：

简单悬挂只有接触线，没有承力索，因此稳定性差，但由于只有一根线索，检修相对方便。

链形悬挂的特点是除了有接触线以外，还设置了承力索和其他线索，用于提高接触线的弛度和弹性。接触网目前绝大多数采用链形悬挂，其三种不同的链形悬挂方式（复链、弹链、简链）在国外高速客运专线中均有采用：复链形悬挂的性能最为优越，也最适合于高速运行，但其结构太复杂，施工及运营维护不方便；弹性链形悬挂能满足高速弓网受流质量要求，但接触线动态抬升量大，容易产生疲劳，且弹性吊索安装、调整工作量大；简单链形悬挂也能够满足高速弓网受流要求，国内具有丰富的设计、施工及运营经验，但静态弹性不均匀度较大，动态接触力标准偏差较弹链和复链大。

四种悬挂的比较如图 1-1-28 所示。

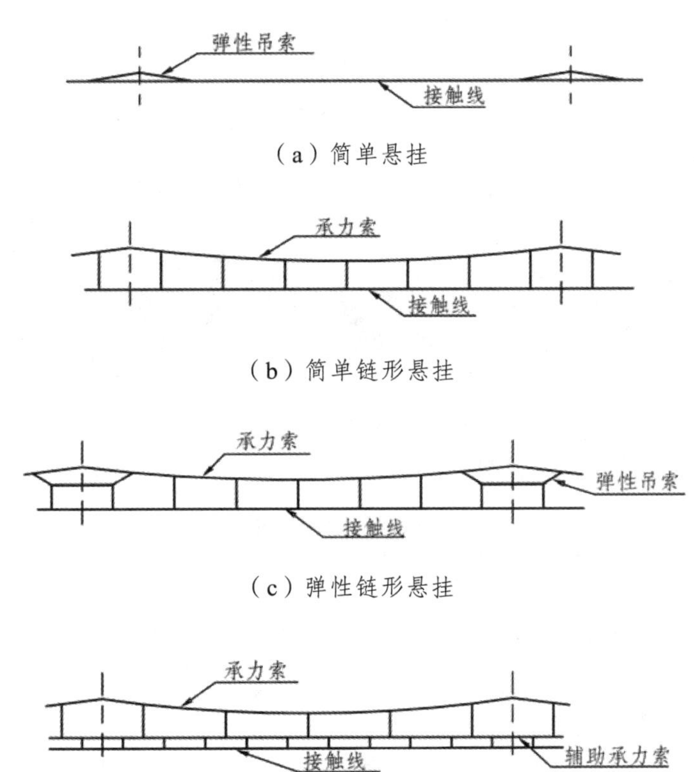

图 1-1-28 四种悬挂类型的对比

弹链、复链悬挂如图 1-1-29、图 1-1-30 所示。

图 1-1-29　弹性链形悬挂现场实物图

图 1-1-30　复链形悬挂现场实物图

目前世界各国的接触网悬挂类型如表 1-1-1 所示。

表 1-1-1　目前世界各国的接触网悬挂类型

国　别	日本		法国		德国		意大利
悬挂类型	复链形	简单链形	弹性链形	简单链形	弹性链形	弹性链形	简单链形
建设年代	20 世纪 60 年代	90 年代	80 年代初	90 年代	80 年代末	90 年代	80 年代末
运营速度（km/h）	270	270～300	270	300	250	300～400	250
接触线	Cu 170	CS 110	CdCu 120	SnCu 150	AgCu 120	MgCu 120	2×Cu 150
接触线张力（kN）	15	20	14	20	15	27	2×15
波动速度（km/h）	414	525	412	441	426	569	382
β 值	0.65	0.51	0.66	0.68	0.59	0.53～0.71	0.65

目前世界上应用较多的仍是简单链形悬挂和弹性链形悬挂两种类型。但无论是简链还是弹链，在承力索张力相同的情况下，在一定范围内加大接触线张力，可减少接触压力偏差（最大压力减小，最小接触压力加大），降低离线率和抬升量。

因此，加大接触线张力对受流有利，弹链比简链受流质量好，接触压力偏差小，动态接触压力波动小，接触线振动小，但弹链比简链的最大抬升量大，平均抬升量也大。因此各有优缺点，各国都在探索并改进得到更合适的悬挂方式。

【任务实施及考核】

一、任务实施

（一）任务实施目的

掌握接触网的定义、分类和供电方式。

（二）任务实施准备工作

完成理论知识的学习，并自主观看拓展资料，形成对接触网的整体认知。

（三）任务实施场地器材

接触网模拟沙盘、实训基地或现场（要求包含接触网系统的典型结构）。

（四）任务实施步骤

（1）理论学习。完成本任务相关理论的学习。
（2）拓展学习。完成本任务拓展资料的学习
（3）实物认知。在掌握相关理论的学习的基础上，结合实物进行综合认知。
（4）完成考核。

（五）注意事项

接触网的整体认知内容较多，受到书本篇幅限制，很多接触网相关理论并没有详细展开讲解，任务实施时既要根据书本内容进行基础学习，更需要自主学习拓展资料，才能更深入地对接触网形成较完整的整体认知。

二、考核表

序　号	考核内容	考核标准	标　准	得　分
1	狭义的接触网	能写出狭义的接触网定义	5 分（能完整/较好/较差地说出定义，给 5/3/1 分）	
2	广义的接触网	能明确说出广义的接触网中的各种类型，及其各自特点	10 分（能完整/较好/较差地说出定义，给 10/6/3 分）	

续表

序　号	考核内容	考核标准	标　准	得　分
3	接触网的供电方式	能说出各种接触网供电方式的优缺点	15 分（能完整/较好/较差地说出优缺点，给 15/9/6 分）	
4	接触网的悬挂类型	能按接触悬挂的不同类型来说明各自的特点	20 分（能完整/较好/较差地说出特点，给 20/15/10 分）	
5	接触网的平面类型	能区别直链形、半斜链形和斜链形的各自特点	50 分（能完整/较好/较差地说出作用，给 50/40/30 分）	
总　分			100 分	

任务二　接触网结构的认知

【任务描述】

本任务是对接触网结构的认识，通过本任务的完成，学生应能对接触网结构有概况性认知，为后续任务的执行奠定基础。

微信扫二维码，
看本章教案

【资讯】

一、理论学习部分

目前国内运营的铁路大多以柔性接触网为主。本节以狭义的接触网为例，完成对接触网结构的认知。接触网是沿铁路上空架设的一条特殊形式的输电线路，它由接触悬挂、支撑装置、定位装置、支柱与基础四部分组成，如图 1-2-1 所示。

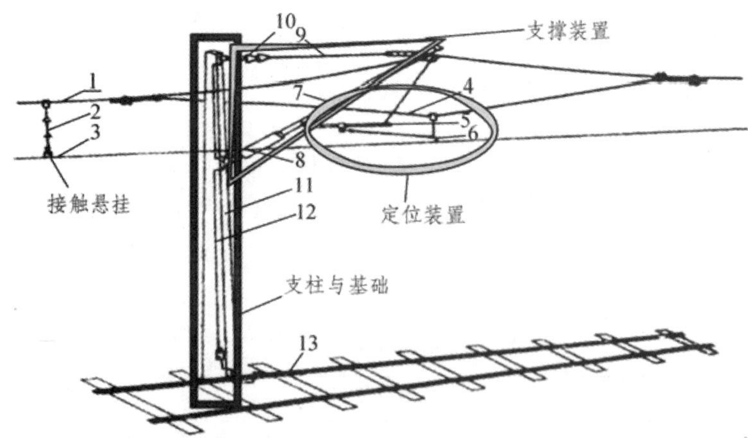

图 1-2-1　柔性支撑接触网的基本结构

1—承力索；2—吊弦；3—接触线；4—弹性吊弦；5—定位管；6—定位器；7—腕臂；8—棒式绝缘子；9—水平拉杆；10—悬式绝缘子；11—支柱；12—地线；13—钢轨

（一）接触网支柱和基础

接触网支柱是用来安装支持结构、悬吊接触悬挂和附加线索等装置的设备，根据其用途不同，支柱分为：腕臂支柱和软（硬）横跨支柱。腕臂支柱主要用于区间，软（硬）横跨支柱用于站场。

1）区间支柱

如图 1-2-2 所示是沪宁线区间及车站的单支柱全是圆型等径混凝土支柱，其直径为 400 mm，内缘距线路中心的距离即侧面限界一般情况下为 3.1 m（考虑大机养道）。

图 1-2-2　圆型等径混凝土支柱

2）横跨支柱

站场硬横跨支柱用于车站站场内，由于股道间空间不足以立支柱，因此在站场两端立两根容量大的支柱，设置硬横跨用以代替支柱悬挂各股道上空的接触网，如图 1-2-3 所示。还有一种软横跨支柱，但现在新建线路应用较少，作用与硬横跨支柱相似，就容量而言，普通支柱最小，硬横跨支柱最大，软横跨支柱小于硬横跨支柱。

（二）接触网的支持装置

1）腕臂柱支持装置

腕臂支持装置由腕臂、定位管、定位器等组成，如图 1-2-4 所示。

图 1-2-3　硬横跨支柱示意图

1—硬横跨支柱；2—硬横跨；3—硬横跨吊柱及腕臂支持装置

图 1-2-4　支撑装置示意图

1—腕臂；2—定位管；3—定位器

2）软横跨

软横跨由一对软横跨支柱、横向承力索和上、下部定位绳组成，在车站因股道多且线间距离小，不能设置腕臂柱时采用软横跨，如图 1-2-5 所示。

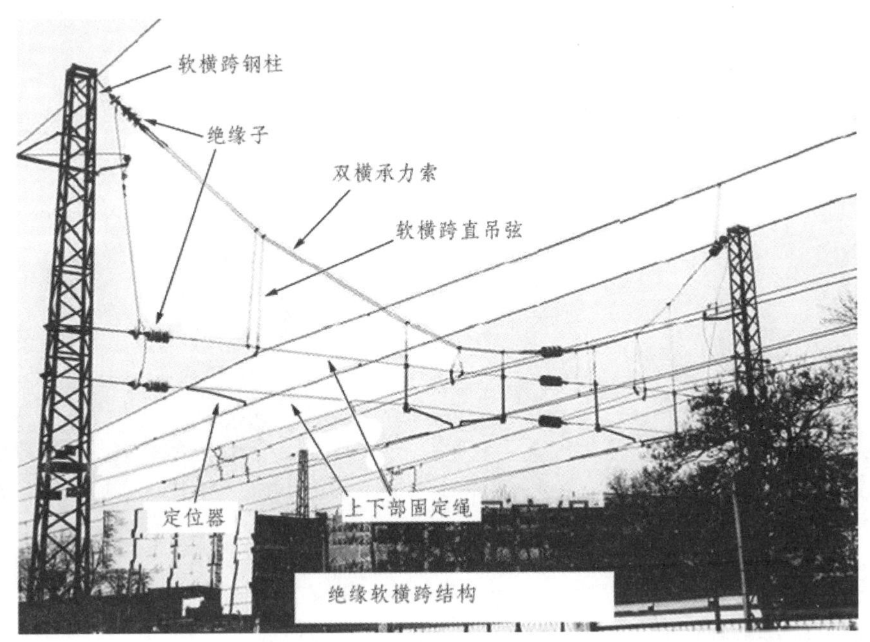

图 1-2-5　软横跨示意图

软横跨是横跨三个及以上股道的支撑装置，在空间位置不足以立支柱时，在站场两端立两根大容量支柱，在支柱间拉起横向承力索和上下部定位绳，从而在指定位置固定好定位装置，节约空间。

3）硬横跨

硬横跨由两根硬横跨支柱和一组钢横梁组成，如图 1-2-6 所示。

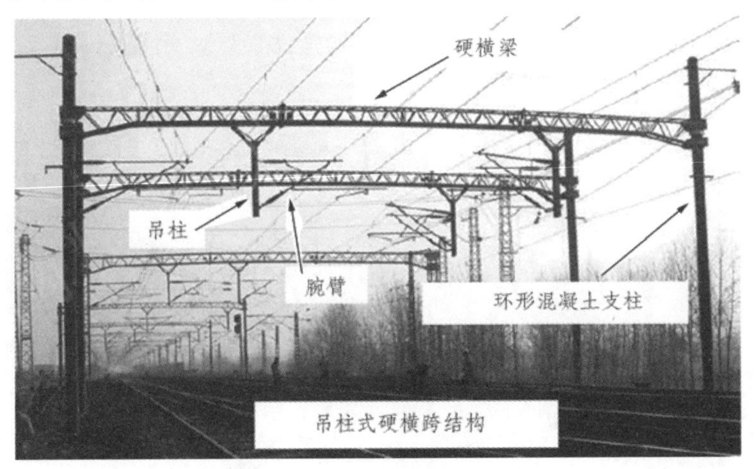

图 1-2-6　硬横跨示意图

硬横跨与软横跨的作用类似，也是股道间空间不足以立支柱时采用的一种支撑方式。它的不同之处在于中间采用硬横梁和吊柱，相对于软横跨更稳定，目前高速铁路接触网基本已取消软横跨，在站场股道集中区域均采用硬横跨实现支撑功能。

硬横跨的优点：机械上独立，股道之间不产生影响，事故范围小，结构稳定，抗振动，抗风性能好，稳定性强；硬横跨有较好的刚度，稳定性高，能改善弓网受流，磨耗小，可降低离线率；硬横跨具有模块化式的结构，互换性强，有利于机械加工和机械化安装作业；外观一致、简洁、匀称、美观。

4）隧道内支持装置

隧道内由于净空低，空间小，没有足够的空间立支柱，因此采用从隧道顶安装吊柱的方式代替支柱的支持作用，如图 1-2-7 所示。

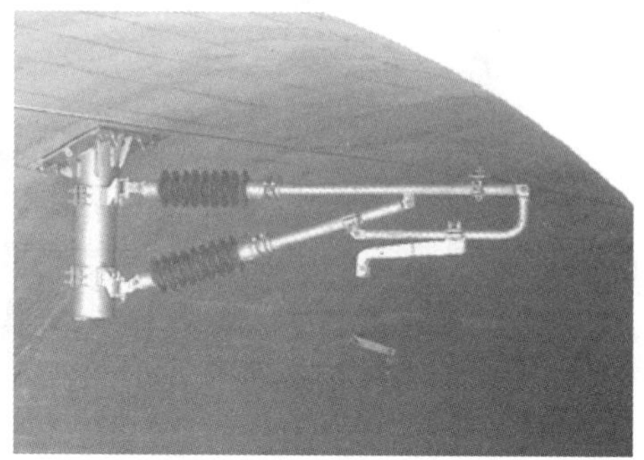

图 1-2-7 隧道内吊柱示意图

5）定位装置

定位装置是将接触线固定在受电弓取流所必要的空间位置的装置。

定位装置的机械特性（如空间姿态与位置、振动特性、稳定性）对弓网运营安全和受流质量有决定性影响。因此，要求定位装置的结构必须尽量简洁、稳定，性能安全可靠，装置采用的零件要尽量少而轻，以便减少集中荷载。另外，还要求定位装置具有良好的防腐性能，安装简单，便于装配和调整。

定位装置对于接触悬挂的工作状态和受电弓的运营安全有重大影响，它必须满足以下总体要求：能保证将接触线固定在设计要求的空间位置（导高和拉出值）上；当温度发生变化时，不影响接触网线索沿线路方向的移动；定位处弹性良好，无集中载荷，无硬点，不影响受电弓高速通过，如图 1-2-8 所示。

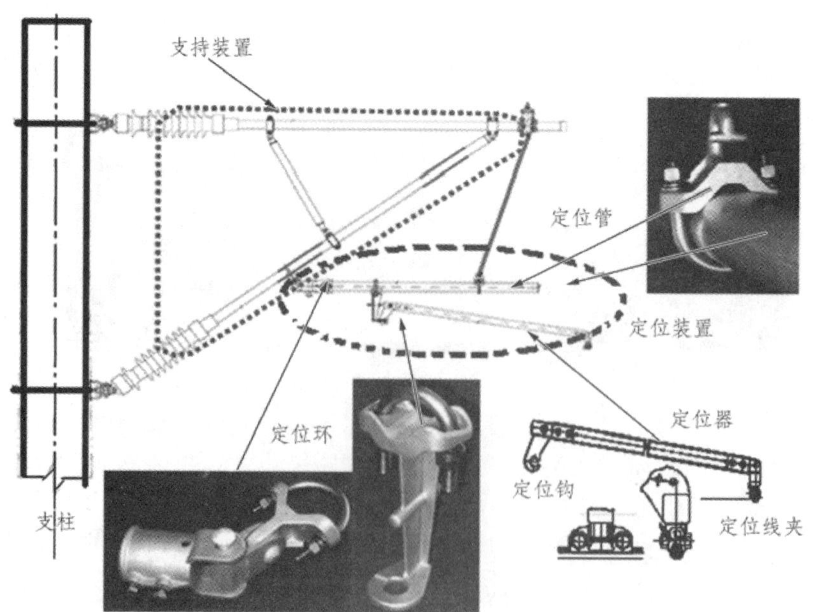

图 1-2-8 高速铁路接触网定位装置示意图

综合各国的情况，高速接触网定位器具有以下特点：定位器自身强度大、耐腐蚀性能好，采用轻质合金材料；端部铰接，灵活性好，并设置具有一定弹性性能的限位结构（见图 1-2-9），以防接触线在某些情况下有过大抬升；采用防风吊弦或防风装置以增加悬挂的稳定性；定位管采用弓形或弯管式结构，以防受电弓冲撞定位器。

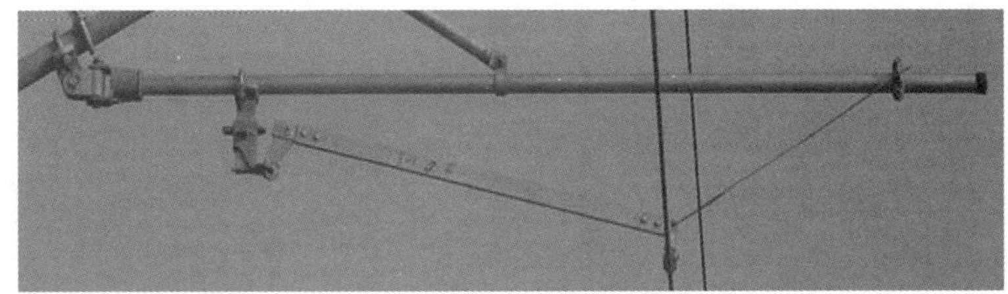

图 1-2-9　限位定位装置示意图

（三）接触网线索

接触网的线索包括：承力索、接触线、供电线、回流线、架空地线，如图 1-2-10 所示。高速客运专线牵引网需要的载流量较大（一般为 800 ~ 1 200 A），要求接触线及承力索截面较大。承力索一般采用截面面积 120 mm^2 的镁铜合金绞线，接触线一般采用 150 mm^2 的锡铜或镁铜合金线。当接触线和承力索总的载流截面不能满足牵引网载流量要求时，还需设置加强线（一般设在第一 AT 段内）；根据国外经验，对于最高运行速度为 350 km/h 的客运专线，承力索及接触线的张力应分别不小于 20 kN 和 25 kN。

图 1-2-10　接触网线索示意图

1—接触线；2—吊弦；3—承力索；4—回流线或正馈线；5—避雷线或保护线

1）接触线

接触线是接触网中重要的组成部分之一，它的任务是安全良好地向电力机车输送电能（见图 1-2-11）。接触线和运行中的电力机车受电弓滑板直接接触摩擦，一旦发生断线事故，将中断铁路运输，造成严重后果，因此，接触线必须具有抗拉强度高、导电性能好、耐磨、抗腐蚀能力强和使用寿命长等优良性能。

图 1-2-11　接触线示意图

接触线是直接和受电弓滑板摩擦接触的，电力机车从接触线上取得电能。因此，接触线既要有足够的机械强度又要有良好的电气性能。

接触线制成带沟槽的圆柱状，沟槽是为了便于安装固定接触线的线夹，同时又不影响受电弓取流。接触线底面与受电弓接触的部分呈圆弧状。其主要分为纯铜接触线和钢合金接触线两类。

锡铜和镁铜线均能满足高速铁路高抗拉强度的要求，在导电性方面，0.2%含量的上述合金线有 80%左右的导电率，而 0.5%含量的上述合金线则只有 60%左右的导电率，且硬度较高，对施工要求也较高。目前我国高速铁路大多采用铜镁合金。

例如，××线上使用的接触线为 AgCu-120 银铜合金接触线，每千米质量约为 1.02 t，价值 5 万元，这对不法分子有极大的诱惑力，这也是架线后被偷盗严重的原因。

2）承力索

承力索也称为铜合金绞线，如图 1-2-12 所示，与接触线具有相近的价值。

图 1-2-12　承力索示意图

承力索的主要作用是通过吊弦将接触线悬挂起来，承受接触线的重量，减小接触线的弛度，增加悬挂的稳定性，通过电连接与接触线并联起来供电。

3）吊弦

吊弦是接触网链形悬挂中承力索与接触线的连接部件，如图 1-2-13 所示。吊弦的作用是将接触线悬挂到承力索上。接触线的高度是通过吊弦的长度来调整的。

吊弦是将接触线悬吊到承力索上的金属线，不仅承受着接触线的机械重力，还承担着将接触网和承力索进行短接的电气功能，因此要求其连接密贴，受力均匀。

4）回流线

回流线的作用是将牵引电流回送到牵引变电所，减少或者消除接触网线路对通信线路的干扰。在 BT 供电方式中，电流的回路是“牵引变电所→馈电线→接触网→电力机车→钢轨→回流线→牵引变电所”，如图 1-2-14 所示。

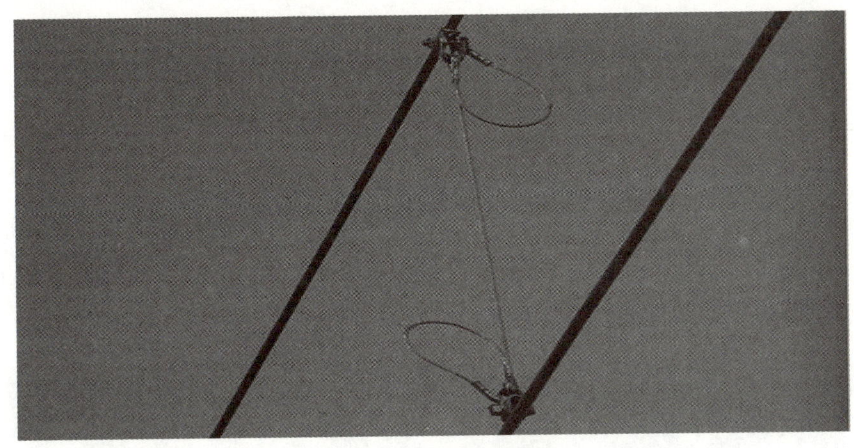

图 1-2-13　吊弦示意图

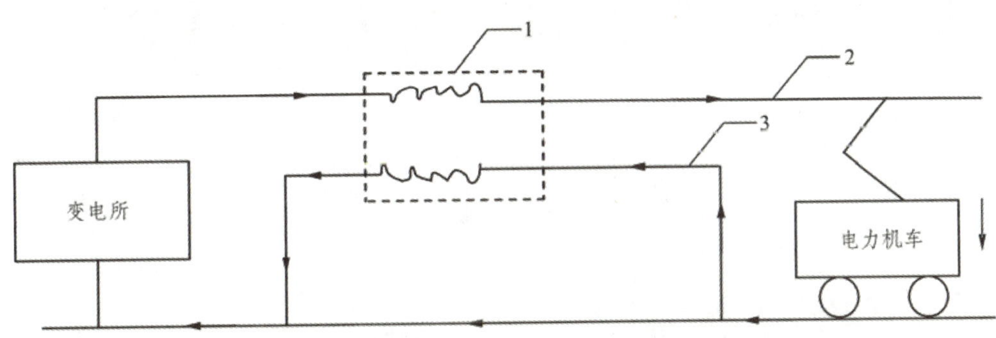

图 1-2-14　BT 供电方式中的回流线示意图

1—吸流变压器；2—接触线；3—回流线

回流线一般采用的是 LGJ-185 型钢芯铝绞线。

5）供电线

供电线又称馈电线，是从直接或间接为接触网提供电源的所、亭的馈出端到接触悬挂之间的电气连接线。其原理很简单，但作用十分重要，它担负着为接触网提供电源通路的重要任务。

6）其他

如加强线、保护线、架空地线等。

（四）锚段及锚段关节

1）锚段

为了满足供电方面的需要，接触网需要有电分段；为满足机械力方面的需要，就要把接触网分为若干一定长度的相互独立的分段，这种独立的分段称为锚段，如图 1-2-15 所示。

锚段的作用：设置独立锚段便于电分段配合隔离开关，可使停电检修范围缩小。一旦发生断线或支柱折断等事故（比如偷盗、弓网事故等），可将事故限制在一个锚段范围内，从而缩小了事故范围。便于在接触线和承力索两端设置张力补偿装置，使线索张力保持基本不变，使接触线弛度减小，有利于受电弓取流。

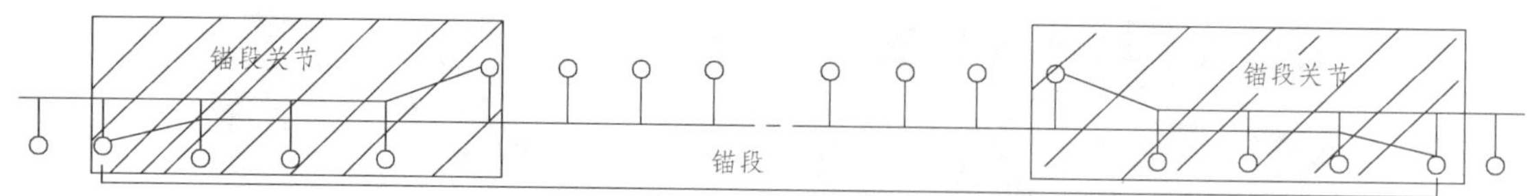

图 1-2-15　锚段和锚段关节示意图

2）锚段关节

两个相邻锚段的衔接部分称为锚段关节，如图 1-2-16 所示。锚段关节应能使电力机车受电弓平滑、安全地从一个锚段过渡到另一个锚段，且弓线接触良好，取流正常。

图 1-2-16　锚段关节示意图

国外高速接触网锚段关节形式较多，三跨、四跨、五跨均有应用实例。日本和法国一般采用四跨关节形式；德国汉诺威—维尔茨堡（Re 250）、曼海姆—斯图加特（Re 250）、柏林—汉诺威（Re 330）三条高速铁路均采用五跨关节形式，法兰克福—科隆（SICAT-H1.0）高速铁路则采用三跨（非绝缘）和五跨（绝缘）关节形式；西班牙马德里—巴塞罗那（EAC-350）和意大利罗马—那不勒斯高速铁路均采用四跨关节形式。

目前高速铁路还采用了一种带中性段过渡的锚段关节，实际作用主要是用来执行接触网两端不同相序供电分段的功能，简称电分相，如图 1-2-17 所示。

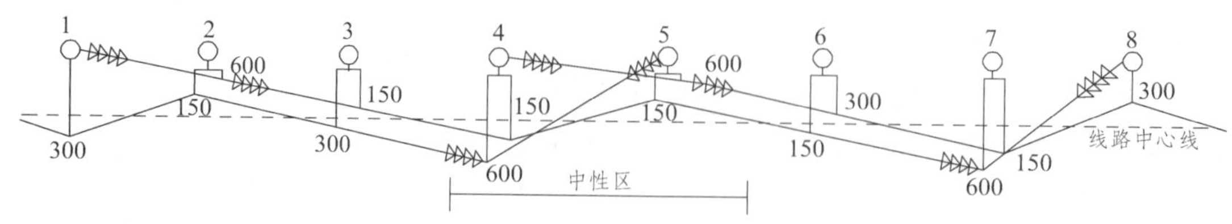

（a）

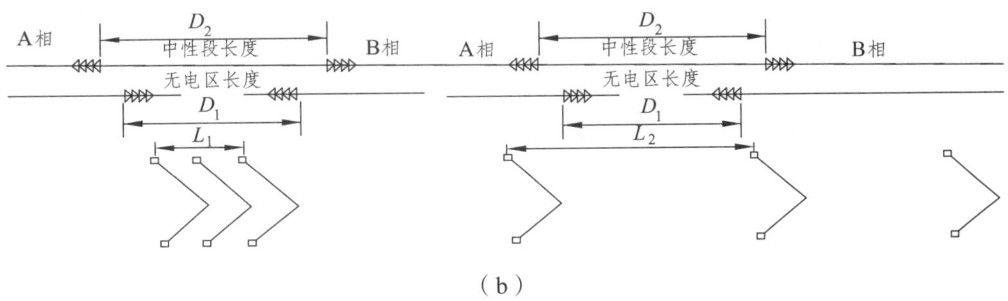

（b）

图 1-2-17　带中性段的锚段关节（电分相）和受电弓长短相布局示意图

（五）补偿装置

补偿装置由补偿滑轮组及补偿坠砣组成，当温度变化时，线索会伸长或缩短，在补偿器坠砣的作用下，使线索沿线路方向移动，从而保持线索张力不变且弛度变化可以满足技术要求，提高机车受电弓取流质量。常见的有滑轮、棘轮、弹簧、液压、鼓轮并联补偿等几种补偿装置。如图 1-2-18、图 1-2-19 所示。

图 1-2-18　锚段下锚补偿装置实物图

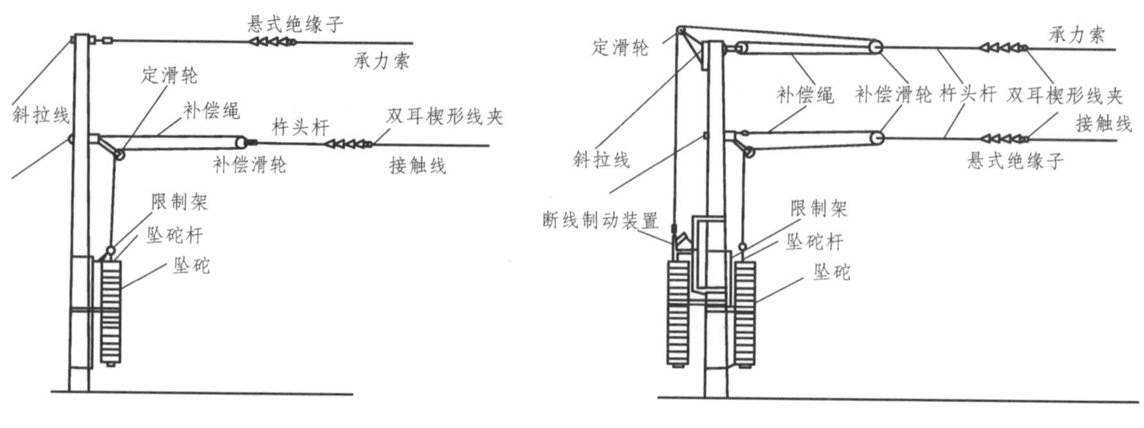

图 1-2-19 滑轮补偿装置结构示意图

（六）隔离开关及电连接

隔离开关是接触网的重要设备之一，它的作用是连通或断开接触网中各分段供电部分的电路，如图 1-2-20 所示。隔离开关装设在车站两端绝缘锚段关节处、车站的货物装卸线上，机车整备线上以及其他需要进行电分段和电分相的地方。在接触网上装设隔离开关，可以根据需要配合断路器接通或者断开接触网上供电线路，增加了供电的灵活性。

图 1-2-20 隔离开关和电连接示意图

电连接的作用是保证接触网各线之间或分段之间，各股道悬挂之间电流的畅通。电连接各导线并联起来，实行并联供电，这样可增大载流截面，减小电阻，降低能耗。电连接线采用导电性能良好的软铜绞线制成。

电连接分为横向电连接（结构 A）、股道电连接（结构 B）、设备电连接（结构 C、E）、关节、道岔电连接（结构 D）等。如图 1-2-21 所示。

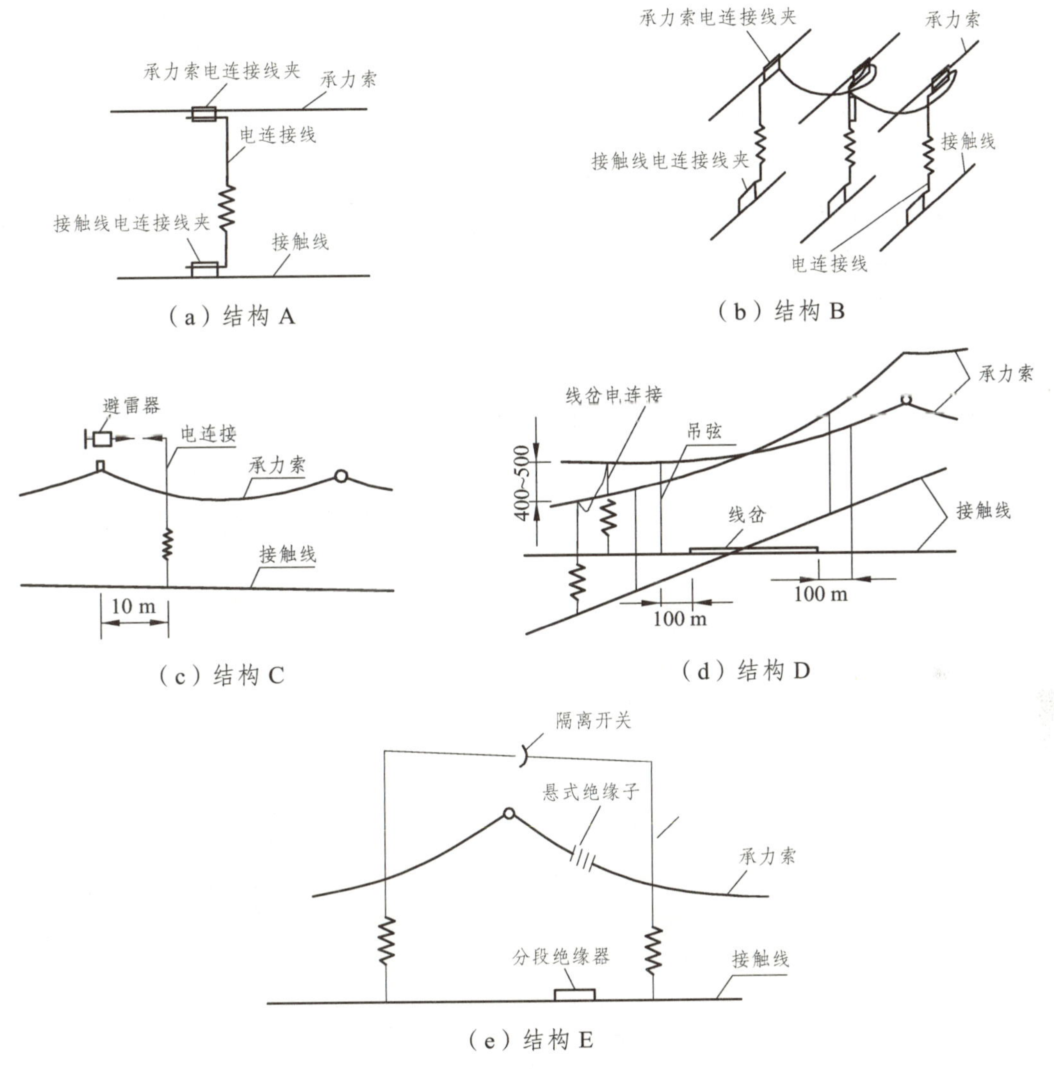

图 1-2-21　四种电连接结构示意图

（七）接触网线岔

在钢轨相交的道岔上空，两根接触线相交过渡的地方就叫线岔。根据两根接触线在过渡过程中的相对位置，可分为交叉线岔和无交叉线岔。

在电气化铁路的上方，由两支汇交的接触线用限制管连接固定的装置称为交叉线岔，又称架空转辙器。其作用是保证电力机车受电弓安全地由一条接触线过渡到另一条接触线，达到转换线路的目的。如图 1-2-22 所示。

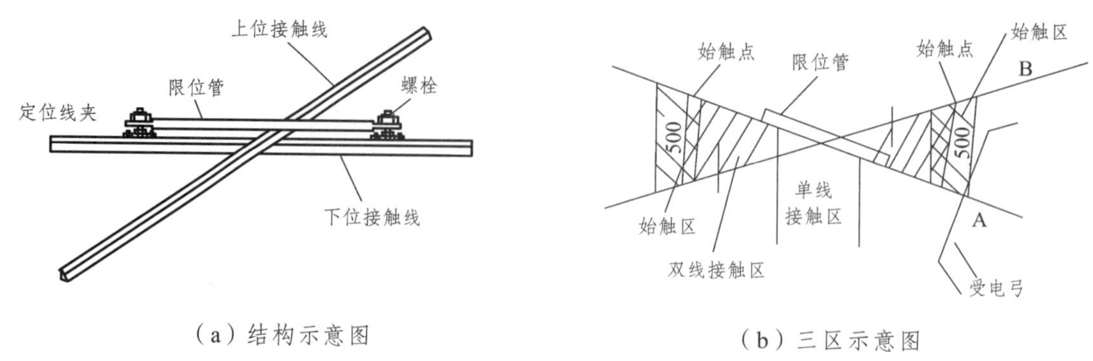

（a）结构示意图　　（b）三区示意图

图 1-2-22　交叉线岔示意图

交叉线岔优的缺点：

由于限制管的存在，当列车高速通过正线时，由于接触线抬升量较大，受电弓必然要接触两支接触线，在交叉点附近形成相对硬点是难免的，弓网间将产生较大的冲击，从而加剧线岔处接触线的局部磨耗，另外还存在钻弓、打弓的危险。另外，线岔处正线接触线的高度要求非常严格（比正常高度高出 10 mm），施工精度实难保证；当道岔号码较大时，限制管的长度要求变得很长，两支接触线无法自由伸缩。

因此，为保证列车能高速顺利通过线岔，就必须去掉限制管，所以就出现了一种无交叉线岔，它的原理是将两根接触线靠近而不直接交叉，通过道岔定位柱定位的方式控制两根接触线的过渡。如图 1-2-23 所示。

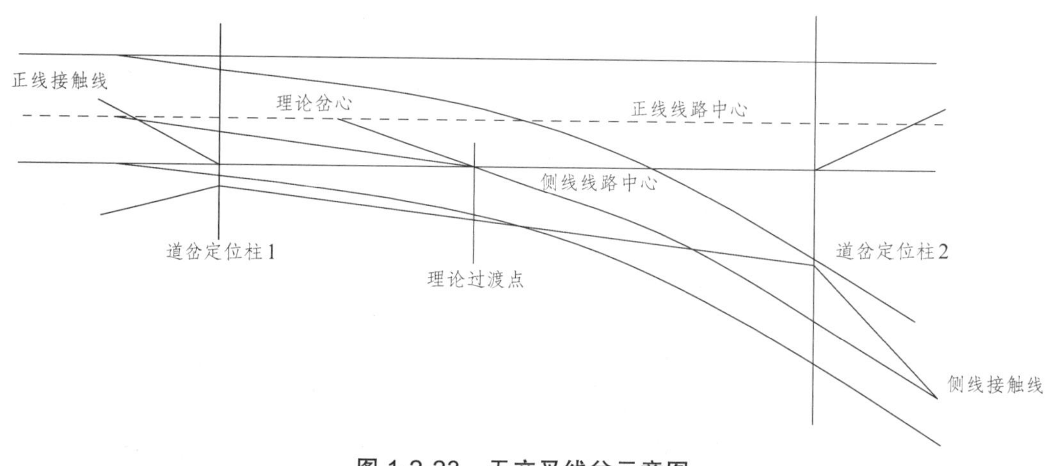

图 1-2-23　无交叉线岔示意图

（八）分段绝缘器及分相绝缘器

为了保证供电的可靠性和调度的灵活性，必须对接触网进行必要的电分段。分段绝缘器和分相绝缘器是供接触网进行电分段时采用的绝缘设备，前者用于同相电分段，后者用于分相电分段。

1. 分段绝缘器

在电气人区段为了保证装卸人员、机车检修人员及其他作业人员的作业方便和人身安全，接触网在车站的货物线及有装卸作业的站线、机车整备线、车库线、专用线、同一车站不同车场（包括复线区段上、下行车场）之间的横向电分段（如渡线）等处装设分段绝缘器，以实现同相电分段。

分段绝缘器经常与隔离开关配合使用，通过隔离开关的开合，使独立区段停电或带电。例如：在货物装卸线上，可以先打开分段绝缘器附属的隔离开关接地，使该线接触网上无电，待作业人员作业完毕，再闭合隔离开关向该段送电。其分段绝缘实物图、结构图分别如图1-2-24、图1-2-25所示。

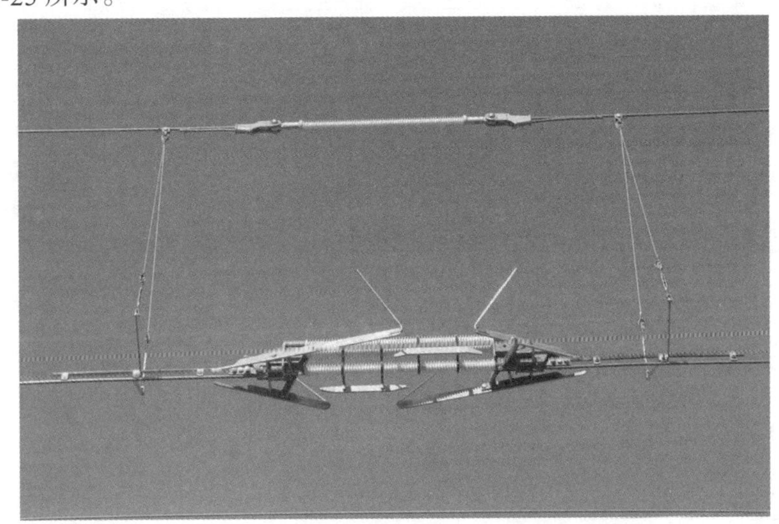

图 1-2-24 法国吉斯玛消弧型分段绝缘器实物图

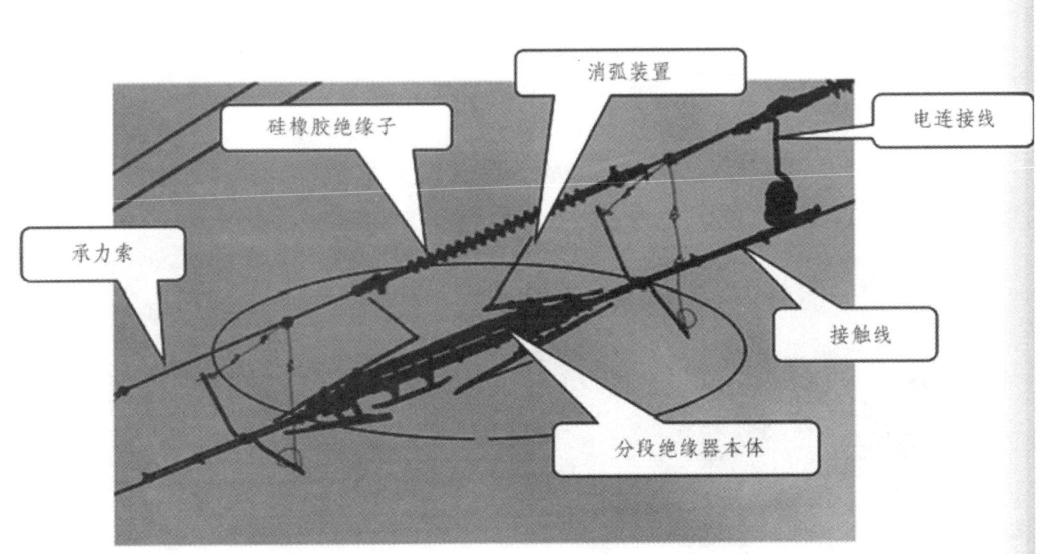

图 1-2-25 法国吉斯玛消弧型分段绝缘器结构图

2. 分相绝缘器

分相绝缘器是解决接触网的电分相用的，即用在牵引变电所向接触网馈送不同相位电能时，接触网需要分相供电的电分相处。分相绝缘器一般设在牵引变电所、分区所、铁路分界点等处。以前分相绝缘器一般由三块相同的玻璃绝缘件组成，但现在已改为通过锚段关节（见图 1-2-27），用分相绝缘关节来替代原来器件式分相绝缘器，如图 1-2-26 所示。

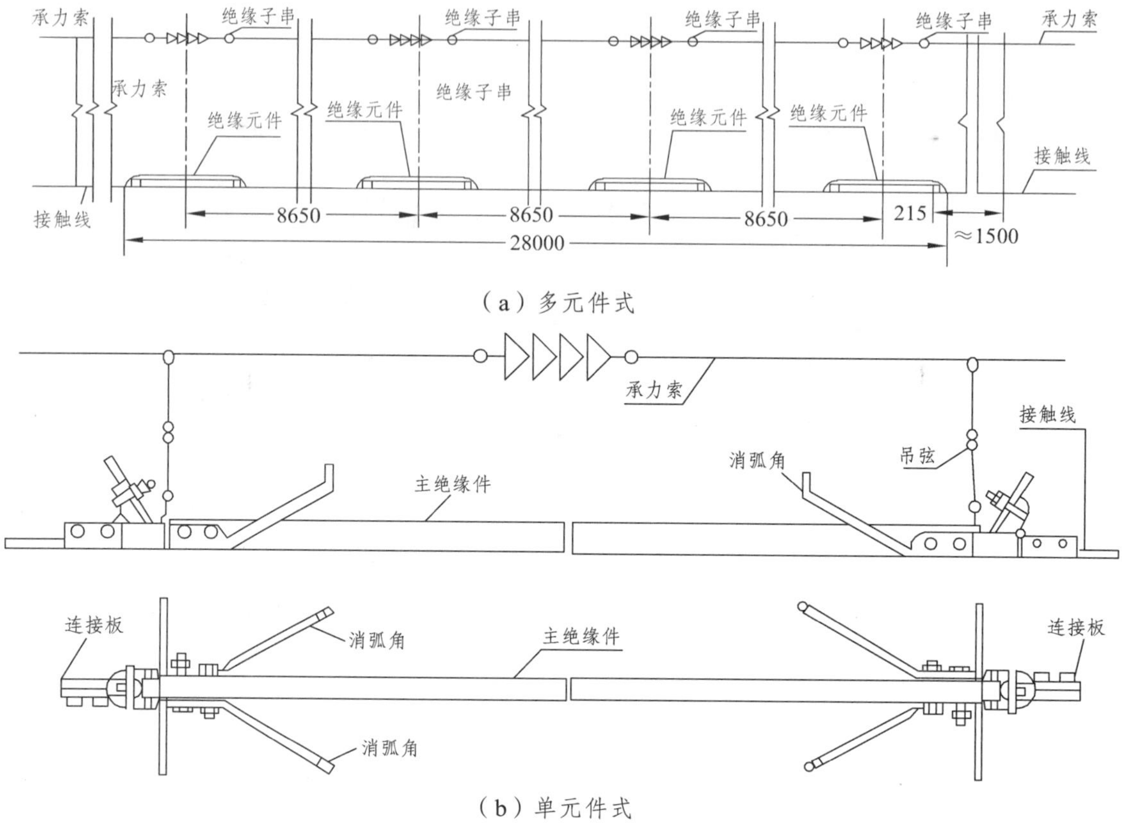

（a）多元件式

（b）单元件式

图 1-2-26　分相绝缘器示意图

图 1-2-27　锚段关节式分相绝缘器实物图

原铁道部 2003 年颁布的《京沪高速铁路设计暂行规定（下册）》和 2005 年颁布的《新建时速 200 公里客货共线铁路设计暂行规定》中均规定我国时速 200 千米以上接触网的电分相均采用带中性段的绝缘锚段关节式电分相。

（九）接触网其他设备

接触网还有避雷器、桥-隧接触网设备等，在此不一一展开叙述了。

（十）与接触网运行有关的标志标牌等

与接触网运行有关的标志有如下几种：

（1）分相绝缘关节（分相绝缘器）处的“断”“合”及“禁止双弓”标志。如图 1-2-28 所示。

为了指示司机在机车通过分相绝缘器前提前操作断开机车主断器，惰行通过分相绝缘器后再重新合上断路器，恢复给机车供电，在分相绝缘器两端设立断电标志及合电标志；为了防止机车升双弓通过分相绝缘器而误将电压带入中性区段，甚至造成相间短路，还需要设立禁止双弓标志。在列车运行方向的左侧按“禁止双弓”“断”“合”顺序设置。

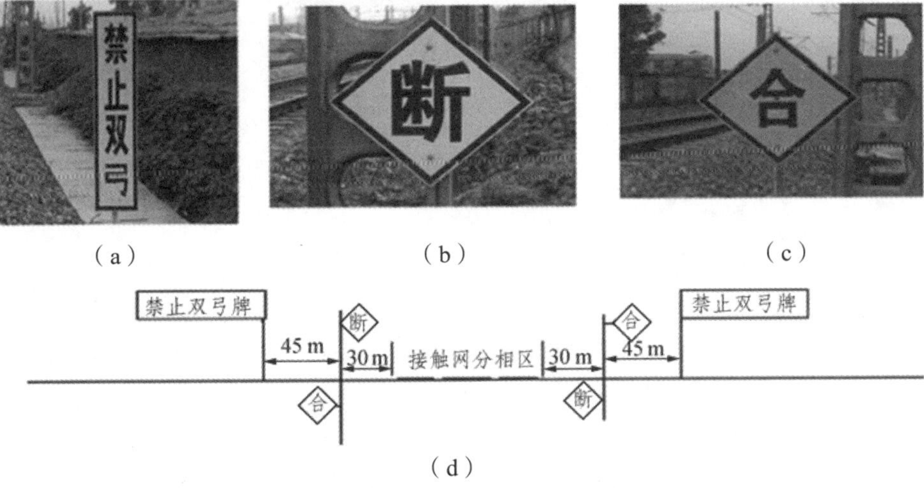

图 1-2-28　电分相标志和实物示意图

（2）接触网终端设置的“接触网终点”标志。如图 1-2-29 所示。

在站场牵出线、安全线、避难线、装卸线及专用线的接触网终端应设置“接触网终点”标志如图 1-2-29 所示。该标志应设在接触线锚支距受电弓中心线 400 mm 的上方，通常设在终端下锚柱前方第一个支柱悬挂点上，机车受电弓不得越过此标。

图 1-2-29　接触网终点标志实物图

二、作业指导书

本任务主要是学习理论基础，因此任务中的作业实施可以针对具体现场情况进行认知学习。在这里，我们以接触网典型结构中支柱的认知为例进行展示，读者也可参考以下作业指导书针对其他接触网认知开展学习。

（一）范　围

本作业指导书规定了对接触网支柱认知学习内容。

（二）引用规范性文件

《接触网设计规范》《接触网运行检修规程》《接触网安全工作规程》。

（三）作业目的

完成对接触网支柱的认知学习，熟知不同的支柱类型和检修方法，掌握接触网支柱的技术检修要求。

（四）作业内容

支柱与基础用以承受接触悬挂、支撑和定位装置的全部负荷，并将接触悬挂固定在规定的位置和高度上。我国接触网中采用预应力钢筋混凝土支柱和钢柱，基础是对钢支柱而言的，即钢支柱固定在地下用钢筋混凝土制成的基础上，由基础承受支柱传给的全部负荷，并保证支柱的稳定性。预应力钢筋混凝土支柱与基础制成一个整体，下端直接埋入地下。

支柱按其在接触网中的作用可分为中间支柱、转换支柱、中心支柱、锚柱、定位支柱、道岔支柱、软横跨支柱、硬横跨支柱及桥梁支柱等几种。如图 1-2-30 所示为以上各种支柱安设位置图。

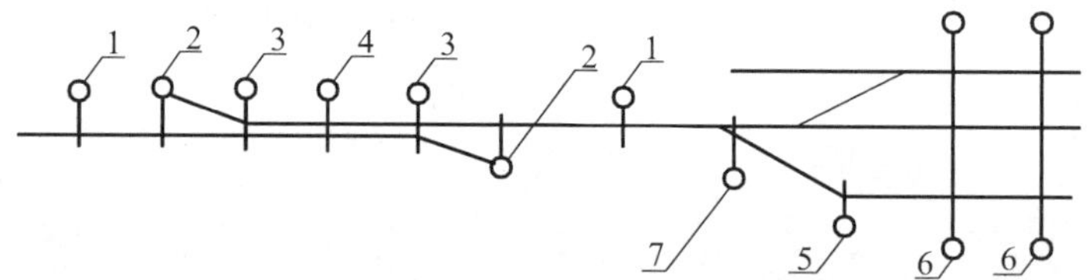

图 1-2-30　支柱安设位置图

1—中间柱；2—锚柱；3—转换柱；4—中心柱；5—定位柱；6—软横跨支柱；7—道岔柱

1）中间支柱

中间支柱在区间和站场上广泛使用，它承受工作支接触悬挂的重力及风作用于悬挂上的水平分力，中间支柱所承受的力矩比较小，一般选 H38 支柱。

2）锚柱

在接触网锚段关节处或其他接触网下锚的地方需设锚柱，锚柱承受两个方向的负荷，在垂直线路方向起中间支柱的作用；在顺线路方向，承受接触悬挂下锚的全部拉力。锚柱分为带下锚拉线和不带下锚拉线两种，分腿式钢柱用作锚柱时可不带拉线，其余锚柱用作下锚时均带拉线。

3）转换支柱

转换支柱位于锚段关节处的两个锚柱之间，它承受接触悬挂下锚支和工作支线索的重力和水平力，电力机车受电弓在此支柱处进行两个锚段线索的转换，一般多采用 H7.8 支柱。

4）中心支柱

在四跨锚段关节处，位于两个转换支柱中间的支柱称为中心支柱。它同时承受两组工作支接触悬挂的重力和水平力，使两工作支接触线在此柱定位点处呈水平状态，且使两支接触线线间距离符合技术要求。

5）定位支柱及道岔支柱

当接触线由于某些原因对受电弓中心偏移过大时，为确保电力机车受电弓正常接触取流且不发生脱弓事故，应专门设立定位支柱。它通常仅承受接触线水平分力而不承受接触悬挂的垂直分力，一般多设于站场道岔后曲线处。由于其受力较小可采用中间柱。

在站场两端道岔处，为使接触线线岔符合技术要求所规定的位置，该处往往需设立道岔支柱，根据支柱容量计算选择支柱类型。

6）软横跨支柱

软横跨支柱一般用于跨越多股道的站场上，由于受力较大，多选用容量较大的支柱，跨越五股道及以下的软横跨柱可用钢筋混凝土支柱，五股道以上软横跨则采用钢柱。

7）硬横跨支柱

硬横跨亦称为硬横梁，多用于全补偿链形悬挂的站场上，一般是为固定承力索中心锚结绳而设立的。在某些特殊地段，如站场伸入高架桥梁上时，用双线路腕臂支柱或软横跨都不方便，可考虑采用硬横跨，硬横跨支柱为钢柱。

除上述几种支柱外，还有桥梁专用支柱及其他特殊支柱，将在后面章节中介绍。

接触网支柱，按其使用材质分为预应力钢筋混凝土支柱和钢柱两大类。为了节约钢材，我国普速铁路广泛采用钢筋混凝土支柱，但高速铁路和五股道以上的软横跨支柱、桥梁支柱和双线路腕臂支柱则采用钢支柱。在事故情况下，为迅速抢修恢复送电通车，可用木支柱进行临时过渡。

钢筋混凝土柱从外观形态上可分为矩形横腹杆式、矩形斜腹杆式及等径圆形杆三种，均不需要另浇制基础。预应力钢筋混凝土支柱以字母 H 表示，例如：

$$\mathrm{H}\frac{38}{8.7+2.6}$$

式中　H——钢筋混凝土支柱；

38——支柱所承受的力矩（kN·m）；

8.7——支柱露出地面以上的高度（m）；

2.6——支柱埋入地下的深度（m）。

用于下锚的钢筋混凝土支柱符号表示方法如下：

$$\mathrm{H}\frac{48-25}{8.7+3}$$

式中　48——垂直于线路方向的支柱容量（kN·m）；

25——顺线路方向的支柱容量（kN·m）；

其余符号意义同前。

目前在新建线路上使用一种等径圆形支柱，又称为超高强度等径预应力钢筋混凝土支柱，这种支柱分为一般支柱、锚柱和超长支柱。

（1）一般支柱：高度在 11 m，标准弯矩值为 60 ~ 300 kN · m、80 kN · m 和 100 kN · m 的有三种；高度在 13.5 m，标准弯矩值为 60 kN · m、100 kN · m 的有两种。

（2）锚柱：高度在 11 m，标准弯矩值为 60 ~ 300 kN · m、80 ~ 300 kN · m 的有两种；高度在 13.5 m，标准弯矩值为 80 ~ 300 kN · m 的有一种。

（3）超长支柱：高度在 16.5 m，由下段 14 m 和上段 2.5 m 两段组装而成，等径圆形支柱符号表示方法如下：

$$\mathrm{GQ}\frac{100}{11+3}$$

其中 GQ——高强度支柱；

100——支柱容量（kN · m）；

11——支柱露出地面的高度（m）；

3——支柱埋入地下的深度（m）。

如果分子有两组数字，则横杠后面的数字表示顺线路方向的支柱容量。其余符号同前。

钢柱是以角钢焊成的桁架结构，具有重量轻、强度高、抗碰撞、安装运输方便等优点，根据安装地点的不同，钢柱的型号、规格及外形结构也不同。例如普通钢柱的符号表示如下：

$$\mathrm{G}\frac{5}{9.5}$$

式中 G——钢柱；

5——垂直于线路方向的支柱容量（×10 kN · m）；

9.5——钢柱本身的高度（m）。

下锚用钢柱的符号表示如下：

$$\mathrm{G}\frac{25-25}{15}$$

式中 分子中第一个 25，表示支柱垂直于线路方向的支柱容量；第二个 25 表示支柱顺线路方向的支柱容量；其余符号意义与上述相同。

（五）作业标准

（1）接触网各种支柱均不得向线路侧及受力方向倾斜。

（2）支柱在顺线路方向应保持铅垂状态，其倾斜率不得超过 0.5%。锚柱应向拉线方向倾斜，其斜率不得超过 1%。

（3）曲线外侧及直线上的支柱允许向田野侧倾斜。钢筋混凝土支柱斜率为 0.5%（即支柱外缘垂直于地面），钢柱的斜率为 0.5% ~ 1%。

（4）软横跨支柱的斜率：钢筋混凝土支柱斜率为 1%（即外缘垂直于地面），钢柱（15 m 以上）斜率为 1% ~ 2%。

（5）钢筋混凝土支柱局部破损和露筋要用水泥砂浆及时修补，翼缘破损露筋 1 ~ 2 根时修补使用，露筋 3 ~ 4 根时修后降级使用，超过 4 根者不能使用应予更换。翼缘横向、斜向裂纹长度超过翼缘宽度、或者裂纹宽度超过 0.15 mm 时应更换。

（6）基础顶面要高出地面 100 ~ 200 mm，基础外缘外露 400 mm 以上时要进行培土，每边培土的宽度为 500 mm，培土边坡与水平面的角度为 45°。基础根部不许有积水、泥土、碎石和灰渣等物。

（7）支柱与基础埋设后，其周围 500 mm 范围内应平整，并高于附近地面以防积水。此范围内不得生长杂草、堆放杂物，培土坡度与原路基相同，或砌挡土护坡。

（8）因设置支柱而破坏水坡及护坡的完整时，应进行改移和修复，其质量不得低于原施工标准。

（9）钢柱的主角钢不应有弯曲、扭转现象，表面涂漆层应完整、无脱落、无锈蚀，焊接处无裂缝，基础螺栓孔距误差不得超过±2 mm，钢柱弯曲变形量不应超过钢柱全长的 1‰。

（10）支柱限界直线区段不小于 2 440 mm，曲线区段按《铁路技术管理规定》加宽处理。

（11）所有支柱均须装设地线。

日常巡视检查过程中对钢筋混凝土支柱的检查主要包括：观察支柱外表状况，即有无裂纹、混凝土破损、露筋及变形等不正常观象；听支柱内部有无放电引起的异响声音；观察或检查（测量）支柱横线路方同的倾斜度；观察或检查支柱顺线路方向的倾斜度；检查（测量）支柱的侧面限界；检查红线标记、杆号等是否符合要求；检查支柱地线；检查支柱基础，发现支柱基础出现塌方、滑坡现象时，测量基础沉降情况及支柱埋深。

（六）重点控制事项

在检查中，如发现存在问题，则应进行相关处理，其方法主要有：

（1）支柱翼缘破损局部露筋 1 ~ 2 根的用高一标号的水泥砂浆修补；露筋 3 ~ 4 根且露筋长度小于 400 mm 的更换，被更换的支柱用高一标号的水泥砂浆修补后可降一级使用，露筋 4 根及以上的，更换后不得再修补使用。

（2）横腹板破损露筋的应进行修补。

（3）翼缘与横腹杆结合处裂纹及腹板裂纹宽度不得大于 0.3 mm，若大于 0.3 mm 则更换。

（4）支柱上所有混凝土收缩性水纹不受上述限制。

（5）裂纹应进行修补。支柱仅混凝土破损的，可用高一标号的水泥砂浆修补。

对运行中的圆形等径钢筋混凝土支柱的外观检查内容及处理要求主要有：

① 支柱表面光洁平整，不应有混凝土剥落、露筋缺陷，否则视情况进行修补或更换。

② 横向裂纹宽度不大于 0.2 mm，长度不大于 1/3 圆周长，超过此值时则更换。

③ 纵向裂纹宽度小于 0.2 mm 时可不进行修补。

④ 纵向裂纹宽度大于 0.2 mm 且小于 1 mm 时应予以修补。

⑤ 纵向裂纹宽度大于 1 mm 的支柱，需更换。

⑥ 支柱弯曲度不应大于 2‰，支柱竖立前应将顶部封堵严密。

对钢筋混凝土支柱破损部位进行修补时，应做到：对支柱破损的部位，应用等级比支柱本体水泥砂浆高一等级的细骨料水泥砂浆修补，修补用水泥砂浆的配合比及水灰比符合规定。水泥应干燥，不得受潮。细骨料含泥量不得大于砂重的 5%。拆模后，补修表面应平整并与支柱混凝土表面一致。如果施工在冬季进行，当昼夜平均温度在+5 °C 以下和最低温度在−3 °C 以下时，应采用冬季施工方法。

【任务实施及考核】

一、任务实施

（一）任务实施目的

掌握接触网的典型结构、作用。

（二）任务实施准备工作

完成理论知识的学习，并自主观看拓展资料，形成对接触网结构的整体认知。

（三）任务实施场地器材

接触网模拟沙盘、实训基地或现场（要求包含接触网系统的典型结构）。

（四）任务实施步骤

（1）理论学习。完成本任务相关理论的学习。
（2）拓展学习。完成本任务拓展资料的学习。
（3）实物认知。在掌握相关理论的学习的基础上，结合实物进行综合认知。
（4）完成考核。

（五）注意事项

接触网的整体认知内容较多，受到书本篇幅限制，很多接触网相关理论并没有详细展开讲解，任务实施时既要根据书本内容进行基础学习，更需要自主学习拓展资料，才能更深入地对接触网形成较完整的整体认知。

二、考核表

序号	考核内容	考核标准	标准	得分
1	狭义的接触网组成结构	能答出狭义的接触网四个组成部分名称和主要结构	5 分（能说出 4/3 /2/1/0 个，给 5/4/3/2/0 分）	
2	接触网典型结构	能明确说出接触网典型结构的名称和作用	70 分（能说出 15/10/5/1/0 个以上，给 65/45/35/15/0 分）	
3	接触网的支柱类型和符号标识	能说出各种接触网支柱类型和符号	10 分（能完整/较好/较差的说出优缺点，给 10/6/3 分）	
4	接触网支柱检修要求	能说出接触支柱检修标准和要求	15 分（能完整/较好/较差的说出特点，给 15/10/5 分）	
总分			100 分	

配套习题

一、单项选择题

1. 车引变电所馈出母线上的额定电压为多少千伏（　　）

A. 25 kV　　B. 27.5 kV　　C. 220 kV　　D. 110 kV

2. 目前我国早起普速铁路主要采用哪种供电方式（　　）

A. 直接供电　　B. BT 供电　　C. AT 供电　　D. 直供加回流线供电

3. 目前我国高速铁路主要采用哪种供电方式（　　）

A. 直接供电　　B. BT 供电　　C. AT 供电　　D. 直供加回流线供电

4. 在站场车出线安全线、避难线、装卸线及专用线的接触网终端应设置“接触网终点标该标志应设在接触线锚支距受电引中心线（　　）mm 的上方。

A. 200　　B. 250　　C. 400　　D. 450

5. 支柱在顺线路方向应保持铅垂状态，其倾斜率不超过（　　）%。

A. 0.1　　B. 0.2　　C. 0.5　　D. 0.8

6. 锚柱应向拉线方向倾斜，其斜率不超过（　　）%。

A. 1　　B. 2　　C. 5　　D. 10

7. 钢筋混凝土支柱局部破损和露筋要用水泥砂浆及时修补，翼缘破损露筋（　　）根时修补使用

A. 1 ~ 2　　B. 2 ~ 3　　C. 3 ~ 4　　D. 4

8. 在钢轨相交的道岔上空，两根接触线相交过渡的地方就叫线岔。根据两根接触线在过渡过程中的相对位置，可分为（　　）

A. 重合线叉和交叉线叉　　B. 交叉线叉和无交叉线叉

C. 平行线叉和相交线叉　　D. 重合线叉和交叉线叉

9. 对钢筋混凝土支柱破损部位进行修补时，水泥应干燥，不得受潮。细骨料含泥量不得大于砂重的（　　）%。

A. 3　　B. 4　　C. 5　　D. 6

10. BT 供电方式吸流变压器采用变比为（　　）的特殊变压器。

A. 1∶1　　B. 1∶2　　C. 1∶3　　D. 1∶4

11. 弹性链形悬挂在支柱悬挂点处增设了一根弹性吊弦。弹性吊弦由长（　　）m 的辅助绳和一根（或两根）短吊弦构成。

A. 4　　B. 8　　C. 10　　D. 15

12. 在站场牵出线、安全线、避难线、装卸线及专用线的接触网终端应设置“接触网终点标”，该标志应设在接触线锚支距受电弓中心线（　　）mm 的上方。

A. 250　　B. 300　　C. 350　　D. 400

13. 支柱限界直线区段不小于（　　）mm，曲线区段按《铁路技术管理规定》加宽处理。

A. 1435　　B. 1750　　C. 2440　　D. 3300

二、多项选择题

1. 接触网的组成（　　）。

A. 接触悬挂　B. 支持装置　C. 定位器　D. 支柱与基础

2. 接触网的供电方式（　　）。

A. 直接供电　B. 越区供电　C. 并联供电　D. 串联供电

3. 接触轨是采用钢轨或者铺设第三根钢轨将电能传输到地铁和城市轨道交通系统电力牵引车辆上的装置，接触轨的安装方式可分为（　　）。

A. 上接触　B. 正接触　C. 侧接触　D. 下接触

4. 目前我国的牵引供电方式主要有（　　）。

A. 直接供电　B. BT 供电　C. AT 供电　D. 直供加回流线供电

5. 一般根据其结构的不同分成简单接触悬挂和链形接触悬挂两大类，链形悬挂按悬挂链数的多少可分为（　　）。

A. 单链形　B. 双链形　C. 多链形

6. 链形悬挂根据线索的锚定方式（即线索两端下锚的方式，又可分为（　　）。

A. 未补偿简单链形悬挂　B. 半补偿简单链形悬挂

C. 半补偿弹性链形悬挂　D. 全补偿链形悬挂

7. 链形悬挂按其承力索和接触线在平面上布置的位置，可分为（　　）

A. 直链形悬挂　B. 斜链形悬挂　C. 半斜链形悬挂

8. 接触网的线索包括（　　）。

A. 承力索　B. 接触线　C. 供电线

D. 架空地线　E. 回流线

9. 以下属于接触网电连接的是（　　）。

A. 横向电连接　B. 股道电连接　C. 设备电连接　D. 道岔电连接

10. 支柱按其在接触网中的作用可分（　　）。

A. 转换柱　B. 中心柱　C. 锚柱

D. 转角柱　E. 定位支柱

11. 接触网支柱是用来安装支持结构，悬吊接触悬挂和附加线索等装置的设备，根据其用途不同，支柱分为（　　）。

A. 转换支柱　B. 中间支柱　C. 腕臂支柱

D. 软横跨支柱　E. 硬横跨支柱

12. 软横跨由（　　）组成。

A. 一对软横跨支柱　B. 横向承力索

C. 下部定位绳　D. 弹性吊弦

三、判断题

1.（　）接触网是牵引供电系统的一部分，是一种沿钢轨架设的特殊供电线路，将从变电所获得的电能传输给电力机车。

2.（　）我国电气化铁道采用单相工频 27.5 kV 交流制。

3.（　）所有支柱均须装地线。

4.（　）按触网是牵引供电系统的部分，是一种沿钢轨架设的特殊供电钱路，将从变电所获得的电能传输给电力机车。

5.（　）半补偿弹性链形悬挂和半补偿简单链形悬挂的区别在于支柱定位点处吊弦形式的不同。

6.（　）在钢轨相交的道台上空两根承力索相交过渡的地方就叫线岔。

7.（　）院臂支持装置由院律、定位管、定位路等组成。

8.（　）吊弦的作用是将接触线感挂到承力索上，接触线的张力是通过吊弦的长度来调整的。

9.（　）圆形等径钢筋混凝土支柱的外观检直，纵向裂纹宽度小于 0.2 mm 时，应予以修补。

10.（　）隔离开关是按触网的重要设备之一，它的作用是连通或断开按触网中各分段供电部分的电路。

11.（　）隔离开关是按触网的重要设备之一，它的作用是听开接触网中各分段供电部分的电路。

12.（　）电连接的作用是保证接触网各线之间或分段之间，各股道悬挂之间电压的畅通。

微信扫码　习题自测

学习情境二　接触轨的认识、安装和更换

【导读】

本学习情境重点介绍接触轨的认知以及接触轨安装和更换的有关要求，并通过对接触轨的认知和接触轨安装、更换作业实施，完成对本学习情境的综合应用。

【学习目标】

本节主要通过完成两个任务，学习接触轨的类型和接触轨系统的主要设备和零件的识别和作用；掌握掌握接触轨系统典型设备如钢铝复合轨、膨胀接头、普通中间接头、防爬器、端部弯头、电连接用中间接头等设备和零件的安装和更换要求。

任务一　接触轨类型的认知

【任务描述】

本任务是对接触轨系统的主要设备和零件的整体介绍，通过本任务的完成，能实现对接触轨整体作用的认知，为后续任务的执行奠定基础。

微信扫二维码，看本章教案

【资讯】

一、理论学习部分

接触轨，又称第三轨，或简称三轨。接触轨系统是地铁牵引供电系统的重要子系统，它直接影响到地铁供电系统甚至整个地铁系统的安全运营。自 1965 年北京建造我国第一条地铁线以来，伴随着我国地铁建设事业的发展，接触轨技术也走过了 40 多年的发展历程。这期间接触轨技术不断发展，其主要表现为：安装方式由以上部接触授流方式为主导发展成上部接触授流方式与下部接触授流方式并存，导电轨由低碳钢材料发展成钢铝复合材料；防护罩及支架由木板材料发展成玻璃钢材料；绝缘子材料除电瓷外，还开发出环氧树脂材料及硅橡胶材料。相应地，一些施工安装方法也有所改进。

接触轨系统主要由钢铝复合轨（包括铝轨本体和不锈钢带）、膨胀接头、端部弯头等相关部件及绝缘支撑装置组成，为电力机车组提供电能。绝缘支撑装置包括绝缘支架和支架底座

及其连接零部件组成，绝缘支撑装置可以安装在枕木、混凝土轨枕、整体道床或者其它基座上。接触轨、绝缘支架（或绝缘子）、防护罩是接触轨系统中送电、支撑、防护的三大件，这里的接触轨是指包括钢铝复合轨、膨胀接头、端部弯头、防爬器和中间接头的总称。

牵引动力电的输送是通过集电靴与钢铝复合轨的接触来实现的。钢铝复合轨由高导电性的铝材料和一层耐磨的不锈钢带机械复合而成的。接触轨系统完全由绝缘支撑装置支撑，绝缘支撑装置与木枕、混凝土轨枕或者其它基座相连。

钢铝复合轨通过中间接头（包括普通中间接头和电连接用中间接头）、螺母和螺栓连接在一起形成一种机电连接系统。中间接头拆卸方便，便于更换。钢铝复合轨磨耗过大需要更换时，可以通过拆卸中间接头来更换损坏或磨损的钢铝复合轨。

钢铝复合轨会由于周围温度和流经其中的电流产生的热量的变化而发生伸缩，为了克服钢铝复合轨的伸缩所产生的不良影响，采用安装膨胀接头以允许这种变化，从而保证集电靴和钢铝复合轨接触连续，保证提供可靠、优良的牵引动力电。为了防止钢铝复合轨在发生热胀冷缩时导致绝缘支撑装置发生变形，平衡膨胀接头、端部弯头和钢铝复合轨的运动，需要在钢铝复合轨的中心安装中心锚结，即防爬器。

钢铝复合轨在岔道、站台尽头等位置不能连续安装，需做分段处理，安装端部弯头以引导集电靴脱离钢铝复合轨，适当距离后又滑上钢铝复合轨。端部弯头分为高速端部弯头（主要应用于正线）和低速端部弯头（主要应用于车站、车辆段和停车场）两种。

（一）接触轨系统的技术特征

接触轨系统，其技术特征有三个，一是电压等级，二是安装方式，三是导电轨材料。

1. 电压等级

目前世界上城市轨道交通中的直流牵引网电压等级繁多，接触轨系统的电压等级有 600 V、630 V、700 V、750 V、825 V、900 V、1000 V、1200 V 等；国外接触轨系统的标称电压一般在 1000 V 以下，西班牙巴塞罗那采用直流 1500 V 及 1200 V 接触轨，美国旧金山 BART 系统为直流 1000 V 接触轨。目前国内接触轨系统标称电压为直流 750 V 和 1500 V。

2. 安装方式

接触轨系统根据授流位置的不同，可分为上部授流接触轨（图 2-1-1）、下部授流接触轨（图 2-1-2）和侧部授流接触轨（图 2-1-3）三种形式。

我国早期的接触轨系统基本上是采用上部授流方式，比如北京地铁。随着技术工艺和材料开发的发展，越来越多的城市轨道交通接触轨系统采用了下部授流方式。下部授流接触轨主要由导电轨、绝缘支架、防护罩等构成。绝缘支架由顶部支架、中部支架、下部支架三部分组成，并共同构成悬臂结构型式；导电轨通过顶部、中部支架，悬挂在下部支架上；下部支架则根据线路情况固定在整体道床上或碎石道床的轨枕上；防护罩靠自身弹性及支撑垫块固定在导电轨上。

防护罩对带电接触轨的防护性能好，带电接触轨不容易被无意识地触碰到，能确保人身安全；另外，下部授流方式的遮挡雨雪条件也优于上部授流方式，能确保牵引网系统的安全可靠运行。

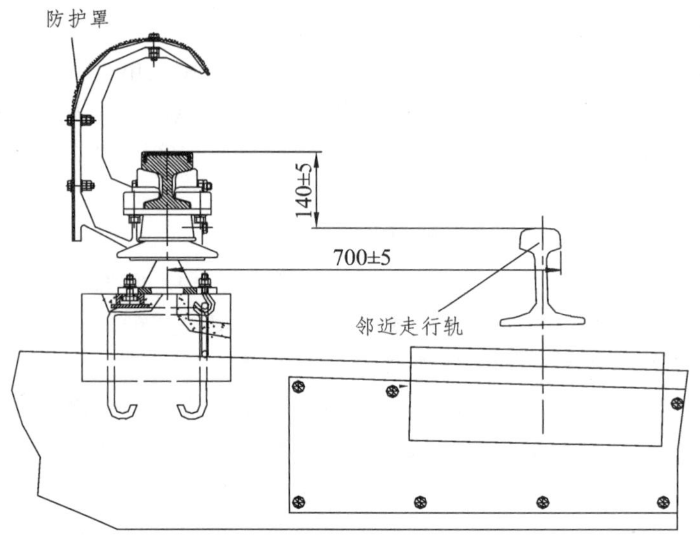

图 2-1-1　上部授流接触轨

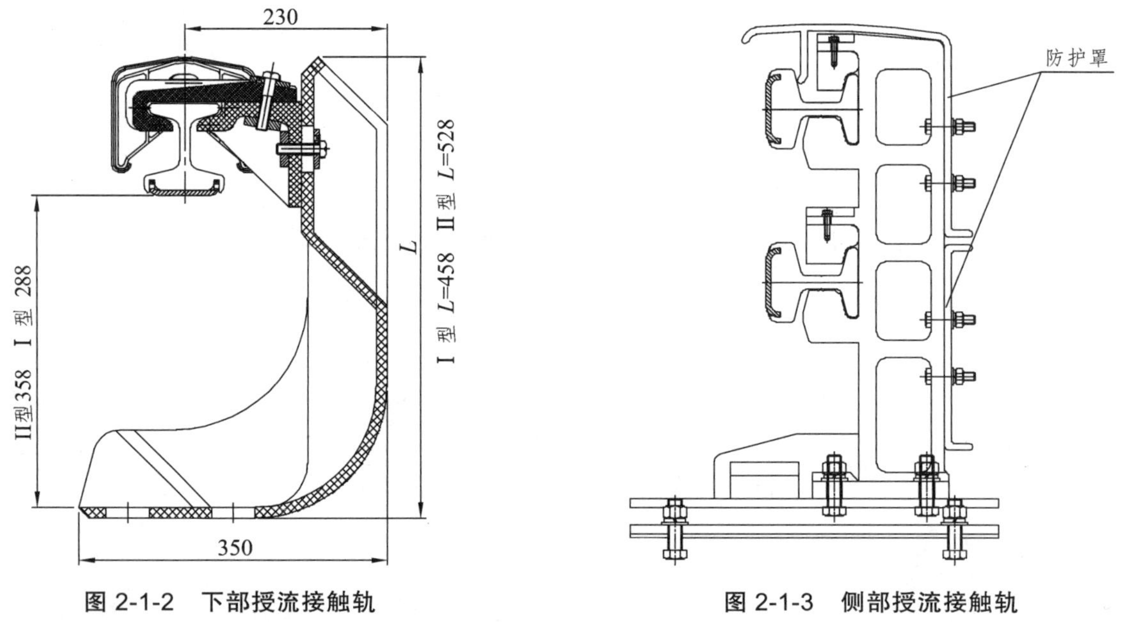

图 2-1-2　下部授流接触轨

图 2-1-3　侧部授流接触轨

接触轨可采用低碳钢材料或钢铝复合材料，本节接下来以钢铝复合材料下部授流式为例进行讲解。

（二）钢铝复合轨

1. 功能

钢铝复合轨由轻质的导电铝轨本体和非常耐磨的不锈钢接触面构成，主体由高强度耐腐蚀铝合金（6101-T6）挤压而成，授流接触面是连续的 6 mm 厚的不锈钢带。不锈钢带同导电铝轨机械复合，以确保它们之间的金属结合，从而保证铝轨和不锈钢带间的较小的接触电阻。

钢铝复合轨是接触轨的主要构成部件，其自身阻值很小，导电性能好，一般单独的钢铝复合轨为 15 m。接触轨就是由数量众多的钢铝复合轨连接而成的，在钢铝复合轨的连接处要涂抹适量的导电油脂，以改善接触轨断口处的导电性能，保证接触轨向电力机车输送高质量的 DC 1500 V 动力电。

接触轨侧面如图 2-1-4 所示。

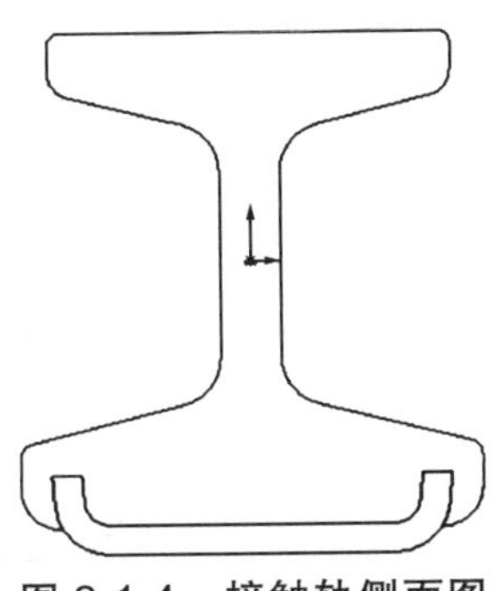

图 2-1-4　接触轨侧面图

2. 设备材料

钢铝复合轨中铝轨本体、钢带分别选用材料 6101（T6）和 0Cr18Ni9（304）。铝轨采用标准为 6101（T6）的铝合金坯料挤压成型，并符合 GB/T6892-2000《工业用铝及铝合金热挤压型材》、美国材料试验学会 ASTM B317 的要求，尺寸偏差等符合 GB/T14846-1993《铝及铝合金挤压型材尺寸偏差》高精级要求。钢带采用牌号为 0Cr18Ni9（304）的不锈钢板加工成型，其化学成份、机械性能符合 GB/T4237-1992《不锈钢热扎钢板的钢号和化学成份》的要求。

6101（T6）符合 ASTM B317《公共汽车导体》规定的化学成分和机械性能（表 2-1-1）。

表 2-1-1　6101（T6）的化学成分和机械性能

化学成分/%							
Si	Mg	Fe	Cu	Mn	Cr	Zn	B
		≤					
0.30 ~ 0.70	0.35 ~ 0.8	0.50	0.10	0.03	0.03	0.10	0.06
机械性能							
屈服点 σ_s/MPa		抗拉强度 σ_b/MPa			伸长率 δ_5/%		
≥							
170		200			8		

0Cr18Ni9（304）的不锈钢板符合 GB/T4237-1992《不锈钢热扎钢板的钢号和化学成份》规定的化学成份和机械性能（表 2-1-2）。

表 1-2-2　0Cr18Ni9（304）的化学成份和机械性能

化学成分/%						
Ni	Cr	C	Si	Mn	P	S
		≤				
8.0 ~ 11.0	17.0 ~ 19.0	0.08	0.08	2.00	0.035	0.025
机械性能						
屈服点 $\sigma_{0.2}$/MPa	抗拉强度 σ_b/MPa		伸长率 δ_5/ %		硬度 HB	
205	520		40		150 ~ 170	

3. 技术参数

1）钢铝复合轨的参数表（表 2-1-3）

表 2-1-3　钢铝复合轨的参数

名称	钢铝复合接触轨
轨高/mm	105
轨底宽/mm	80
接触面宽/mm	65
总宽/mm	92
重量/kg/m	14.58
标准长度/m	15
20 °C 时的单位电阻/（Ω/km）	≤0.0083

2）钢铝复合轨的结构断面（图 2-1-5）

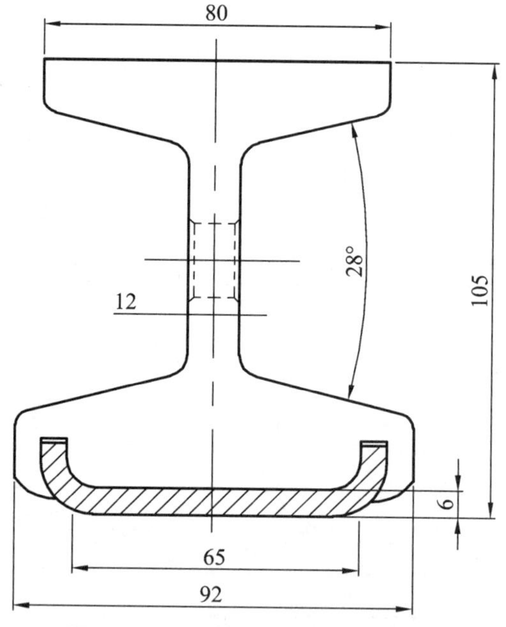

图 2-1-5　钢铝复合轨的断面结构

（三）普通中间接头

普通中间接头（图 2-1-6）通过采用不锈钢紧固件将两根 3 000 A 的钢铝复合轨或钢铝复合轨和其他附件连接起来，形成钢性连接，构成电气通路。每对普通接头由 4 套 M16 不锈钢紧固件连接，每套螺栓包括一根螺栓，两个螺帽，一个平垫和一个弹性垫片组成。

钢铝复合轨的连接孔和普通中间接头都有最小的公差，这样在相互配合时可以保证只有很小的或者几乎没有任何相互移动。

普通中间接头的材质与铝轨的材质相同，均为 6101（T6）。本体毛坯采用挤压成型，表面强度高，粗糙度低，外形尺寸准确。加工时只需根据需要长度锯断，并打孔即可。因此，它具有足够的强度来满足连接牢固的机械要求，同时它的截面积足够大，可以承载 3 000 A 电流。接头本体的轮廓与接触轨腰面紧密相贴，确保了电流续接的要求。通过计算，持续载流量达到 4 142 A，满足正常牵引动力电导通的要求。

图 2-1-6　普通用中间接头

每一套普通中间接头配有紧固件 4 套，每套包括螺栓、碟形弹垫各一个，螺母、平垫各两个。螺栓、螺母材质分别为 0Cr18Ni9 和 1Cr18Ni9，规格为 M16，平垫材质为不锈钢 1Cr18Ni9，碟形弹垫材质为 1Cr18Ni9。普通接头的螺栓防松是通过采用碟形弹垫保证的，这种碟形弹垫弹性特好，是世界上先进的防松弹垫，既能防松，又因为有良好的弹性而具有很好抗振作用。

（四）膨胀接头

由于环境温度的变化或运行中电流产生的热量都会造成接触轨温度的变化而产生一定的位移，膨胀接头的设计使得钢铝复合接触轨可以适应这一位移变化，从而满足接触轨系统的机械特性和电气特性。

膨胀接头（图 2-1-7）全长 1 975 mm，距离两端相邻绝缘支撑装置间隔在 2 500 mm 以上。膨胀接头的接触面的设计保证列车集电靴的平滑通过。

图 2-1-7　膨胀接头

膨胀接头两侧的锚固夹板与接触轨腰面通过螺栓连接，每一套膨胀接头配有紧固件 3 套，每套包括螺栓、碟形弹垫各一个，螺母、平垫各两个。螺栓、螺母材质分别为 0Cr18Ni9 和 1Cr18Ni9，规格为 M16，平垫材质为不锈钢 1Cr18Ni9，碟形弹垫材质为 1Cr18Ni9。膨胀接头的螺栓防松是通过采用碟形弹垫保证的，与普通中间接头相似。

（五）防爬器

防爬器（图 2-1-8）安装于每一接触轨锚段中心位置的绝缘支架两端，用于保证接触轨因受到热胀冷缩而向锚段两侧发生均匀移动，其结构和机械性能满足防窜要求。防爬器可以为接触轨提供的锚固力可靠，锚固力与绝缘支架形成作用力与反作用力而保持平衡，保持膨胀区段的中点位置。防爬器外形美观，安装简单，配套合理。防爬器是与膨胀接头是配合使用的。

一套防爬器由 2 块铝制结构块组成，安装位置选择在每一锚段的中心，在处于锚段中心位置的绝缘支架附近夹持着钢铝复合轨，每处使用两套防爬器。连接方式是通过螺杆将防爬器固定在钢铝复合轨上。

图 2-1-8 防爬器

防爬器采用的材质与铝轨材质一致，为 6101（T6）。每套防爬器由一对梯形截面铝块组成，用 2 套紧固件连接，每套包括螺栓、碟形弹垫各一个，螺母、平垫各两个。螺栓、螺母材质分别为 0Cr18Ni9 和 1Cr18Ni9，规格为 M16，平垫材质为不锈钢 1Cr18Ni9，碟形弹垫材质为 1Cr18Ni9。防爬器的螺栓防松是通过采用碟形弹垫和双螺母保证的。

（六）端部弯头

端部弯头（图 2-1-9）分为高速端部弯头和低速端部弯头两种，高速端部弯头全长 5.2 m，低速端部弯头全长 3.4 m。高速端部弯头通常安装在正线上，而低速端部弯头则通常安装于车辆段和停车场内。由于接触轨是临近地面安装的，在有道岔和人行道与钢轨交叉处，接触轨不能连续安装，必须将其断开。在接触轨安装断开处设计端部弯头是为了保证列车在保持一定速度运行时，集电靴能够平滑地接触和脱离接触轨。

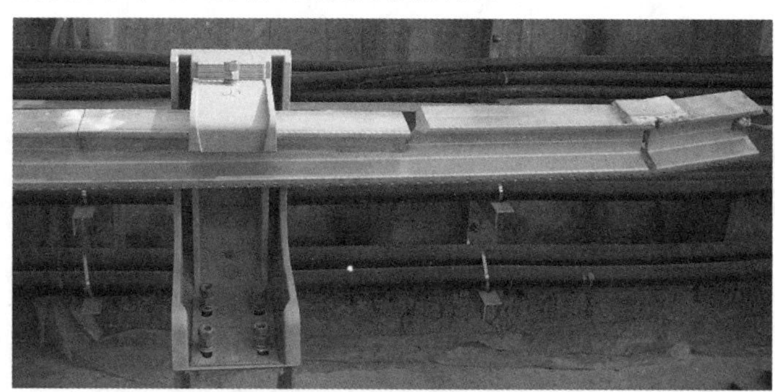

图 2-1-9 端部弯头

端部弯头与钢铝复合轨的连接也是通过普通中间接头连接的。端部弯头的材料与钢铝复合轨相同。

虽然安装了端部弯头的接触轨与相邻的接触轨有明显的断口，但它们在电气连接上不一定是绝缘的。判断相邻的接触轨是否电气绝缘，要取决于此相邻的接触轨之间是否采用了电连接电缆进行连接，形成一个电气通路。

（七）电连接用中间接头

电连接用中间接头（图 2-1-10）是连接上网电缆或电连接电缆向接触轨提供 DC1500V 牵

引动力电的零件。电连接用中间接头能安装在接触轨的任何位置，例如，牵引变电所出口、接头、弯头、电分断或道岔处，具体位置由设计图纸确定。

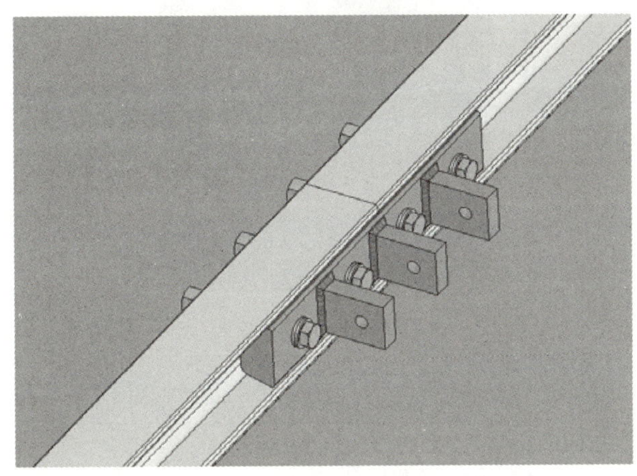

图 2-1-10　电连接用中间接头

它由两片铝合金零件组成，一块是普通接头本体，另一块在普通接头本体上焊有 4 个电连接板。电连接用中间接头材质与铝轨的材质相同，均为 6101（T6）。每个电连接用中间接头可以连接 8 ~ 12 根 240 mm^2 的导线。

电连接用中间接头本体及电连接板的截面积足够大，可以承载 3 000 A 电流，保证输送满负荷牵引动力额定电流时不过热。接头本体的轮廓与接触轨腰面紧密接触，确保电流续接的要求。通过计算，持续载流量达到 4 142 A，满足正常牵引动力电导通的要求。

每一套电连接用接头配有紧固件 4 套，每套包括螺栓、碟形弹垫各一个，螺母、平垫各两个。螺栓、螺母材质分别为 0Cr18Ni9 和 1Cr18Ni9，规格为 M16，平垫材质为不锈钢 1Cr18Ni9，碟形弹垫材质为 1Cr18Ni9。电连接用中间接头的螺栓防松是通过采用碟形弹垫和双螺母保证的。

电连接用中间接头是用来连接柔性供电电缆的，注意接入电缆的长度要足够长，尤其注意对接触轨的纵向移动不能有所影响，即电缆连接时不能给接触轨的连接侧边产生任何额外的应力。导线必须留有足够余量，避免向钢铝复合轨施加额外的拉力，从而阻碍钢铝复合轨在纵向方向上的位移。

（八）绝缘支架及底座

绝缘支架（图 2-1-11）是整个接触轨系统的支撑基础，其作用主要有两个，一是为整个接触轨系统提供足够的支撑力，保证接触轨的安装位置相对稳定，确保接触轨授流面与集电靴的接触力度和接触面积，从而保证了电力机车的授流质量；二是使接触轨牵引系统回路与大地保持绝缘，确保 DC 1500 V 牵引动力电在变电所、接触轨、电力机车和钢轨组成的闭合回路中流动，有效防止直流电进入大地形成杂散电流，对沿途的钢筋结构体产生电腐蚀，减少建筑物的使用寿命。

绝缘支架的底座是安装在整体道床或枕木上，底座是由不锈钢材料制成。底座的安装位置由设计图纸确定，在钢轨道床铺设时，预留出底座的安装孔，呈三角形排列，靠近钢轨处有两个安装孔，安装螺栓型号为 M16×195。

图 2-1-11　绝缘支架

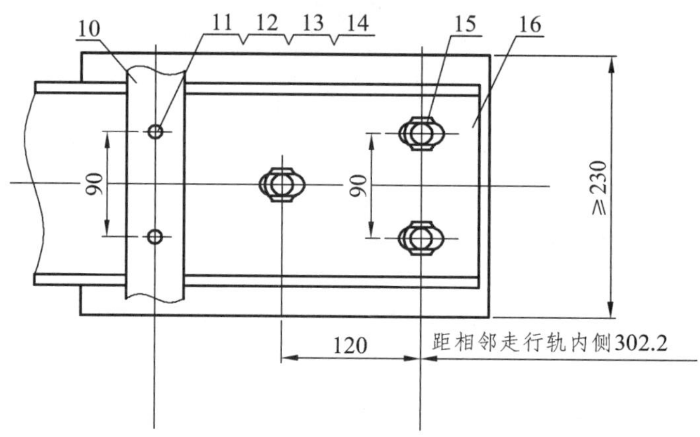

图 2-1-12　底座设计安装图

绝缘支架的材料为玻璃增强热固性塑料（GRP，FRP，Fiberglass Reinfoce Plastic），俗称玻璃钢。它是一种复合材料，基体是树脂（resin），是一种热固性塑料，包括环氧（EP）、酚醛树脂（PF）等，是一种有机非金属材料；GRP 的增强体式玻璃纤维，起增强作用，是一种无机非金属的人造无机纤维。GRP 具有良好的电绝缘性能和粘结性能，较高的机械强度和耐热性，可纺织性，耐一般酸碱及有机溶剂，耐霉菌。

通常，两个绝缘支架的安装距离为 3～5 m，一般不小于 3 m。地铁三号线绝缘支架的具体设置如下：

1. 正线区间

（1）绝缘支架的间距一般为 5.0 m，最大间距为 5.1 m。

（2）对于高速端部弯头，两个绝缘支架的间距为 3.75 m；对于低速端部弯头，两个绝缘支架的间距为 2.1 m。

（3）对于膨胀接头，其两侧的绝缘支架间距为 3.0 m。

2. 车辆段及停车场

（1）运用库外，绝缘支架的标准间距一般为 4.86 m，最大间距为 5.1 m。

（2）运用库内，绝缘支架的标准间距一般为 5.0 m，最大间距为 5.1 m。

（3）对于低速端部弯头，两个绝缘支架的间距为 2.1 m。

（4）对于膨胀接头，其两侧的绝缘支架间距为 3.0 m。

（九）绝缘防护罩

绝缘防护罩应用于整个接触轨系统，其作用是最大限度地遮盖住接触轨的非授流面，防止人或物触碰接触轨发生触电危险，同时也减少了外界灰尘、雨、雪等对接触轨的影响，起到保持接触轨清洁的作用。绝缘防护罩分为端部弯头防护罩（图 2-1-13）、绝缘支架防护罩（图 2-1-14）、普通防护罩、膨胀接头防护罩和电缆用中间接头防护罩。

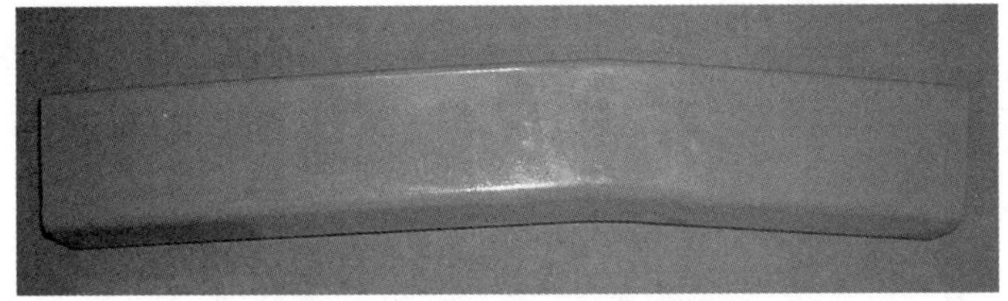

图 2-1-13 端部弯头防护罩

图 2-1-14 绝缘支架防护罩

绝缘防护罩的材料与绝缘支架相同，也是 GRP。

（十）电缆

电缆是用于将变电所、各独立接触轨段、钢轨及避雷器等连接为一个电气通路。电缆按不同的作用分为送电上网电缆、电连接电缆、均流电缆（图 2-1-15）和回流电缆；按安装位置所处的电极性可分为正极电缆和负极电缆。

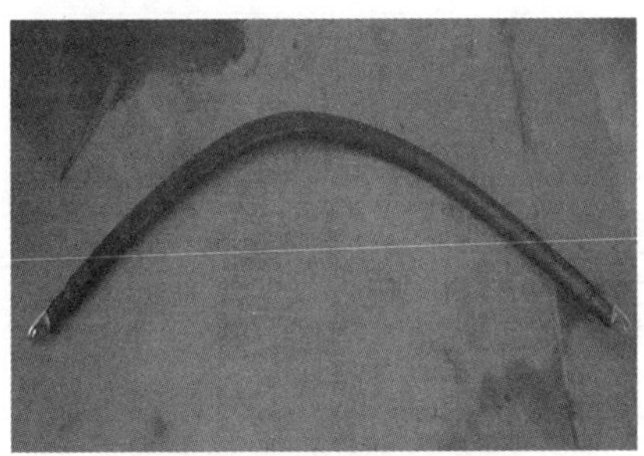

图 2-1-15 均流电缆

地铁三号线接触轨用到的电缆型号主要有三种，截面分别为 150 mm^2，240 mm^2 和 400 mm^2。其中 150 mm^2 电缆通常用于钢轨至避雷器、避雷器至接地极、避雷器至接触轨、接触轨接地扁铝、接地扁铝至变电所接地母排、走行轨道岔及接头处等之间的连接；240 mm^2 电缆通常用作接触轨的上网电缆和接触轨机械分段处的电连接；400 mm^2 电缆通常用于车辆段运用库内电动隔离开关和正线铜母排与牵引变电所之间的连接。

二、作业指导书

本任务主要是学习接触轨有关理论，因此任务中的作业实施可以针对具体现场情况进行认知学习。在这里，我们以接触轨典型结构的认知为例进行展示，读者也可参考以下作业指导书针对其他接触网认知开展学习。

（一）范　围

本作业指导书规定了对接触轨认知学习内容。

（二）引用规范性文件（表 2-1-14）

表 2-1-14　引用规范性文件

标准号	发布日期	内容
DIN EN10088-1	1995	不锈钢-第 1 部分：不锈钢材料目录
DIN EN10088-2	2001	不锈钢-第 2 部分：用于普通和建筑目的的不锈钢板/带的技术交货条件
ISO 3522	1984	铸造铝合金：化学成分和机械特性
EN755	1997	铝及铝合金——用于挤压工艺的杆/棒、管等轮廓形状 第 1 部分：检验和交货的技术条件 第 2 部分：机械特性
DIN EN 10002-1	2001	机械材料—张力测试
DIN EN10204	1995	机械产品—检验文件的形式
DIN EN 573-3	2003	铝及铝合金—化学成分和精炼产品的构成
GB/T3190-1996	1996	变形铝及铝合金的化学成分
ASTM　B317	2000	公共汽车导体
GB/T16474-1996	1996	变形铝及铝合金牌号表示方法
GB/T16475-1996	1996	变形铝及铝合金状态代号
GB/T14846-1993	1993	铝及铝合金挤压型材尺寸偏差
GB/T6892-2000	2000	工业用铝及铝合金热挤压型材
GB/T4237-1992	1992	不锈钢热扎钢板
TB/T2073-2003	2003	电气化铁道接触网零部件通用技术条件
TB/T2074-2003	2003	电气化铁道接触网零部件试验方法
GB/T700-1988	1988	普通碳素结构钢

（三）作业目的

完成对接触轨的认知学习，熟知不同类型的接触轨的特点。

（四）作业内容

认知接触轨系统的主要结构，包括钢铝复合轨、膨胀接头、防爬器、端部弯头、中间接头、绝缘支架、支架底座、上网电缆、电连接电缆、回流母排、均流线、避雷器、电动隔离开关和其他零件。

【任务实施及考核】

一、任务实施

（一）任务实施目的

掌握接触轨系统的结构、作用。

（二）任务实施准备工作

完成理论知识的学习，并自主观看拓展资料，形成对接触轨系统的整体认知。

（三）任务实施场地器材

接触轨有关实训基地或现场（要求包含接触轨系统的典型结构和设备、零件）。

（四）任务实施步骤

（1）理论学习。完成本任务相关理论的学习。
（2）拓展学习。完成本任务拓展资料的学习。
（3）实物认知。在掌握相关理论的学习的基础上，结合实物进行综合认知。
（4）完成考核。

（五）注意事项

接触柜的整体认知内容较多，受到书本篇幅限制，很多接触轨相关理论并没有详细展开讲解，任务实施时既要根据书本内容进行基础学习，更需要自主学习拓展资料，才能更深入地对接触轨形成较完整的整体认知。

二、考核表

序　号	考核内容	考核标准	标　准	得　分
1	接触轨的类型	能答出接触轨的三种类型和各自特点	5分（能说出4/3 /2/1/0个，给5/4/3/2/0分）	
2	接触轨系统的主要设备和零件识别	能明确识别出接触轨典型结构的名称	70分（能说出15/10/5/1/0个以上，给65/45/35/15/0分）	
3	接触轨系统的主要设备和零件作用判断	能明确说出接触轨典型结构的作用	25分（能完整/较好/较差的说出优缺点，给20/15/5分）	
总分			100分	

任务二　接触轨的安装及更换

【任务描述】

本任务是对接触轨系统的安装及更换介绍，通过本任务的完成，能初步掌握接触轨系统安装及更换的技能，为后续任务的执行奠定基础。

微信扫二维码，看本章教案

【资讯】

一、理论学习部分

安装或更换接触轨系统设备部件时必须使用相应的工具以防止损伤其他正常设备。特别注意的是，以下工具是安装或更换系统设备部件所必须的，但在实际工作操作中需要的工具可能不仅仅局限与此。

（1）8 m 长的扁平杆，配以编织带或尼龙带以用于起吊 15 m 的钢铝复合轨。在任何情况下都不能用钢绳、钢丝等起吊或装卸。

（2）锯轨机——转速适中的移动式锯轨机，锯齿适合铝及不锈钢，须用螺栓安装在一只可拆卸的工具台上。用于钢铝复合轨的切割。

（3）扳手及扭矩扳手——所有工具全部采用米制。用于不同螺栓的紧固。

（4）扳手采用开口或套筒成套工具，包括可接长杆的扳手，以便在窄小的地方使用，该扳手最好选用锻钢材料和名牌产品。

（5）带木柄的扁平即圆形锉刀。用与对钢铝复合轨断面的打磨。

（6）钢（卷）带尺，10 m，30 m 和 100 m。

（7）不锈钢丝刷，中等粗细毛刷。用于去除铁锈等污染物。

（8）600 mm 长锥形螺纹丝锥。用于螺钉的紧固。

（9）橡皮槌。用于调整各零件的位置。

（10）数字温度表。用与测量接触轨的实时温度，主要在膨胀接头更换时使用。

（11）1 m 刚直尺。

（12）手持电动打孔机，具有可变速或双速 16 mm 卡盘，一定数量的 3 ~ 16 mm 钻头。用于钢铝复合轨、端部弯头和膨胀接头的钻孔。

（13）带水平仪的钢三角规。测量接触轨的垂直情况。

（14）除毛刺工具。清除钢铝复合轨断面的毛刺。

（15）活动扳手：300 ~ 500 mm。用于螺栓的紧固。

（16）1200 mm 长的撬杠。用于绝缘支架的微量调整。

（17）腿可调节的木质锯轨机支架。用于放置钢铝复合轨。

（18）水平仪。测量接触轨的水平情况。

（19）木质楔。安装时放置钢铝复合轨及其它零部件。

（20）橡胶棒槌。用于钢铝复合轨的调整。

（一）设备的安装

1. 钢铝复合轨

（1）在标准正线安装钢铝复合轨，先将要安装的钢铝复合轨搬运到安装地点、绝缘支架装置附近，钢铝复合轨是按照标定距离 3 ~ 5 m 置于绝缘支架装置之上的（托架定位的允许公差±10 mm）。注：在特殊地段，如车站处、转折处、弯道处、坡道处或膨胀接头处，绝缘支架装置之间的距离应不小于 3 m。如图 2-2-1 所示。

图 2-2-1　接触轨安装到位示意图

（2）每根 3 000 A 钢铝复合轨的重量约为 218 kg，长度为 15 m。安装前先观察钢铝复合轨的方向，如图 2-2-2 所示，覆不锈刚带一面朝向地面。可安排 8 个人抬起接触轨，每两人使用一套专用抬轨工具，另 2 人在旁边协助抬起轨道（如图 2-2-3 所示）。抬轨人员应该保持抬轨工具、双手、衣物及防护用品的干净整洁，避免有油污或其它可能污染到钢铝复合轨的物品。

图 2-2-2　钢铝复合轨截面图

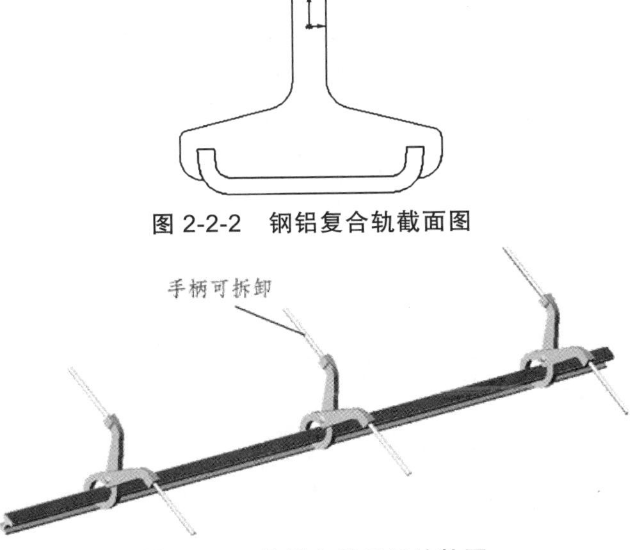

图 2-2-3　使用专用工具抬轨图

也用专用工具起吊钢铝复合轨，如图 2-2-4 所示。

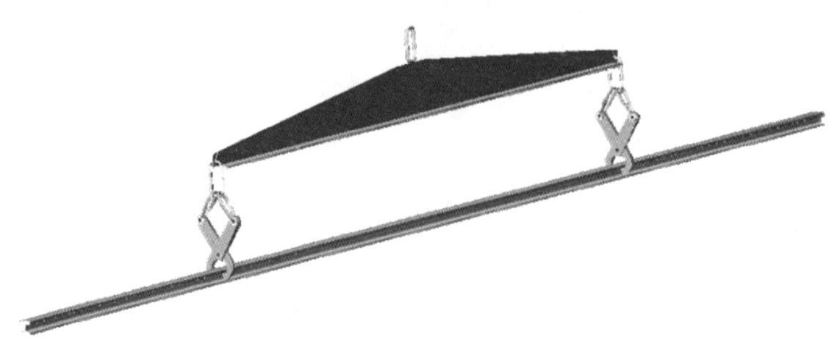

图 2-2-4 使用专用工具起吊钢铝复合轨图

（3）把钢铝复合轨轻轻抬起，注意抬起时禁止摇摆晃动，应水平抬起，再轻轻推送到位，如图 2-2-6 所示。钢铝复合轨腰腹部应放置到支座的固定颚上，见图 2-2-5。操作时要很小心，让钢铝复合轨慢慢放下去，与已安装到位的相邻钢铝复合轨相对接。

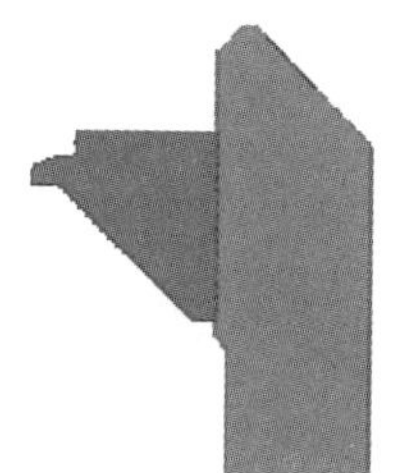

图 2-2-5 绝缘支架原始装置图

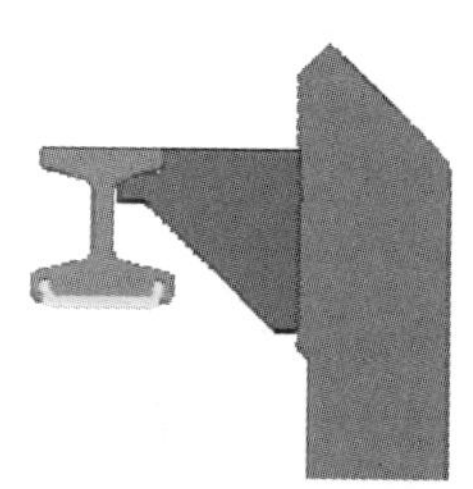

图 2-2-6 推送到位截面图

（4）抬钢铝复合轨的四个人要让钢铝复合轨落到位后不要移动，另外两个人则将卡爪零件卡住钢铝复合轨（如图 2-2-7 所示），调整卡爪位置，从而使钢铝复合轨位于正确的位置。

（5）检查钢铝复合轨与相应走行轨的表面高度是否正确、对齐是否良好，可参照相关的施工设计图纸进行。务必要使不锈钢接触表面在水平方向与走行轨平面平行，纵向则要与相邻走行轨平行。

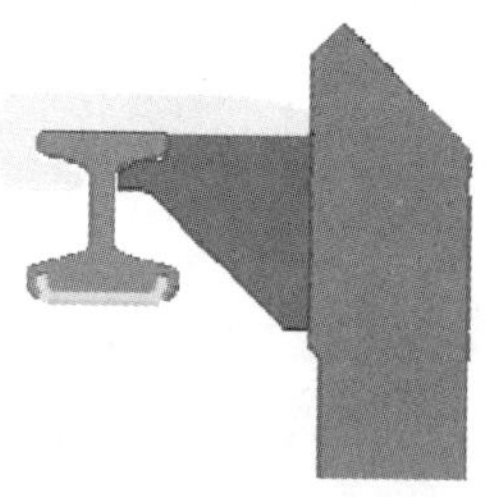

图 2-2-7 卡爪安装到位截面图

安装过程中视实际需要进行调整，使其精度满足±1°。调整的依据是集电靴在水平方向处于集电机构之上的标定度。如与此不符，则要做调整。

高度调整应采取置楔子，即在绝缘支架的底座与混凝土平板或轨枕之间垫上合适楔子。

（6）调整到位，将螺栓依次穿过止动垫片、方形垫片、卡爪、支座，套入螺母（如图 2-2-8 所示），使用力矩扳手拧紧到 44 N · m，待整个线路段调整完毕，将止动垫片向上橇起，使其与螺栓的一个六方平面紧贴（安装螺栓时注意方形垫片的方向）。

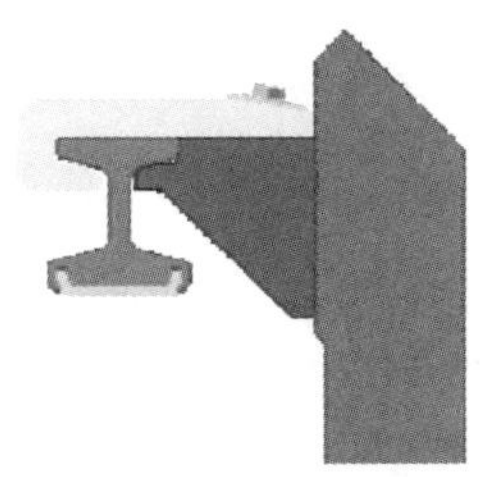

图 2-2-8　穿入螺栓截面图

2. 普通中间接头

（1）普通中间接头适用于固定连接相邻复合轨并传导电流。安装效果如图 2-2-9 所示。

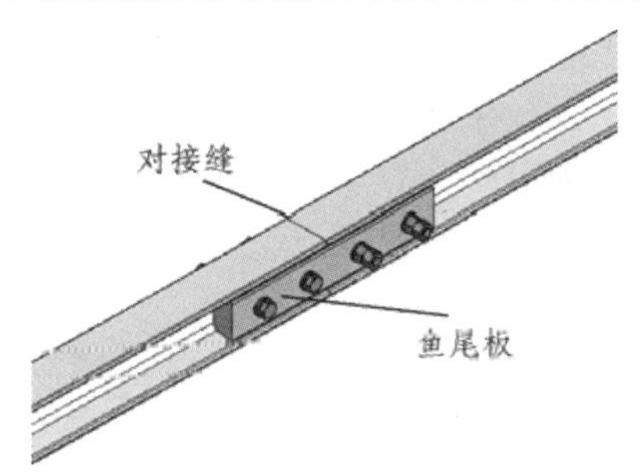

图 2-2-9　普通中间接头安装效果图

（2）检查复合轨接缝部位是否安装平齐，保证覆不锈刚带一侧安装平齐，不允许有高低不平，或扭转现象，安装精度为 0.5 mm，如图 2-2-10 所示。

（3）将装置到位的复合轨末端及对接处的相近复合轨末端清理干净，并涂上接触油脂，安装效果如图 2-2-11 所示。

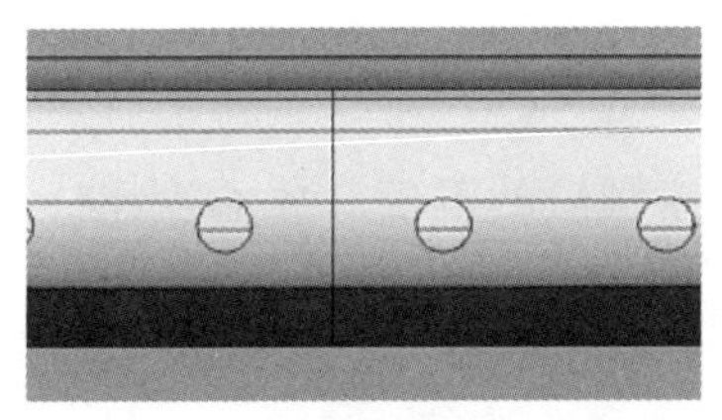

图 2-2-10　接触轨对接安装图

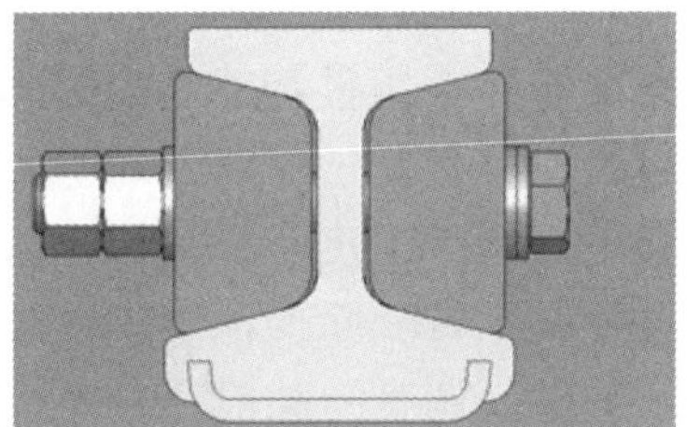

图 2-2-11　安装截面效果图

（4）将所有配合表面清理干净，使用干净的垫子或中粒度磨料钢丝刷打磨，并在普通中间接头的界面连接表面处涂上一层极薄的接触油脂。

（5）将普通中间接头安装到要加以连接的复合轨端点的轨腹处，并将 4 根螺栓拧紧到普通中间接头上，要确保在直线方向上复合轨的对接缝已牢牢定位。

在安装过程要特别注意连接组件安装要仔细按照施工图纸的要求进行，务必不要让连接组件与轨道防护罩、防护罩支撑块相互干涉。

（6）接着拧紧其他螺栓，拧紧螺栓至 70 N · m。

（7）再次检查接触表面，将接头处多余的接触油脂擦干净，并在安装完成后将工作地点的废弃物清除。

3. 膨胀接头

（1）将要安装的新膨胀接头组件搬运到安装地点附近。伸缩段组件长约 1 975 mm，搬运时务必十分小心。

（2）在需要安装膨胀接头的复合轨端头处（已安装到位），放置安装平台，总高度符合施工设计图纸的要求。

（3）为抬起组件，应安排 3 个人，每边安排一个人抬起，第三个人则在中间处协助抬组件。把膨胀接头组件轻轻放稳在木板上，操作时要小心，要顾及到已经安装到位组件。然后，把膨胀接头轻轻推送到位。操作时要很小心，要顾及到已经安装到位的相邻复合轨的端面。膨胀接头的外形图如下图 2-2-12 所示，膨胀接头的实际安装效果如下图 2-2-13 所示。

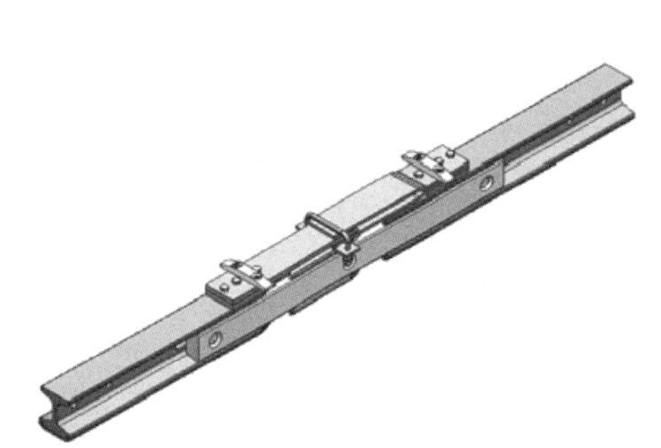

图 2-2-12 膨胀接头的外形图

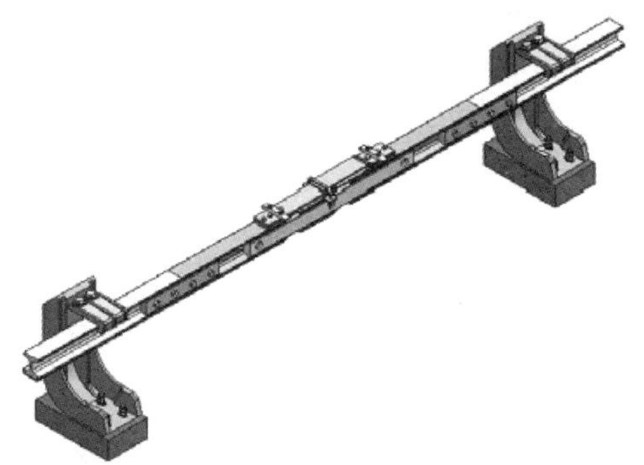

图 2-2-13 膨胀接头的实际安装效果图

（4）在使用带有起重臂的铲车或液压起重机来安装膨胀接头的情况下，要用防护材料垫起，以防损坏膨胀接头。膨胀接头的两端应加以控制，防止打转、翘起或扭曲。另外要安排一个人来协调，充当铲车或起重机司机的司号员，并负责把膨胀接头装置轻轻放稳在木板上，其余同 3。

（5）检查膨胀接头组件与相邻走行轨之间接触面的高度和对齐情况，操作按相关的施工设计图纸进行。如有必要，应加以调整。

（6）配备一只数字温度计，用温度计测出已安装接触轨的温度。将温度感应点分别置于轨底、轨腹下部及钢带表面，记录读数并计算其平均值。

（7）调整间隙。调整间隙前，应先检查膨胀接头装置两侧的 M16、U 螺栓与螺母是否符合出厂时的状态，方法是看螺栓与螺母上的红油漆标记是否完好。若标记完好，则用专用工具将膨胀接头装置两侧的滑轨小心地拉开，使间隙与环境温度相适应。若螺栓与螺母上的红油漆标记已经破坏，则不能安装，交由生产厂家处理。

（8）膨胀接头装置的工厂预装配。由半成品库领取各零部件，按照装配图纸要求装配成套。装配时，要注意应在锚固夹板两侧面均匀涂抹 DG-3 活动型导电膏。紧固螺栓时，用扭矩扳手交替拧紧，中间 M16 螺栓、两边 M16 螺栓紧固力矩按规定力矩拧紧；电流连接器与接触轨连接的 M10 螺栓紧固力矩为 25 ~ 31 N · m。安装时应保证锚固夹板侧面与左右滑轨侧面紧密相贴，组成膨胀接头的三块轨覆不锈钢带一面应平齐。装配 U 螺栓时，用扭矩扳手交替拧紧 U 螺栓螺母拧紧到弹簧长度为 15 ~ 16 mm 即可，安装完毕，用红油漆分别在 M16、U 螺栓与螺母连接处点标记。

（9）复查接触面对齐情况及温度读数。

（10）使用 C 型夹具及 50×100 mm 的木质楔以保证间隙所在处不挪动，安装另外一端的接触轨。

（11）将安装到位的复合轨末端及落位处的相近复合轨末端清理干净，然后在复合轨末端的轨腹两侧涂上接触油脂。

（12）将普通接头安装到要加以连接复合轨末端的伸缩段组件的轨腹处，并将四根螺栓拧紧至要求。拧紧螺栓时要确保复合轨的末端牢牢定位。

（13）再次检查接触面高度及对齐情况。将接头处多余的接触油脂擦干净，并在安装完成后将工作地点的废弃物清除。

（14）靠近膨胀接头处的防护罩要按实际需要切割。

（15）最后，要将经专门切割后的防护罩固定到膨胀接头之顶部。

（16）安装工作应按以下步骤进行：安装膨胀接头须从一侧锚固开始，接着安装膨胀接头另一侧的锚固。安装第二处锚固及伸缩间隙的调整应根据当时的实际温度重新定值。

（17）安装膨胀接头的两根绝缘支架之间的距离通常为 3 ~ 5 m，不得小于 3 m。

（18）由于膨胀接头的重量比钢铝复合轨要重，并且在其中有一个滑动结构，所以有必要针对膨胀接头的绝缘支架，提出以下方案：

A 直线段

在直线段，膨胀接头应尽量安装在两根绝缘支架装置的中心部位，最少膨胀接头的每一端距相邻的绝缘支架装置的距离不小于 400 mm。

B 弯道段

① 在弯道上安装膨胀接头时，一般要求线路弯道半径应不小于 300 m。弯道段中设置膨胀接头，则会使绝缘支架及膨胀接头受到很大的张力。膨胀接头的滑动块会因为这一额外张力而加速磨损，绝缘支架也会很快磨损。由于这个原因，通常不建议在弯道处设置膨胀接头。在轨道线路的弯道段中，典型的膨胀接头应设置在最近的直线走行轨段处。

② 弯道段的半径如果小于 300 m，则建议不设置膨胀接头。在特殊情况下，也会出现半径小于 300 m 的弯道必须设置膨胀接头的情况。对于此类情况，建议在弯道的中部设置锚固，从而使必须安装在此弯道内的膨胀接头的伸缩转移到直道上。安装后的膨胀接头依然能起到作用，可是会使膨胀接头张开及闭合的张力转移作用于绝缘支架上。至于锚固之间的距离设置，应引起高度重视。

4. 电连接用中间接头

（1）电连接用中间接头适用于将外部电流引入到接触轨，安装效果如下图 2-2-14。

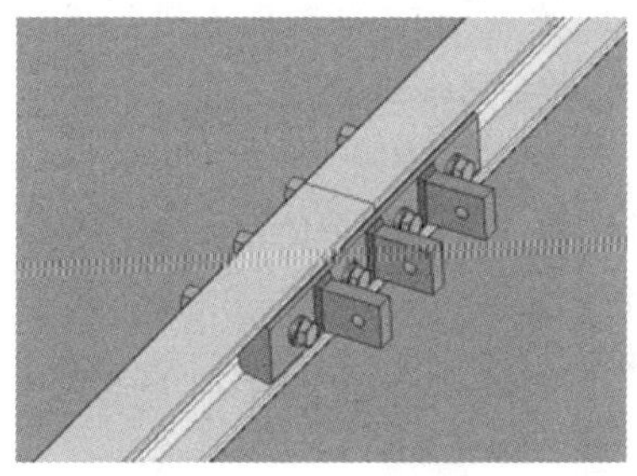

图 2-2-14　电连接用中间接头安装效果图

（2）使用打孔机在选定部位进行打孔，孔的直径为ϕ17 mm，间距为 100 mm，共计 4 个孔。

（3）将所有配合表面清理干净，使用干净的垫子或中粒度磨料钢丝刷打磨，并在电连接中间接头的界面连接表面处涂上一层极薄的接触油脂。

（4）将电连接中间接头安装到要加以连接的接触轨端点的轨腹处，并将 4 根螺栓拧紧，要确保接线板在线路外侧。

（5）接着拧紧其他螺栓，螺栓紧固力矩为 70 N·m。

（6）再次检查接触表面，将接头处多余的接触油脂擦干净，并在安装完成后将工作地点的废弃物清除。

5. 端部弯头

（1）端部弯头按照正线和车场线分为两种，即高速端部弯头和低速端部弯头，高速端部弯头长度为 5.2 m，端部弯头两端的高度差 126 mm，通常安装于正线上；低速端部弯头长度为 3.4 m，端部弯头两端的高度差 129 mm，通常安装于车站、车辆段和停车场。端部弯头同复合轨之间采用普通中间接头连接，见图 2-2-15 和图 2-2-16。

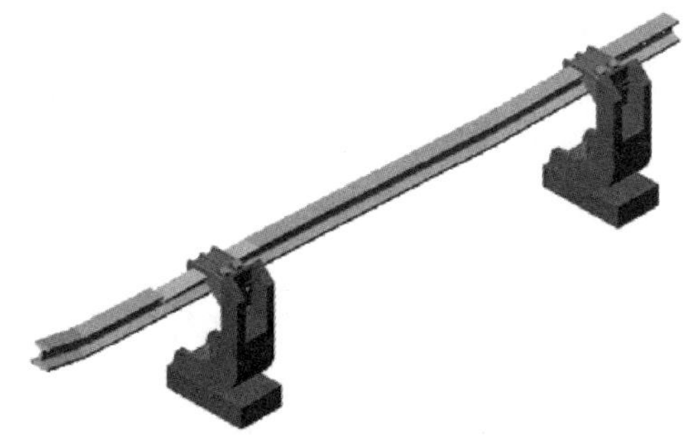

图 2-2-15　端部弯头实际安装效果图一

图 2-2-16　端部弯头实际安装效果图二

（2）清理复合轨和端部弯头安装端面的污物，休整端面上的毛刺，检查端面与轨面的垂直度，保证垂直度为±0.1°，并涂上一层极薄的接触油脂。

（3）使用 C 形夹具和两块质地软硬适中的木板（板长 500 mm，宽 90 mm，厚 15 mm，并且表面光滑平整），上下夹持住复合轨和端部弯头，使其两部分的对接保持在同一平面上，接头处无高低落差。

（4）使用打孔机和辅助打孔工具，在需要安装端部弯头的复合轨一端进行打孔，孔的直径为ϕ17 mm，连同端部弯头上的孔，共计 4 个，孔间距为 100 mm。

（5）将所有配合表面清理干净，使用干净的垫子或中粒度磨料钢丝刷打磨，并在端部弯头的界面连接表面处涂上一层极薄的接触油脂。

（6）将端部弯头安装到要加以连接的普通中间接头处，并将 4 根螺栓拧紧。端部弯头的断口与接触轨之间密贴，不得有高低差及由此产生的台阶伤及集电靴。

（7）接着拧紧其它螺栓，螺栓紧固力矩为 70 N·m。

（8）再次检查接触表面，将接头处多余的接触油脂擦干净，并在安装完成后将工作地点的废弃物清除。

6. 普通防爬器

（1）接触轨普通防爬器是用于防止复合轨长轨向两侧不均匀窜动的固定连接件，安装在长轨的中部，安装效果如下图 2-2-17 所示。

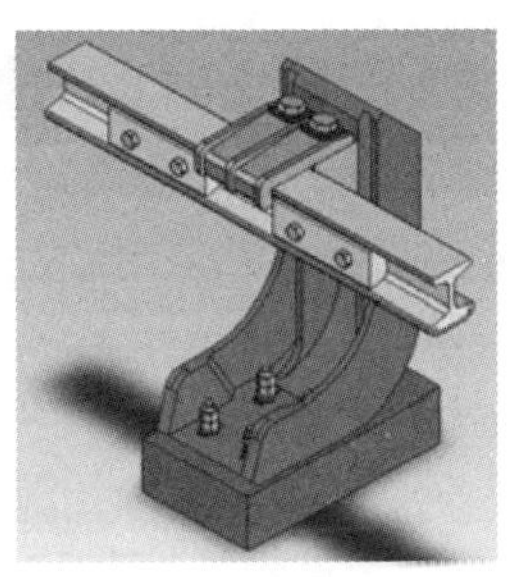

图 2-2-17 普通防爬器安装效果

（2）一套普通防爬器由一对铝制防爬器本体、两根螺栓、两个平垫、两个弹垫、两个螺母组成。通常在一个安装位置安装两套普通防爬器，分别位于绝缘支架的两侧，如上图所示。安装组件如图 2-2-18 和图 2-2-19 所示。

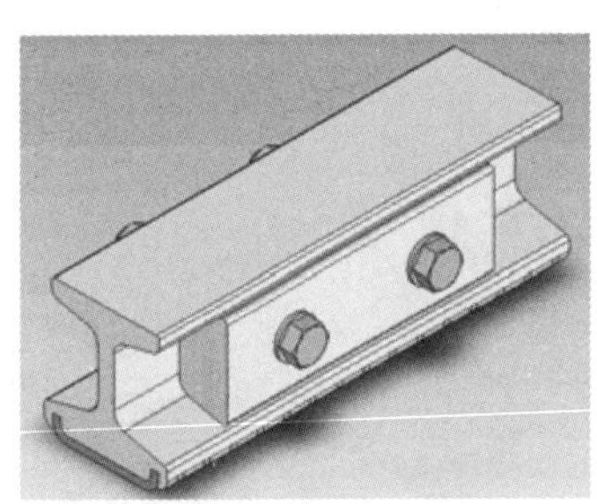

图 2-2-18 普通防爬器单独安装效果图

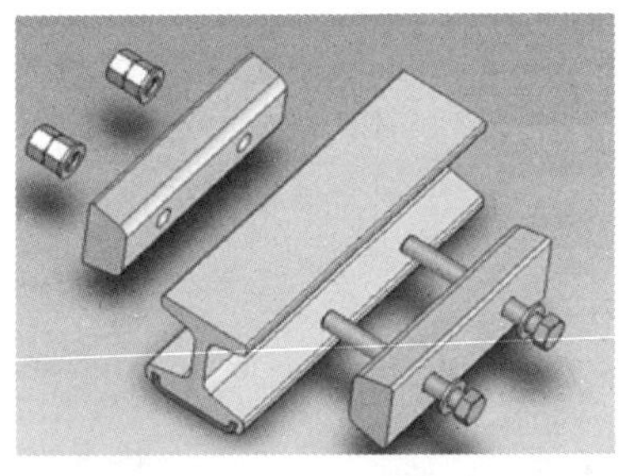

图 2-2-19 普通防爬器组件图

（3）使用打孔机在选定部位进行打孔（通常认为在防爬器本体的边缘靠近绝缘支架或卡爪 2 ~ 4 mm 处为防爬器的安装位置），孔的直径为 ϕ17 mm，间距为 100 mm，共计 2 个孔。安装过程中一定要注意，在绝缘件两侧对称部位要同时进行相同的操作。

（4）将所有配合表面清理干净，使用干净的垫子或中粒度磨料钢丝刷打磨，并在防爬器本体的界面连接表面处涂上一层极薄的接触油脂。

（5）将防爬器本体安装到复合轨已经钻好孔的轨腹处，并将 2 根螺栓拧紧。

（6）接着用扭矩扳手拧紧螺栓，螺栓紧固力矩为 70 N·m。

（7）再次检查接触表面，将接头处多余的油脂擦干净，完成后将工作地点的废弃物清除。

7. 锚结用防爬器

（1）接触轨锚结用防爬器是用于防止接触轨长轨向两侧部均匀窜动的固定连接件，安装在曲线部位绝缘支架的两侧，下锚固定，安装效果如图 2-2-20 和图 2-2-21 所示。

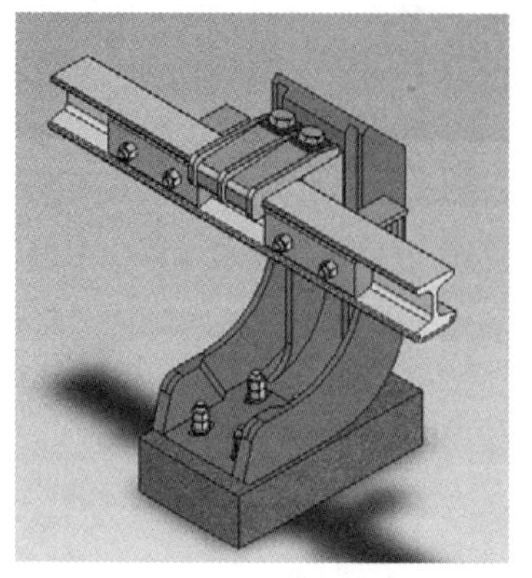

图 2-2-20 锚结用防爬器安装效果图一

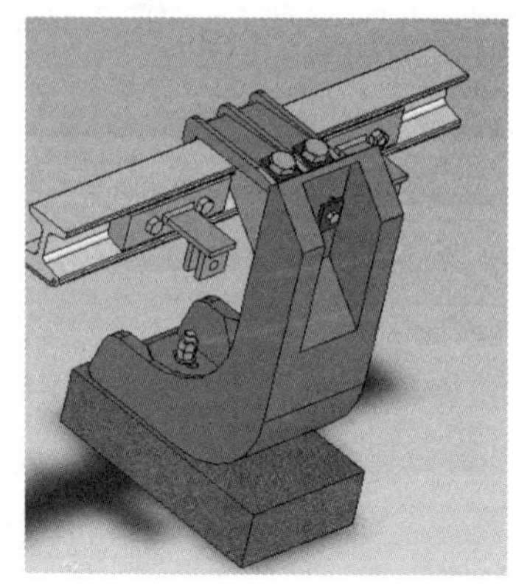

图 2-2-21 锚结用防爬器安装效果图二

（2）使用打孔机在复合轨选定部位进行打孔，打孔部位的位置选择参见普通防爬器的安装。孔的直径为 ϕ17 mm，间距为 100 mm，共计 2 个孔。安装过程中一定要注意，在绝缘件两侧对称部位要同时进行相同的操作。

（3）将所有配合表面清理干净，使用干净的垫子或中粒度磨料钢丝刷打磨。

（4）将钢连接板本体及钢中心锚结本体安装到要加以连接的接触轨的轨腹处，并将 2 根螺栓拧紧到防爬器本体上，穿入不锈钢弹垫及平垫。安装过程中要注意，下锚双耳处应安装在线路外侧，并且双耳开档朝向地面方向，见图 2-2-22 和图 2-2-23。

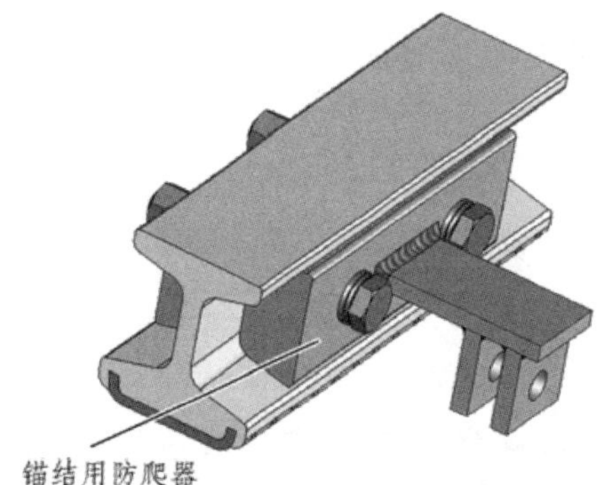

图 2-2-22 锚结用防爬器单独安装效果图

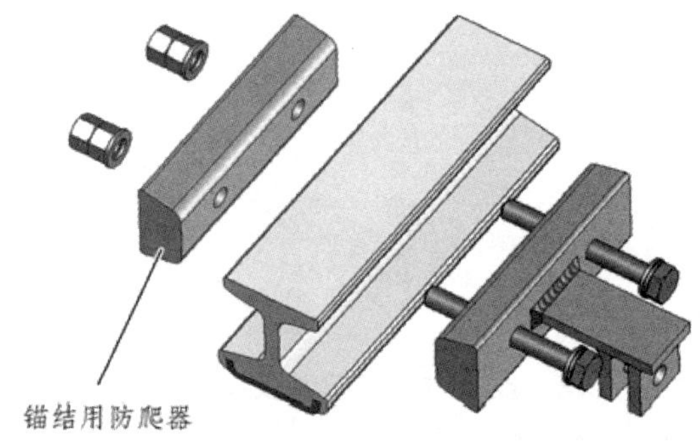

图 2-2-23 锚结用防爬器组件图

（5）接着用扭矩扳手拧紧螺栓，螺栓紧固力矩为 70 N · m。

（6）将安装处的污物清理干净，并在安装完成后将工作地点的废弃物清除。

8. 氧化锌避雷器

（1）一个人用双手托起避雷器，另外一个人用活动扳手或者套筒扳手将避雷器支架连接处的螺栓、螺帽和其它紧固件连接，然后使用力矩扳手拧紧，详见图 2-2-24。

（2）清洁连接部件，然后和紧固件放在一起。安装过程中要注意，不要将避雷器放在地面或者轨道上，预防造成污染。

（3）电缆两端接头与铜铝过渡接线端子连接前，应先用专用工具将 150 mm 电缆绝缘层剥开 70 mm 的长度，然后将电缆导体穿入接线端子的压线孔内进行压接，必须将电缆导体穿到孔的根部方可压接，压接后的电缆导体的握紧荷重应不小 6.9 kN，此外在剥离电缆绝缘层时应注意不能划伤电缆导体外表面，电缆端子绝缘护套采用热缩工艺，电缆安装位置及长度在现场确定，电缆金属层采用直接接地的方式，详见图 2-2-25。

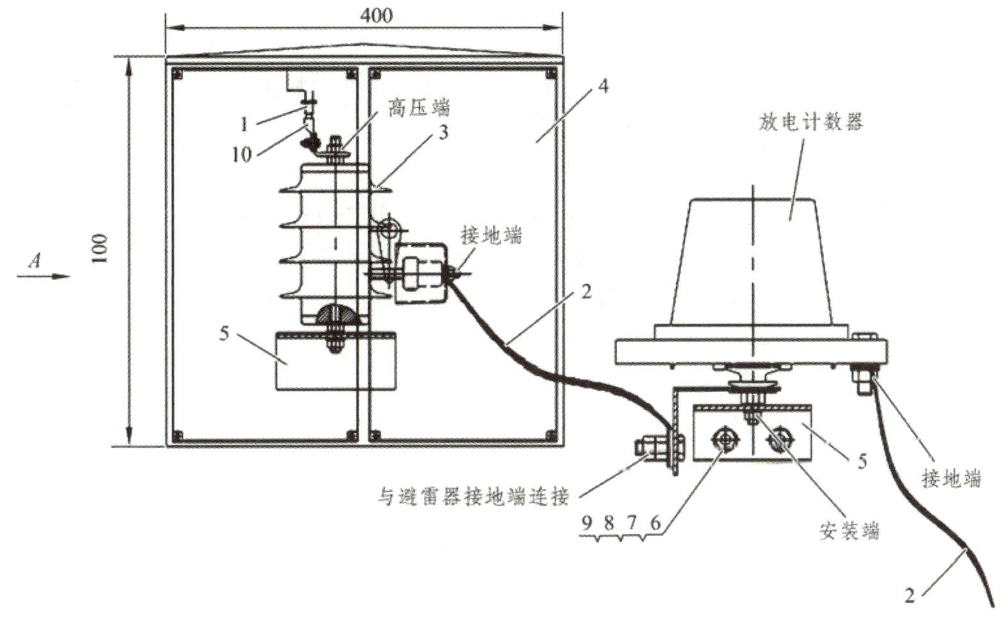

图 2-2-24　氧化锌避雷器示意图

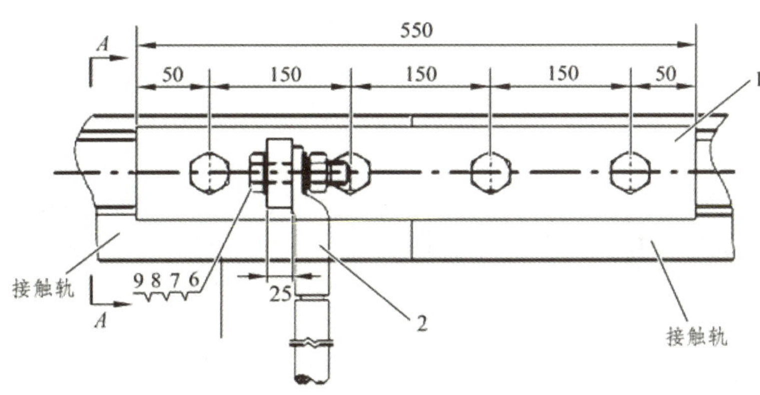

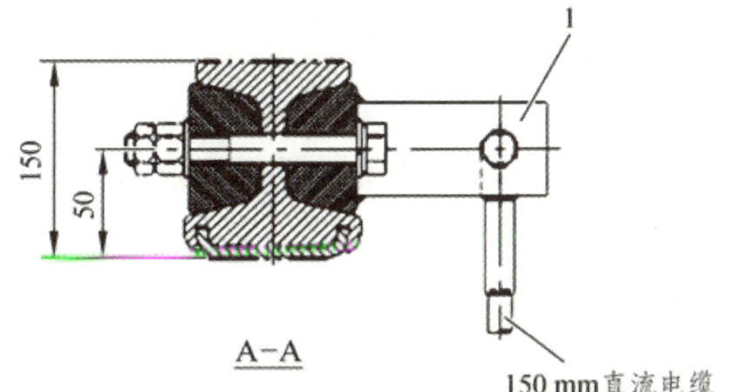

图 2-2-25　避雷器电缆连接端子图

（4）用活动扳手或者套筒扳手将电缆与接触轨连接处、避雷器高压端连接处、避雷器接地电缆与计数器连接处和避雷器高压电缆卡子处的螺栓、螺帽和其它紧固件连接，然后使用力矩扳手拧紧。

（二）设备的更换

对于损坏或磨耗过大的接触轨系统设备及其零部件必须进行更换时，必须严格遵守相关的规定和操作规程。对任何接触轨系统设备的部件进行操作时，都必须遵循先断电、确认已断电、挂接地线、设置工作警示灯的程序。

设备的更换具体分为拆除原有设备部件和安装新设备部件两个部分。安装新设备部件的操作步骤与设备的安装完全相同，只是在安装过程中注意严禁碰触相邻的原设备部件，由于受篇幅的限制，所以在此不再复述该部分内容，着重介绍损坏部件的拆除。

1. 钢铝复合轨

（1）拆除防护罩。先拆除绝缘支架的防护罩，然后需多人从防护罩的两侧用力向下挤压防护罩，同时将防护罩底部的挂钩向外侧掰，从钢铝复合轨上方将防护罩拆除。

（2）松开中间接头的紧固件，包括螺栓、螺帽等。

（3）松开绝缘支架上固定钢铝复合轨的固定组件，如卡爪、螺栓、螺帽等。

（4）15 m 的钢铝复合轨重约 218 kg，需由多人抬起需更换的钢铝复合轨，先将其放在走行轨旁的木块上，在施工结束后再将其送回站台或者车场的存放地点。

2. 普通中间接头

（1）松开普通中间接头上的螺栓、螺帽和其它紧固件。使用套筒扳手松开螺栓，无需用扭矩扳手。

（2）从钢铝复合轨的轨腰上拿开普通中间接头，注意不要触碰到复合轨。

（3）清洁拆除的普通中间接头，并将其放到干净的盒子里面。不要将其放在地面或者轨道上，以免造成污染。

3. 膨胀接头

（1）拆除膨胀接头绝缘防护罩。

（2）松开膨胀接头末端的螺栓、螺帽和其它紧固件。

（3）膨胀接头约重 42 ~ 50 kg，拆除时需由两个人抬起膨胀接头，另一个人移开绝缘支架上的卡子，抬开膨胀接头，拆除时一定要注意不要碰触相邻已安装好的钢铝复合轨。先把膨胀接头放到走行轨旁的木垫块上，在施工结束后再将其收入到车场或者车站的储存区域。

4. 防爬器

（1）使用活动扳手或者套筒扳手拆下连接处的螺栓、螺帽和其它紧固件，无需使用扭矩扳手。

（2）检查螺栓的螺扣和其它紧固件（不包括螺母）是否完好，如果完好，这些零件则能够重复使用。

（3）小心地从轨腰处拿开防爬器，避免碰触钢铝复合轨。

（4）清洁拆除的防爬器，然后连同紧固件放在回收箱内。不要直接放在地面或者轨道上，避免造成污染。

5. 端部弯头

（1）确认待换端部弯头的位置。

（2）拆开要更换端部弯头末端的中间接头连接。

（3）由一个人抬着需更换的端部弯头末端以防止摆动，然后由专人拆下绝缘支架上的螺栓，拿开固定夹。

（4）由三人抬起拆除的端部弯头并拿开，在拆除时注意不要碰触相邻的钢铝复合轨。

6. 电连接用中间接头

（1）确认待换的电连接用中间接头的位置，拆下保护罩，清理周围区域。

（2）用扳手拆下电连接用中间接头上连接的接线端子。

（3）用扳手拆下电连接用中间接头的螺母。

（4）取下电连接用中间接头，拆除时注意不要碰触已安装好的钢铝复合轨。

若根据实际情况，需要在新的位置安装电连接用中间接头的，则按以下步骤进行安装：

（1）确定需要新安装位置后，根据待装电连接用中间接头的中心线在复合轨上标出位置。

（2）在钢铝复合轨的轨腰上标出安装孔的位置。

（3）用中心冲标出孔的中心。

（4）用专用钻孔机在钢铝复合轨上钻孔，必须确保孔的位置准确及其垂直度。

（5）用钢丝刷清理孔的毛刺。

（6）清理钢铝复合轨上与电连接用中间接头相接的接触面，涂上导电油脂。

（7）将电连接用中间接头安装在钢铝复合轨的双侧轨腰上，紧固外侧的螺栓。在安装过程中一定要注意平垫和弹垫圈的安装顺序——平垫紧挨着电连接用中间接头，弹垫圈紧挨着螺母。

（8）用 70 N · m 的力矩紧固其余螺栓。

（9）清除新连接区域多余的导电油脂，准备连接电缆的接线端子。

二、作业指导书

本任务主要是学习接触轨典型设备的安装和更换有关标准和操作要求，因此任务中的作业实施可以针对具体现场情况进行认知学习。

（一）范　围

本作业指导书规定了对接触轨典型设备的安装和更换基础技能操作训练内容。

（二）引用规范性文件（表2-2-1）

表2-2-1 引用规范性文件

标准号	发布日期	内容
DIN EN10088-1	1995	不锈钢-第1部分：不锈钢材料目录
DIN EN10088-2	2001	不锈钢-第2部分：用于普通和建筑目的的不锈钢板/带的技术交货条件
ISO 3522	1984	铸造铝合金：化学成分和机械特性
EN755	1997	铝及铝合金——用于挤压工艺的杆/棒、管等轮廓形状 第1部分：检验和交货的技术条件 第2部分：机械特性
DIN EN 10002-1	2001	机械材料—张力测试
DIN EN10204	1995	机械产品—检验文件的形式
DIN EN 573-3	2003	铝及铝合金—化学成分和精炼产品的构成
GB/T3190-1996	1996	变形铝及铝合金的化学成分
ASTM B317	2000	公共汽车导体
GB/T16474-1996	1996	变形铝及铝合金牌号表示方法
GB/T16475-1996	1996	变形铝及铝合金状态代号
GB/T14846-1993	1993	铝及铝合金挤压型材尺寸偏差
GB/T6892-2000	2000	工业用铝及铝合金热挤压型材
GB/T4237-1992	1992	不锈钢热扎钢板
TB/T2073-2003	2003	电气化铁道接触网零部件通用技术条件
TB/T2074-2003	2003	电气化铁道接触网零部件试验方法
GB/T700-1988	1988	普通碳素结构钢

（三）作业目的

完成对接触轨的安装和更换技能的初步学习，熟知接触轨系统典型设备的安装和更换要求。

（四）作业内容

掌握接触轨系统典型设备如钢铝复合轨、膨胀接头、普通中间接头、防爬器、端部弯头、电连接用中间接头等设备和零件的安装和更换要求。

【任务实施及考核】

一、任务实施

（一）任务实施目的

掌握接触轨系统典型设备的安装和更换要求。

（二）任务实施准备工作

完成理论知识的学习，并自主观看拓展资料，掌握接触轨系统的典型设备的安装和更换初步技能。

（三）任务实施场地器材

接触轨有关实训基地或现场（要求包含接触轨系统的典型结构和设备、零件）。

（四）任务实施步骤

（1）理论学习。完成本任务相关理论的学习。
（2）拓展学习。完成本任务拓展资料的学习。
（3）实物认知。在掌握相关理论的学习的基础上，结合实物进行综合认知。
（4）完成考核。

（五）注意事项

接触轨典型设备的安装和更换要求较多，受到书本篇幅限制，很多典型设备并没有详细展开讲解，任务实施时既要根据书本内容进行基础学习，更需要自主学习拓展资料，才能更深入地对接触轨的安装与更换形成较完整的整体认知。实施时，可以根据具体情况分别选择下列考核内容进行实施。

二、考核表

序　号	考核内容	考核标准	标　准	得　分
1	膨胀接头的安装与更换要点	能答出膨胀接头的安装与更换要点的操作要点	20分（能完整/较好/较差的说出优缺点，给20/15/5分）	
2	普通中间接头的安装与更换要点	能答出普通中间接头的安装与更换要点的操作要点	20分（能完整/较好/较差的说出优缺点，给20/15/5分）	
3	防爬器的安装与更换要点	能答出防爬器的安装与更换要点的操作要点	20分（能完整/较好/较差的说出优缺点，给20/15/5分）	
4	端部弯头的安装与更换要点	能答出端部弯头的安装与更换要点的操作要点	20分（能完整/较好/较差的说出优缺点，给20/15/5分）	
5	电连接用中间接头的安装与更换要点	能答出电连接用中间接头的安装与更换要点的操作要点	20分（能完整/较好/较差的说出优缺点，给20/15/5分）	
总分			100分	

配套习题

一、单项选择题

1. 接触轨，又称第（　　）轨

A. 一　　B. 二　　C. 三　　D. 四

2. 1965年（　　）建造我国第一条地铁线

A. 北京　　B. 上海　　C. 广州　　D. 南京

3. 目前世界上城市轨道交通中的直流牵引网电压等级繁多，接触轨系统的电压等级不包括下列哪项（　　）

A. 500 V　　B. 600 V　　C. 630 V　　D. 1000 V

4. 国外接触轨系统的标称电压一般在（　　）以下

A. 500 V　　B. 600 V　　C. 630 V　　D. 1000 V

5. 电连接用中间接头本体及电连接板的截面积足够大，可以承载（　　）电流，保证输送满负荷牵引动力额定电流时不过热

A. 2000 A　　B. 3000 A　　C. 4000 A　　D. 5000 A

6. 我国早期的接触轨系统基本上是采用（　　）

A. 内部授流接触轨　　B. 上部授流接触轨

C. 下部授流接触轨　　D. 侧部授流接触轨

7. 普通中间接头通过采用不锈钢紧固件将（　　）3000 A的钢铝复合轨或钢铝复合轨和其他附件连接起来，形成钢性连接，构成电气通路。

A. 一根　　B. 两根　　C. 三根　　D. 四根

8. 一般单独的钢铝复合轨为（　　）m

A. 10　　B. 12　　C. 15　　D. 16

9. 每对普通接头由（　　）套M16不锈钢紧固件连接

A. 2　　B. 3　　C. 4　　D. 5

10. 膨胀接头全长（　　）mm

A. 1800　　B. 1955　　C. 1975　　D. 2000

11. 普通中间接头的材质与（　　）的材质相同，均为6101（T6）。

A. 铝轨　　B. 钢轨　　C. 钢铝复合轨

12. 膨胀接头两侧的锚固夹板与接触轨腰面通过螺栓连接，每一套膨胀接头配有紧固件（　　）套

A. 2　　B. 3　　C. 4　　D. 5

13. 一套防爬器由2块（　　）制结构块组成

A. 钢　　B. 铝　　C. 铜　　D. 锌

14. 高速端部弯头全长（　　）m

A. 4.9　　B. 5.0　　C. 5.1　　D. 5.2

15. 低速端部弯头全长（　　）m

A. 3.2　B. 3.3　C. 3.4　D. 3.5

16. 端部弯头的材料与（　　）相同。

A. 钢铝复合轨　B. 膨胀接头　C. 普通中间接头　D. 集电靴

17. 点连接用中间接头由两片（　　）零件组成。

A. 钢　B. 铝　C. 铜　D. 铝合金

18. 电连接用中间接头材质与（　　）的材质相同。

A. 钢轨　B. 铝轨　C. 钢铝复合轨

19. 每个电连接用中间接头可以连接 8 ~ 12 根（　　）mm^2的导线。

A. 200　B. 220　C. 240　D. 250

20. 每一套电连接用接头配有紧固件（　　）套

A. 2　B. 3　C. 4　D. 5

21. 绝缘支架的底座是安装在整体道床或枕木上，底座是由（　　）材料制成。

A. 不锈钢　B. 铝　C. 铜　D. 铝合金

22. 通常，两个绝缘支架的安装距离为（　　）m

A. 2 ~ 3　B. 3 ~ 4　C. 3 ~ 5　D. 4 ~ 5

23. 正线区间，绝缘支架的间距一般为（　　）m

A. 4.0　B. 4.5　C. 5.0　D. 5.1

24.（　　）mm^2电缆通常用于钢轨至避雷器、避雷器至接地极、避雷器至接触轨、接触轨接地扁铝、接地扁铝至变电所接地母排、走行轨道岔及接头处等之间的连接。

A. 150 mm^2　B. 200 mm^2　C. 240 mm^2　D. 400 mm^2

25.（　　）mm^2电缆通常用作接触轨的上网电缆和接触轨机械分段处的电连接

A. 150 mm^2　B. 200 mm^2　C. 240 mm^2　D. 400 mm^2

26.（　　）mm^2电缆通常用于车辆段运用库内电动隔离开关和正线铜母排与牵引变电所之间的连接。

A. 150 mm^2　B. 200 mm^2　C. 240 mm^2　D. 400 mm^2

27. 防爬器是与（　　）是配合使用的。

A. 普通中间接　B. 膨胀接头　C. 端部弯头　D. 钢轨

二、多项选择题

1. 接触轨系统根据授流位置的不同，可分为（　　）

A. 内部授流接触轨　B. 上部授流接触轨

C. 下部授流接触轨　D. 侧部授流接触轨

2. 接触轨系统主要由（　　）等相关部件及绝缘支撑装置组成

A. 钢铝复合轨　B. 膨胀接头　C. 端部弯头　D. 钢轨

3. 牵引动力电的输送是通过（　　）与（　　）的接触来实现的。

A. 钢铝复合轨　B. 膨胀接头　C. 端部弯头　D. 集电靴

4. 端部弯头分为（　　）

A. 低速　B. 中速　C. 高速　D. 超速

5. 目前国内接触轨系统标称电压为直流（　　）和（　　）BD

A. 500 V　B. 750 V　C. 1000 V　D. 1500 V

6. 绝缘支架的材料为 GRP，GRP 具有良好的（　　），较高的（　　）

A. 电绝缘性能　　B. 粘结性能　　C. 耐热性　　D. 机械强度

7. 电缆是用于将（　　）等连接为一个电气通路。

A. 变电所　　B. 各独立接触轨段　　C. 钢轨　　D. 避雷器

8. 地铁三号线接触轨用到的电缆型号主要有三种，截面分别为（　　）

A. 150 mm^2　　B. 200 mm^2　　C. 240 mm^2　　D. 400 mm^2

9. 电缆按不同的作用分为（　　）

A. 回流电缆　　B. 均流电缆　　C. 电连接电缆　　D. 绝缘电缆

三、判断题

1.（　）1965 年上海建造我国第一条地铁线。

2.（　）钢铝复合轨由高导电性的铝材料和一层耐磨的不锈钢带机械复合而成的。

3.（　）我国早期的接触轨系统基本上是采用下部授流方式。

4.（　）普通中间接头通过采用不锈钢紧固件将四根 3000 A 的钢铝复合轨或钢铝复合轨和其他附件连接起来，形成铝性连接，构成电气通路。

5.（　）钢铝复合轨中铝轨本体、钢带分别选用材料 6101（T6）和 0Cr18Ni9（304）。

6.（　）普通中间接头的材质与铝轨的材质相同，均为 6101（T6）。

7.（　）膨胀接头的接触面的设计保证列车集电靴的平滑通过。

8.（　）端部弯头与钢铝复合轨的连接也是通过膨胀接头连接的。

9.（　）底座的安装位置由设计图纸确定，在钢轨道床铺设时，预留出底座的安装孔，呈正方形排列。

10.（　）正线区间：对于高速端部弯头，两个绝缘支架的间距为 3.74 m；对于低速端部弯头，两个绝缘支架的间距为 2.1 m。

11.（　）车辆段及停车场：运用库外，绝缘支架的标准间距一般为 4.86 m，最大间距为 5.1 m。

12.（　）车辆段及停车场：运用库内，绝缘支架的标准间距一般为 5.0 m，最大间距为 5.1 m。

13.（　）电连接用中间接头的螺栓防松是通过采用碟形弹垫和单螺母保证的。

14.（　）绝缘支架是整个接触轨系统的支撑基础。

15.（　）防爬器是与普通中间接头是配合使用的。

16.（　）电连接用中间接头能安装在接触轨的任何位置。

17.（　）电连接用中间接头是用来连接刚性供电电缆的。

微信扫码 习题自测

学习情境三　接触网的识图

【导读】

本学习情境重点介绍接触网平面图、安装图的识图要点和相关规定，并通过对接触网平面图的识图和接触网安装图识图的两个任务的实施，完成对本学习情境的综合应用。

【学习目标】

本节主要通过完成两个任务，学习识读接触网平面图和安装图，掌握接触网的平面图图例和相关设计规定，掌握接触网安装图识图技巧和标准，为日后开展接触网作业、学会翻阅查找资料和数据奠定基础。

任务一　接触网平面图的识图

【任务描述】

本任务是对接触网平面图相关规定和图例的介绍，通过本任务的完成，学生应能具备接触网平面图识图能力，为后续任务的执行奠定基础。

微信扫二维码，看本章教案

【资讯】

一、理论学习部分

接触网平面图综合了接触网结构、接触网设计计算、接触网平面图绘制等内容。它集中反映了接触网设计上的主要技术原则，作为施工设计文件，它是接触网施工、交付运营及进行管理和维修的重要依据。

接触网平面布置工作应在掌握了可靠的线路资料，并熟悉了设计及运营管理规程、规范的基础上进行。接触网平面布置前应进行必要的设计计算，如计算接触悬挂的各种负载、跨距长度、锚段长度、各种支柱容量等，确定设计所必需的各种技术参数，如拉出值、侧面限界、悬挂类型、供电分段等。

接触网平面图的设计步骤一般分为：

（1）室内设计：根据区间与站场平面图及线路纵断面图，初步确定支柱位置、锚段长度及中心锚结和锚段关节的位置，并提出外业测量时需要特别注意的有关问题。

（2）外业测量：核对室内设计与现场情况是否相符，进行实地测量以纠正室内设计上的错误，同时注意记录和收集与原资料相差较大的特殊情况，为最后完成平面图设计收集详细的外业资料。

（3）完成正式的施工设计图：将外业资料汇总整理，对室内设计进行必要的调整，完成平面图上的全部设计内容。

在绘制接触网平面布置图时，车站与区间的接触网平面图应相互衔接。一般是先作站场后作区间，绘图比例一般大站取 1∶1 000，小站取 1∶2 000。

（一）站场接触网平面布置原则

站场接触网平面布置的主要依据是站场平面图，此外还应包括站场范围内的桥梁、涵洞和隧道等图表，这些资料可向线路设计和工务部门索取。

站场平面布置顺序及布置原则：

（1）放图工作。首先将车站有关部分描绘制图，包括站场全部电化股道（近、远期电化股道）；与架设接触网有关的非电化股道；股道编号及线间距；道岔编号、型号及站内最外方道岔中心里程；曲线起讫点、半径、缓和曲线长度及总长，桥梁名称、中心里程、总长、孔跨式样及结构形式：隧道名称、起讫里程及总长；涵管、虹吸管、平交道、地道、天桥、跨线桥、架空渡槽等中心里程及宽度；站场名称、中心里程；站台范围（长×宽×高）；线路两侧与接触网架设有关的建筑物（如站舍、雨棚、仓库、扳道房、水鹤、起重机械、煤台及上、下挡墙等）；进站信号机的位置及里程。

（2）站内支柱布置。支柱布置放图后即可着手进行站内支柱布置。应先从站场两端道岔集中的地段开始，向车站中心布置，最后完成两端咽喉道岔外侧的支柱布置。其设计原则及注意事项如下：

① 道岔处支柱布置时，对于正线上的道岔均应设计标准定位柱，其余道岔应尽量满足标准定位。

② 尽量采用已确定的设计允许最大跨距值，以减少支柱数量。除特殊情况外，相邻跨距之比不应大于 1∶1.5，桥梁、隧道口、站场咽喉等困难地段可采用 1∶2.0。绝缘锚段关节的转换跨距（即转换柱与中心柱间）应较一般跨距值缩减 5 ~ 10 m。

③ 跨距一部分在缓和曲线而另一部分在直线时，选择跨距应校验接触线的水平偏移值。跨距一半在缓和曲线而另一半在曲线时，按曲线选用或取稍大值。

④ BT 和直接供电方式区段，应在车站的一端（以电源侧为好）设绝缘锚段关节、AT 供电方式区段仅在有 AT 所的车站两端设绝缘锚段关节。该关节的位置不受站场信号机位置的限制，但其转换柱位置应设在距站场最外道岔的岔尖 50 m 以外，以便于机车转线。

⑤ 在支柱布置时，应尽量避开风雨棚、站房、仓库、跨线桥、涵洞、信号机等建筑物。站台上要少设支柱，站内重要房舍（如值班室）近旁的支柱，要注意不得正堵着门窗，要适当考虑美观，站房两边支柱应尽量布置对称。

⑥ 基本站台或中间站台上的支柱，其线路侧内缘至站台边不得小于 1 500 mm，基本站台上的软横跨柱限界为 5.0 m，路肩上的支柱为 3.0 m，牵出线上的支柱限界为 3.1 m。

⑦ 位于股道中间的支柱必须保证两侧限界的要求，对于站内远期预留的电化股道，在布置支柱时支柱容量和侧面限界应考虑留有一定的余量，但单线腕臂柱的位置和容量可不考虑预留。

⑧ 设计锚柱的位置时，应考虑下锚拉线的安装情况，即在锚柱后 10 m 范围内不得有影响拉线安装的任何障碍物。

⑨ 终端柱距车挡不宜小于 10 m，因地形限制不能满足上述要求时，支柱可设于线路的一侧。

（3）划分锚段，确定锚段长度及路径，选择并确定下锚地点和中心锚结的位置。其设计原则是：

① 锚段长度和中心锚结的位置，应根据中心锚结与补偿器处线索的张力差来确定。半补偿、全补偿及简单悬挂接触线的张力差不得大于额定值的±15%；全补偿链形悬挂承力索的张力差不得大于额定值的±10%。

② 站内锚段的划分一般为一股道一个锚段，对于大站，若正线较长需设两个锚段时，则两锚段在站内衔接处设三跨非绝缘锚段关节。站内渡线应尽量合并到别的锚段中去，不得已时也可自成一个锚段。

③ 在确定锚段经路及下锚位置时，应尽量避免在线岔处出现二次交叉，最好采用一次交叉的方式，如图 3-1-1 所示。

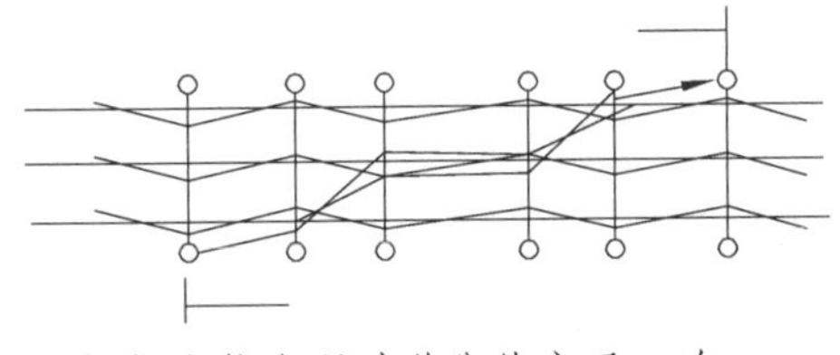

（a）比较合理时道岔处交叉一次

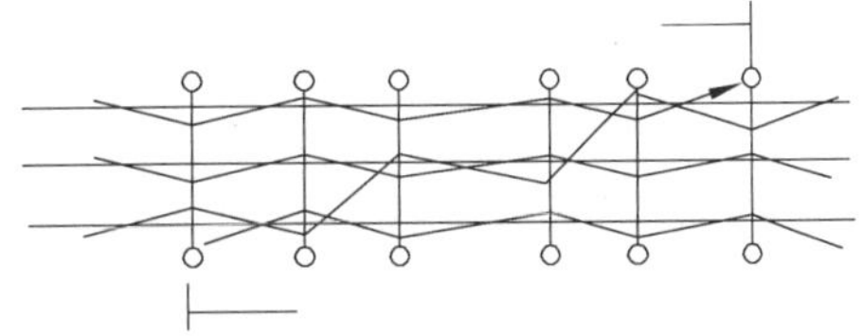

（b）不够合理时道岔处交叉两次

图 3-1-1　锚段走向示意图

以此交叉即在道岔定位柱一侧出现交叉（线岔侧），另一侧不出现交叉。相邻两组线岔间接触悬挂以布置成平行状为好，线岔处接触线拉出值一般不超过 450 mm。在低速道岔上允许不定位，但定位点两侧接触线应为自然直线状，如非工作支离股道中心较远时，要注意不使腕臂和定位器加得太长。

④ 接触线改变方向时，与原方向的水平夹角一般情况不宜超过 6°，困难情况下不宜大于 12°。

（4）确定接触线的拉出值（或“之”字值）。接触线拉出值确定与支柱布置的方法相同，也从道岔集中区段开始，对于大站应在咽喉道岔处画出局部的接触网经路放大图，以明确相邻道岔接触线拉出值和线岔的分布情况。

选定拉出值时，应保证在最大风负载作用下，跨距中任一点接触线的最大风偏移值不超过技术要求。对于道岔连接曲线上的拉出值，在选定后应进行接触线风偏移校验，当超过设计要求时，在线路条件允许的情况下可通过增设定位柱加以解决。

（5）根据技术标准确定支柱侧面限界。

（6）确定支柱类型根据平面布置前的计算依据，选择不同类型的腕臂柱和软横跨柱。设计原则和注意事项如下：

① 设计规范规定：软横跨跨越股道数不宜超过 8 股，在支柱容量允许时宜优先选用钢筋混凝土支柱。

② 在装卸圆木、矿石等作业繁忙且容易发生碰毁支柱的场所，采用钢柱，并应对支柱采取必要的防护措施。

③ 在软横跨钢柱上下锚时，可将普通钢柱容量加一级，加设拉线后即可当作锚柱使用。

④ 当软横跨跨越股道数超过 8 股道时，且股道间距允许的话，应在中间增设一根软横跨柱，该支柱类型应按较大一侧的支柱容量来确定。

（7）选择支持装置、安装图号及软横跨节点，根据支柱所在位置、侧面限界及用途，通过接触网安装图选择不同的装配结构，并将所选图中的水平拉杆、腕臂、定位管、定位器等设备的规格和软横跨节点及安装图号，一起标注在接触网平面图相应栏目内。

（8）根据地质条件（土壤承压力和安息角）选择钢柱基础及横卧板类型。

（9）设备安装，即确定站内各种电气设备的安装位置，如根据供电分段的要求，确定分段、分相绝缘器、隔离开关、绝缘锚段关节、股道电连接、线岔、避雷器、接地线、限界门的安设位置。其设计原则为：

① 在有几个电气化车场的大站，应将每个车场单独分段。装卸线、旅客列车整备线、机车整备线等均应单独分段，并在该处安装带接地刀闸的隔离开关。路外专用线应单独分段，封闭的水鹤、到发线、安全线、牵出线、机车走行线等不宜设接触网电分段。

② 根据供电要求，应在牵引变电所及分区所所在站设置接触网电分相装置，其位置的选择应综合考虑电力机车运行、调车作业的方便、供电线经路的合理性及进站信号机位置和显示的要求，并避免设在大坡道上。

③ 隔离开关的安装位置应便于电连接跳线，并符合操作机构的操作方向（操作手柄应朝向田野侧）。绝缘锚段关节处的隔离开关应装设于非工作支在支柱侧的绝缘转换柱上（即开口侧），如图 3-1-2（a）所示。

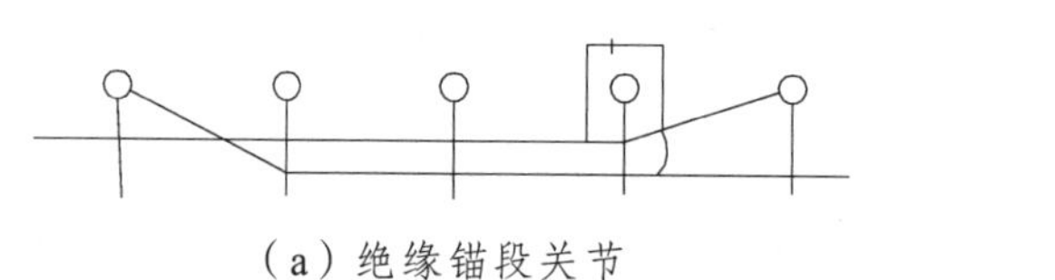

（a）绝缘锚段关节

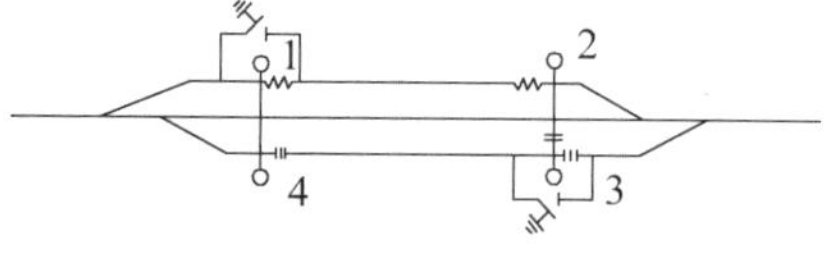

（b）软横跨分段绝缘器处

图 3-1-2 隔离开关安装位置图

1、2、3、4——隔离开关安装位置

软横跨柱上的分段绝缘器附属隔离开关的安装位置，应选择图 3-1-2（b）中的位置 1 或 3，不宜选择位置 2 或 4。

④ 股道电连接线，小站一般设一处位于站场中部，大站设两处位于站场两端机车起动点处（约车站长度的 1/3 处）。

⑤ 凡通行机动车的平交道口均应设限界门，其通过高度不得低于 4.5 m。

（10）编排支柱号码，一般是顺着公里标方向，按从上行到下行、先左侧后右侧的顺序编号。对复线区段一般下行线侧采用单数，上行线侧采用双数。

（11）编写该站场的接触网主要设备材料表，如各种线索、横卧板、基础、隔离开关、分段、分相绝缘器、避雷器、支柱等设备的型号和数量；安装图号和软横跨节点的编号及数量。

（12）编写必要的技术说明，如接触网平面的设计依据；悬挂点处接触线的工作高度；各股道悬挂类型；道岔定位及设计时必须明确的主要技术原则；接地线情况及一些特殊地段的设计说明等。

（二）区间接触网平面布置原则

区间接触网平面布置所依据的资料主要是线路纵断面图以及区间内桥梁、涵洞、隧道等图表。

区间平面布置图绘图比例一般为 1∶2 000；其平面布置的次序及设计原则如下：

（1）划分区间接触网锚段、锚段长度和中心锚结位置，确定方法与站场相同，锚段应尽量长，以减少锚段的数量。整个区间内各锚段长度在地形差异不太大时，应尽量均匀。

（2）区间内支柱布置一般从车站两端锚段关节处开始，应根据计算尽量采用最大允许跨距，相邻跨距不等时可参照站场支柱布置情况。

（3）缓和曲线上的支柱布置应参照站场支柱布置原则执行。布置时要避开涵洞、小桥、小隧道等建筑物。

（4）在曲线区段，特别是小半径曲线（包括缓和曲线），支柱应尽量设在曲线外侧，便于施工和维修。在单线区段，为了不妨碍信号标志的显示，在远方信号机及进站信号机前的接触网支柱，应尽量设在信号机的对侧，如果是同侧支柱应适当加大侧面限界。在曲线区段，支柱应设于信号显示前方 5 m 以外的地方。

（5）在隧道口处，如接触线高度需要改变时，其坡度一般地区不应大于 3‰，困难区段不应大于 5‰。

（6）尽量避免在桥上设立支柱，长大桥梁上可采取在桥墩台上设立钢柱的方法。

（7）直线区段的锚段关节，同侧下锚时的下锚跨距若小于 45 m 时，最好采用异侧下锚，避免转换柱腕臂上的水平拉杆受压。

（8）在复线电气化区段，各条正线接触悬挂在机械上和电气上应尽量独立。

（9）对于跨线桥、天桥、桁梁桥等建筑物，接触悬挂的通过方式可视具体情况而定，但任何通过方式都要保证在极限温度情况下，接触线被受电弓抬高后（抬升高度按 100 mm 考虑）对地有足够的绝缘间隙，并应考虑留有一定的安装调整裕量。

（10）对于链形悬挂，当承力索在支柱与相邻建筑物悬挂点上的高差较大时，要检查两者之间是否出现上拔力。如果该跨距由于高差而出现下式情况时，则存在上拔力（即高悬挂点对低悬挂点有向上拉的力）。这时需要采取措施，如调整跨距的长度、降低悬挂点间高差等方法。

$$L_h = \sqrt{\frac{2Z_x h}{W_x}}$$

式中　L_h——所检查的跨距值（m）；

h——相邻悬挂点间的高度差（m）；

Z_x——链形悬挂归算张力（N）；

W_x——链形悬挂归算负载（N/m）。

（11）区间支柱应单独编号，对单线区段应从上行至下行顺序编号，复线区段下行线侧支柱编单号，上行线侧支柱编双号。

区间平面图中其他布置原则与站场相同。

（三）隧道内接触网平面布置原则

由于隧道内不设支柱，且气象条件与区间有所不同，因此隧道内接触网平面布置比区间和站场简单，其设计原则如下。

1. 技术条件

（1）在气象条件上与区间比较，长大隧道内最高气温低 10 °C，最低气温高 5 °C。对于接触悬挂可不考虑冰、风负载。

（2）隧道内常采用的悬挂类型有简单悬挂、半补偿和全补偿简单链形悬挂，一般根据隧道净空高度来选择，不受区间悬挂类型的限制。

（3）绝缘间隙应符合表 3-1-1 中的规定。

表 3-1-1 空气绝缘间隙值

单位：mm

<table>
<tr><th>序 号</th><th colspan="2">有关情况</th><th>正常值</th><th>困难值</th></tr>
<tr><td rowspan="2">1</td><td rowspan="2">绝缘锚段关节两悬挂点间隙</td><td>一般情况（适用于任何海拔高度）</td><td>450</td><td>—</td></tr>
<tr><td>吸流变压器处</td><td>300</td><td>—</td></tr>
<tr><td>2</td><td colspan="2">+25 kV 带电体距−25 kV 带电体间隙</td><td>500</td><td>—</td></tr>
<tr><td>3</td><td colspan="2">25 kV 带电体距固定接地体间隙</td><td>300</td><td>240</td></tr>
<tr><td>4</td><td colspan="2">25 kV 带电体距机车车辆或装载货物间隙</td><td>350</td><td>—</td></tr>
<tr><td>5</td><td colspan="2">受电弓振动至极限位置和导线被抬起的最高位置距接地体的瞬间间隙</td><td>330</td><td>160</td></tr>
<tr><td>6</td><td colspan="2">隔离开关引线、电连接线（包括跨另一只接触悬挂时）及供电线跳线距接地体间隙</td><td>100</td><td>—</td></tr>
<tr><td rowspan="2">7</td><td rowspan="2">绝缘元件接地侧裙边距接地体间隙（适用于任何海拔高度区段）</td><td>瓷及钢化玻璃绝缘子</td><td rowspan="2">50</td><td>75</td></tr>
<tr><td>环氧树脂绝缘元件</td><td>50</td></tr>
</table>

注：① 污秽地区的绝缘于泄漏距离增大时，表中所列的空气绝缘间隙值可不增大。
② 在海拔超过 1 000 m 的地区，海拔每增高 100 m，表中所列空气绝缘间隙均应增大 1%。
③ 在已建成的低净空的隧道、跨线桥等建筑物范围内，采用正常间隙确有困难时，方可采用表中困难值，且重雷区及距海岸线 10 km 以内的区段的空气间隙，应采用正常值。如确需采用困难值时，则应相应采取防雷措施。

此表中的数据也适用于区间和站场平面布置。

（4）链形悬挂结构高度应保证最短吊弦长度不小于 250 mm。在布置定位点时，根据悬挂的跨距，可以每个悬挂点设定位，也可隔 1 ~ 2 个悬挂点设定位，应满足接触线对受电弓中心的偏移不超过 500 mm。

2. 隧道内平面布置的一般原则

（1）在隧道内尽量采用最大允许跨距，跨距的大小在直线区段取决于允许的接触线弛度，曲线区段取决于接触线的允许弛度和接触线对受电弓中心的最大水平偏移。跨距越大则接触线弛度越大，在满足接触线最低高度的条件下，对隧道净空的要求也高。

（2）隧道口第一个悬挂点的位置及接触线的拉出值，应与隧道口外相邻支柱的位置和拉出值相协调，应满足线索在规定坡度下，其带电部分对拱顶的距离不小于表 3-1-1 的规定。一般在距隧道口 0.3 ~ 1.0 m 范围内安设第一个悬挂点。

（3）长隧道内（包括隧道间无法设锚段关节的隧道群），如为新建隧道，应利用隧道内已开挖的锚段关节断面，此时锚段长度可采用 2 000 m。既有线长隧道内未开挖锚段关节断面时，锚段长度可采用 3 000 m。

3. 平面布置的主要内容

平面布置的主要内容包括决定跨距、悬挂点的数量及安装埋入孔的位置、定位点的配置、拉出值数值、锚段关节及中心锚结的位置等。

二、作业指导书

接触网的平面设计图一般都是由有资质的设计院出具的，所以本任务主要将重点放在接触网平面图的识图上。首先要掌握接触网平面图图例，然后掌握图上标注的支柱号、侧面衔接、安装图号、地质情况、技术说明、工程清单等信息，从而帮助我们了解整个接触网平面位置布置、走向以及工程总体概况。

（一）范　围

本作业指导书规定了接触网平面图识读要点和步骤。

（二）引用规范性文件

《接触网设计规范》。

（三）作业目的

完成对接触网平面图识图技能的掌握。

（四）作业内容

1. 接触网平面图组成

接触网平面布置图简称接触网平面图，它用接触网图例具体描述了接触网的设备位置、悬挂走向和线路情况，是接触网施工和运营维护的主要依据和主要技术文件。

接触网平面图有：站场平面图、区间平面图和隧道平面图三大类，其基本布局如图 3-1-3 所示。它由图框、图标、平面布置图、附栏、主要工程数量及材料设备表、设计说明、会签栏等内容组成。

接触网平面图上的附注栏主要有支柱号、侧面限界、支柱类型、地质情况、基础类型、安装图号、工程数量和设备清单以及设计、复核、审核、图纸比例等重要信息。一般附注栏内的支柱号与平面图上的内容是对应关系，为方便看图，一般附注在图纸内容的垂直下方位置。

侧面限界是表示支柱侧面离钢轨的距离的参数，定义为在轨平面处支柱内缘到相邻铁轨的轨顶连线中心的水平距离，用 C_X 表示。直线区段侧面限界不得小于 2 500 mm，一般高速铁路接触网取 3 000 mm。

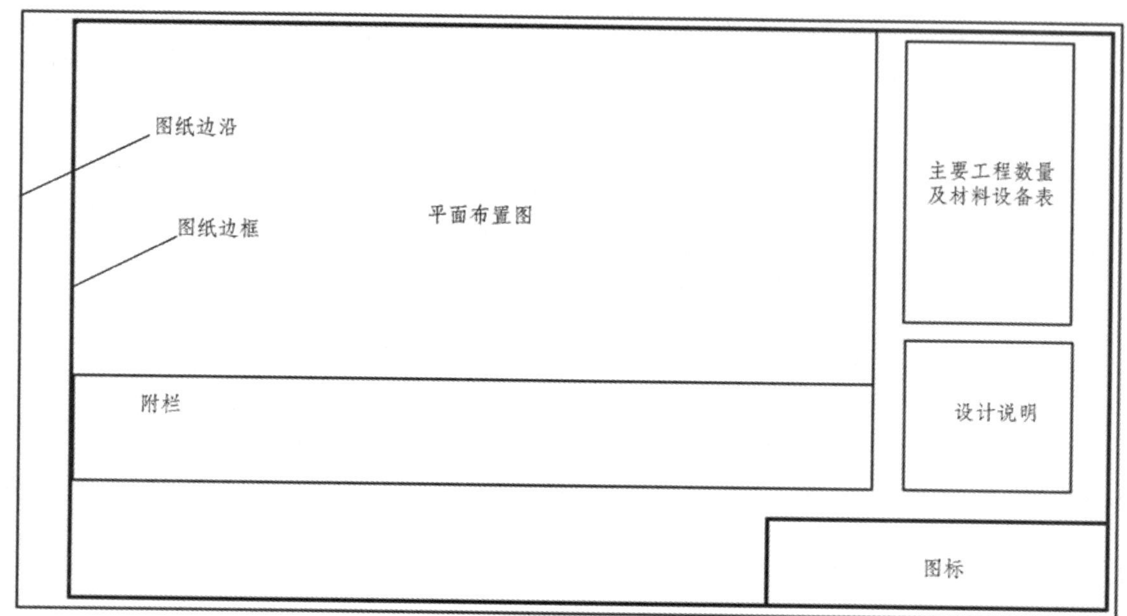

图 3-1-3　接触网平面图布局

接触网及线路平面图		
侧面限界		
支柱类型		
地质(kPa)		
基础类型		
安装图号		
附加导线	肩架/安装高度	
附加导线	安装图号	
附　注		

主要工程数量及材料设备表			
说明			
设计者		设计单位	图号
复核者			比例
设计负责人			日期
			第　张　共　张

图 3-1-4　接触网平面图附注栏

支柱类型表示支柱的材质、型号、容量及数量。如 2 × H48-25，表示两根垂直线路方向容量为 4.8 kN · m，25 表示支柱顺线路方向容量为 25 kN · m，因此支柱为定型设计生产，很多时候为简便起见，在不产生误会的情况下，在接触网平面图中，支柱常简写为 H48，省略其他内容。

地质情况表示平面图中该支柱所在位置的地质情况，如土壤的种类、挖方、填方等。在平面图中标注为："+" 表示该区段为填方，"–" 表示该区段为挖方。

基础类型表明该支柱所配套的安装方式，钢支柱要用钢筋混凝土浇灌基础，其他支柱则一般是直接挖坑填埋，遇到地质不好的情况时，则添加横卧板进行加固即可。

安装图号是附注中最重要的内容，在平面图上查阅具体支柱对应的安装图号后即可查找到该支柱的详细装配内容。一般包括安装图号、软横跨节点、拉杆、腕臂、定位管、定位器类型等详细信息。

工程量和设备统计表则注明如：避雷器、隔离开关、接触线、承力索、吊弦、支柱、横卧板、基础、拉（压）管、腕臂、定位管、定位器、线岔、分段绝缘器、悬式绝缘子、棒式绝缘子等主要设备、线材、部件及构件的数量、规格、型号。

技术说明内容主要包括：在平面图上不易标注清楚的，或是为避免重复的，或是设计中有特别协议、约定、规定的，以及采用新产品和新设备的技术政策等。如：悬挂类型、接触线高度、接触线坡度变化率，道岔柱定位形式及接触线拉出值大小，接地方式，支柱及距带电体 5 m 内的金属体接地方式，支柱安装特殊条件，悬挂零件的改型，某些特殊设计的技术要求等。

一张完整的接触网平面图上不允许有似是而非或不确定的问题。

2. 接触网平面图图例

为便于交换图样和技术沟通，接触网平面图必须按规定图例进行绘制。具体接触网常见图例如表 3-1-2、表 3-1-3 所示。

表 3-1-2　接触网常见图例 1

接触网图例	所代表含义
（粗）	电化的正线（区间图中允许用中型线条）
（中）	电化的站线及段管线
（中）	非电化既有线路
（细）	预留线路
（细）	接触悬挂非工作支、供电线及分区所引出线
（细）	加强线
	接触线硬锚、供电线及分区所引出线下锚
（细）	回流线
	承力索硬锚
	接触线补偿下锚
	承力索补偿下锚
	链形悬挂硬锚
	半补偿链形悬挂下锚

续表

接触网图例	所代表含义
	全补偿链形悬挂下锚
	加强线下锚
	回流线下锚
R—L—l	区间曲线及其头尾 R——曲线半径（m） L——曲线全长（m） l——缓和曲线长（m）
R—L—l	站场曲线及其头尾 （R、L、l 同上）
300 或	拉出值 300 mm，书写位置即为拉出方向；也可不注“300”，用半箭头表示，箭头指向即为拉出方向
150	拉出值 150 mm（除“300”允许用半箭头表示外，其余均应写出数值），书写位置即为拉出方向
3	区间单线腕臂钢筋混凝土柱
	区间单线腕臂钢柱
d	d=2.5（1/2000 图）4.0（1/1000 图）
	站场单线腕臂钢筋混凝土柱
	站场单线腕臂钢柱
	站场单线定位钢筋混凝土柱
	站场双线腕臂钢柱
	站场钢筋混凝土柱软横跨
	站场钢柱软横跨
	站场钢柱硬横跨
	分段绝缘子串
	分段绝缘器
	分相绝缘器（三根绝缘棒）

续表

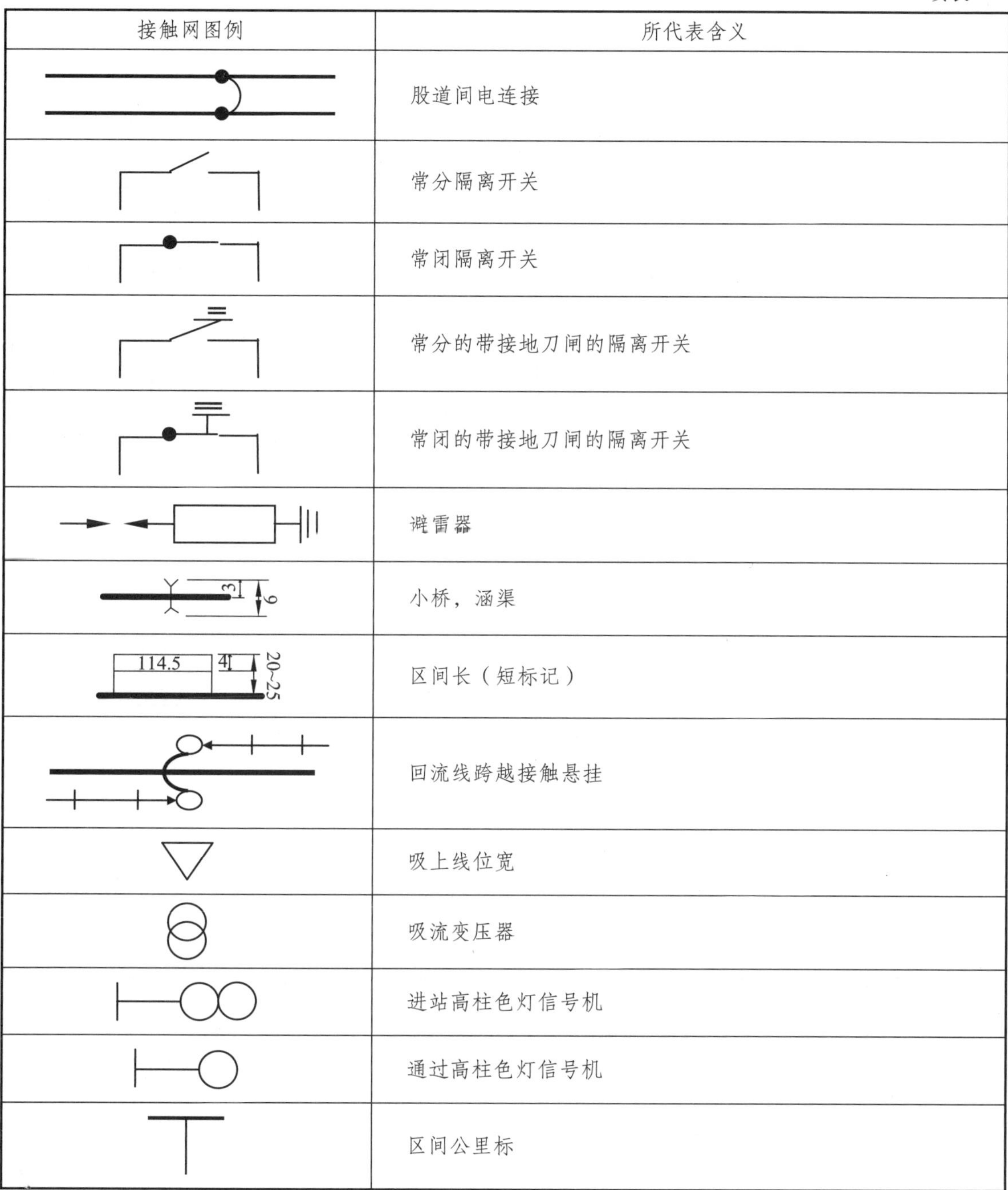

接触网图例	所代表含义
	股道间电连接
	常分隔离开关
	常闭隔离开关
	常分的带接地刀闸的隔离开关
	常闭的带接地刀闸的隔离开关
	避雷器
3　9	小桥，涵渠
114.5　4　20~25	区间长（短标记）
	回流线跨越接触悬挂
	吸上线位宽
	吸流变压器
	进站高柱色灯信号机
	通过高柱色灯信号机
	区间公里标

说明：

1. 本标准适用于一般的站场及区间接触网平面图。
2. 本标准采用的线条宽度规定为以下三种：

（1）粗型————宽度为约 0.9 mm；

（2）中型————宽度为约 0.6 mm；

（3）细型————宽度为约 0.3 mm。

3. 符号中所注尺寸均以毫米计，适用于比例尺 1∶1 000 及 1∶2 000 的接触网平面图。

表 3-1-3　接触网常见图例 2

序　号	名　称	符　号	序　号	名　称	符　号
59	非绝缘锚段关节		71	架空水槽、水管	
60	绝缘锚段关节		72	设计电化线路在桥下面的立交桥	
61	站场全补偿链形悬挂中心锚结		73	上承式或电化线路在上的立交桥、拱桥等	
62	半补偿链形悬挂中心锚结		74	下承式栓焊梁桥	
63	区间全补偿链形悬挂中心锚结		75	天桥	
64	站场全补偿防窜中心锚结		76	地道	
65	有限界门的平交道		77	站场隧道	
66	托盘式路基墙		78	区间隧道	
67	路肩挡墙		79	隧道内绝缘关节	
68	仓库		80	隧道内非绝缘关节	
69	雨棚		81	接触网起测点	
70	机车检查坑		82	接触网工区	

（三）接触网平面图设计步骤

接触网平面图设计步骤流程如图 3-1-5 所示。

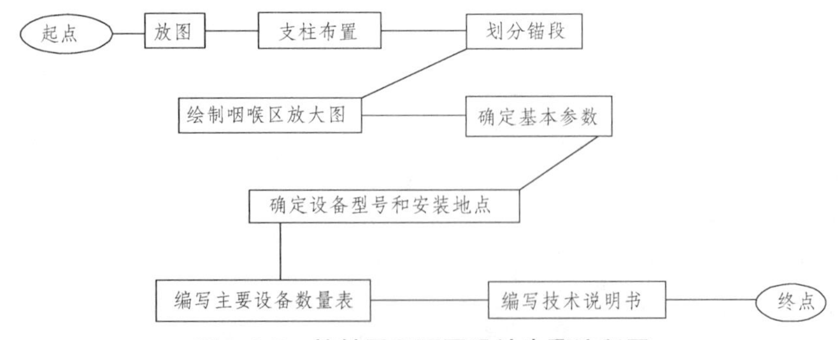

图 3-1-5　接触网平面图设计步骤流程图

【任务实施及考核】

一、任务实施

（一）任务实施目的

掌握接触网平面图的识图。

（二）任务实施准备工作

完成接触网平面图的识图。

（三）任务实施场地器材

接触网平面站场或区间图纸（可以另外提供图纸，也可以使用以下站场图纸进行考核）。如图 3-1-6 所示。

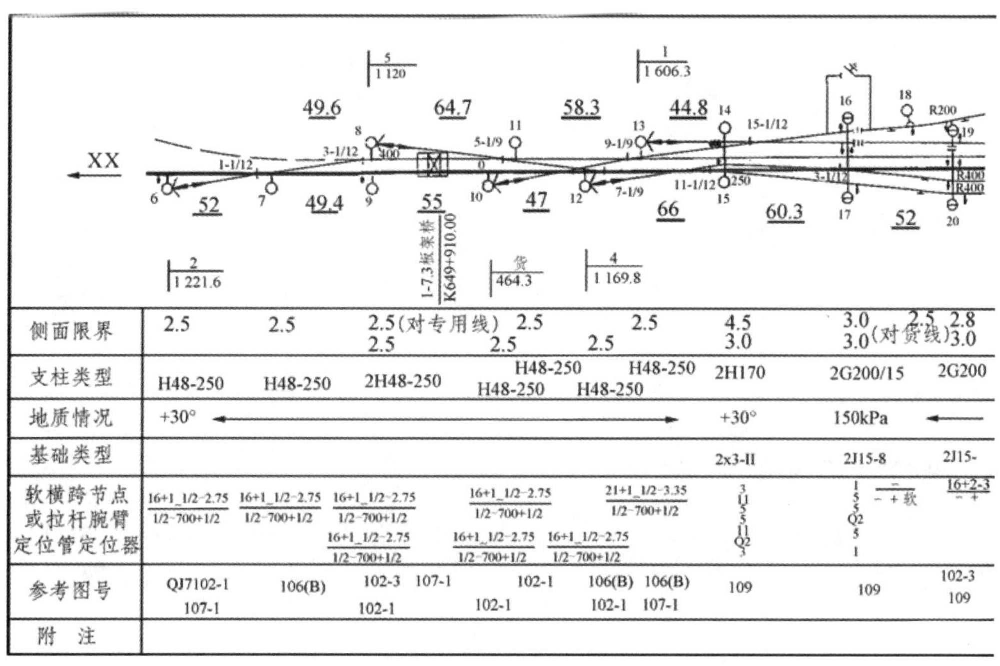

图 3-1-6　站场接触网平面图（局部）

（四）任务实施步骤

（1）理论学习。完成本任务相关理论的学习。

（2）拓展学习。完成本任务拓展资料的学习。

（3）实物认知。在掌握相关理论的学习的基础上，结合平面图实物进行综合认知。

（4）完成考核。

（五）注意事项

接触网平面图设计和识图要点内容较多，受到书本篇幅限制，很多相关理论并没有详细展开讲解，任务实施时既要根据书本内容进行基础学习，更需要自主学习拓展资料，才能更深入地对接触网平面图形成较完整的整体认知。

二、考核表

序　号	考核内容	考核标准	标　准	得　分
1	平面图例识别	能指出平面图上图例的含义	70分（能说出15/10/5/1/0个以上，给65/45/35/15/0分）	
2	平面图附注识别	能明确说出平面图上附注表示的含义	30分（能说出15/10/5/1/0个以上，给25/15/10/5/0分）	
总　分			100分	

任务二　接触网安装图的识图

【任务描述】

本任务在常见的接触网安装图识图的基础上，对常见零件进行认知学习，在此基础上掌握接触网典型的装配作业相关要求。

微信扫二维码，看本章教案

【资讯】

一、理论学习部分

接触网是沿钢轨架设的、向电力机车提供电能的特殊的供电线路，前面我们已经学习了它的平面图，通过平面图上查找到具体设备的位置，就能查找到它对应的安装图号，从而可以针对该设备进行具体的安装和调试。

（一）接触网安装图的内容

接触网安装图是指表述设备上各零件之间的方向与位置，以及各设备之间的相互位置关系，用以指导接触网设备安装、调试的图样。

接触网安装图的内容包括：一组视图；必要的尺寸和标注；标题栏和明细栏。

（1）一组视图：选用一组恰当的视图来表达机器或部件的工作原理，各零件间的装配、连接关系和零件主要形状等。

（2）必要的尺寸：安装图中的尺寸一般只标注机器或部件的规格尺寸、装配尺寸、安装尺寸、总体尺寸，以及其他主要尺寸。

（3）必要的技术要求：用文字或符号说明机器或部件的性能、装配、调试和使用等方面的要求。

（4）零件的序号、明细栏及标题栏：序号是将装配图中各组成零件按一定的格式编号；明细栏用作填写零件的序号、代号、名称、数量、材料、重量、备注等；标题栏的内容、格式、尺寸等已经标准化，且与零件图的标题栏完全一样，主要填写机器或部件的名称、代号、比例及有关部门人员的签名等。

其中接触网安装图与一般机械制图的区别在于：由于设备是标准化生产的，接触网安装图不需要完整地表示设备结构，常常只要两个视图就能表示清楚相关安装、调试顺序，尺寸仅仅标注设备中各零件之间的相互位置关系。标题栏用于注明安装图序号、设计、审核、比例等相关信息，其中技术说明在安装图中，用文字表达图中不需要或无法用图样、图例符号表达的设计内容。如设计依据、引用的标准图集，使用的材料品种、元器件型号列表、施工技术要求及其相关技术参数等。明细栏是书写于标题栏上方，用与视图中对应的序号来说明各零件名称、材料、型号、数量和备注其他需要说明的事项。

（二）接触网安装图的读图要求

（1）了解部件的功用、使用性能和工作原理。

（2）弄清各零件的作用和它们之间的相对位置、装配关系和连接固定方式。

（3）弄懂各零件的结构形状。

（4）了解部件的尺寸和技术要求。

读接触网安装图（见图 3-2-1 ~ 图 3-2-2）的一般方法和步骤：

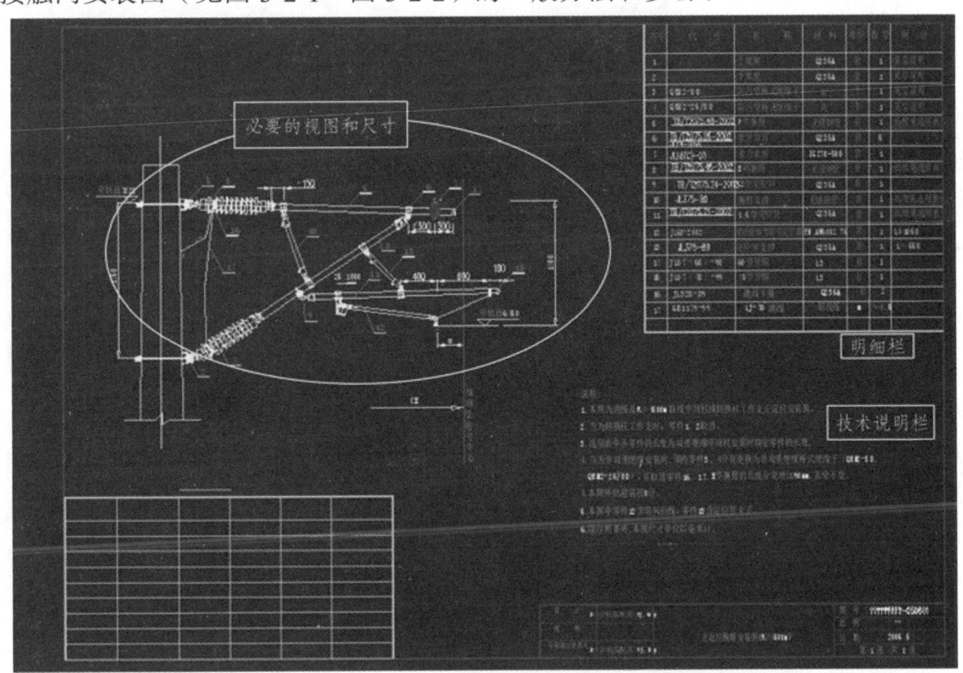

图 3-2-1　直线正定位中间柱安装图

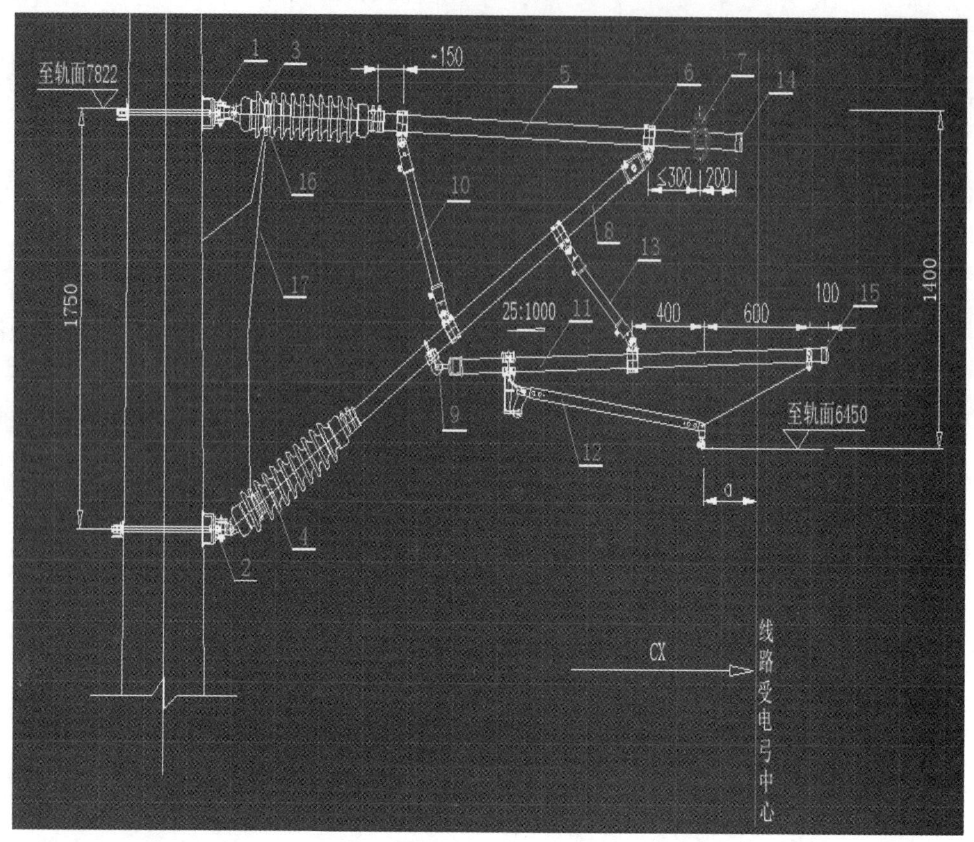

图 3-2-2 直线正定位中间柱安装图的尺寸和视图

说明：

① 本图为直线及 $R \geqslant$4 500 m 曲线中间柱或转换柱工作支正定位安装图。

② 当为转换柱工作支时，零件 1、2 取消。

③ 选用表中各零件的长度为双重绝缘中间柱安装时指定零件的长度。

④ 当为非双重绝缘安装时，须将零件 3、4 分别更换为非双重绝缘棒式绝缘子（QBN—8D、QBN2—25/8D），并取消零件 16、17。X 型腕臂的长度分别增加 90 mm，其余不变。

⑤ 本图外轨超高按 0 计。

⑥ 本图中零件 12 含防风拉线，零件 13 含定位管卡子。

⑦ 除注明者外，本图尺寸单位以毫米计。

（1）概括了解。

（2）了解装配关系和工作原理。

（3）分析零件的作用及结构形状。

（4）尺寸分析。

（5）总结归纳。

表 3-2-1　直线正定位中间柱安装图的明细栏

序　号	代　号	名　称	材　料	单　位	数　量	附　注
1		上底座	Q235A	套	1	见总说明
2		下底座	Q235A	套	1	见总说明
3	QBZ2—8D	防污型棒式绝缘子		个	1	见总说明
4	QBZ2—25/8D	防污型棒式绝缘子		个	1	见总说明
5	TB/T2075.48—2002	P 型腕臂	无缝钢管	套	1	长度见选用表
6	TB/T2075.26—2002 JL14—96A	套管双耳	Q235A	套	5	
7	JL18(C)—03	承力索座	ZG270—500	套	1	
8	TB/T2075.48—2002	X 型腕臂	无缝钢管	套	1	长度见选用表
9	TB/T2075.24—2002	G2 型定位环	Q235A	套	1	
10	JL375—89	腕臂支撑	无缝钢管	套	1	长度见选用表
11	TB/T2075.21—2002	1.5 型定位管	Q235A	套	1	长度见选用表
12	JL63—2002	铝合金矩形限位定位器	EN AW6082 T6	套	1	L=1050
13	JL375—89	定位管支撑	Q235A	套	1	$L\approx 550$
14	JL07（60）—98	60 型管帽	L3	套	1	
15	JL07（48）—99	48 型管帽	L3	套	1	
16	JL328—89	跳线卡箍	Q235A	套	2	
17	GB1179—89	LJ-70 跳线	铝绞线	m	≈4.5	

通过对照图 3-2-2 中的序号位置和表 3-2-1 中各序号，可以查出各零件名称、代号、材料和数量，为后续接触网设备安装作业做好准备。

二、作业指导书

接触网的安装图种类众多，一般都是由平面图上查到具体设备位置后再查找安装图号，通过安装图号查到具体的设备安装图。平面图上是不能体现具体设备的装配情况的，安装图是接触网安装检修作业最详细的指导图纸资料，因此本任务以最常见的接触网正定位安装图为例，讲解接触网安装图识图步骤和注意事项。

（一）范　围

本作业指导书规定了接触网安装图识读要点和步骤。

（二）引用规范性文件

《接触网设计规范》。

（三）作业目的

完成对接触网安装图识图技能的掌握。

（四）作业内容

目前常见的接触网基本组成零件如图 3-2-3 所示。除此之外，随着线路的延伸，接触网分为若干个锚段，有一些具备特殊功能的典型结构。各种结构都是由不同的零件构成的，每种零件都有自身特定的作用和相应的结构。认识各种常见的接触网安装图是开展接触网检修作业的基础。本次作业以接触网正定位中间柱的为例开展作业。结合图 3-2-1 的安装图，识读安装图中各零件。

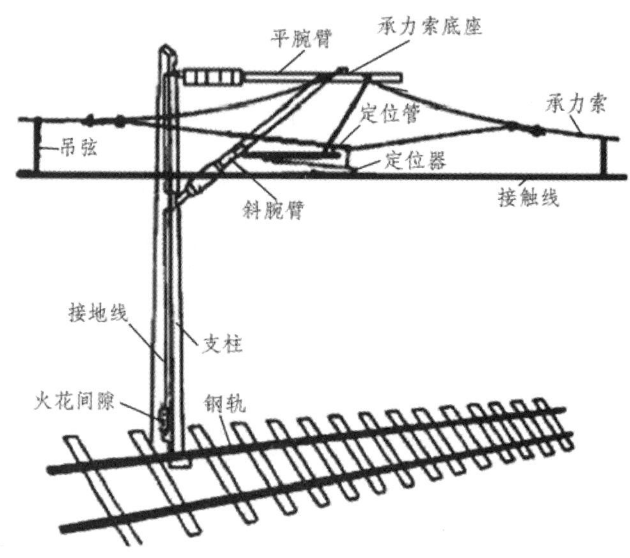

图 3-2-3 接触网正定位中间柱组成零件

腕臂支撑方式又可根据采用水平拉杆还是平腕臂而分为柔性腕臂支撑和刚性腕臂支撑，如图 3-2-4、图 3-2-5 所示。

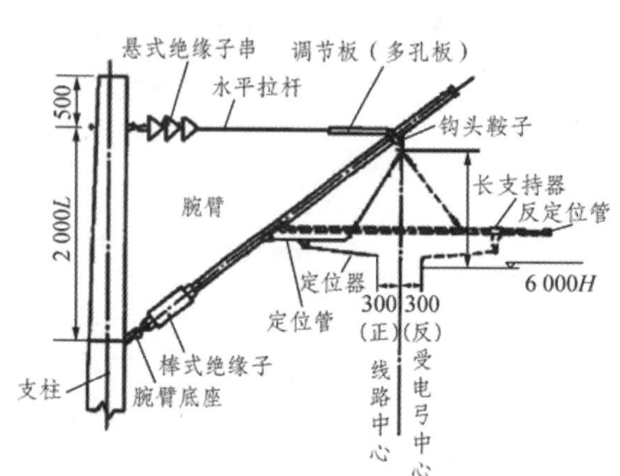

图 3-2-4 柔性腕臂支撑组成零件

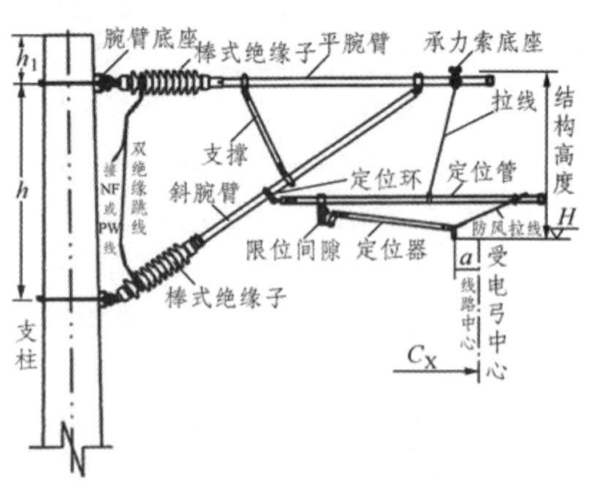

图 3-2-5 刚性腕臂支撑组成零件

柔性腕臂支撑由于采用水平拉杆和调节板与斜腕臂相连接的形式，所以只能受拉不能受压，受力方式类似于绳索，因此称为柔性腕臂支撑。在列车振动方向有变化时，该种方式稳定性相对较差。

刚性腕臂支撑采用平腕臂直接与斜腕臂相连接的方式，不仅能受拉也能受压，稳定性好，能适应各种列车的运行状况。因此目前我国大多采用刚性腕臂支撑方式。

另外，高速铁路接触网由于自身运行速度提高的需要，采用的零件也与普速铁路的有很大的不同，具体零件如图 3-2-6 ~ 图 3-2-12 所示。

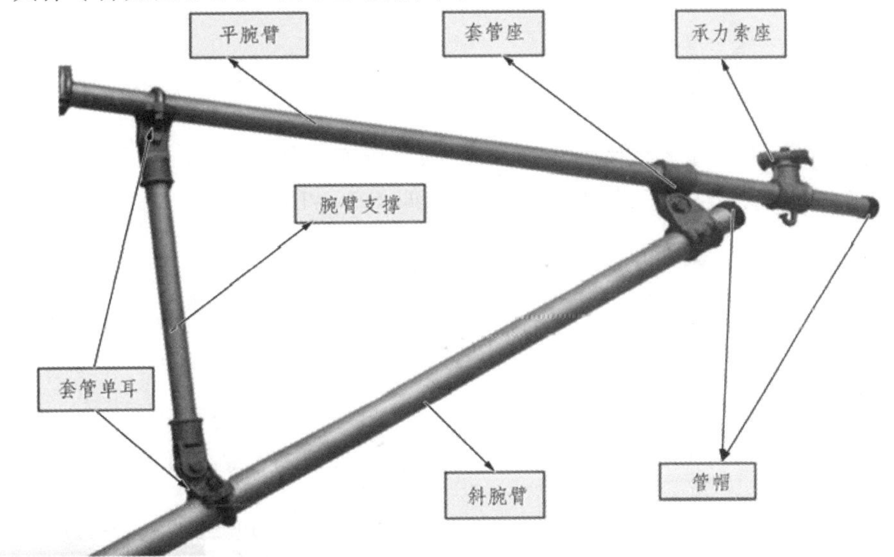

图 3-2-6　高速铁路接触网支撑装置组成零件

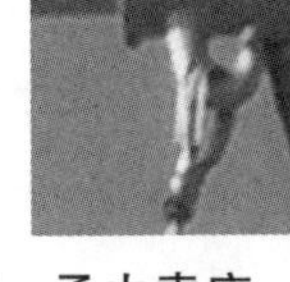

图 3-2-7　承力索座

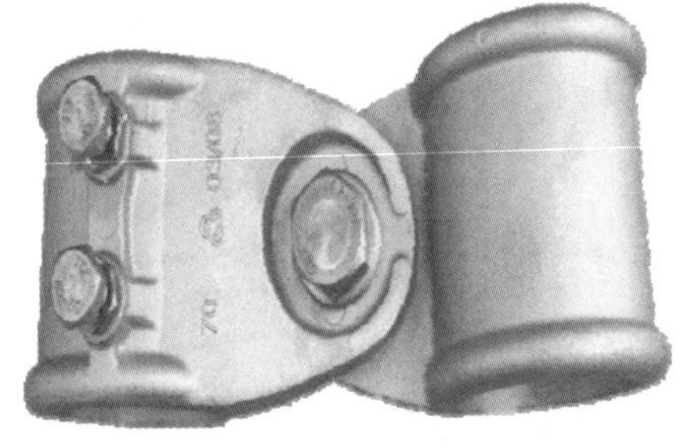

图 3-2-8　套管座

图 3-2-9　套管单耳

图 3-2-10 管帽

图 3-2-11 支撑管

图 3-2-12 双耳套筒

通过定位管和定位器将接触线拉向支柱侧的定位方式称为正定位。通过定位管和定位器将接触线拉向支柱反侧的定位方式称为反定位，如图 3-2-13 所示。

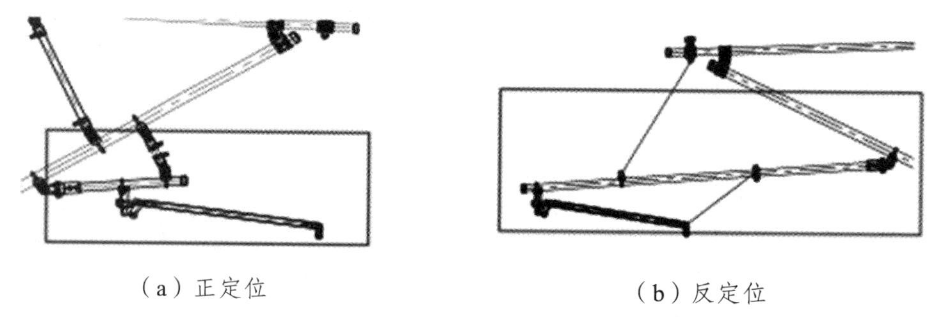

（a）正定位　（b）反定位

图 3-2-13 正定位和反定位

组合式铝合金定位器如图 3-2-14 所示，定位器具体零部件如图 3-2-15 ~ 图 3-2-20 所示。

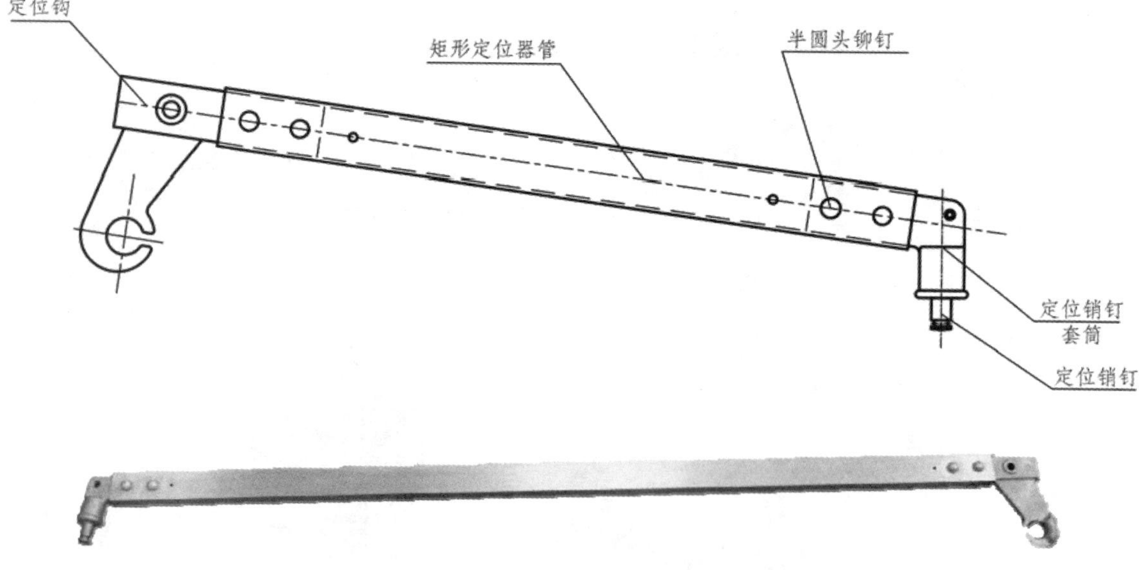

图 3-2-14 组合式铝合金定位器

(a) 立体图

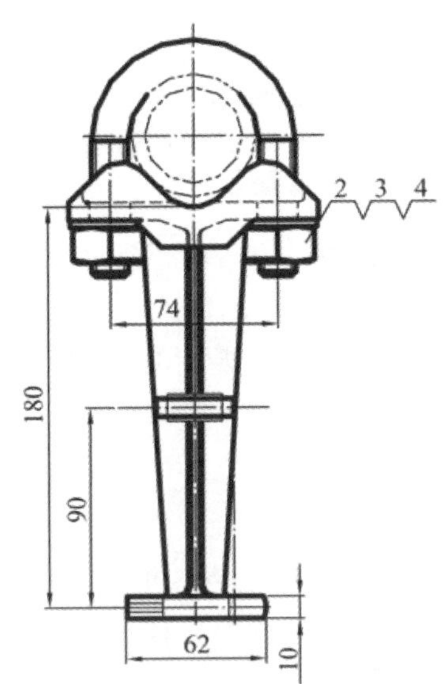

(b) 正视图

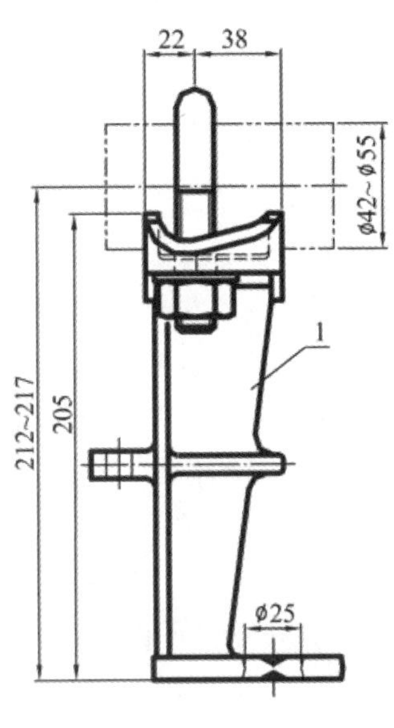

(c) 侧视图

图 3-2-15　铝合金定位支座

1—支座本体；2、3、4—螺栓、螺母、垫片

图 3-2-16　定位管

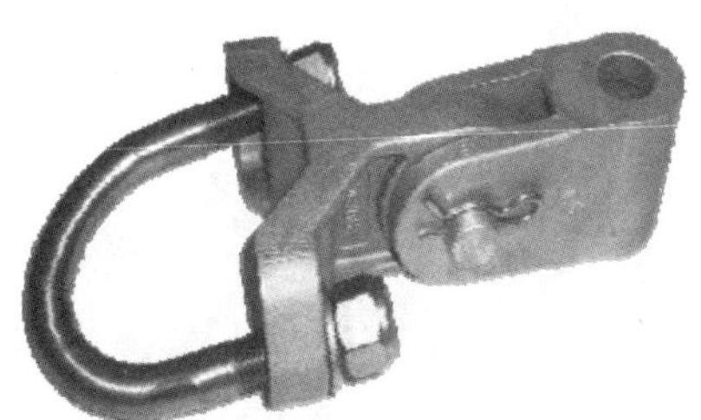

图 3-2-17　定位环

图 3-2-18　拉线定位钩

图 3-2-19　定位线夹

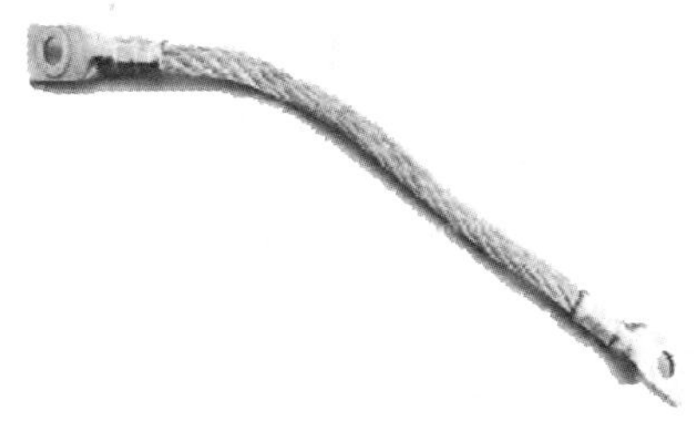

图 3-2-20　电气跳线

以图 3-2-1 为例，演示接触网安装图识图步骤和要点：

1）概括了解

（1）看标题栏并参阅有关资料，了解部件的名称、用途和使用原理。通过看安装图，确认该图是使用于直线区段，正定位方式的中间柱安装图。

（2）看零件编号和明细栏，了解零件的名称、数量和它在图中的位置。该图共有 17 种零件，视图中各零件用序号标注，明细栏中均可查到。

2）分析视图，了解装配关系和工作原理

分析表达方法：分析视图，弄清各个视图的名称、所采用的表达方法和所表达的主要内容及视图间的投影关系。

了解装配关系和工作原理。该图主要是中间支柱的安装图，主要内容为腕臂支撑装置和定位装置。

3）分析各零件的作用，想象零件的结构和形状

以中间柱为例，根据视图的方向、投影规律、距离等线索先将支撑装置从安装图中区分出来，再运用形体分析法逐个想象出其各零件空间形状，接着进一步分析定位装置各零件在部件中的作用以及各零件的相互关系和结构形状，最后再结合技术说明，完成对该安装图的综合分析。

【任务实施及考核】

一、任务实施

（一）任务实施目的

掌握接触网安装图的识图。

（二）任务实施准备工作

完成接触网安装图的识图。

（三）任务实施场地器材

接触网安装图。可以另外提供图纸，也可以使用如图 3-2-1 所示的图纸进行考核。

（四）任务实施步骤

（1）理论学习。完成本任务相关理论的学习。

（2）拓展学习。完成本任务拓展资料的学习.

（3）实物认知。在掌握相关理论的学习的基础上，结合安装图实物进行综合认知。

（4）完成考核。

（五）注意事项

接触网平面图设计和识图要点内容较多，受到书本篇幅限制，很多相关理论并没有详细展开讲解，任务实施时既要根据书本内容进行基础学习，更需要自主学习拓展资料，才能更深入地对接触网平面图形成较完整的整体认知。

二、考核表

序　号	考核内容	考核标准	标　准	得　分
1	安装图号查找	能根据平面图上指定设备查找到正确安装图	10 分（能找到正确安装图，给 10 分，否则本项目直接不及格）	
2	安装图零件识别	能指出安装图上各主要零件，能看懂明细栏和视图	70 分（能说出 15/10/5/1/0 个以上，给 65/45/35/15/0 分）	
2	安装图技术说明识别	能明确说出安装图上技术说明表示的含义	20 分（能说的完整/较完整/不完整，给 20/15/0 分）	
总　分			100 分	

配套习题

一、单项选择题

1. 接触网平面图的设计步骤一般分为 1 室内设计、2 外业测量、3 完成正式的施工设计图，以下排序正确的是（　　）。

A. 1、2、3　　B. 2、1、3　　C. 3、2、1　　D. 3、1、2

2. 基本站台或中间站台上的支柱，其线路侧内缘至站台边不得小于（　　）mm。

A. 500　　B. 1000　　C. 1500　　D. 2000

3. 基本站台上的软横跨柱限界为（　　）m。

A. 1　　B. 2　　C. 5　　D. 10

4. 设计锚柱的位置时，应考虑下锚拉线的安设情况，即在锚柱后（　　）m 范围内不得有影响拉线安装的任何障碍物。

A. 2　　B. 5　　C. 10　　D. 15

5. 终端柱距车挡不宜小于（　　）m。

A. 2　　B. 5　　C. 8　　D. 10

6. 半补偿、全补偿及简单悬挂接触线的张力差不得大于额定值的±（　　）%。

A. 10　　B. 15　　C. 20　　D. 25

7. 全补偿链形悬挂承力索的张力差不得大于额定值的±（　　）%。

A. 10　　B. 15　　C. 20　　D. 25

8. 相邻两组线岔间接触悬挂以布置成平行状为好，线岔处接触线拉出值一般不超过

（　　）m。

A. 350　　B. 400　　C. 450　　D. 500

9. 接触线改变方向时，与原方向的水平夹角一般情况不宜超过（　　）。

A. 4　　B. 6　　C. 12　　D. 18

10. 接触线改变方向时，与原方向的水平夹角困难情况下不宜大于（　　）。

A. 4　　B. 6　　C. 12　　D. 18

11. 凡通行机动车和兽力车的平交道口均应设限界门，其通过高度不得低于（　　）m。

A. 2　　B. 2. 5　　C. 4　　D. 4. 5

12. 在曲线区段，支柱应设于信号显示前方（　　）m 以远的地方。

A. 2　　B. 4　　C. 5　　D. 10

13. 链形悬挂结构高度应保证最短吊弦长度不小于（　　）mm。

A. 100　　B. 150　　C. 200　　D. 250

14. 在绘制接触网平面布置图时，车站与区间的接触网平面图应相互衔接。一般是先作站场后作区间，绘图比例一般大站取（　　）。

A. 1：500　　B. 1：1000　　C. 1：1500　　D. 1：2000

15. 特殊情况下，相邻跨距之比不应大于（　　）。

A. 1：1.2　　B. 1：1.4　　C. 1：1.5　　D. 1：2

16. 缘锚段关节的转换跨距（即转换柱与中心柱间）应较一般跨距值缩减（　　）m。

A. 3 ~ 5　　B. 5 ~ 10　　C. 7 ~ 10　　D. 10 ~ 15

17. 设计规范规定：软横跨跨越股道数不宜超过（　　）股。

A. 5　　B. 6　　C. 7　　D. 8

18. 直线区段的锚段关节，同侧下锚时的下锚跨距若小于（　　）m 时，最好采用异侧下锚，避免转换柱腕臂上的水平拉杆受压。

A. 30　　B. 40　　C. 45　　D. 50

19. 长隧道内（包括隧道间无法设锚段关节的隧道群），如为新建隧道，应利用隧道内已开挖的锚段关节断面，此时锚段长度可采用（　　）m。

A. 1000　　B. 1500　　C. 2000　　D. 2500

20. 直线区段侧面限界不得小于（　　）mm。

A. 2000　　B. 2500　　C. 3000　　D. 3500

21. 侧面限界一般高速铁路接触网取（　　）mm。

A. 2000　　B. 2500　　C. 3000　　D. 3500

22. 隧道口第一个悬挂点的位置及接触线的拉出值，一般在距隧道口（　　）m 范围内安设第一个悬挂点。

A. 0.2 ~ 0.5　　B. 0.3 ~ 0.5　　C. 0.3 ~ 1.0　　D. 0.5 ~ 1.0

23. 在布置定位点时，根据悬挂的跨距，可以每个悬挂点设定位，也可隔 1 ~ 2 个悬挂点设定位，应满足接触线对受电弓中心的偏移不超过（　　）mm。

A. 200　　B. 300　　C. 400　　D. 500

24. 在隧道口处，如接触线高度需要改变时，其坡度一般地区不应大于（　　）‰

A. 2　　B. 3　　C. 4　　D. 5

25. 在隧道口处，如接触线高度需要改变时，其坡度困难区段不应大于（　　）‰

A. 2　　B. 3　　C. 4　　D. 5

26. 25 kV 带电体距固定接地体间隙正常情况下为（　　）mm

A. 250　　B. 300　　C. 300　　D. 350

27. 25 kV 带电体距固定接地体间隙困难情况下为（　　）mm

A. 200　　B. 220　　C. 240　　D. 300

28. 在海拔超过 1000 m 的地区，海拔每增高 100 m，表中所列空气绝缘间隙均应增大（　　）%。

A. 1　　B. 2　　C. 3　　D. 4

二、多选选择题

1. 接触网平面图有：（　　）大类

A. 站场平面图　　B. 区间平面图　　C. 隧道平面图　　D. 道岔平面图

三、判断题

1. （　）我国目前大多采用柔性腕臂支撑方式。

2. （　）通过定位管和定位器将接触线拉向支柱反侧的定位方式称为反定位。

3. （　）柔性腕臂支撑由于采用水平拉杆和调节板与斜腕臂相连接的形式，所以只能受压不能受拉。

4. （　）支柱类型表示支柱的材质、型号、容量及数量。如 2xH48-25，表示两根顺线路方向容量为 4.8 kNM。

5. （　）支柱类型表示支柱的材质、型号、容量及数量。如 2xH48-25，250 表示支柱垂直线路方向容量为 250 kNM。

6. （　）刚性腕臂支撑采用平腕臂直接与斜腕臂相连接的方式，只能受拉不能受压

7. （　）定位管和定位器将接触线拉向支柱反侧的定位方式称为反定位。

微信扫码　习题自测

学习情境四　接触网常用工具、仪表的认知

【导读】

接触网作业必须使用专业工具、仪表。本任务是通过对接触网常用工具、仪表的认知学习，掌握常见接触网工具的名称、作用和初步使用方法，为后续接触网检修作业提供工具。

【学习目标】

本章主要通过完成 1 个任务，认识并初步学会使用常见的接触网作业常用工具、仪表。为后续接触网检修和测量作业做好准备。

任务　接触网常用工具、仪表的认知

【任务描述】

本任务是通过对接触网常用工具、仪表的认知学习，掌握扳手类、钳子类、剪切类、紧线器类、滑轮类、直弯器类、梯子类、登高工具类、支柱整正类、放线架类等十一类接触网工具的名称、作用和初步使用方法。

微信扫二维码，
看本章教案

【资讯】

一、理论学习部分

电气化铁道接触网在实际的运营过程中，由于其具有露天架设、用电负荷随位置变化的特性，接触网必须及时检测和维护，且具备事故抢修的能力。因此，为满足接触网运营检修需求，设计应用了许多专门针对接触网检修作业使用的工具、仪表。

（一）测量类接触网工具

1. 多功能激光接触网检测仪

如图 4-1 所示，多功能激光接触网检测仪是电气化铁路接触网几何参数测量的专用仪器。该仪器采用 635 nm 半导体激光器、专用摄像头，视频监控和相位脉冲技术，可对接触网的导

高、拉出值、定位器坡度、锚段关节、线岔、超高、轨距及红线等 14 个几何参数进行快速测量。该仪器背面的定位基点与配套的定位装置，可实现快速安装定位。该仪器通过手持式显示装置，直接观察被测目标，可方便直观地观测定位，上面的 TFT 显示屏是视频显示，下面的液晶显示屏是测量模块显示屏。因此，该仪器具有体积小、重量轻、显示直观、测量速度快、安全可靠等特点。该仪器还配有照明装置，可适应夜晚作业和隧道作业的需求。目前已广泛应用于北京、郑州、成都、沈阳等各大铁路局及高速铁路施工现场。

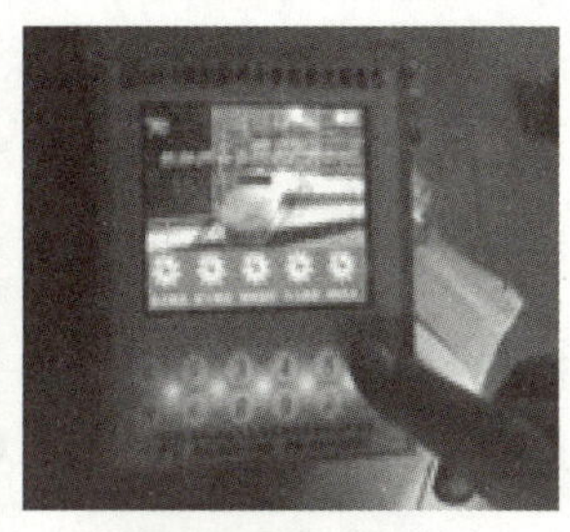

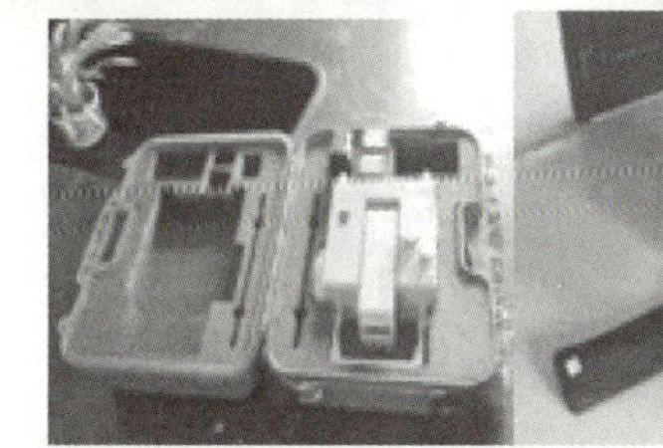
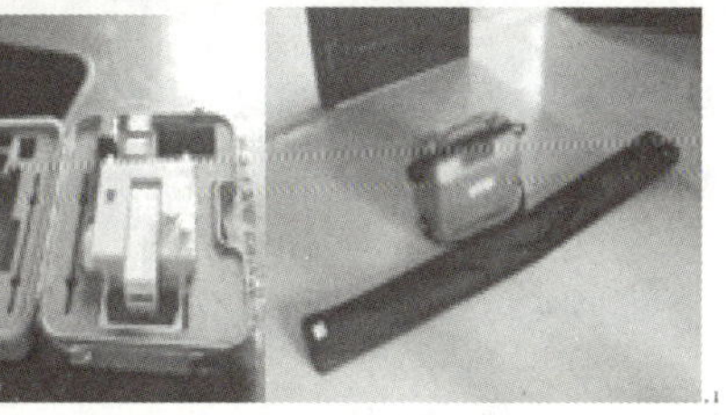

图 4-1 多功能激光接触网检测仪

2. 数显式接触网腕臂定位角度测量仪

如图 4-2 所示，数显式接触网腕臂定位角度测量仪是一种数字显示的角度测量仪器，比一般刻度指示式角度尺读数更方便准确。主要用于接触网支柱、腕臂安装和定位器调整等角度的测量和设定，也可以用作一般的水平尺，快速测量被测物体的水平和垂直度，还能实现机械锁定，即保持划线和测量过程中角度恒定不变。测量范围为 0 ~ 225°，按 0.1°连续递增（减）。

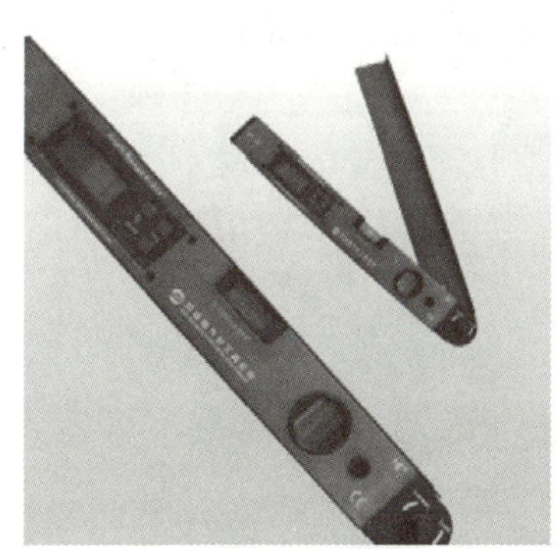

图 4-2 数显式接触网腕臂定位角度测量仪

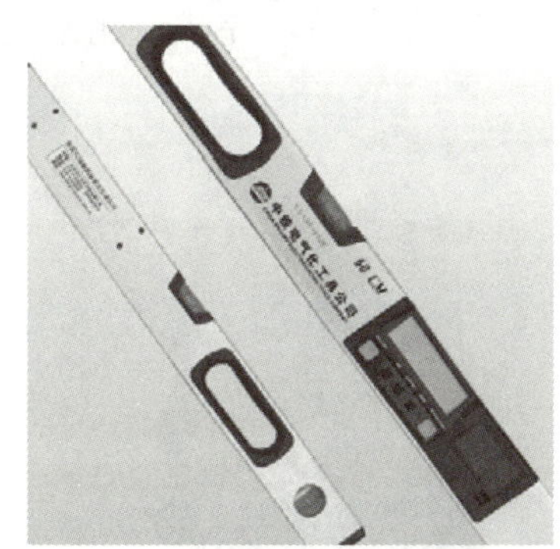

图 4-3 数显式接触网腕臂定位测斜尺

3. 数显式接触网腕臂定位测斜尺

如图 4-3 所示，数显测斜尺具有绝对角度与相对角度测量、角度锁定、偏角补偿、多个工作面等功能，角度尺有三种角度测量模式：角度测量模式，百分比模式，相对角度模式；可根据实际测量需要，使用不同的测量模式。数显式测斜尺使用方法简便，只需将该测斜尺贴合到测量对象上，即可定量化显示实际测量角度。这种测量方式替换了传统水泡式测量方法，角度与倾斜度切换，角度数据反应快，0°、45°、90°特殊角度声音提示功能，提高了测量精度。

4. 激光测距仪

如图 4-4 所示，激光测距仪可用于以下测量：测量阳光下和远距离目标；将仪器放在目标上测量倾斜角；间接倾斜角测量；高度和距离测量，测量难以接近的部位。其测量范围为 0.05 ~ 200 m，精度达到±1.5 mm。其广泛应用于电气化限界、杆距支柱斜率等测量，减少人力，测量快速方便，安全实用。

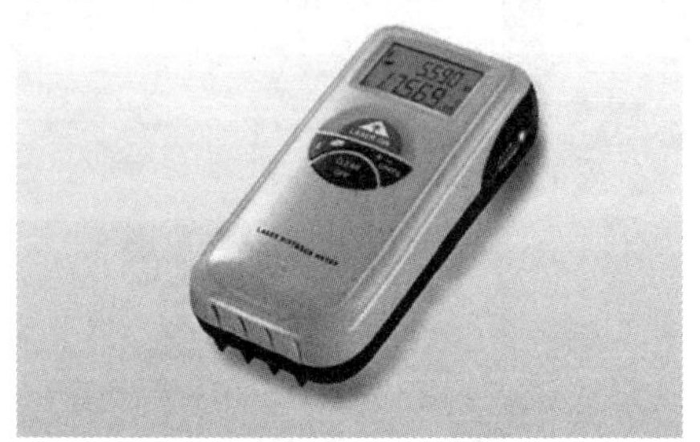

图 4-4 激光测距仪

图 4-5 超声波限界测量仪

5. 超声波限界测量仪

如图 4-5 所示，用超声波测量钢轨侧面限界，无需测量线路中心到钢轨的距离，直接将超声波测距仪卡在钢轨上，激光定位，对准立杆，显示读数即为侧面限界值，测量准确方便。

6. 全站仪

如图 4-6 所示，全站仪，即全站型电子测距仪，是一种集光、机、电为一体的高技术测量仪器，是集水平角、垂直角、距离（斜距、平距）、高差测量功能于一体的测绘仪器系统。因其只需一次安置仪器就可完成该测站上全部测量工作，所以称之为全站仪。

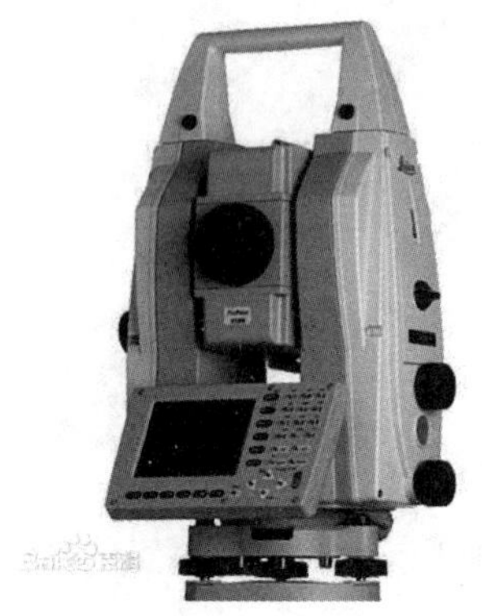

图 4-6 全站仪

图 4-7 经纬仪

7. 经纬仪

如图 4-7 所示，经纬仪是测量水平角和竖直角的仪器，是根据测角原理设计的。目前最常用的电子经纬仪部分采用光栅增量式数字角度测量系统，使用微型计算机技术进行测量、计算、显示、存储等多项功能。因此电子经纬仪可用于较高精度的角度坐标测量和定向准直测量场合，主要应用于接触网电力变电的测量。

8. 水准仪

如图 4-8 所示，水准仪是建立水平视线测定地面两点间高差的仪器。它的原理为根据水准测量原理测量地面点间高差。高精度自动安平水准仪，是用于测量、工程和工业技术领域的精密水准仪。它囊括了水准仪应有的所有优点：高精度，专业化，每千米往返测量中误差≤0.7 mm；配有 GPM3 平行玻璃板测微器，精度可达 0.3 mm；测量性能稳定；配有进口 GST20 脚架，进一步提高稳定性；防霉、防震、防水设计，坚固耐用；操作快捷、精密补偿器，自动安平视准线，测量工作快捷高效；无限位螺旋，操作方便；采用粗、精调聚焦技术，目标清晰准确；采用顶级光学器件，人眼不易疲劳。其用途广泛，主要应用于接触网、电力变电系统中的测量。

图 4-8　水准仪

图 4-9　导线曲率测量尺

9. 导线曲率测量尺

如图 4-9 所示，它有 1.5 m、2 m 两种规格，精度可达到 0.001 mm，使用时配以高精度塞尺，实现准确检测导线曲率情况，从而保证接触线曲率设计要求。目前已广泛应用到北京、郑州、成都、沈阳等各大铁路局及各高速铁路施工现场。塞尺厚度有 0.02 ~ 1.0 mm 各种规格。

10. 丁字限界尺

它由高强度不锈钢材料制成，重量轻，携带方便，直接读取数据限界尺寸，无需计算，适用于接触网界限测量，如图 4-10 所示。

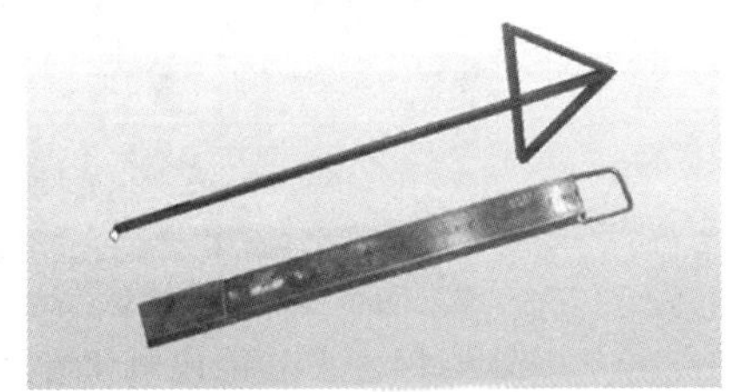

图 4-10　丁字限界尺

图 4-11　轨距尺

11. 轨距尺

它适用于铁路线路轨距测量，重量轻，携带方便，使用操作简单，如图 4-11 所示。

（二）扳手类接触网工具

1. 电气化专用棘轮扳手

它主要应用于电气化钢柱高速铁路 H 型钢柱的螺栓紧固，亦可紧固所有钢轨螺栓，解决了H型钢柱螺栓紧固的难题，本产品已获国家专利，广泛应用于首条350 km的京津城际铁路，合宁、合武、武广、郑西、甬台温等客运专线铁路施工中。其结构简单、轻便、省力、省时、效率高，如图 4-12 所示。

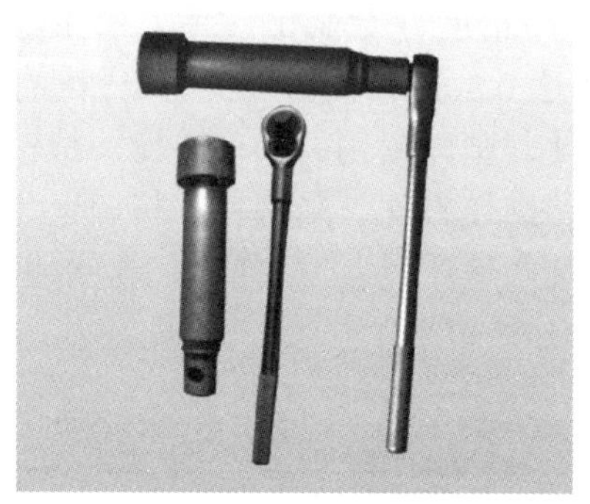

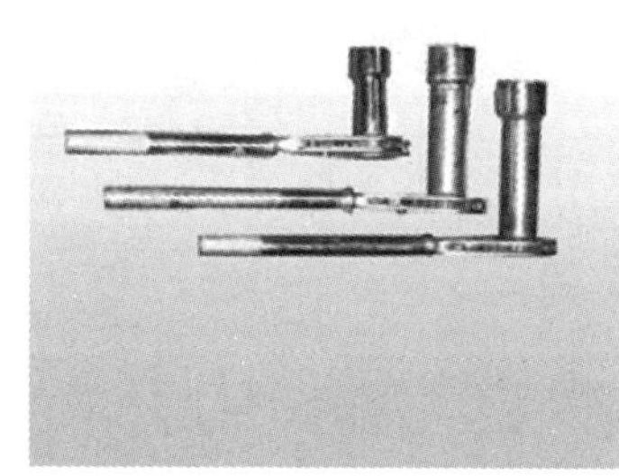

图 4-12 电气化专用棘轮扳手

2. 扭力扳手

扭矩扳手也叫扭力扳手，力矩就是力和距离的乘积，在紧固螺丝、螺栓、螺母等螺纹紧固件时需要控制施加的力矩大小，以保证螺纹紧固且不至于因力矩过大而破坏螺纹，所以用扭矩扳手来操作。使用时，首先设定好一个需要的扭矩上限值，当施加的扭矩达到设定值时，扳手会发出“卡塔”声响，这就代表已经紧固到位，后续继续紧固也不再加力了，如图 4-13 所示。

3. 多功能电气化专用扳手

如图 4-14 所示，它是一种多功能、多用途的电气化专用设备，一端作为棘轮扳手形式减少旋转角度，有助于提高效率；另一端附加带凹槽的锤头，可用来敲击，凹槽可包在接触线上自由滑动，方便调整线夹位置，而又不会损伤接触线体表面。

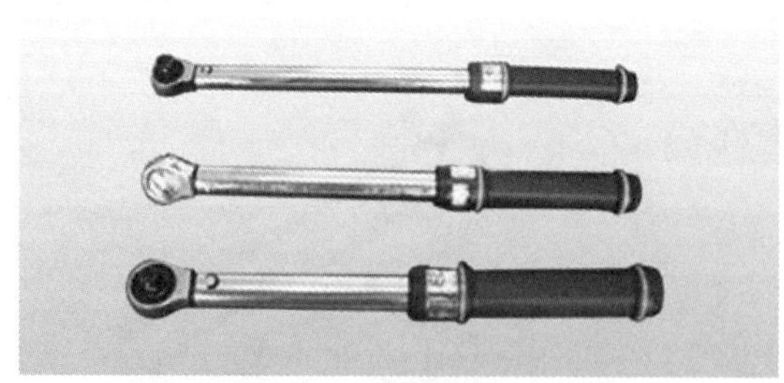

图 4-13 扭力扳手

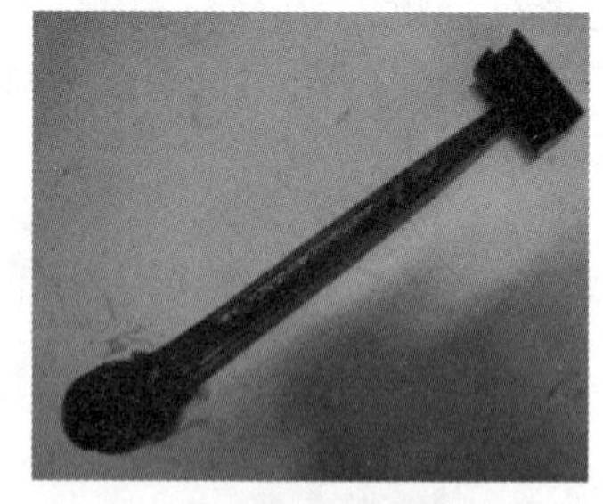

图 4-14 多功能电气化专用扳手

4. 棘轮/扭矩数显两用扳手

力矩采用数字显示方式，精度高，适用于各种对力矩精度要求高的安装工作，如图 4-15 所示。

图 4-15　数显两用扭力扳手

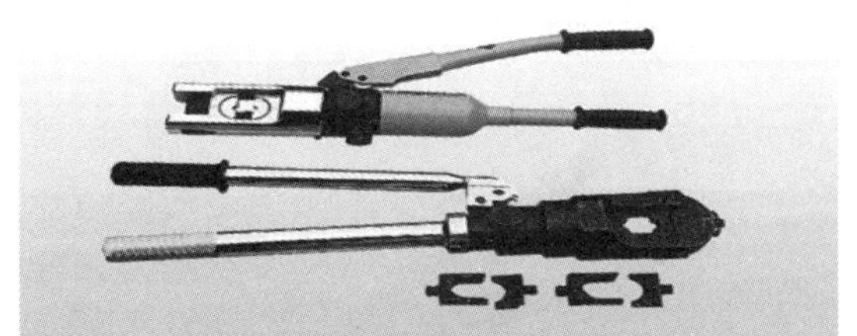

图 4-16　整体液压压接钳

（三）钳子类接触网工具

（1）整体液压压接钳。如图 4-16 所示，其带液压传动，省力省时，用于压接各种铜、铝导线。

（2）分体液压压接钳。如图 4-17 所示，其为分体式结构，使用轻便。适用于压接铜、铝、钢芯导线。

（3）液压剪切、压接两用钳。如图 4-18 所示，其功能多，适用于压接、剪切铝、钢绞线。

（4）断线钳。其轻巧灵活，剪切速度快，适用于剪切小截面导线。

（5）手动式导线压接钳。如图 4-19 所示，其压接压力大，适用于压接铝、钢芯导线。

（6）机械式导线压接钳。如图 4-20 所示，其采用机械传动，压力传动进度可靠，压接压力便于控制，自重轻，操作轻便，便于维护，用于压接各种铜、铝导线。

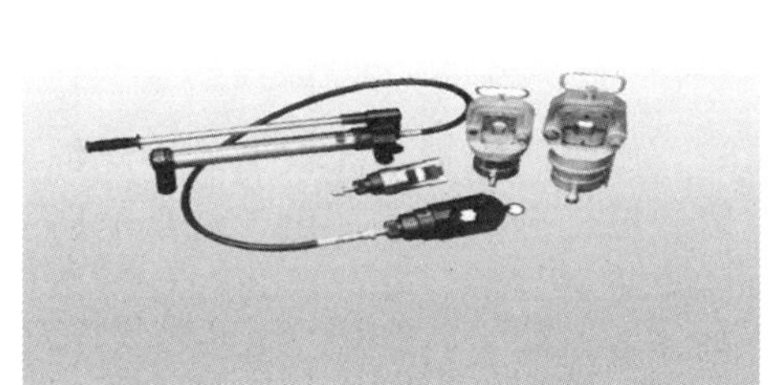

图 4-17　分体液压压接钳图

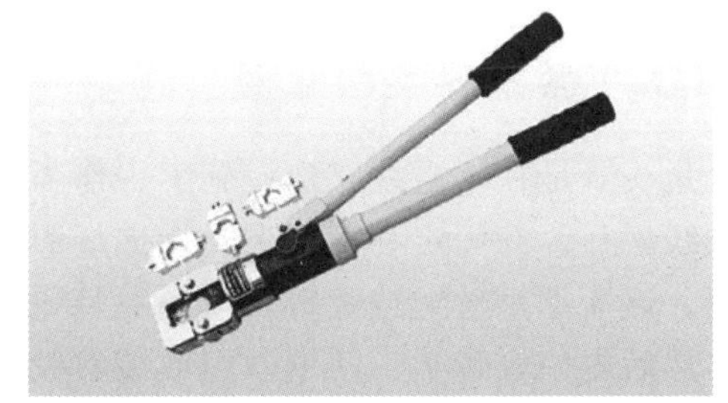

图 4-18　液压剪切、压接两用钳

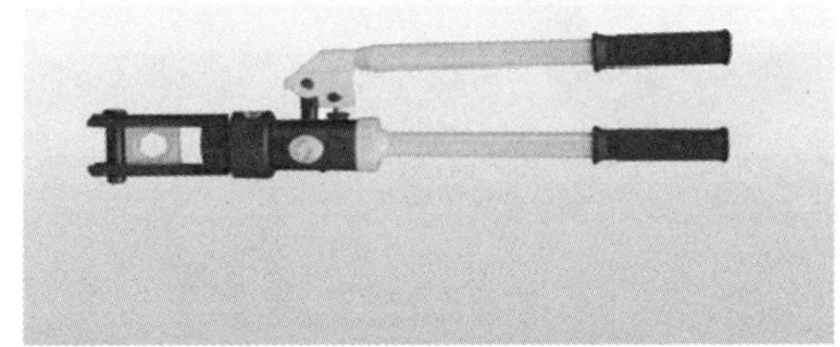

图 4-19　手动式导线压接钳

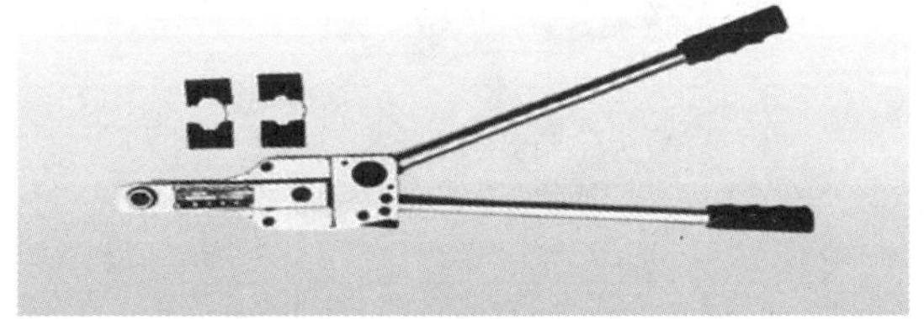

图 4-20　机械式导线压接钳

（四）剪切类接触网工具

（1）链条式断线剪刀。如图 4-21 所示，其适用于各种绞线的剪切。

（2）齿式线缆剪刀。如图 4-22 所示，其采用机械变速赠力原理，适用各种电力线缆的剪切。

（3）电缆（绝缘导线）剥皮刀。如图 4-23 所示，其适用于电缆或者绝缘导线外绝缘层剥切，可以在任意位置剥切。

（4）电缆剥刀。如图 4-24 所示，其适用于电缆外绝缘层剥切。

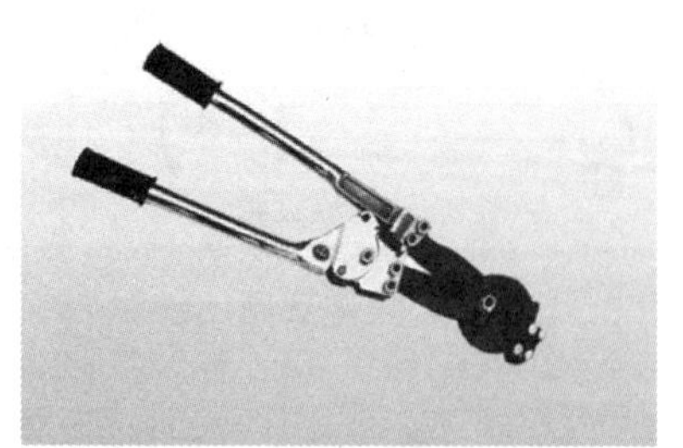

图 4-21　链条式断线剪刀

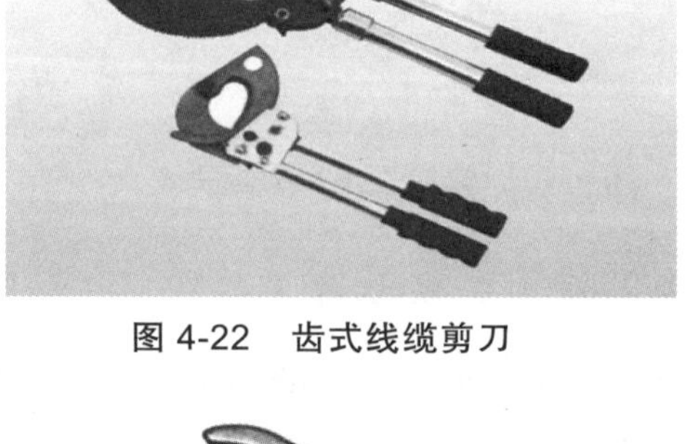

图 4-22　齿式线缆剪刀

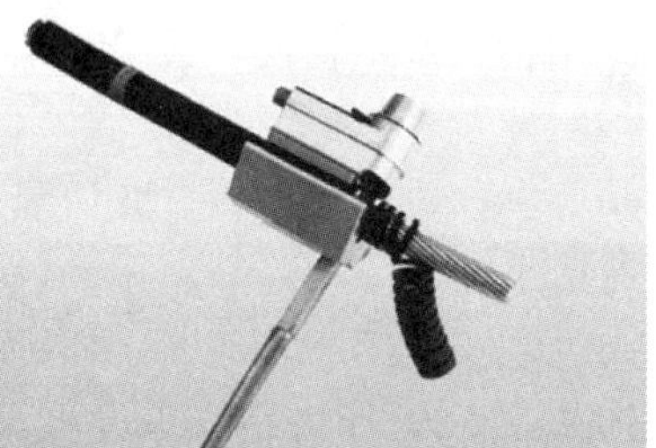

图 4-23　电缆（绝缘导线）剥皮刀

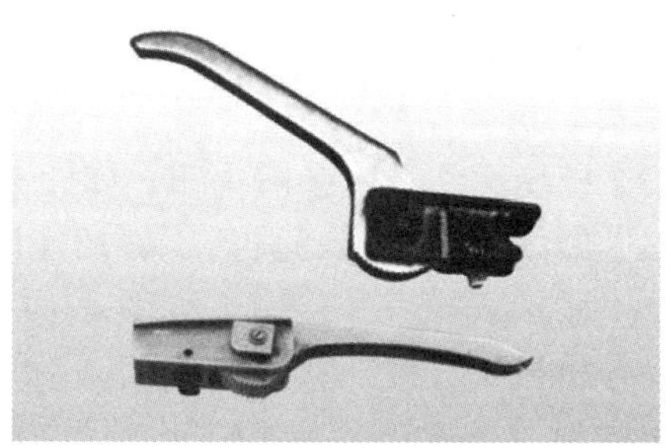

图 4-24　电缆剥刀

（五）紧线器类接触网工具

紧线器是在架空线路敷设施工中作为拉紧导线用的。使用时先把紧线器上的钢丝绳或镀锌铁线松开，并固定在横担上，用夹线钳夹住导线，然后扳动专用扳手。由于棘爪的防逆转作用，逐渐把钢丝绳或镀锌铁线绕在棘轮滚筒上，使导线收紧。把收紧的导线固定在绝缘子上。然后先松开棘爪，使钢丝绳或镀锌铁线松开，再松开夹线钳，最后把钢丝绳或镀锌铁线绕在棘轮的滚筒上。常用紧线器类接触网工具如图 4-25 ~ 图 4-30 所示。

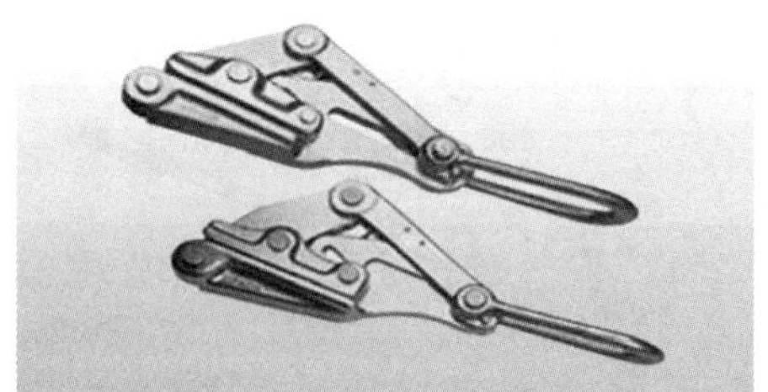

图 4-25　铝合金导线卡线器

图 4-26　KXQ Ⅰ 新型卡线器

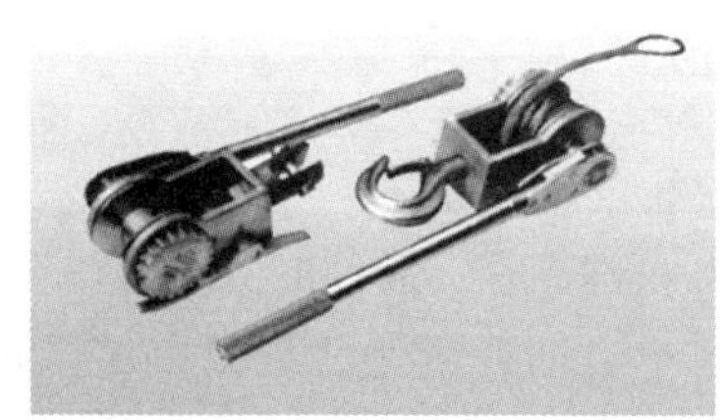

图 4-27　棘轮紧线器

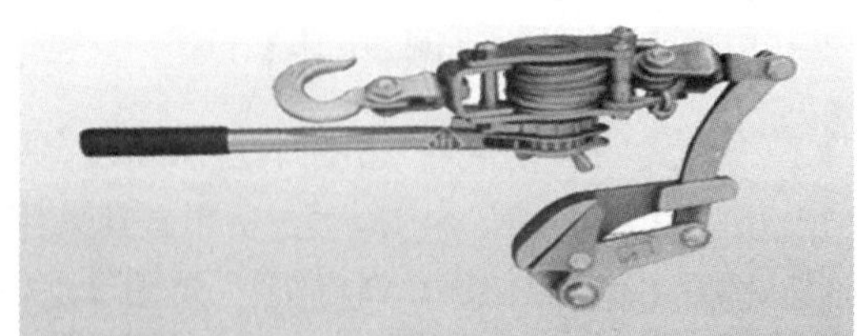

图 4-28　多功能紧线器

图 4-29　链条手拉葫芦图

图 4-30　链条手扳葫芦

（六）滑轮类接触网工具

（1）起重滑轮，如图 4-31 所示，用于接触网、电力线缆施工中组立杆塔、架线、吊装设备及其他起重作业，能承受大负荷。

图 4-31　起重滑轮

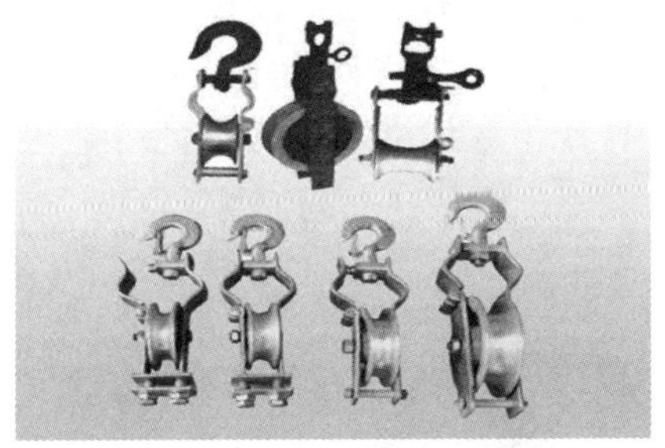
图 4-32　座挂两用滑轮

（2）座挂两用滑轮，如图 4-32 所示，用于延放小面积导线，可作挂钩使用，又可作大绳滑轮使用，按材质分为铝合金和尼龙两种。

（3）放线滑轮，如图 4-33 所示，直接固定在横担上，用于 240 mm^2 以下导线延放，又叫延放滑轮。

（4）可调式地线滑轮，如图 4-34 所示，用于延放地线，利用丝杆升降安装附件。

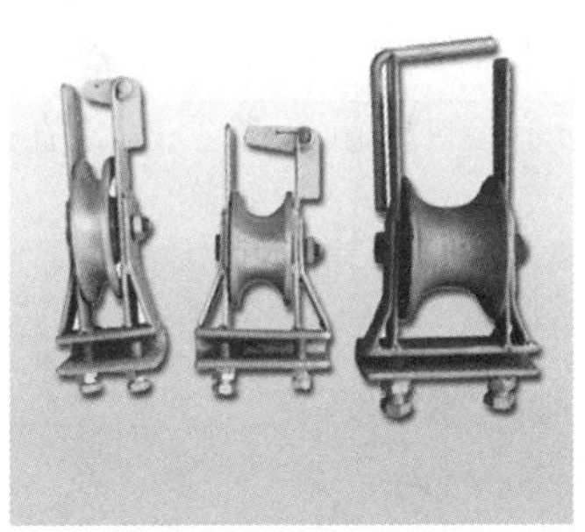
图 4-33　放线滑轮

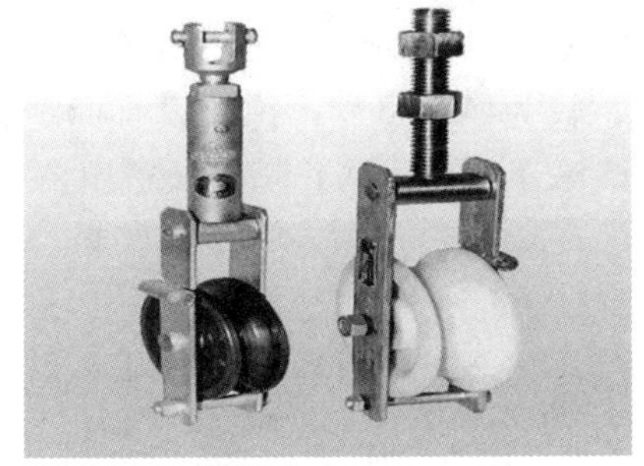
图 4-34　可调式地线滑轮

（七）直弯器类接触网工具

（1）导线直弯器，如图 4-35 所示，利用品字排列的滑轮，沿导线滚动对接触线进行校直。其校直精度高，不伤线面，校直力大小可通过人工自行调节，方便省力；有三轮、五轮、七轮型号区别。

（a）七轮

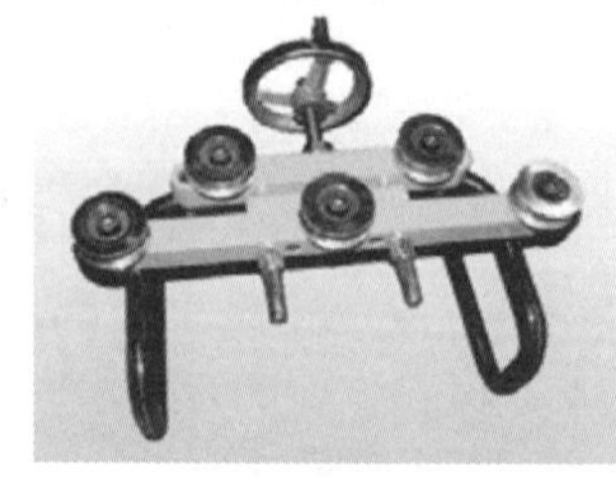
（b）五轮

（c）三轮

图 4-35　导线直弯器

（2）液压直弯器，如图 4-36 所示，适用于接触网导线及承力索局部硬点进行整正，结构简单，方便有效。

（3）接触线煨弯器。如图 4-37 所示，它是接触线煨弯的专用工具，可以煨制任意角度，保证不扭曲线面，不伤线；设计了增力机构，操作有力，使用简便。

（4）导线扭（拧）面器。如图 4-38 所示，接触线在放放后会出现线面扭曲现象，造成线面不正，导致吊弦线夹不正，因此可能出现打弯现象。导线扭（拧）面器可以将不正的线面扭正，确保不出现线夹打弯现象。

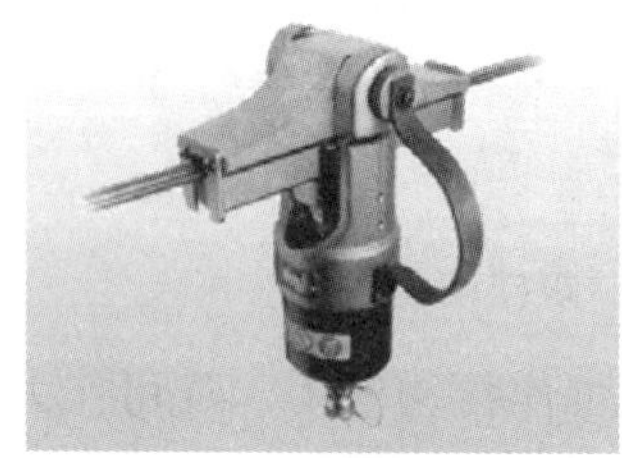
图 4-36　液压直弯器

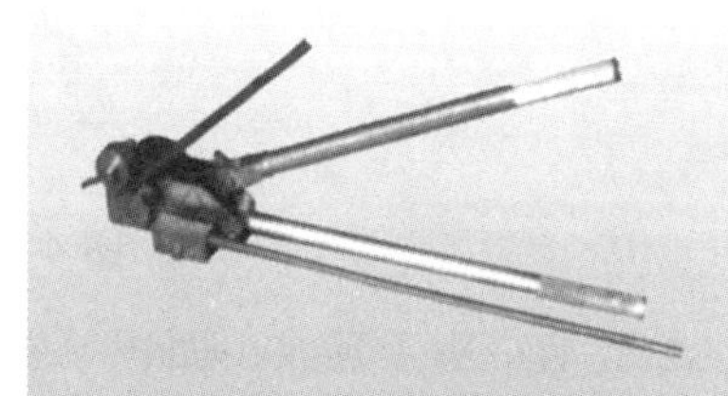
图 4-37　接触线煨弯器

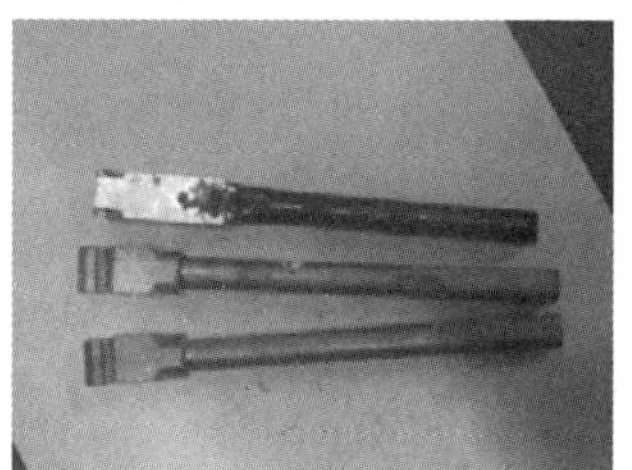
图 4-38　导线扭（拧）面器

（八）梯子类接触网工具

（1）电气化专用梯车。它是一种具有防倾倒、防静电等多种功能的电气化专用登高作业用梯车，如图 4-39 所示。梯车操作台两翼可以放平，作为平台使用，增大操作空间。平台下部有支撑，较为稳定可靠；梯车设有标定装置，可以准确便捷的测量导高、拉出值；梯车底部常采用绝缘车轮，可防止短接轨道电路。

图 4-39　电气化专用梯车

（2）绝缘伸缩梯，又叫挂梯，一端有挂钩，可以直接挂在承力索上，直接进行登高作业如图 4-40 所示。其材质为绝缘材料，轻便，收缩自如，运输使用方便。

图 4-40　绝缘伸缩梯

（九）登高工具类接触网工具

（1）H 型钢柱专用脚扣，主要针对高速铁路客运专线开发的 H 型钢柱攀爬工具，广泛应用于首条 350 km 京津城际铁路以及合宁、合武、武广、郑西、甬台温等客运专线铁路施工中。其结构简单、轻便、结实、耐用，不损伤 H 型钢柱油漆，有可调式和固定式两种，如图 4-41 所示。

（2）圆杆脚扣，如图 4-42 所示，适用于电力线路圆形钢筋混凝土登杆作业。

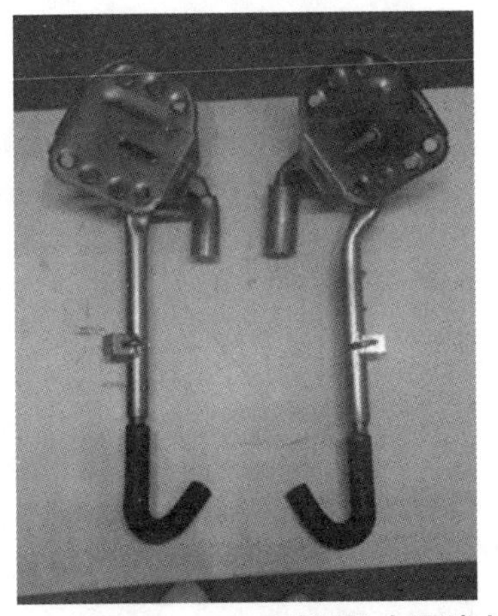

图 4-41　H 型钢柱专用脚扣

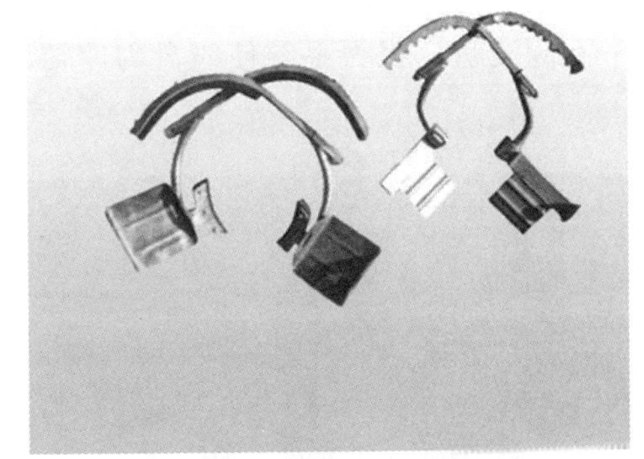

图 4-42　圆杆脚扣

（十）支柱整正类接触网工具

其用于校正支柱，根据支柱类型不同，有圆形和方形两种，分别如图 4-43、图 4-44 所示。

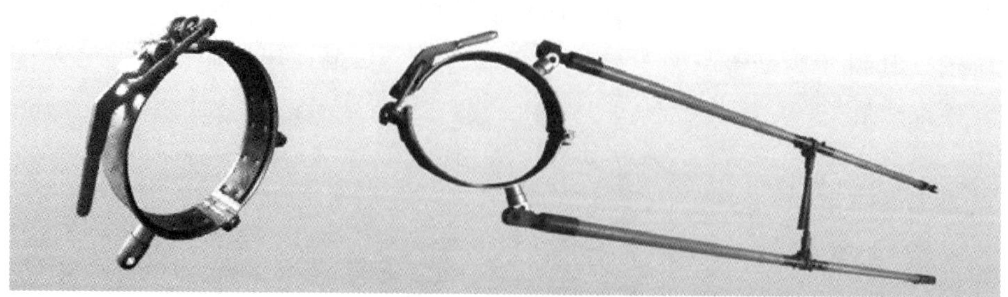

图 4-43 圆形整杆器

图 4-44 方形整杆器

（十一）放线架类接触网工具

（1）线缆盘支架，人力放线架，如图 4-45 所示，双侧采用导轨形式，底盘可拉伸，稳定性高，可以控制线盘转动的速度，节省人力。

（2）张力放线架，与作业车配合，如图 4-46 所示，采用组合式结构，扭力臂滑动调节部分可适用于不同线盘，张力系统使线盘匀速转动，保证恒定张力，提高放线质量，减少线索损伤。

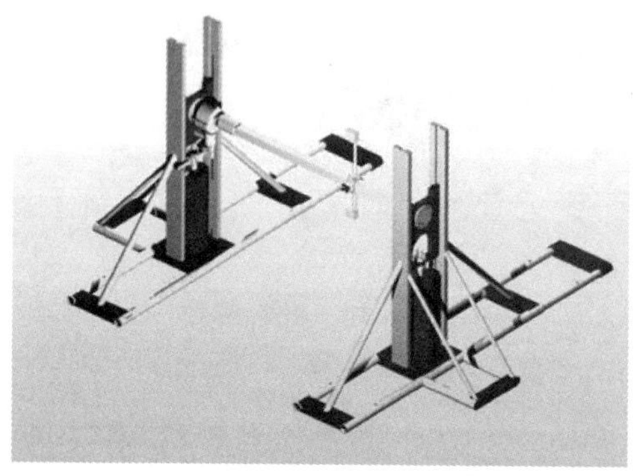

图 4-45 线缆盘支架

图 4-46 张力放线架

二、作业指导书

（一）范　围

本作业指导书规定了接触网常见接触网工具、仪表的使用方法和注意事项。

（二）引用规范性文件

《接触网设计规范》《接触网运行检修规程》《接触网安全工作规程》。

（三）作业目的

本任务是通过对接触网常用工具、仪表的认知学习，掌握常见接触网工具的初步使用方法和注意事项。由于接触网工具、仪表较多，本节仅针对最为普遍使用的几种工具、仪表作简单的介绍。

（四）作业内容

1. 手扳葫芦

① 手扳葫芦在使用前应进行外观检查，如有明显变形、损伤、锈蚀或操作打滑等现象，不得使用；搬运过程中，要轻拿轻放。

② 在有载荷的情况下，不得扳动“工作”“松卸”柄（见图 4-47），否则会对牵引物失去控制，容易发生事故。

③ 不得超负荷使用，工作中如有异常情况，应立即停止作业，检查排除障碍或采取其他措施。

④ 作业完毕，要把导链涂油，放置在干燥、无腐蚀处。

图 4-47　手扳葫芦操作

2. 滑轮组

① 使用滑轮组前，应对其进行外观检查，发现钩子有裂纹或明显变形，滑轮边缘有裂纹、

严重磨损、轴承变形、轴瓦磨损，钢丝绳断股、严重锈蚀或严重扭绞等情况，不得使用。

② 使用滑轮组前应将钢丝绳顺直，不得出现钢丝绳间相互扭绞、缠绕等现象，防止紧线时因滑轮组出现问题而导致事故的发生。

③ 作业中按下锚张力方向使用滑轮组，必须在支柱上悬挂滑轮把滑轮组尾绳放在滑轮内，防止尾绳摩擦设备。

④ 使用中应尽量避免钢丝绳浸磨在泥沙中。

⑤ 作业完毕后松动滑轮组时应稳步松动，不得松动过快或突然松手，避免下锚设备遭受冲击出现事故或尾绳伤人。

⑥ 使用完毕后及时将滑轮组按正确方法盘好以便下次使用（见图 4-48）。

图 4-48　滑轮组操作

3. 滑轮

① 使用滑轮前应事先对滑轮进行外观检查，发现滑轮边缘有裂纹或严重磨损、轴承变形、轴瓦磨损严重、滑轮转动不灵活，不得使用。

② 应根据负荷合理选择滑轮型号，不得超负荷使用。

③ 滑轮悬挂位置应选择合适位置，不应在转角过大或过载使用（见图 4-49），防止滑轮因超负荷受力造成滑轮钩断裂出现事故。

4. 钢丝套子

① 根据作业情况选择合适的钢丝套子，不得超负荷使用。

② 检查钢丝套子有无断股、严重锈蚀等现象，以防使用时因钢丝套子断裂而导致其他事故。

③ 不得将钢丝套子连接在一起使用，防止钢丝套子受力不均或因连接不牢固出现事故。

④ 高空作业不得上下抛掷，防止伤人，应用绳索传递。

5. 紧线器

① 使用前先检查钢丝套子有无断股、严重锈蚀等现象。

② 使用前根据作业情况和设备型号选择合适的套子、紧线器。

③ 使用时，紧线器要打在适当位置（见图 4-50），时刻检查紧线器有无滑动现象以免因紧线器打滑伤人。

④ 紧线器在使用前，应对其外观进行检查，如夹口内出现缺损，不得使用。

⑤ 安装或拆卸紧线器时，不得用其他工具进行敲打，以免损坏紧线器。

⑥ 紧线器上沾有油渍时，必须擦干净后才能使用，防止打滑。

图 4-49　钢丝套子操作

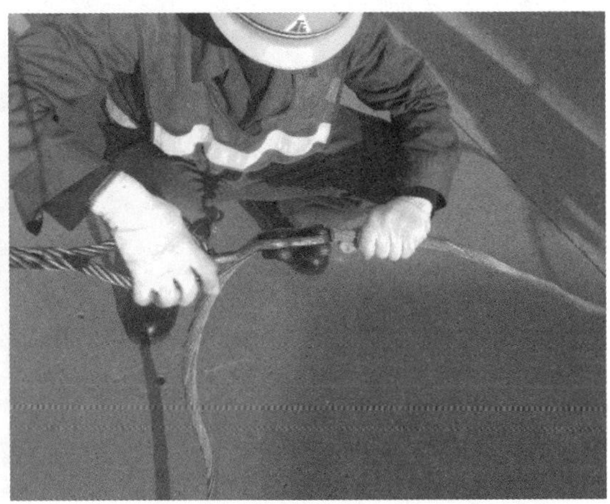

图 4-50　紧线器操作

6. 接触线直弯器

接触线直弯器如图 4-51 所示。

① 使用前对直弯器进行外观检查，各连接部件是否良好，有无松动，调节丝扣是否动作灵活，有无伤扣现象。

② 铜轮固定是否良好，转动是否灵活。

③ 定期对丝扣进行涂油。

④ 不得将直弯器挪作他用。

⑤ 直弯器上沾有油渍应擦干净后才能使用。

⑥ 高空作业不得上下抛掷工具防止伤人或损坏。

图 4-51　接触线直弯器操作

7. 接触线煨弯器

① 检查外观有无裂纹、开焊、变形或严重锈蚀等现象。

② 检查齿轮部分是否灵活正常。

③ 在对接触线煨弯时，要先将线夹穿入，要将楔子穿入转轴中，要注意接触线的方向与回头长度。

④ 使用煨弯器时，不得多人同时压手柄（见图 4-52），以免损坏煨弯器。

图 4-52 接触线煨弯器操作

⑤ 煨弯器手柄上沾有油污时，应擦净后使用。

⑥ 应有两人进行操作，一人扶导线，一人煨弯。

8. 接触线扭面器

① 对接触线进行整正时，防止扭面器从接触线沟槽中弹出伤人，并做好相应的安全措施。

② 作业前应先检查扭面器卡沟处有无损坏、严重磨损等情况（见图 4-53）。

图 4-53 接触线扭面器操作

③ 不得将扭面器当作手锤使用，防止损坏扭面器。

④ 扭面器手柄上沾有油渍时，要擦干净后使用。

⑤ 高空作业不得上下抛掷，防止伤人或损坏工具。

9. 整体吊弦压接钳

① 检查操作部分是否灵活，有无生锈、变形现象。
② 钳口咬合是否密贴。
③ 在压接过程中，扶吊弦人员的手应远离钳口避免压手（见图 4-54）。

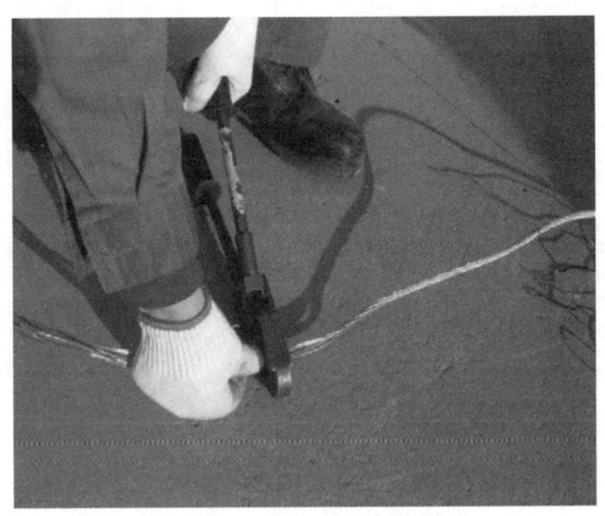

图 4-54　整体吊弦压接

④ 不得将压接钳当作手锤使用，防止损坏压接钳。
⑤ 压接钳手柄沾有油污时应擦净后使用。
⑥ 高空作业不得上下抛掷，防止损坏工具或伤人。

10. 扭力扳手

扭力扳手可预先设定扭矩，达到预设扭矩后即空转，保证每次工作质量准确一致。预设方法简便快捷，根据设置扭力读数的不同，有数字式和机械式两种。机械式的手柄上有指针式读数指示，数字式有液晶显示屏显示。扭力扳手可用于拧紧，也可用于拧松，轻移转换按扭，即可控制正转或反转。扭矩扳手在发出“卡塔”声即提示已达到设定的扭矩值了。扭矩扳手所发出的“卡塔”是由本身内部的扭矩释放结构产生的，其结构分为压力弹簧、扭矩释放关节、扭矩顶杆三部分。

首先在扭矩扳手上设定所需扭矩值（由弹簧套在顶杆上向扭矩释放关节施压），接着锁定扭矩扳手，开始拧紧螺栓。当螺栓达到扭矩值（使用扭力大于弹簧的压力）后，会产生瞬间脱节的效应。在产生脱节效应的瞬间发出关节敲击，即扳手金属外壳所发出的“卡塔”声。各接触网连接螺栓都有规定的紧固力矩，如表 4-1 所示。

表 4-1　接触网连接螺栓紧固力矩标准

序　号	标准代号	名　称	螺栓直径（mm）	螺栓紧固力矩（N·m）
1	TB	接触线电连接线夹	12	44
2	TB	电连接线夹	12	44
3	TB2075.1—2002	接触线吊弦线夹	10	25

续表

序　号	标准代号	名　称	螺栓直径（mm）	螺栓紧固力矩（N·m）
4	TB2075.2—2002	承力索吊弦线夹	10	25
5	TB2075.3—2002	横承力索线夹	U 螺栓 M12	44
6	TB2075.4—2002	双横承力索线夹	U 螺栓 M12	44
7	TB2075.5—2002	接触线中心锚结线夹	12	44
8	TB2075.6—2002	承力索中心锚结线夹	12	44
9	TB2075.7—2002	杵座鞍子	U 螺栓 M10	25
10	TB2075.8—2002	钩头鞍子	U 螺栓 M10	25
11	TB2075.13—90	定位线夹	10	25
12	TB2075.14—2002	支持器	12	44
13	TB2075.15—2002	长支持器	12	44
14	TB2075.16—2002	定位环线夹	J 型螺栓 M12	44
15	TB2075.24—2002	定位环	U 螺栓 M12	44
16	TB2075.25—2002	长定位环	U 螺栓 M12	44
17	TB2075.26—2002	套管双耳	U 螺栓 M16	70
18	TB2075.27—2002	套管铰环	16	70
19	TB2075.28—2002	铜接触线接头线夹	12	44
20	TB2075.42—2002	压管	M10/M12	25/44
21	TB2075.44—2002	软横跨固定底座	16	70
22	TB2075.45—2002	拉杆底座	16	70
23	TB2075.46—2002	特型拉杆底座	底座 U 螺栓 M16	59
24	TB2075.47—2002	钢柱拉杆底座	16	70
25	TB2075.53—2002	接地线夹	钩螺栓 M16	59
26	TB2075.54—2002	接地线连接线夹	12	25
27	TB2075.1—2002 TB2075.2—2002	吊弦线夹	10	25

注：其他未列项目根据缺标要求执行。

【任务实施及考核】

一、任务实施

（一）任务实施目的

对接触网常见工具、仪表进行认知，并掌握初步使用技巧。

（二）任务实施准备工作

掌握接触常见工具、仪表名称、外形、适用场合和作用原理。

（三）任务实施场地器材

接触网常见工具、仪表至少 20 种。

（四）任务实施步骤

（1）理论学习。完成本任务相关理论的学习。
（2）拓展学习。完成本任务拓展资料的学习。
（3）识别和操作。在掌握相关理论的学习的基础上，进行常见工具仪表的简单演示操作。
（4）完成考核。

（五）注意事项

随着铁路速度的提升，接触网工具、仪表更强调精度，因此接触网专用工具越来越先进，精度越来越高，造价越来越昂贵。要求考核过程中对其轻拿轻放，严禁违规操作。

二、考核表

序　号	考核内容	考核标准	标　准	得　分
1	识别工具、仪表	找出指定的 20 样工具、仪表，摆放在指定位置上。限时 3 min	60 分（错漏一样扣 3 分，每超过时间 1 min 扣 10 分）	
2	初步使用	能初步演示指定的一到两样工具的适用场合和使用方法	40 分（根据演示情况，酌情给分。违反操作要求的，损伤工具仪表的，直接不合格）	
总　分			100 分	

配套习题

一、单项选择题

1. 数显式接触网腕臂定位角度测量仪是一种数字显示的角度测量仪器，比一般刻度指示式角度尺读数更方便准确，其精确度按（　　）递增（减）。

A. 0.1　　B. 0.2　　C. 0.25　　D. 0.3

2. 测量阳光下和远距离目标；将仪器放在目标上测量倾斜角；间接倾斜角测量、高度和距离测量，测量难以接近的部位，精度达到±（　　）mm。

A. 1　　B. 1.5　　C. 2.0　　D. 2.5

3. 导线曲率测量尺，精度可达到（　　）mm。

A. 0.001　　B. 0.015　　C. 0.01　　D. 0.1

4. 接触线电连接线夹，标准代号是（　　）。

A. A. T　　B. B. T　　C. TB.　　D. TA.

5. 接触线电连接线夹，螺栓紧固力矩为（　　）N·m。

A. 25　　B. 35　　C. 44　　D. 75

6. 套管双耳，螺栓紧固力矩为（　　）N·m。

A. 25　　B. 35　　C. 44　　D. 70

7. 定位环，螺栓紧固力矩为（　　）N·m。

A. 25　　B. 35　　C. 44　　D. 70

8. 定位线夹，螺栓紧固力矩为（　　）N·m。

A. 25　　B. 35　　C. 44　　D. 70

9. 整体吊弦，螺栓紧固力矩为（　　）N·m。

A. 25　　B. 35　　C. 44　　D. 70

10. 塞尺厚度有（　　）mm 各种规格。

A. 0.01 ~ 0.3　　B. 0.02 ~ 0.5　　C. 0.02 ~ 1.0　　D. 0.05 ~ 1.0

11. 水准仪是建立水平视线测定地面两点间高差的仪器。原理为根据水准测量原理测量地面点间高差，精度可达（　　）mm。

A. 0.1　　B. 0.2　　C. 0.3　　D. 0.4

12. 激光测距仪是测量阳光下和远距离目标；将仪器放在目标上测量倾斜角；间接倾斜角测量、高度和距离测量，测量难以接近的部位；精度达到±（　　）mm。

A. 1.0　　B. 1.5　　C. 2.0　　D. 2.5

二、多项选择题

1. 以下模式属于数显测斜尺模式的是：（　　）。

A. 百分比模式　　B. 相对角模式　　C. 角度测量模式　　D. 偏角补偿模式

2. 数显测斜尺具有绝对角度与相对角度测量，角度数据反应快；（　　）特殊角度声音提示功能

A. 0°　　B. 30°　　C. 45°　　D. 60°

3. 激光测距仪测量阳光下和远距离目标；将仪器放在目标上测量倾斜角；间接倾斜角测量、高度和距离测量，测量难以接近的部位；精度达到±（　　）。

A. 1.0　　B. 1.5　　C. 2.0　　D. 2.5

4. 导线曲率测量尺，有（　　）两种规格。

A. 1.0 m　　B. 1.5 m　　C. 2.0 m　　D. 2.5 m

5. 导线直弯器有（　　）型号。

A. 三轮　　B. 四轮　　C. 五轮　　D. 六轮

E. 七轮

6. 梯车设有标定装置，可以准确便捷的测量出下列参数：（　　）。

A. 导高　　B. 拉出值　　C. 侧面限界　　D. 红线标高

三、判断题

1.（　）经纬仪是测量水平角和竖直角的仪器。

2.（　）扭矩扳手和扭力扳手是两种不同的扳手。

3.（　）电缆（绝缘导线）剥皮刀，适用于电缆或者绝缘导线外绝缘层剥切。不可以在任意位置剥切。

4.（　）座挂两用滑轮。用于延放大面积导线，可作挂钩使用，又可作朝天式使用，按材质分为铝合金和尼龙两种。

5.（　）电气化专用梯车，具有防倾倒、防静电等多种功能的电气化专用登高作业用梯车。

6.（　）绝缘伸缩梯，又叫挂梯，一端有挂钩，可以直接挂在承力索上，直接进行登高作业。

7.（　）使用煨弯器时，应该多人同时压手柄，以免损坏煨弯器。

8.（　）扭力扳手不可预先设定扭矩，达到预设扭矩后即空转，保证每次工作质量准确一致。

9.（　）手扳葫芦，在有载荷的情况下，可以扳动“工作、松卸”柄。

10.（　）圆杆脚扣，适用于电力线路圆形钢筋混凝土登杆作业。

11.（　）液压直弯器，适用于接触网导线及承力索整体硬点进行整正，结构简单，方便有效。

12.（　）力矩就是力和距离的和。

13.（　）使用滑轮前应事先对滑轮进行外观检查，发现滑轮边缘有裂纹或严重磨损、轴承变形、轴瓦磨损严重，滑轮转动不灵活，不得使用。

微信扫码　习题自测

学习情境五　接触网作业及防护

【导读】

本学习情境重点介绍接触网天窗作业及安全防护。具体的接触网天窗作业内容不同但大都有类似的作业流程和安全防护设置要求，《接触网安全规程》和《接触网检修规程》中对此都进行了规定。本章通过理论学习，全面掌握接触网天窗作业流程和防护的设置标准，为后续接触网作业的开展奠定基础。

【学习目标】

本节主要通过完成 2 个任务，学习接触网作业和防护的相关制度。

任务一　接触网作业

【任务描述】

本任务是通过认识接触网作业的种类、天窗的概念，掌握作业标准流程和标准化用语，为后续具体接触网检修项目作业做好准备。

【资讯】

微信扫二维码，看本章教案

一、理论学习部分

（一）接触网作业的种类

《接触网安全工作规程》中规定了接触网检修作业根据作业设备停电情况以及作业距离，可以分为以下三种：

（1）停电作业——在接触网停电设备上进行的作业。

（2）间接带电作业——借助绝缘工具间接在接触网带电设备上进行的作业。

（3）远离作业——在距接触网带电部分 1 m 以外的附近设备上进行的作业。

（二）接触网作业工作票

工作票是进行接触网作业的书面依据，填写时要字迹清楚、正确，需填写的内容不得涂改和用铅笔书写。工作票填写一式两份：一份由发票人保管，一份交给工作领导人。事故抢修和遇有危及人身或设备安全的紧急情况，作业时可以不开工作票，但必须有供电调度命令。

根据作业性质的不同，工作票分为三种：

（1）接触网第一种工作票，用于停电作业，白纸绿字。具体格式和填写规范如表 5-1-1 所示。

（2）接触网第二种工作票（格式见表 5-1-2），用于间接带电作业，白纸红字。

（3）接触网第三种工作票（格式见表 5-1-3），用于远离作业即距带电部分 1 m 及其以外的高空作业、较复杂的地面作业（如安装或更换火花间隙和地线、补偿装置、开挖和爆破支柱基坑、未接触带电设备的测量等）。

表 5-1-1　接触网第一种工作票

XX 接触网工区　　　　　　　　　　　　　　　　　　　第 02-28-01 号

作业地点	XX 至 XX 区间上行线 XX#-XX#（KXXXXX+XXX-KXXXXX+XXX）			发票人	张三
作业内容	接触网设备检修			发票时间	2016 年 02 月 26 日
工作票有效期	自 2016 年 02 月 26 日 12 时 00 分至 2016 年 02 月 28 日 12 时 00 分止				
工作领导人	姓名：李四			安全等级：四级	
作业组成员姓名及安全等级（安全等级写在括号内）	XXX（四级）	XXX（三级）			
	XXX（四级）	XXX（二级）			
	XXX（四级）	XXX（二级）			
	XXX（四级）	XXX（二级）			
	XXX（四级）	XXX（一级）			
	XXX（三级）	XXX（一级）			共计 13 人
需停电设备	XX 牵引变电所 XX-XX 上行供电臂停电				
装设接地线位置	XX 区间-XX 区间上行线 XXX#、XXX#接触线、回流线各设一组，共计四组，对比验电方式				
作业区防护措施	① XXX 站信号楼（运转室）设驻站联络员 1 名，负责行车防护； ② 作业区段南北两端 800 m 外各设接地防护 1 名，共计 2 名，负责行车防护； ③ XX 区间-XX 区间下线线有车，作业组成员注意安全； ④ 下行列车通过时，高空作业人员停止作业并避让列车				
其他安全措施	① 全体作业人员按规定佩戴个人安全工器具、备齐各自作业工器具，坚持安全作业； ② 工作领导人、驻站联络员、接地防护时刻保持联系，并按要求设备标示牌，防止电力机车及反方向行车； ③ 接地人员按规定，先对比验电，后接地地线，接挂地线时保持与接地线 1 m 以上的安全距离，防止危及人身安全； ④ 高空作业人员扎好安全带、戴好安全帽严禁低挂高用，时刻注意设备的受力状态，严防高空坠物； ⑤ 作业车平台升降、转向时严禁人员上下作业车； ⑥ 作业结束，确保现场作业人员全部撤离，工器具材料清除完毕，接触网设备良好，方可通知销令作业				
变更作业组成员记录					
工作票结束时间	2016 年 02 月 28 日 09 时 10 分				
工作领导人	李四		发票人	张三	
接票人	李四	接票时间	2016 年 02 月 26 日 12 时 30 分		

注：工作票一式两份，一份交给工作领导人，一份由发票人保管；用黑色水性笔填写。

表 5-1-2 接触网停电作业命令票

________接触网工区 第 X-X-01 号

命令编号：689								
批准时间：	2016 年	02	月	28	日	06	时	11 分
命令内容： XX 至 XX 区间上行线 XX#-XX#（KXXXX+XXX-KXXXX+XXX）接触网设备检修								
要求完成作业时间：	2016 年	02	月	28	日	07	时	41 分
发令人：陈六				受令人：张三				
消令时间：	2016 年	02	月	28	日	07	时	40 分
消令人：张三				供电调度员：陈六				

表 5-1-3 接触网维修（施工）运统 46 填写规范

施工编号	施工项目	月日	时分	（1）影响使用范围（需要的限速或封锁条件）（2）专职联络员签名（3）车站值班员签名	所需时间	命令号及发令时间（2)施工起止时间（3)车站值班员签名（4)专职联络员签名	月日	时分	（1）恢复使用范围和条件（开通后恢复常速确认）（2）专职联络员签名（3）车站值班员签名	（1）开通（恢复常速）命令号码及开通时间（2）专职联络员签名（3）车站值班员签名
XXXXX	接触网设备检修	2月28日	5:10	（1)申请封锁XX线上（或下)行XX	90分钟	（1）封锁命令：XXXXX#，6:01	2月28日	7:42	（1)京广上（或下）线 XX 站-XX 站间	（1）开通命令：XXXXX#，7:42
				站-XX 站间 KXXXX+XXX 至 KXXXX+X		（2)封锁起止时间：6:01-7:55			KXXXX+XXX 至 KXXXX+XXX 处接触	（2)XX 接触网工：XXX，7:42
				XX 处，进行接触网设备检修，无		（3）车站：XXX，5:55			网维修完毕，设备正常，申请开通。	（3）车站：XXX，7:42
				需其他单位配合。		（4)XX 接触网工区：XXX，5:55			（2）XX 接触网工区：XXX，7:42	盯岗：XXX
				（2）XX 接触网工区：XXX，5:30		盯岗：xxx			（3）车站：XXX，7:42	
				（3)车站：XXX，5:30					盯岗：XXX	
				盯岗：XXX						

第一、三种工作票有效期不得超过 3 个工作日，第二种工作票有效期不得超过 2 个工作日。

作业结束后，工作领导人要将工作票和相应命令票（格式见表 5-1-2）交工区统一保管。在工作票有效期内没有执行的工作票，需在右上角盖“作废”印记交回工区保管。所有工作票保存时间不少于 12 个月。已完成的作业票加盖“已执行”章。

工作票的相关规定：工作票签发人和工作领导人安全等级不低于四级。同一张工作票的签发人和工作领导人必须由两人分别担当。发票人一般应在工作的前一天将工作票交给工作领导人，使之有足够的时间熟悉工作票中的内容并做好准备工作。工作领导人对工作票内容有不同意见时，要向发票人提出，经认真分析，确认无误后，签字确认。每次作业一名工作领导人同时只能接受一张工作票。一张工作票只能发给一名工作领导人。工作票中规定的作业组成人员一般不应更换。若必须更换时，应由发票人签认；若发票人不在，可由工作领导人签认。工作领导人更换时，必须由发票人签认。当变更作业方式、内容、地点时，必须废除原工作票，签发新的工作票。对接触网的巡视、较简单的地面作业（如支柱培土、清扫基础帽等）可以不开工作票，由工区负责人向工作领导人布置任务和安全防护措施，说明作业的时间、地点、内容，并记入值班日志中。

由于在接触网检修作业都涉及行车安全问题，还需要填写《行车设备检查（施工）登记簿》（以下简称运统 46），具体格式如表 5-1-3 所示。

（三）接触网天窗作业

接触网天窗为检修接触网线上设备，需将接触网停电，在停电期间不允许列车通过，这样在列车运行图（不同时间列车走行区段）中就会有一段空白（即没有列车走过的线条），故形象的把接触网停电检修作业称为“天窗”。

目前我国接触网大多是复线电化区段，即有上下行接触网是分别往两个方向运行的单向通行线路。因此，接触网天窗作业按照停电类型不同，可以分为垂直天窗和 V 形天窗。

1）垂直天窗

复线电化区段上下行线路全部停电作业。由于列车运行图上纵坐标是区间，横坐标是时间，当某个时间段上下行全部停电，就都没有车通过，运行图上整个区段上下行都是空白的，体现出来的是纵向的空白，所以叫“垂直”天窗。

2）V 形天窗

复线电化区段上行或下行接触网的一个方向线路单独停电进行检修作业，另一线路不停电正常行车。两线依次停电，交替作业，在运行图上呈 V 形空白，称为“V”形天窗。

（四）接触网作业标准用语

1）作业时间

作业时间以北京时间为标准计时，实行昼夜 24 小时制。

2）作业地点

作业地点要清楚表示××——×××线，×××区间（或×××站场）上行（或下行）×××km+×××m——×××km+×××m，×××#——×××#柱，若为站场则必须说明股道及道岔号。

3）区间

区间应以下方向简略称呼两端相邻车站名称的第一个字。如“常—樟”区间，即为“常平—樟木头”区间。

4）站场

站场名称应用全称，不能简化。如“常平站”。

5）方向

应用“上行方向”“下行方向”，不得用自然称呼。上行一般指广州往北京，从南往北，但也可以根据现场情况进行指定；下行则相反。

6）姓名

姓名要用全称，不得简称“老张”“小李”“我”“你”“他”，“工长”“工作领导人”“要令人”“接地线人”“防护人”的称呼。

7）对话

呼唤应答，应采用复诵方式，不得采用“是”、“好了”等之类措词含糊的用语。

8）工具材料的名称

工具、材料应以规程、规范、材料目录记载的正式名称称呼。

9）接触网工区名称

申报天窗计划、要令、消令及车站座台防护等联系时工区名称不得简写或简称，如：“茶山接触网工区”、“塘厦接触网工区”不得简写或简称为“茶山”、“塘厦”。

10）标准用语

（1）申报天窗计划。

接触网工区：按规定用全称，如“茶山接触网工区”。

作业地点：称“×××线、×××—×××区间（或×××站场）上行（或下行），公里标为×××km+×××m—×××km+×××m，×××#—×××#支柱”。若为站场则必须说明股道及道岔号。

作业内容：“清扫绝缘子”、“检修支撑装置”等，不得措词含糊。

工作票有效期：称“自××年××月××日××时××分—××年××月××日××时××分止”。

需停电设备：称“×××线、×××—×××区间（或×××站场）上行（或下行）×××#—×××#支柱间所有接触网带电设备”。若检修变电所或分区所上网供电线，不得简称××#上网供电线停电。如检修仙村分区所 2722 号上网供电线，应称：“检修仙村分区所外茶山——仙村上行上网供电线”；需停电设备称：“仙村分区所外茶山——仙村上行上网供电线”。检修变电所外上网供电线同上。

停电时间：称“××分钟。”

装设地线位置：称“×××—×××区间（或×××站场）上行（或下行）×××#、×××#、×××#接触网支柱”。

要令、座台防护地点：称：“×××—×××区间要令，×××车站运转室座台防护，或×××车站运转室要令、座台防护”。

作业区防护措施：“封闭×××线×××—×××区间上行（或下行）线路，作业区两端设 800 米行车防护，严禁电力机车通过×××、×××站所有上下行渡线”。或称“占用×××

线、×××站上行（或下行）××、××、××道线路（或××#、××#道岔同线路），作业区两端设50米行车防护，严禁电力机车通过×××、×××站所有上下行渡线”。

轨道车运行方式：称“区间折返”或“到达×××站后沿上行（或下行）返回”。

（2）要令消令标准用语。

要令：称“×××接触网工区全体作业组成员均已到达施工现场，并准备就绪，请求×××线，×××—×××区间（或×××站场）上行（或下行）×××#—×××#支柱间所有接触网带电设备停电。作业内容：清扫绝缘子等，要令人×××”。消令：称“×××接触网工区×××线，×××—×××区间（或×××站场）上行（或下行）第×××号接触网停电作业命令于××时××分完成，可以恢复送电通车，请求消令，消令人×××”。

复诵：严格供电调度员发布的命令复诵。

（3）要令消令人员、座台防护人员与作业组工作领导人联系用语标准用语：

要令消令人员、座台防护人员与作业组工作领导人联系时按“1.6”条规定执行。

线路封闭后座台防护人员通知工作领导人：称“×××线×××—×××区间（或×××站场）上行（或下行）线路已封锁，封锁时间为××时××分，作业组可以上道”。

要令后要令人员通知工作领导人：称“×××线×××—×××区间（或×××站场）上行（或下行）×××#—×××#支柱间所有接触网设备已停电可以作业，命令内容：宣读供电调度员发布的命令内容，批准时间：××时××分，要求完成时间××时××分，要令人×××，命令编号×××号”。

作业结束工作领导人通知要令人，坐台防护人员消令称“×××线×××—×××区间（或×××站场）上行（或下行）×××#—×××#支柱接触网设备检修作业结束，第×××号接触网停电作业命令完成，恢复送电通车条件，可以消令，工作领导人×××”。

（4）工作领导人与接地线人员、防护人员联系标准用语。

工作领导人通知接地线人员、防护人员进行验电接地及行车防护：“×××#，×××#，×××#，支柱验电接地，防护人员做好行车防护”。

地线接好及行车防护设好后接地线人、防护人员通知工作领导人：×××#支柱地线接地完毕，作业组广州方向（或深圳方向）已做好行车防护”。

作业结束工作领导人通知接地线人员、防护人员撤除地线及行车防护：“撤除×××#、×××#、×××#支柱地线及行车防护”。

地线及行车防护撤除后接地线人员、防护人员通知工作领导人，称“×××#支柱地线已撤除，作业组广州方向或深圳方向行车防护人员已撤除”。

（5）作业组工作领导人与作业组成员联系标准用语按“一般规定”执行。

二、作业指导书

本任务是对接触网作业的总体认知，除掌握作业种类和相关标准外，重点要求掌握接触网作业流程。由于现在接触网作业大多以停电天窗作业为主，本作业指导书以一次天窗作业流程为例进行讲解。

（一）范　围

本作业指导书规定了对接触网腕臂预配和安装操作的内容。

（二）引用规范性文件

《接触网安全工作规程》《接触网运行检修规程》《接触网检修标准化作业程序及标准》。

（三）作业目的

完成对接触网作业流程的认知学习，熟知作业步骤、内容和相关规定。

（四）作业内容

1. 工作票的签发

（1）各工区必须于每天 17:00 前向供电调度报告次日工作计划。工作票必须在工作前一天签发，并由发票人将工作票交给工作领导人。

（2）工作票签发一式两份，第一份发票人保存，第二份（复写件）交工作领导人使用，作业完毕后两份工作票全部交工区专人保管不少于三个月（整月保存）。

（3）工作票签发时必须按规定进行编号，没有实施的工作票要在工作票右上角盖“作废”章并按规定保存，后续工作票接续编号。工作票在签发前要核对图纸；签发工作票时，在较复杂的站场和同杆架设电力线、供电线地段作业时，要画出停电范围及作业范围简图，有电部分用红线标出，“V”形天窗作业时，上、下行分别加盖上、下行印章，必要时注上说明，并向工作领导人交底。

（4）工作票上发票人与工作领导人必须按如下规定要求及时签字：即工作票发票完毕交工作领导人时发票人应在第二份工作票上签字（证明发票人已经将工作票交给了工作领导人）、工作领导人应在第一份工作票上签字（证明工作领导人已经审核了工作票）；工作票使用完毕结束工作票时工作领导人应在第二份工作票上签字（证明作业已结束），发票人应在第一份工作票上签字（证明工作票已收回）。

（5）工作票签发实行一天一票制度。

2. 停电作业计划的提报

各网工区申报次日停电作业计划的时间为当日 17:00 前。

3. 工作票的审核和接收

（1）次日上午[5:00—10:00（含）]计划停电作业的所有工作票，由夜班值班的供电调度于当天 20:00 开始负责审核，对工作票存在问题的夜班调度要进行登记，并要求工区整改（考虑到发票人夜间有可能不在工区，因此，工区最晚应于次日停电作业“天窗”点前两小时向供电调度汇报工作票问题整改情况），工区不按时汇报整改情况的供电调度有权停止该张工作票执行。

（2）每天（10:00—20:00）的停电作业工作票由当天白班值班的供电调度于当天上午审核，审核时间不得晚于停电“天窗”点前两小时。

（3）工作票审核以供电调度为主体，各网工区按规定时间做好工作票的读票工作，无特殊原因时工区读票必须在接到供电调度审票通知后的 10 min 内开始。

（4）工作领导人在作业前一天接收工作票。

（5）审查所接受工作票的作业项目、停电范围、作业地点、地线位置、时间、作业成员符合规定，并与图纸校对正确无误。

（6）作业现场所采取的安全措施是正确的和完备的。

（7）一个工作领导人在一个工作日内只能持有一张工作票。

（8）填写分工收工记录本。

4. 宣读工作票

（1）各网工区必须组织作业组成员列队宣读工作票并布置相关安全措施，在确保路程用时的前提下作业组必须携带作业工作票在正常“天窗”点前半小时到达作业地点，防止“天窗”点提前而影响作业。

（2）作业组全体成员要着工作服（座台人员着装整齐），戴安全帽，穿劳保鞋，个人工具佩戴齐全，列队听读，按分工收工记录本进行合理分工，并做好记录。

（3）工作领导人宣读工作票和布置任务，凡读到人员姓名时，该人员均应答到。

（4）安全措施逐条分解布置。

（5）工作领导人抽查作业组成员对各自任务和有关安全措施是否明确。

（6）工作票是在接触网上进行作业的书面依据，要字迹清楚、正确，不得涂改或用铅笔书写。

5. 出　工

从工区乘车到达作业地点时，司机对车辆进行全部检查，保证状态良好；司机要提前发动车辆；司机必须等工具材料、人员全部上车后方可鸣笛动车；作业组成员必须站座在安全可靠的位置，不准座车帮；作业组成员不准在车辆上打闹、大声喧哗；作业组成员不准坐轨道车非操纵端的司机座位；监护人员始终监护好自己的监护对象；作业组成员车不停稳不准上下；作业组成员在停电前 30 min 到达作业现场；工作领导人应检查停电前的准备工作（包括建立通讯联系，防护人员及接地线到达岗位，准备好工具材料、零部件、确认工前准备情况、作业环境观察和完成的安全措施）。被监护人不准远离监护人。工作领导人未宣布开工前，作业组成员不准上道和登杆。

6. 申请、接受停电作业命令

（1）作业组在停电作业前由工作领导人指定一名安全等级不低于三级（提速区段不低于四级）的作业组成员负责座台防护和填写运统 46（结合铁路局《接触网停电作业行车限制办法》）。指定一名安全等级不低于三级的作业组成员作为要令人员，向供电调度申请停电。几个作业组同时作业时，每一个作业组必须分别向供电调度申请停电。受令人向供电调度员通报所属工区及姓名，说明要求停电的范围和作业内容，需停电的时间，回答供电调度提出的疑问。

① 座台防护人标准用语：

（运统 46 填写完毕，车站值班员签认后，座台防护人员立即通知工作领导人）："×××（工作领导人），我是×××（座台防护人），运统 46 已填签，值班员已签认"。

工作领导人："×××（座台防护人），运统 46 已填签，值班员已签认，×××（工作领导人）明白"。

② 要令人标准用语：要令人员到达要令地点后，要立即与供电调度取得联系。

要令人："××站，我是××工区要令人×××，现已到达××站"。

向供电调度申请命令时："××工区，我是要令人×××，要求停电范围：×××所××KM××区间（站场）×××支柱至××支柱接触网停电"。

③ 供电调度标准用语："×××（供电调度）明白"。

利用接触网隔离（负荷）开关倒闸作业进行接触网停电作业时标准用语如下：

要令人标准用语："××工区，我是要令人×××，要求停电范围：×××（作业范围）"。

接触网停电。

供电调度标准用语："×××（供电调度）明白"。

④ 行车防护人员标准用语：

a. 当作业组到达现场后，行车防护人员向工作领导人通报防护到位后，才可开始进行作业准备工作。

防护人："×××，我是×××，××#行车防护已经到位"。

工作领导人："×××，××#行车防护已经到位，×××明白"。

工作领导人确认所有接地线装设完毕和行车防护全部到位后，向作业组发布开工命令。

当有列车通过时，座台防护人员要及时向工作领导人通报：

座台防护人："×××，我是×××，×行有列车通过（站场×道通过或停车），注意作业安全"。

工作领导人："×××，×行有列车通过（站场×道通过或停车），×××明白"。

两端行车防护人员当看见列车时，要立即向工作领导人通报：

防护人："×××，我是×××，×行列车已开过来，注意作业安全（立即下道避车）"。

工作领导人："×××，×行有列车通过，×××明白"。

当作业地点有车通过及临线有特快列车通过时，工作领导人宣布停止作业，下道避车。

b. 受令人接受供电调度员下达的停电作业命令，并填写停电作业命令票。

c. 受令人向供电调度员复述停电作业命令，确认无误后，请求供电调度员给予命令编号和批准时间，填入停电作业命令票。

d. 受令人接受供电调度员下达的停电命令后，立即向作业组工作领导人传递。由工作领导人（或工作领导人指定的人）向验电接地监护人传递。

e. 受令人向工作领导人传递命令和工作领导人复诵命令时，必须使用标准用语：

受令人："×××（工作领导人）、×××（作业范围）已经停电，停电时间为××时××分至××时××分，命令编号×××××"。

工作领导人："×××（要令人）、×××（作业范围）已经停电，停电时间为××时××分至××时××分，命令编号×××××，×××（工作领导人）明白"。

7. 验电接地、安设和撤除红牌

（1）接地线人员停电前，监护人监护操作人检查地线状态，先接好接地端，做好验电、接地准备（地线不得侵入限界），确认良好后并向工作领导人汇报。

接地线人员："×××，我是×××，现在××#接地线已经准备完毕，验电器状态良好"。

工作领导人："×××，现在××#接地线已经准备完毕，验电器状态良好，×××明白"。

（2）接到工作领导人的通知后，进行验电（V停作业须用验电器验电；其他用抛线验电，抛线接地位置必须在接地线内侧，进行钢轨打磨等）；确认该设备停电。

（3）监护人监护操作人按规定接挂地线。AT供电区段应先接接触网，再接保护线，最后再接正馈线，而且接触网与正馈线要接钢轨，保护线要接接地极（接触网停电作业时，若只在接触悬挂部分作业，无触及附加导线危险时，附加导线可不接地线，此时作业人员必须与附加导线保持300 mm以上安全距离，禁止攀登支柱）。

（4）在封锁区段作业时，接地线人员兼作行车防护人员，负责安设和撤除红牌。

（5）地线接挂完毕后，监护人监护操作人安设红牌。

（6）监护人要认真监护操作的全过程，避免接地线影响行车信号。

（7）验电接地、安设和撤除红牌作业标准用语

① 工作领导人通知接地线监护人验电接地、安设和撤除红牌时用语：

工作领导人："×××（接地线监护人）、我是×××、×××（作业范围）已停电，××柱现在可以验电接地，安设红牌。"

接地线监护人："×××（工作领导人），×××（作业范围）已经停电，××柱现在可以验电接地，安设红牌，×××明白"。

② 接地线监护人通知接地线人员开始验电接地用语：

接地线监护人："×××（接地线人员），××柱现在可以验电接地，安设红牌了"。

接地线人员："×××（接地线人员）明白"。

③ 接地线人员进行验电后与监护人联系用语：

接地线人员："×××（接地线监护人）、经验电，已停电"。

接地线监护人："明白，可以接地线了"。

④ 地线接挂完毕后，操作人安设红牌。

⑤ 接挂地线和安设红牌时用语：

接地线人员："××号地线已挂好，红牌已安设"。

接地线监护人："××号地线已挂好，红牌已安设"。

⑥ 地线接好、红牌安设完毕后，监护人通知工作领导人用语。

接地线监护人："×××（工作领导人）、我是×××，××号地线已接挂、红牌安设完毕"。

工作领导人："×××（接地线监护人），××号地线已接挂、红牌安设完毕，×××（工作领导人）明白"。

8. 检修作业

（1）工作领导人得知运统46已填签，确认停电命令批准后，立即组织设置现场行车防护（行车防护人员安全等级不低于三级），安全措施周密无误。

（2）工作领导人确认地线全部接好，行车防护已设置妥善后，立即组织开始检修作业。

（3）工作领导人通知各监护人将停电起止时间、注意事项传到每一个作业组负责人。安全监护人员或工作领导人在作业过程中，要认真检查安全措施的贯彻，监护作业人员的操作，发现影响安全的情况立即采取措施。

（4）160 km/h 以上区段且线间距小于 6.5 m 时，一般不进行车梯作业；必须进行车梯作业时，宜用绝缘车梯，车梯框架宜用等电位线与接触网等电位。驻站联络人员与现场防护人员应加强联系，随时通报邻线列车的通过时间。邻线有提速列车通过时，必须提前 10 min 停止所有作业，人员、机具撤离至接触网支柱外沿田野侧以外的安全地带，行车防护人员任何情况下不得中断瞭望和侵入行车限界。

（5）当使用接触网检修车或各类吊车作业时，作业平台及吊车转臂严禁转向邻线侧或侵入邻线限界。当邻线有提速列车通过时，要提前 10 min 停止作业，并将作业平台调整至顺线路方向或田野侧，地面所有人员、机具撤离到安全地带避让列车，提速列车通过后方可继续作业。

（6）作业组成员完成作业任务，工作领导人和质量检查人检查验收作业质量符合标准，确认设备状态良好，具备供电和行车条件后，作业组人员清理作业现场。人员、工具、器械、材料全部撤离到安全限界之外。工作领导人通知接地线人员撤除接地线，防护人员撤除行车防护。

（7）检修作业标准用语：

① 工作领导人确认作业区两端地线全部接好后要及时通知检修人员开始作业。

工作领导人："我是×××、×××（小组负责人），地线已接好，可以开工作业了"。

② 利用车梯进行接触网作业时，推扶车梯人员不得少于 4 人，其中一人为车梯负责人。作业中车梯上作业人员的每一步作业都要与车梯负责人进行呼唤应答。

检修人员："×××（车梯负责人）、车梯向××××方向推动"。

车梯负责人："车梯向××××方向推动"。

③ 作业结束：

作业结束前工作领导人与检修人员要检查确认作业现场情况。作业结束后，工作领导人确认具备送电、行车条件，将作业人员、机具、材料撤至安全地带，拆除地线和作业区两端行车防护，宣布作业结束。

9. 地线和红牌撤除

（1）接地线人员接到工作领导人（或工作领导人指定的人）撤除接地线和红牌的命令后，应在监护人的监护下，迅速将接地线挂钩从停电设备上取下，再撤除接地线的接地端。在 AT 区段先撤正馈线，再撤保护线，最后撤接触网地线。接地线撤除后，撤除红牌。

（2）完成撤除接地线和红牌工作后，立即通知工作领导人。

（3）撤除接地线和红牌标准用语：

工作领导人："×××（接地线监护人），我是×××，现在作业完毕，可以撤除××号支柱接地线和红牌了"。

接地线监护人："可以撤除××号支柱接地线和红牌了，×××（接地线监护人）明白"。

接地线监护人："×××（接地线人），现在先撤除××号支柱接地线，再撤除红牌"。

接地线人："×××（接地线人）明白"。

接地线人："×××（接地线监护人），××号支柱接地线和红牌已撤除"。

接地线监护人："×××（接地线监护人）明白"。

接地线监护人："×××（工作领导人），我是×××，××号支柱接地线和红牌已全部撤除"。

工作领导人："×××（接地线监护人），××号支柱接地线和红牌已全部撤除，×××（工作领导人）明白"。

10. 消除停电命令

（1）受令人获知作业结束，全部接地线撤除完毕后，应及时向供电调度请求消除停电作业命令。

（2）供电调度员给予消除停电命令的时间，填入停电作业命令票，停电作业即全部结束。

（3）消除停电命令标准用语：

① 工作领导人："×××（要令人）、我是×××（工作领导人），现在全部作业已结束，不影响送电，可以消除×××××号停电作业命令了"。

要令人："×××（工作领导人），现在作业完毕，不影响送电了，可以正点消令，×××（要令人）明白"。

② 当要令人员接到工作领导人消令的命令后，向电调消令。

要令人："××站，我是××工区要令人×××，现在×××命令完成，具备送电行车条件，请求消令"。

③ 认真确认电调消令内容，记录发布的消除停电命令时间及发令人姓名，并通知工作领导人作业命令已消除。

要令人："×××（工作领导人），我是×××，×××××号停电作业命令已消除，消令时间为××时××分"。

工作领导人："×××××号停电作业命令已消除，消令时间为××时××分，×××（工作领导人）明白"。

工作领导人确认停电作业命令已消除，立即通知座台人员在运统 46 上进行消记并撤除座台防护。

工作领导人："×××（座台人员），我是×××（工作领导人），现在停电作业命令已消除，可以在运统 46 上消记和撤除座台防护"。

座台人员："×××（座台人员）明白"。

11. 结束作业

从作业地点返回工区：

（1）工作领导人、监护人召集作业组成员乘车返回工区，中途任何人不准离开作业组。

（2）作业组成员从作业地点返回工区按"从工区乘车到达作业地点"执行。

12. 收工会

（1）作业组成员到达工区后，由工作领导人召开收工会。

（2）由工作领导人，各监护人按照停电作业标准逐项对照，执行好的提出表扬，对未按标准执行的提出批评并登记违章。

（3）有关人员填写本次作业的分工收工记录本和有关台账。

【任务实施及考核】

一、任务实施

（一）任务实施目的

掌握接触网作业流程和工作票填写技能。

（二）任务实施准备工作

熟知接触网作业相关规定。

（三）任务实施场地器材

接触网工作票一份，以及对应的内容计划和人员分工作业安排。

（四）任务实施步骤

（1）理论学习。完成本任务相关理论的学习。

（2）拓展学习。完成本任务相关规定。

（3）任务实施。要求：在掌握相关理论的基础上，模拟实施接触网作业；根据模拟的作业内容正确完成工作票填写，合理进行人员分工，使用作业标准用语。

（4）完成考核。

（五）注意事项

在进行停电作业时，作业人员（包括所持机具、材料、零部件等）与周围带电设备的距离不得小于：220 kV 为 3 000 mm；110 kV 为 1 500 mm；25 kV 和 35 kV 为 1 000 mm；10 kV 及以下为 700 mm。在停电作业的接触网附近有平行带电的电线路或接触网时，为防止感应危险电压，除按上述规定装设接地线外，还要根据需要增设接地线。

二、考核表

序 号	考核内容	考核标准	标 准	得 分
1	作业流程	能正确说出作业流程	30 分（每错一处扣 5 分）	
2	作业分工和标准用语	能正确进行人员分工（10 分），能根据不同的分工说出标准作业用语（30 分）	40 分（各项酌情给分）	
4	工作票填写	能正确填写工作票	30 分（各项酌情给分）	
总 分			100 分	

三、相关工作票表格

相关工作票如表 5-1-4 ~ 5-1-8 所示。

表 5-1-4　接触网第一种工作票

＿＿＿＿＿＿＿＿接触网工区　　　　　　　　　　　　　　　　　　　　第　　号

<table>
<tr><td>作业地点</td><td colspan="3"></td><td>发票人</td><td></td></tr>
<tr><td>作业内容</td><td colspan="3"></td><td>发票时间</td><td></td></tr>
<tr><td>工作票有效期</td><td colspan="5">自　　年　　月　　日　　时　　分至　　年　　月　　日　　时　　分止</td></tr>
<tr><td>工作领导人</td><td colspan="5">姓名：　　　　　　　　安全等级：</td></tr>
<tr><td rowspan="6">作业组成员姓名及安全等级（安全等级写在括号内）</td><td>（　）</td><td>（　）</td><td>（　）</td><td>（　）</td><td>（　）</td></tr>
<tr><td>（　）</td><td>（　）</td><td>（　）</td><td>（　）</td><td>（　）</td></tr>
<tr><td>（　）</td><td>（　）</td><td>（　）</td><td>（　）</td><td>（　）</td></tr>
<tr><td>（　）</td><td>（　）</td><td>（　）</td><td>（　）</td><td>（　）</td></tr>
<tr><td>（　）</td><td>（　）</td><td>（　）</td><td>（　）</td><td>（　）</td></tr>
<tr><td>（　）</td><td>（　）</td><td>（　）</td><td>（　）</td><td>共计：　人</td></tr>
<tr><td>需停电的设备</td><td colspan="5"></td></tr>
<tr><td>装设接地线的位置</td><td colspan="5"></td></tr>
<tr><td>作业区防护措施</td><td colspan="5"></td></tr>
<tr><td>其他安全措施</td><td colspan="5"></td></tr>
<tr><td>变更作业组成员记录</td><td colspan="5"></td></tr>
<tr><td>工作票结束时间</td><td colspan="5">年　　月　　日　　时　　分</td></tr>
<tr><td>工作领导人（签字）</td><td colspan="2"></td><td>发票人（签字）</td><td colspan="2"></td></tr>
</table>

说明：本票用白色纸印绿色格和字。规格：A4。

表 5-1-5　接触网第二种工作票

______接触网工区　　　　　　　　　　　　第　　　号

<table>
<tr><td>作业地点</td><td colspan="3"></td><td>发 票 人</td><td></td></tr>
<tr><td>作业内容</td><td colspan="3"></td><td>发票时间</td><td></td></tr>
<tr><td>工作票有效期</td><td colspan="5">自　年　月　日　时　分至　年　月　日　时　分止</td></tr>
<tr><td>工作领导人</td><td colspan="3">姓名：</td><td colspan="2">安全等级：</td></tr>
<tr><td rowspan="6">作业组成员姓名及安全等级（安全等级填在括号内）</td><td>（　）</td><td>（　）</td><td>（　）</td><td>（　）</td><td>（　）</td></tr>
<tr><td>（　）</td><td>（　）</td><td>（　）</td><td>（　）</td><td>（　）</td></tr>
<tr><td>（　）</td><td>（　）</td><td>（　）</td><td>（　）</td><td>（　）</td></tr>
<tr><td>（　）</td><td>（　）</td><td>（　）</td><td>（　）</td><td>（　）</td></tr>
<tr><td>（　）</td><td>（　）</td><td>（　）</td><td>（　）</td><td>（　）</td></tr>
<tr><td>（　）</td><td>（　）</td><td>（　）</td><td>（　）</td><td>共计：　人</td></tr>
<tr><td>绝缘工具状态</td><td colspan="5"></td></tr>
<tr><td>安全距离</td><td colspan="5"></td></tr>
<tr><td>作业区防护措施</td><td colspan="5"></td></tr>
<tr><td>其他安全措施</td><td colspan="5"></td></tr>
<tr><td>变更作业组成员记录</td><td colspan="5"></td></tr>
<tr><td>工作票结束时间</td><td colspan="5">年　月　日　时　分</td></tr>
<tr><td>工作领导人（签字）</td><td colspan="2"></td><td>发票人（签字）</td><td colspan="2"></td></tr>
</table>

说明：本票用白色纸印红色格和字。规格：A4。

表 5-1-6　接触网第三种工作票

＿＿＿＿＿＿＿＿＿＿接触网工区　　　　　　　　　　　　　　　　第　　　号

<table>
<tr><td>作业地点</td><td colspan="3"></td><td>发 票 人</td><td></td></tr>
<tr><td>作业内容</td><td colspan="3"></td><td>发票时间</td><td></td></tr>
<tr><td>工作票有效期</td><td colspan="5">自　　年　　月　　日　　时　　分至　　年　　月　　日　　时　　分止</td></tr>
<tr><td>工作领导人</td><td colspan="3">姓名：</td><td colspan="2">安全等级：</td></tr>
<tr><td rowspan="6">作业组成员姓名及安全等级（安全等级填在括号内）</td><td>（　）</td><td>（　）</td><td>（　）</td><td>（　）</td><td>（　）</td></tr>
<tr><td>（　）</td><td>（　）</td><td>（　）</td><td>（　）</td><td>（　）</td></tr>
<tr><td>（　）</td><td>（　）</td><td>（　）</td><td>（　）</td><td>（　）</td></tr>
<tr><td>（　）</td><td>（　）</td><td>（　）</td><td>（　）</td><td>（　）</td></tr>
<tr><td>（　）</td><td>（　）</td><td>（　）</td><td>（　）</td><td>（　）</td></tr>
<tr><td>（　）</td><td>（　）</td><td>（　）</td><td>（　）</td><td>共计：　人</td></tr>
<tr><td>安全措施</td><td colspan="5"></td></tr>
<tr><td>变更作业组成员记录</td><td colspan="5"></td></tr>
<tr><td>工作票结束时间</td><td colspan="5">年　　月　　日　　时　　分</td></tr>
<tr><td>工作领导人（签字）</td><td colspan="2"></td><td>发票人（签字）</td><td colspan="2"></td></tr>
</table>

说明：本票用白色纸印黑色格和字。规格：A4。

表 5-1-7　接触网停电作业命令票

________接触网工区　　　　　　第　　号

命令编号：					
批准时间：	年	月	日	时	分
命令内容：					
要求完成时间：	年	月	日	时	分
发令人：			受令人：		
消令时间：	年	月	日	时	分
消令人：				供电调度员：	

说明：本票用白色纸印绿色格和字。规格：半幅 A4。

表 5-1-8　接触网间接带电作业命令票

________接触网工区　　　　　　第　　号

命令编号：					
批准时间：	年	月	日	时	分
命令内容：					
发令人：				受令人：	
消令时间：	年	月	日	时	分
消令人：				供电调度员：	

说明：本票用白色纸印红色格和字。规格：半幅 A4。

任务二　接触网行车安全防护

【任务描述】

本任务是讲述接触网行车安全防护，突出行车安全防护在接触网作业防护中的重要性，结合案例进行分析，介绍行车防护的设置、相关作业工作流程及人员的职责。

【资讯】

微信扫二维码，
看本章教案

一、理论学习部分

（一）基本要求

1. 防护人员基本要求

行车防护工作必须由正式职工担任，防护人员的安全等级不低于三级，组织纪律性强，身体健康，视力和听力良好，说话吐字清楚，能做正确记录。

驻站联络员、要令人员每年参加关键岗位培训班学习，经考试合格取证后持证上岗。

防护人员应掌握担任防护工作的基本知识和技能，熟悉有关防护用具、通讯工具的使用方法，熟悉有关行车防护知识，驻站联络员能看懂运转室控制台的信号显示。

行车防护人员穿越线路时“一站、二看、三通过”，沿线路行走必须走线路路肩，路肩无法行走时才走轨枕头，加强行车瞭望及监听，严禁走道心，携带的防护用具需妥善保管，按规定使用带列车接近预警器，作业结束时严禁将防护用具、标志遗留在作业现场。

防护人员在执行任务时，要坚守岗位，思想集中，认真、及时、准确地进行联系和显示各种信号，坚持呼唤应答和复诵制度。

2. 防护工作基本要求

现场防护人员必须掌握当日作业区段、作业概况、本人防护位置及要求以及工作领导人、小组长、通讯中转人员等相关人员姓名及联系电话，驻站联络员还需掌握车辆编组运行情况、作业组人员（机具）分布位置。

防护信号的设置与撤除由工作领导人决定，未设置好现场行车防护前作业人员不得侵入建筑限界作业，在人员、机具未撤至安全地点前不准撤除行车防护，天窗跨越昼夜时防护信号转换由工作领导人统一指挥。

防护人员执行防护任务时必须穿线路服，佩戴相应的标志，携带对讲机（通讯工具）、笔、记录本及防护用具，现场防护人员必须戴安全帽，驻站联络员、要令人员在运转室可不戴安全帽，所有人员在运转室使用对讲机时需戴耳机。

防护通讯工具状态良好，联系通畅，严格执行呼唤应答标准。① 通讯联系方式有：对讲机、防护电话、手机，对讲机有效范围内优先使用对讲机进行通讯联系，通讯不良时需增设通讯中转人员或使用防护电话、手机进行联系，驻站联络员（要令人）需通过手机与供电调度联系时须在工作票上注明手机号码。② 天窗作业，要令人与工作领导人离要求完成时间 20 min（之前按 20 min 的时间间隔）、10 min、5 min 进行联系，接地人员与要令人或防护组组长离要求完成时间 10 ~ 20 min 时确认通讯状况，其余人员注意监听，需要时方进行通讯联系。③ 天窗外，上道作业 3 ~ 5 min 联系 1 次，其他作业需要时进行通讯联系。④ 发生防护联系中断时，现场行车防护人员要立即采取缩短防护距离、使用手机联系等方式，想方设法与作业组联系，在尝试多种联系方式未果的情况下，要根据作业料具、作业情况果断做出是否需要拦停列车的判断，在确定需要拦停列车后果断拦停列车，防护人员拦停列车后，要主动与司机联系，说明原因，及时在司机的《行车手账》上进行签字确认，并第一时间将情况电话汇报车间及段生产调度。

驻站联络员提前到达车站运转室联系，办理作业车辆开行申请，按规定在《行车设备施工登记簿》上进行登记、销记，以车站运转室时钟为准与工作领导人校时，准确传递行车调度、车站值班员的指令和要求，随时掌握作业区段的行车信息，协同车站值班员做好行车安全互控，及时向工作领导人通报作业区段（含邻线）列车闭塞、发车、接近、通过、调车的情况，车站作业须掌握每个作业小组的具体位置、作业概况，以及根据作业组要求做好行车防护工作，作业结束确认作业人员撤除完毕，并经工作领导人同意方可离开车站运转室；驻站联络员短时离开运转室时，必须确认作业区段无行车、调车作业并向工作领导人汇报，必要时工作领导人须停止作业。

现场行车防护人员在规定位置手持防护旗（信号灯）站立防护，除了随作业组移动调整防护位置的情况外，作业范围两端防护人员面向来车方向，作业范围中间防护人员面向防护线路，在周围环境允许的条件下不得侵入行车限界，防护旗卷起（信号灯关闭），不得影响其他线路上列车的正常运行，行车防护人员发现需防护的作业车辆接近防护位置按规定展开防护旗（打开信号灯）防护并注意车辆动向，发现来车危及作业安全（电气防护人员发现升弓电力机车接近防护位置），立即展开防护旗（打开信号灯）拦停来车并报工作领导人，发现未封锁线路有列车接近时必须立即通知工作领导人注意避让。

120 km/h 及以上区段，天窗点内、外作业遇邻线来车时，必须停止作业，地面人员下道避让，在桥梁、隧道内有条件时须进入避车台（洞）；120 km/h 以下区段，天窗点内作业遇邻线来车时，可不下道但必须停止作业，在天窗点外作业遇邻线来车时，必须下道避让；所有作业人员及所持机具、材料严禁侵入行车限界，待列车整列通过方准重新开始作业。

作业车辆停稳、工作领导人（指定负责人）同意后人员方准下车，工作领导人（指定负责人）做好监护。

轨道车列临近行车线路停留，解体、连挂、检车过程中乘务员可能侵入邻线行车限界时，必须与驻站联络员联系互控，工作领导人（指定负责人）做好现场行车防护，遇邻线有列车通过时停止作业。

天窗综合利用（符合综合利用原则）时，应避免两个单位的路用列车（含轨道车、作业车，下同）进入单线同一个区间或双线同一线别同一区间，当两个单位的路用列车必须进入时，由施工主体单位负责划分各单位范围及分界，分别按规定进行防护，两单位作业范围不得出现交叉，在分界点设置专人防护并装设移动停车信号牌。

轨道车抢修出动进入故障区间，工作领导人必须提前告知乘务员故障概况、故障公里标（对应接触网杆号）、区间是否有车辆停留等，乘务员、工作领导人加强瞭望，做好行车安全互控。

严防短接轨道电路影响行车：① 在轨道电路区段，同一线路禁止横向、纵向短接不同极性的两根钢轨，禁止短接扼流变的连接线；② 在轨道电路联锁区域，禁止地面或空中短接不同极性的两根钢轨；③ 双线电气化区段接地线安装位置必须避开调谐区；④ 存在轨回流的轨道电路区段，尽量采取接地极接地，避免轨回流不平衡影响信号设备正常工作；⑤ 行车信号开放的情况下，在行车径路及其轨道电路联锁区域，停止可能造成信号突变的作业。

（二）不封锁作业的防护记录

不封锁（占用）线路的作业，设置驻站防护员时按规定填记《防护工作记录簿》（见表 4-2-1）。《防护工作记录簿》主要用于天窗外作业（施工）行车防护情况记录。《防护工作记录簿》每日使用后，由工班统一保存，使用完的《防护工作记录簿》在工班保存不少于 1 年。

"防护工作记录"填写说明：

① 所有防护员均应填写《防护工作记录簿》，填写内容必须真实、准确、及时。

② 天窗时间、封锁命令号、开通命令号等填记在"备注"栏中。

③ 双线区段作业时，邻线来车时需在车次后注明"（邻）"；站内作业时，相邻两股道来车时，在车次后注明"（股道号）"，邻线如是调车无车次时，填写"调（股道号）"，转移工地必须在备注栏注明，记录为："××时××分××组转移至××道"。

"防护通话记录"填写说明：通话时分填写具体通话时间，按顺序向下记录，防护工作记录页填写需换页时，防护通话记录同时换页。防护通话记录指除驻站防护员对列车通知情况外的现场安全情况汇报通话。现场安全情况汇报主要为：人员上道，作业区段的相关情况。列车情况填写：区间空闲填"○"、区间占用填列车车次；在站内作业时，股道空闲填"○"，邻线调车填"√"。

（三）防护人员具体职责

1. 驻站联络员岗位职责

① 驻站联络员进出运转室（信号楼）必须穿工作服、佩标志牌，带录音笔、停电作业命令票、对讲机、个人公章；

② 驻站联络员进入运转室（信号楼）应服从车站值班制度的管理，严禁带手机进行运转室；

③ 作业前一天必须了解停电作业内容、作业地点、封锁范围、停电范围、接地位置；

④ 作业当天驻站联络员需提前 1 小时到达相关车站进行作业票的签认及填写运统 46；

⑤ 驻站联络员办理施工封锁要点、停电作业请点和销点，向施工负责人传达调度命令、通报列车运行情况；

⑥ 接触网安全等级三级考试合格，并取得资格，方能胜任驻站联络员岗位工作。

表 5-2-1 《防护工作记录簿》模板

第一页正页：

上级单位或部门检查记录

日期	检查部门	检查内容或意见	检查人签字

第一页背页：

施工地点或车站＿＿＿＿＿＿ ＿＿＿ ＿＿＿ 防护方式＿＿＿ 天气＿＿

驻站防护员＿＿＿ 中间联络员＿＿＿ 工地防护员＿＿＿ 拦车防护＿＿＿

通话时分	车次	闭塞时分	发车时分	下道时分	通过时分	上道时分	备注

施工负责人：	作业项目：	天窗记录：

第二页正页：

3～5 分钟通话记录

1#工地防护员＿＿＿；2#工地防护员＿＿＿；3#工地防护员 ＿；＿年＿月＿日

通话时分	通话人	列车情况	通话时分	通话人	列车情况

2. 接挂地线岗位职责

① 接挂地线人员进入作业现场必须穿工作服、绝缘靴、戴安全帽、接地线、验电器，并妥善保管好物品，确保完好无损；

② 接挂地线人员必须在接地防护人员的监护下进行验电接挂地线操作，严禁臆测；

③ 作业前必须按规定检查好工器具、并了解作业内容、作业地点、封锁范围、停电范围、接挂地线位置；

④ 接触网安全等级二级考试合格，并取得资格，方能胜认接挂地线岗位工作。

3. 接地防护岗位职责

① 接地防护进入作业现场必须穿工作服、绝缘靴，戴安全帽，带对讲机、防护旗、防护灯、号笛；

② 接地防护必须接收复诵施工负责人传达接挂地线命令后，方可通知接地人员进行验电接地操作，严禁臆测；

③ 作业前接地防护人员必须了解作业内容、作业地点、封锁范围、停电范围、接挂地线、防护距离；

④ 接触网安全等级三级考试合格、并取得资格，方能胜任接地防护岗位工作。

二、作业指导书

（一）范　围

本作业指导书规定了对接触网防护设置相关内容。

（二）引用规范性文件

《接触网运行检修规程》《接触网安全工作规程》。

（三）作业目的

掌握接触网作业防护设置的相关规定，熟悉作业时防护流程和防护作业内容，能完成验电接电操作。

（四）作业内容

1. 作业防护的设置

接触网行车安全防护是铁路供电部门针对检修接触网设备、保证接触网安全可靠供电，而设置的一项安全措施，其目的是保证在检修过程中人身、行车、设备的三大安全。

（1）驻站联络员行车防护设置：区间作业，驻站联络员设在能控制列车运行相邻车站的运转室（信号楼）；车站作业，驻站联络员设在作业车站的运转室（信号楼）。

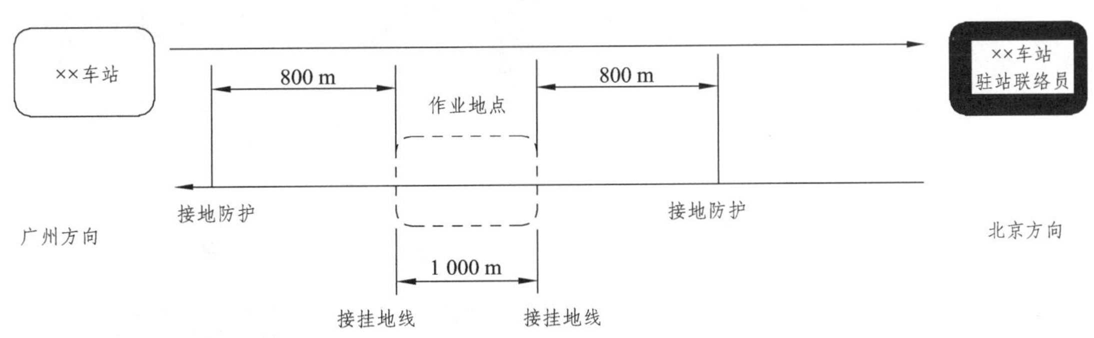

图 5-2-1　区间作业安全防护设置图

（2）作业组负责人安全防护设置：区间作业，按每 200 m 设置 1 名人身安全防护员；四股道车站按两个跨距进行防护；八股道车站按 1 个跨距进行防护。

（3）车站作业时，每个作业组在距离作业区段 50 m 设置行车防护人员；区间作业时，

$v≤120$ km/h 时，每个作业组在距离作业区段两端 800 m 设置行车防护人员；120 km/h≤$v≤160$ km/h 时，每个作业组在距离作业区段两端 1400 m 设置行车防护人员；160 km/h<v 时，每个作业组在距离作业区段两端 2 000 m 设置行车防护人员。

（4）接地操作人员应在≤1 000 m 的作业范围内接挂地线；当作业范围超出 1 000 mm 时，应加设接地线及接地操作人员。

（5）防护人员手信号，如表 5-2-2 所示。

表 5-2-2　防护人员手信号

含　义		显示方式	
升降弓信号	升弓信号： 昼间：左臂垂直高举，右臂前伸并上下重复摇动； 夜间：白色灯光作圆形转动； 注意事项：显示人员应站在故障点的离去方向，距故障点约 20 m 处		
	降弓信号： 昼间：左臂垂直高举，右臂前伸并左右水平重复摇动； 夜间：白色灯光上下左右面重复摇动； 注意事项：显示人员应站在故障点的列车前进方向距故障点 50～150 m 处		
停车信号	① 红色停车信号： 昼间：展开红色信号旗； 夜间：红色灯光。 ② 手显示停车信号： 昼间：两臂高举头上向两侧急剧摇动； 夜间：无红色灯光时；用白色灯光上下急剧摇动。 注意事项：显示人员应站在，距离停车点前约 800 m 处		

（6）防护人员标准用语。防护必须执行呼唤应答。参考本章任务“一种接触网作业标准用语”部分内容。

2. 作业防护流程

1）驻站联络员防护流程

设置驻站联络员是进行接触网停电作业的重要环节。在局行车调度未发布封锁命令前，作业组成员严禁进入作业现场，在局供电调度未发布停电命令前，作业组成员严禁进行接触网的作业。

（1）驻站联络员根据接触网作业计划，携带驻站联络员规定的物品提前 1 h 到达指定车站，联系接触网作业车进入车站待命，提前 40 min 填写运统 46 表，办理作业签认手续，请求车站封锁相应股道，确保电力机车及机车向作业区段及无电区发车。

（2）取得局行车调度发布的封锁线路命令后，通知工作领导人提前到作业地点进行作业前的准备工作。

（3）向局供电调度申请停电作业命令，当调度员发布停电命令后，认真复诵并及时填写接触网停电作业命令票。

（4）向工作领导人传达局供电调度下达的停电作业命令，通知作业组上线进行接触网作业。

（5）驻站联络员时刻掌握列车的运行情况，当作业线路邻线、未封锁的线路上有列车通过时，提前 10 min 通知到工作领导人。

（6）驻站联络员每隔 3 ~ 5 min 与作业组保持联系，在距要求完成作业时间 15 min 前提醒工作领导人掌握作业时间。

（7）当工作领导人通知作业人员机具撤离后，驻站联络员向局供电调度申请消点。

（8）当接到消点命令后，及时填写运统 46 表，开通线路，确保行车。

2）接地防护作业流程

（1）接地防护人员接到工作领导人通知接挂地线命令后，认真复诵内容，同时通知接地操作人员进行接触网验电接地操作。

（2）接地防护人员认真履行监护接地操作人员进行验电接地操作，验电接地操作完成后，及时通知工作领导人验电接地命令的完成情况。

（3）接地防护人员按照规章要求在离施工、维修地点安全范围外立岗进行作业组接地防护作业。

（4）当邻线有列车通过时，及时通知作业人员撤离到安全地带；当作业线路上有列车时，立即打停列车。

（5）接到工作领导人撤除接地线作业命令后，接地防护人员监护接地操作人员进行撤除地线作业；

（6）撤除地线作业完成后，接地防护人员及时通知工作领导人撤除地线命令的完成情况。

3）接地操作人员作业流程

（1）按照作业计划的接挂地线位置要求，接地操作人员应在线路封锁命令下达前到达指定位置的防护栅外待命。

（2）接地操作人员按照接地防护人员的指令，进行接触网验电接地作业。

（3）验电接地完成后，必须对接地线采取安全防护措施，确保接地线的安全。

（4）当邻线有列车通过时，及时对接地线采取防护措施，作业中时刻注意接地线的安全情况。

（5）接地操作员人按照接地防护人员的指令，进行接触网撤除地线作业；

（6）按要求整理好接挂地线位置的工器具，撤出作业地点。

三、任务实施与考核

（一）任务实施目的

了解驻站联络员、接地防护员、接地操作员的设置标准，会组织作业组进行作业防护设置。

（二）任务实施准备工作

1）驻站联络员携带工具的检查

（1）对讲机检查：对讲机的工作电源检查时，观察对讲机充电板上充电亮灯情况，当充电板亮绿灯时，说明对讲机已充满电；亮红灯时证明对讲机使用电量不足。严禁对亮红灯的对讲机进行作业；对讲机通信频道检查应设置作业组专用频道，禁止使用行车频道、电务作业频道、工务作业频道，以免造成串频及通信不畅；对讲机可视化检查是对每台对讲机的身份验证，无编号的对讲机禁止使用（此项接地防护员也需进行检查）。

（2）其他工具检查：驻站联络员的岗位牌、停电作业命令票、驻站联络员个人私章、工作服穿戴。

2）接地防护员携带工具的检查

（1）防护旗检查：防护旗应按绿色旗包裹红色旗的操作规定。

（2）防护灯检查：防护灯试用是否带红、黄、绿、白四色显示情况，当其中有一色无法正常显示时，应及时更换。

3）接地操作员携带工具的检查

（1）验电器检查：声响（显示）检查，验电杆外观检查（破损、脏污）。

（2）绝缘手套检查：有效使用期（≤1 年）、外部检查（损伤、破漏）、绝缘橡胶无变电。

（3）绝缘靴检查：有效使用期（≤1 年）、外部检查（损伤、破漏）、无变色。

（4）接地线检查：接地杆外观（破损、螺纹、脏污）、接地线外观（散股、断股、扭面）、接地钩（划牙、生锈）、接地头（裂纹、夹口弹力、螺母紧固）。

4）任务实施场地器材

（1）个人工具：出入证、安全帽、安全带、绝缘鞋、工具套（活动扳手、老虎钳、一字螺丝刀）。

（2）防护工具：对讲机、防护袋（防护旗、防护灯、绝缘手套、绝缘靴）、验电器、接地线、钢丝刷。

（3）技术资料：分工小票、停电作业命令票、防护工具领用单。

（4）安全工器具的组成如图 5-2-2 所示。

① 三相 35 kV 接地线：主要适用于牵引变电所变压器检修，它是由三根长 1.5 m 的绝缘操作杆、截面面积 25 mm^2 的接地软铜线、导体线夹、接地线夹及其连接部分组成。

② 单相 35 kV 接地线：主要适用于接触网停电检修，它是由三根长 1.5 m 的绝缘操作杆、截面面积 25 mm^2 接地软铜线、导体线夹、接地线夹及其连接部分组成。

③ 绝缘三件套：绝缘手套、绝缘靴、绝缘鞋。

④ 声光验电器、短接线、令克棒。

⑤ 支柱脚扣及相应工具。

（a）单相 35 kV 接地线

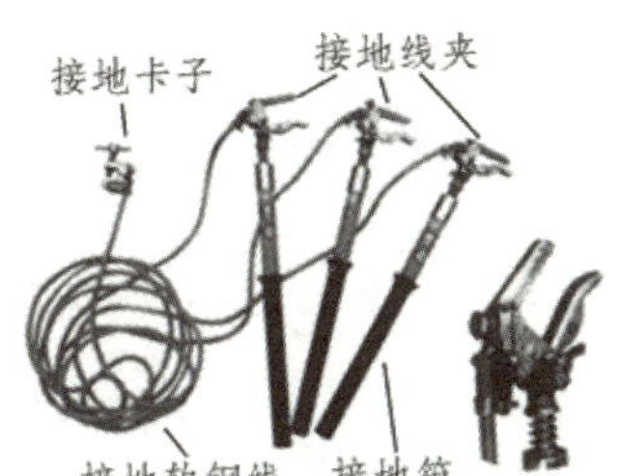

（b）三相 35 kV 接地线

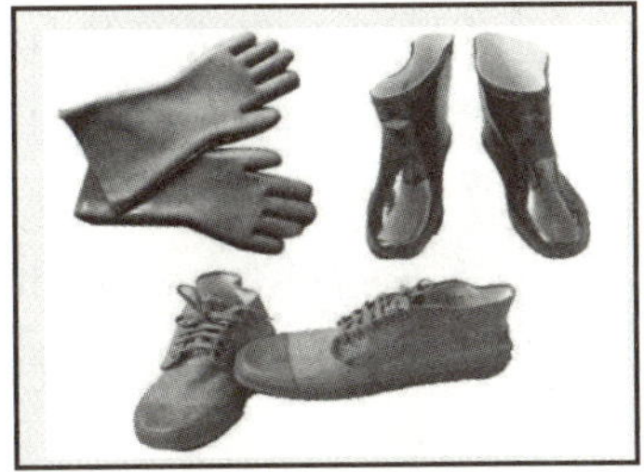

（c）绝缘三件套

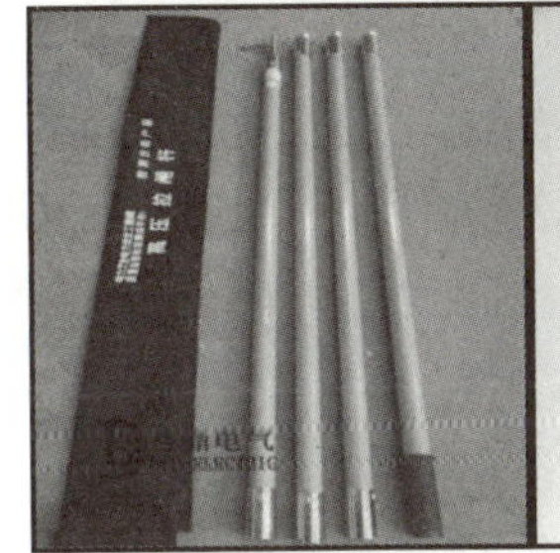

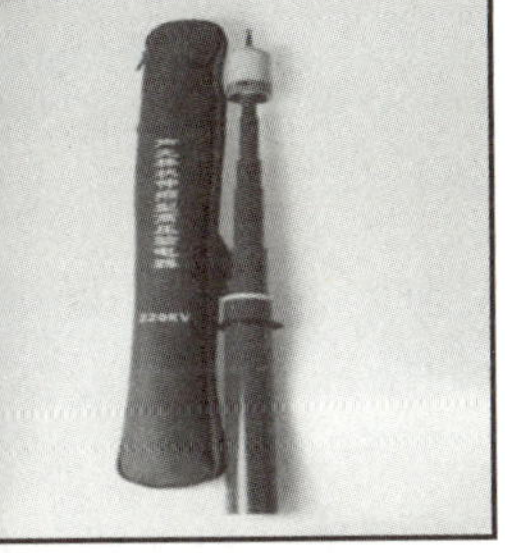

（d）35 kV 接触式声光验电器

（e）短接线

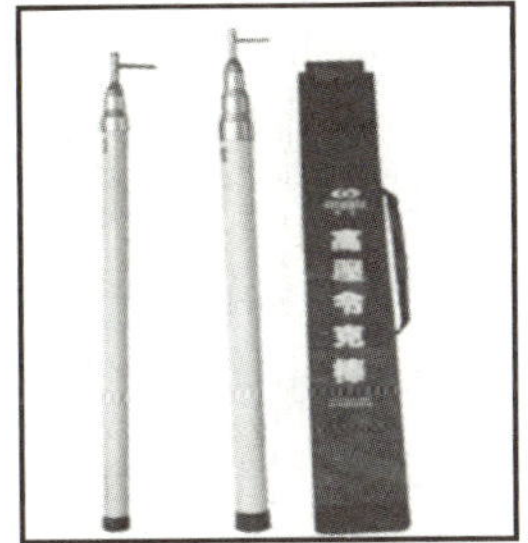

（f）跌落式开关令克棒

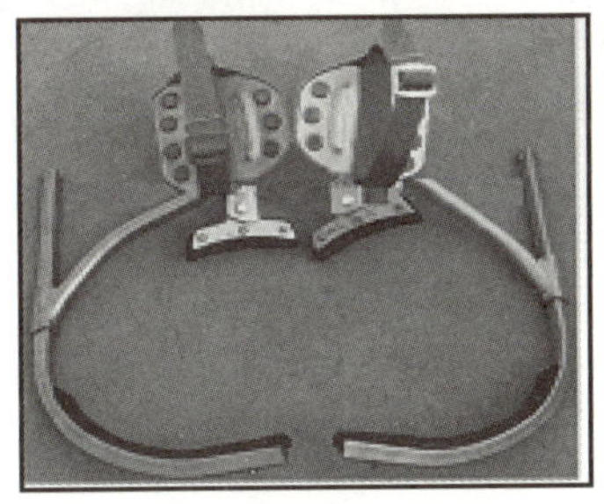

（g）圆柱形脚扣

（h）H 柱形脚扣

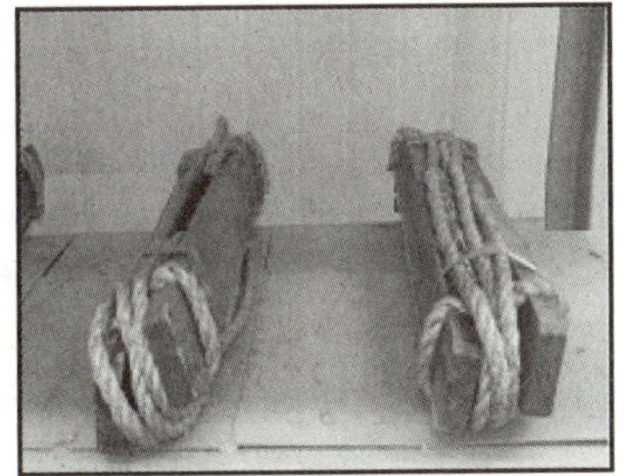

（i）支柱作业支吊板

图 5-2-2　安全工器具的组成图

（三）任务实施步骤

1. 驻站联络员实施步骤

（1）作业前：

① 提前 1 小时进入运转楼（信号楼）；

② 联系好轨道车进入车站，开行到作业地点事宜；

③ 提前 40 min 填写好运统 46 表；

④ 向局供电调度申请停电；

⑤ 向工作领导人传发局供电调度停电命令。

（2）作业中：

① 关注邻线行车及提前 10 min 通知作业组行车情况；

② 正常情况上提前 15 min 通知作业组，要求作业组按规定时间完成作业；

③ 当作业组不能按时消令时，应离要求完成作业时间前 15 min 向局供电调度申请延长作业时间；

④ 作业组作业人员机具材料撤离后，向驻站联络员申请消令；

⑤ 驻站联络员向局供电调度申请消令。

（3）作业后：

① 在车站运统 46 表上填写设备恢复情况，联系作业车回车库事宜；

② 向工区值班员上交停电作业命令票以备工区月度生产月报台账填写，上交对讲机。

2. 接地防护员实施步骤

（1）作业前：

① 依据分工单在接地地点进行作业前（行车命令发布后）接地线的接地端、接地杆的对接安装的行车监护；

② 停电命令发布后，依据工作领导人发布的接地命令进行验电接挂地线的人身监护；

③ 接挂地线完毕后通知到工作领导人可以作业的条件。

（2）作业中：

① 在距离接地线位置 800 m 以外进行作业组行车防护，当邻线预报有列车通过时，及时通知作业组；

② 当工作领导人通知作业即将结束时，接地防护人员返回到接地地点，准备撤除地线操作监护工作。

（3）作业后：

① 当接到工作领导人撤除地线命令后，监护接地操作人员进行撤除地线操作；

② 撤除地线完毕后通知工作领导人撤地完毕，以备工作领导人通知驻站联络员向局供电调度申请消令；

③ 回到工区后，应向工区材料室上交作业防护用具并填写物资返还单。

3. 接地操作员实施步骤

（1）作业前：

① 依据分工单到达接地地点，接到接地监护的行车封锁命令后，在接地防护员的监护下进行接地线的接地端、接地杆的对接等安装事项；

② 接到接地监护的停电作业命令后，先进行带电线路与作业线路的对比验电工作，验明作业线路无电后，再进行接触线停电接地，当接挂回流线不够接挂高度时应打好安全带进行登杆接挂回流线作业；

③ 接触线及回流线验电接挂地线完毕后，应对接地杆的末端进行稳固，防止邻线列车通过风的影响而使接地线跌落。

（2）作业中：

① 时刻注意接地线的接地端及被停电导体端的接挂情况，当邻线有列车通过时，注意防护好接地线杆，以免接地线跌落；

② 当有作业区域内有梯车通过时，应注意接地线防护及采用可靠的接地方式让梯车通过接挂地线的位置，禁止挪动接地线。

4. 注意事项

（1）驻站联络员注意掌握好行车动向，把握好停电时间，保持通信畅通；
（2）接地防护员注意邻线行车情况，把握好返回接地点的时间，保持通信畅通；
（3）接地操作员注意验电接地步骤，保护好接地线的安全。

（五）考核表

考评项目	配　分	考核内容评分标准	扣分情况	得　分
操作标准 20 分	考评时间 10 分	操作时间 10 min	每延长 1 min 扣 4 分，操作>12 min 停止操作	
	操作准备 10 分	个人工具：安全帽、安全带、绝缘鞋、工具套（活动扳手、老虎钳、一字螺丝刀）	个人工具每少一件扣 2 分 防护工具每少一件扣 4 分	
		防护工具：对讲机、防护袋（防护旗、防护灯、绝缘手套、绝缘靴）、验电器、接地线、钢丝刷		
职业素养 40 分	基本要求 20 分	防护工具整理 10 分	防护工具每错一项扣 2 分	
		考试制度要求 10 分	考试迟到、操作过程中做无关的事、不服从考场安排扣 5～10 分	
	安全操作 20 分	个人工具使用 10 分	个人工具使用不符合标准每错一项扣 2 分	
		防护工具使用 10 分	防护工具使用不符合标准每错一项扣 2 分	
质量标准 40 分	作业质量标准 40 分	接地钩安装位置 2 分	接地钩安装位置、未紧固扣 2 分	
		接地杆对接状态 2 分	接地杆未拧紧扣 2 分	
		接地杆防护 2 分	接地杆接挂完成未做防护扣 2 分	
		接地线安全距离 2 分	接地人员接地时未与接地线保持 1 m 以上的安全距离扣 2 分	
		接地挂接位置 2 分	接地线挂未按标准挂接位置扣 2 分	
		验电接地命令 10 分	未执行呼唤应答每少一项扣 2 分	
		验电程序操作 10 分	验电程序未按先后顺序执行每错一项扣 2 分	
		接地程序操作 5 分	接地程序未按先后顺序执行每错一项扣 5 分	
		撤地程序操作 5 分	撤地程序未按先后顺序执行每错一项扣 5 分	
总　分			100 分	

【拓展资料】案例分析

接触网的案例分析分为事故概况、原因分析、事故教训、事故处理等部分组成。案例分析，有助于在校学生根据铁路的规章制度及现场的实际情况进行总结，便于学生进入单位后对事故描述的编写，提高文笔能力。

违章接挂地线造成接触网停电

事故概况：

XXXX 年 XX 月 XX 日 XX 时 XX 分，XX 变电所 XX 行供电臂 XXXDL 跳闸，重合闸不成功，XX 强送成功。

事故调查：

XX 接触网工区计划在 XX 站至 XX 站区间进行接触网检修作业，该作业区段正位于 XX 变电所 XX 行供电臂。作业当天，工作领导人张三与接地人员李四约定用手机铃声预约接挂地线，当作业时间将邻近停电时间时，接地人员李四的手机铃声响起，李四没有确定来电铃声是否为工作领导人，并且未进行验电接挂地线流程作业，导致 XX 变电所 XX 行供电臂 XXDL 跳闸，造成接地线因短路电路熔断，致使在区间行驶的列车因接触网无电停在分相区，为了保证列车运行图的正常，行调命令停止当天的接触网停电作业。

原因分析：

这次事故的发生，是因我们的接触网作业人员严重违章、安全意识淡薄、作业流程管理无考核等一系列存在的问题引起的。

（1）工具材料准备不完备：接触网作业应使用专业的对讲机设备，严禁使用手机等不符合作业要求的通信设备。

（2）作业组成员结构缺少：工作领导人安排作业人员时未按照规章制度设立接地防护职位。

（3）作业标准制度不遵守：接地人员、工作领导人都存在臆测违章作业，不按规章制度进行作业呼唤应答制度。

（4）作业流程不遵守：接地人员未按规定作业流程进行接触网验电接挂地线操作。

事故教训：

这次事故的发生，值得我们深刻反省，举一反三，总体要加强安全学习，遵守规章制度，严格作业制度（作业流程），加强标准化考核。

事故处理：

按照事故发生“四不放过”原则进行处理。事故处理首要是行政处罚，其次经济处罚。

相关标准：着装标准、填写规范、对话标准、台账标准。

配套习题

一、单项选择题

1. 远离作业——在距接触网带电部分（　　）m 以外的附近设备上进行的作业。

A. 1　　B. 1.5　　C. 2　　D. 2.5

2. 所有工作票保存时间不少于（　　）个月。

A. 3　　B. 6　　C. 10　　D. 12

3. 第一、三种工作票有效期不得超过（　　）个工作日。第二种工作票有效期不得超过（　　）个工作日。

A. 1，2　　B. 3，2　　C. 3，1　　D. 2，3

4. 天窗外，上道作业（　　）分钟联系1次，其他作业需要时进行通讯联系。

A. 2～4　　B. 3～5　　C. 5～7　　D. 7～10

5.《防护工作记录簿》每日使用后，由工班统一保存，使用完的《防护工作记录簿》在工班保存不少于（　　）月。

A. 3　　B. 6　　C. 10　　D. 12

6. 接地操作人员应在小于（　　）m的作业范围内接挂地线。

A. 500　　B. 800　　C. 1000　　D. 1500

7. 区间作业时，$v \leqslant 120$ km/h时，每个作业组在距离作业区段两端（　　）m设置行车防护人员

A. 500　　B. 800　　C. 1400　　D. 2000

8. 区间作业时，120 km/h$\leqslant v \leqslant$160 km/h时，每个作业组在距离作业区段两端（　　）m设置行车防护人员；

A. 500　　B. 800　　C. 1400　　D. 2000

9. 区间作业时，160 km/h$<v$时，每个作业组在距离作业区段两端（　　）m设置行车防护员

A. 500　　B. 800　　C. 1400　　D. 2000

10. 防护人员在发出升降弓信号时，应站在故障点的离去方向，距故障点约（　　）m处。

A. 10　　B. 15　　C. 20　　D. 25

11. 防护人员在发出停车信号时，应站在，距离停车点前约（　　）m处。

A. 500　　B. 800　　C. 1000　　D. 1500

12. 接触网第（　　）种工作票（白纸红字），用于间接带电作业。

A. 1　　B. 2　　C. 3　　D. 4

13. 接触网第一种工作票，用于停电作业。白纸（　　）字。

A. 红　　B. 蓝　　C. 黄　　D. 绿

14. 接触网第（　　）种工作票，用于停电作业。

A. 1　　B. 2　　C. 3　　D. 4

15. 接触网第（　　）种工作票，用于远离作业即距带电部分1 m及其以外的高空作业、较复杂的地面作业。

A. 1　　B. 2　　C. 3　　D. 4

16. 接触网第三种工作票，用于远离作业即距带电部分 1 m 及其以外的高空作业、较复杂的地面作业，白纸（　　）字。

A. 红　　B. 蓝　　C. 绿　　D. 黑

17. 工作票一式两份，一份交工作领导人，一份由发票人保管；（　　）水性笔填写。

A. 红　　B. 蓝　　C. 绿　　D. 黑

18. 第二种工作票有效期不得超过（　　）个工作日。

A. 1　　B. 2　　C. 3　　D. 5

19. 所有工作票保存时间不少于（　　）个月。已完成的作业票加盖“已执行”章。

A. 3　　B. 6　　C. 12　　D. 24

20. 工作票的相关规定：工作票签发人和工作领导人安全等级不低于（　　）级。

A. 1　　B. 2　　C. 3　　D. 4

21. 工作票签发一式两份，第一份发票人保存，第二份（复写件）交工作领导人使用，作业完毕后两份工作票全部交工区专人保管不少于（　　）个月（整月保存）。

A. 3　　B. 6　　C. 9　　D. 12

22. 每天（10:00（不含）—20:00）的停电作业工作票由当天白班值班的供电调度于当天上午审核，审核时间不得晚于停电“天窗”点前（　　）小时。

A. 半　　B. 一　　C. 两　　D. 三

23. 行车防护工作必须由正式职工担任，防护人员的安全等级不低于（　　）级，组织纪律性强、身体健康、视力和听力良好、说话吐字清楚、能作正确记录。

A. 1　　B. 2　　C. 3　　D. 4

24.《防护工作记录簿》每日使用后，由工班统一保存，使用完的《防护工作记录簿》在工班保存不少于（　　）月。

A. 3　　B. 6　　C. 9　　D. 12

25. 接触网安全等级（　　）级考试合格、并取得资格，方能胜认接挂地线岗位工作。

A. 1　　B. 2　　C. 3　　D. 4

26. 接触网安全等级（　　）级考试合格、并取得资格，方能胜认接地防护岗位工作。

A. 1　　B. 2　　C. 3　　D. 4

二、多项选择题

1. 以下属于《接触网安全工作规程》中规定的接触网检修作业方式（　　）。

A. 停电作业　　B. 间接带电作业　　C. 远离作业　　D. 带电作业

2. 所有防护员均应填写《防护工作记录簿》，填写内容必须（　　）。

A. 真实　　B. 准确　　C. 及时　　D. 无误

三、判断题

1.（　）工作票是进行接触网作业的书面依据，填写时要字迹清楚、正确，需填写的内容不得涂改和用圆珠笔书写。

2.（　）工作票签发人和工作领导人安全等级不低于三级。

3.（　）同一张工作票的签发人和工作领导人必须由两人分别担当。

4.（　）接触网第一种工作票（白纸红字），用于停电作业。

5.（　）行车防护工作必须由正式职工担任，防护人员的安全等级不低于三级。

6.（　）各工区必须于每天18:00前向供电调度报告次日工作计划。工作票必须在工作前一天签发，并由发票人将工作票交给工作领导人。

7.（　）工作领导人在作业前两天天接收工作票。

8.（　）各网工区申报次日停电作业计划的时间为当日17:00前。

9.（　）行车防护人员穿越线路时“一看、二站、三通过”

微信扫码　习题自测

学习情境六　接触网巡视

【导读】

本学习情境重点介绍接触网巡视的基本内容。巡视是对接触网外观、设备状态和参数及电力机车的取流情况进行的检查，分为步行巡视和乘车巡视两种。

【学习目标】

本节主要通过完成一个任务，学习用接触网巡视的主要内容，掌握巡视的基本要求。

任务　接触网巡视作业

【任务描述】

本任务利用铁路接触网线路或接触网实训基地，完成接触网巡视任务。通过本任务的学习，学习接触网巡视各项要求和内容，掌握巡视的方法。

【资讯】

微信扫二维码，
看本章教案

一、理论学习部分

（一）巡视目的

通过对接触网设备工作状态及电力机车取流状态进行外观检查，时刻掌握设备运行动态；及时发现设备缺陷、隐患，便于今后有针对性地开展设备检修，确保供电畅通。

（二）巡视种类

巡视分为步行巡视、乘车巡视和平推检查。

1. 步行巡视

1）昼间步巡
周期：每十天不少于 1 次（160 km/h 以下）。
检查主要内容和项目：

① 各种线索（包括接触线、承力索、供电线、捷接线、回流线、架空地线、正馈线、保护线、加强线、中锚辅助绳、吸上线和软横跨的线索等）有无烧伤或损坏，弛度是否满足要求。

② 混凝土支柱有无破损、裂纹，倾斜是否超标；钢支柱有无锈蚀、变形；下锚拉线受力状态和防腐是否良好，锚杆状态是否良好；支柱及拉线基础有无积水、杂物、下沉和破损；货场等汽车通道旁支柱及拉线是否设置安全防护措施，防护设施状态是否良好。

③ 接触悬挂和支撑装置状态（偏移及定位器、定位管坡度等）是否正常；线岔限制管有无卡滞；零部件有无烧伤和损坏；检查吸上线连接状态是否良好。

④ 补偿装置有无损坏，动作是否灵活；补偿绳是否有断股、锈蚀、跳槽现象，是否与其他金具相擦；a 值、b 值、坠砣块数是否符合规定，堆码是否整齐；坠砣限制架状态是否良好，坠砣是否超出限制架范围。

⑤ 电连接器（如上网电连接线、开关或避雷器电连接线、股道电连接线、锚段关节及线岔电连接线）是否按规定进行安装，有无烧伤和损坏，弛度是否符合要求，避雷器的脱离器、计数器以及接地装置是否良好；隔离开关状态是否正常；分、合闸角度是否符合技术要求，接地刀闸情况是否良好，隔离开关操作机构是否正常和加锁，接地装置是否良好。

⑥ 分段、分相等绝缘部件有无破损和闪络；观察电力机车受电弓通过分段、分相是否平滑，状态是否良好（分段器是否处于长期对地状态）；分相处承力索有无烧伤、断股现象；地面自动过分相装置的地面传感器有无破损、丢失或其他附属物。

⑦ 接触网各种标志是否齐全、完整；铁路道口限界门是否按规定安装；各类安全挡板或防护网栅安全警示标志是否安装；

⑧ 隧道口植物藤蔓、铁路沿线树竹、上跨各类缆线、上跨建筑物及附属设施、隧道漏水等外部环境是否影响接触网运行安全。

⑨ 检查电缆、电缆头及其附属设施状态是否良好，表面是否有绝缘老化、裂纹、龟裂及变色等现象；检查绝缘子是否破损、脏污或放电烧伤痕迹。

⑩ 有无因塌方、落石、山洪水害、爆破作业、营业线施工及其他周边环境等危及接触网供电和行车安全的现象及隐患。

160 km/h 及以上区段禁止开展点外网内步行巡视，特殊情况需进行天窗点外步行巡视时，应告知供电调度，在本线、邻线同时封锁或本线封锁邻线限速情况下进行，并在车站设置驻站联络员进行行车防护。

2）夜间步巡

周期：每季度不少于 1 次。

观察的主要内容：接触网主导流回路和零部件有无过热变色、绝缘件有无闪络放电现象以及电力机车受电弓运行情况。

2. 登乘巡视

周期：每月不少于 1 次。

观察的主要内容和项目：支柱、接触悬挂及其支撑装置和定位装置的状态以及接触网末端网压是否正常，是否存在严重拉弧，施工路料是否回收，单位施工及外界因素有无影响接触网运行安全的情况。

160 km/h 及以上区段除按周期进行登乘巡视检查外，还需每月利用作业车进行一次昼间车内巡视。遇有大风、大雨、大雪等恶劣天气和季节温度变化时，要适当增加步巡和登乘机车巡视次数。

3. 全面检查（平推检查）

周期：每 3 年 1 次（运行 10 年以上的设备检查周期缩短为 2 年）。

全面检查具有巡视检查和保养维护的双重职能。

巡视检查的内容和项目：包括无法或不易通过间接测量手段掌握设备运行状态的所有项目，如接触悬挂、附加悬挂、支撑装置、电气连接、绝缘部件、接地装置以及各单项设备的内在质量，螺栓是否紧固等。

保养维护的内容和项目：主要是巡检过程中必要的参数调整、防腐处理、注油和零部件的紧固、更换等。

（三）昼间步行巡视重点

1. 软横跨巡视

软横跨支柱号码牌、高压危险牌是否完好；横向承力索和上下部固定绳是否有断股、接头、散股和补强现象（观察记录断股数量），受力部件状态是否良好；横向承力索、上下部固定绳的绝缘子是否有破损、裂纹、闪络烧伤痕迹及污秽；横向承力索及上、下部固定绳应布置在同一铅垂面内，双横承力索两条线的张力应相等；软横跨的直吊弦、斜拉线的状态是否良好；软横跨上定位器、定位环线夹及悬吊滑轮的位置及状态，承力索在悬吊滑轮内是否损伤，各部零件是否有松脱现象；横向承力索的弛度符合规定，最短吊弦的长度为 400 mm，允许误差-200 ~ +50 mm；上、下部定位索应呈水平状态，允许有平缓的负弛度，5 股道及以下者负弛度不得超过 100 mm，5 股道以上者不超过 200 mm，下部固定索距工作支接触线的距离不得小于 250 mm。如图 6-1、图 6-2 所示。

图 6-1　软横跨巡视重点 1

图 6-2 软横跨巡视重点 2

2. 补偿装置巡视

观测补偿绳的 a 值，距离不得小于 200 mm；观察补偿绳是否有断股、散股、接头等情况，不得与其他部件相磨；检查坠砣是否完好、齐全，码放整齐；测量坠砣 b 值，距离不得小于 200 mm；观测滑轮工作间距，任何情况下均不得小于 500 mm；观察补偿滑轮是否有偏磨、卡滞等不正常的现象；观察补偿限制架下部各螺栓是否紧固。如图 6-3 ~ 图 6-5 所示。

图 6-3 补偿装置巡视重点 1

图 6-4　补偿装置巡视重点 2

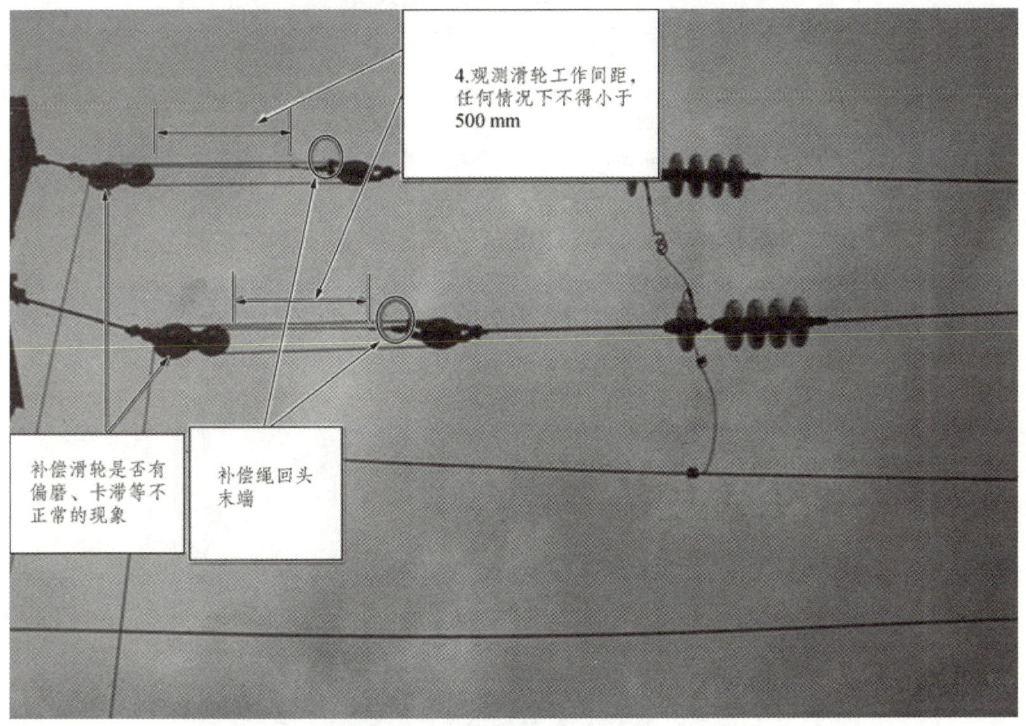

图 6-5　补偿装置巡视重点 3

3. 电气连接部位巡视

观察电气连线连接处是否放电发热，线索是否断股、散股；绝缘和受力状态情况；线索安装入槽及连接线的裕度是否良好。如图 6-6、图 6-7 所示。

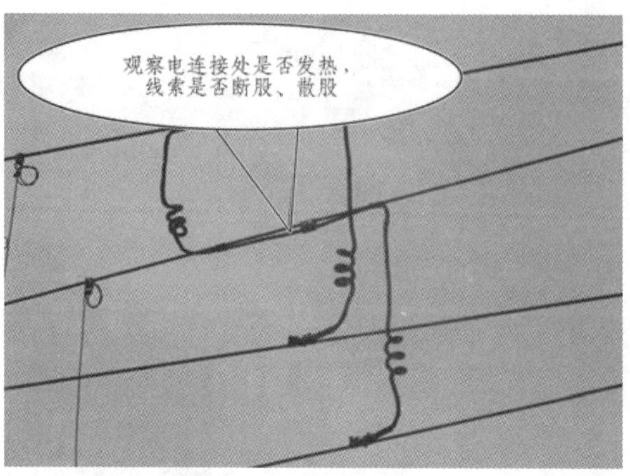

图 6-6 电连接巡视重点 1

图 6-7 电连接巡视重点 2

4. 曲线区段巡视

观察定位器坡度是否在 1/10 ~ 1/5；观察支柱倾斜度和侧面限界是否符合要求；观察曲线区段的弓网关系。如图 6-8 ~ 图 6-9 所示。

图 6-8 曲线区段巡视重点 1

图 6-9　曲线区段巡视重点 2

5. 桥梁上巡视

用望远镜观察桥梁各支柱的定位点、吊弦受力情况、回流线是否断股等；观察接触网斜钢柱是否锈蚀，基础是否良好；观察桥两端是否有接地线或接地线是否良好。注意来车，来车时提前到避车台避车，桥上行走时注意脚下的石板及空隙。如图 6-10 所示。

图 6-10　桥梁上巡视重点

6. 跨线桥巡视

观察跨线桥上管、线安装是否牢靠；防护网栅支架固定位锈蚀情况；接地是否完好，“高压危险”警示标识牌及网栅状态是否完好；观察跨线桥下承力索绝缘套管是否完好；观察跨线桥上是否有横幅等异物；观察桥下有无漏水或滴水情况，描述滴水或漏水对接触网的具体影响（主要描述水滴是否形成连续性，是否直接滴到接触网设备上）。

7. 电力跨越线巡视

观察跨越线是否有断股或接头；观察杆塔是否变形、锈蚀、破损等，基础是否良好，是否会有倒塌的可能；检查有无未经铁路部门同意私自架设跨越接触网的电力设备或电压等级低于接触网而跨越接触网的电力线路。观测跨越线与接触网距离是否符合要求：10 ~ 110 kV 大于 3 m；220 kV 大于 4 m；330 kV 大于 5 m；500 kV 大于 6 m。

8. 侵限树木巡视

树木与接触网设备水平或垂直距离不小于 1.5 m，如果倒下时可能侵限的树木亦按侵限处理；目测检查树木顶部及边缘对线路水平距离是否符合要求；对于距离有疑问不能目测判定的，可用绝缘绳或用接触网激光参数测量仪进行测量。

9. 其他设备巡视

电力机车自动过分相装置的地面传感器有无缺损、破裂或丢失；吸上线及下部地线的连接是否良好；支柱有无破损或变形；限界门、安全挡板或网栅、各种标志是否齐全、完整；各种线索（包括供电线、回流线、正馈线、保护线、加强线、吸上线和软横跨的线索等）、零部件等有无烧伤和损坏；有无侵入限界、妨碍机车车辆运行的障碍；绝缘部件有无损坏和闪络；有无因塌方、落石、山洪水害、爆破作业及其他周边环境等危及接触网供电和行车安全的现象。

（四）夜间巡视重点

观察定位装置连接部位、电气连接部位有无过热变色；观察吸上线与扼流变、回流线连接处及设备线夹有无过热变色；观察分段绝缘器各部件及绝缘部件有无闪络爬电；观察隔离开关的连接部件及设备线夹有无过热变色；观察供电线连接部件及补强处有无过热变色；观察避雷器等绝缘部件有无闪络放电；观察电力机车经过分段、分相、锚段关节、线岔时的取流情况。

二、作业指导书

（一）范　围

本作业指导书规定了对接触网巡视流程、巡视内容和注意事项。

（二）引用规范性文件

《接触网运行检修规程》《接触网安全工作规程》。

（三）作业目的

本任务是通过学习接触网巡视流程、内容和注意事项，掌握接触网日常巡视作业要领。

（四）作业内容

1. 巡视流程规定

（1）车间收集班组上报的巡视计划（包括巡视日期、巡视时段、巡视区段、巡视方式、巡视人姓名、联系电话等），上传至调度审核，审核通过后车间再下发给班组，由班组按批复计划做好安排。

（2）班组收到批复计划后，提前一天开具第三种工作票，并制定巡视分工方案及派工单，于前一天 18:00 前上报至所属车间进行审核，车间审核后方可进行巡视作业。

2. 巡视前准备

（1）组织工区职工对接触网巡视标准进行强化培训学习，出工前可以采取问答式抽问学习。

（2）工具材料准备：工具袋、对讲机、防护用具（防护旗、防护喇叭或哨子、带防护灯的手电筒）、望远镜、个人工具、接触网图纸、卷尺、区间电话柱钥匙、铁线、开口销、火花间隙、接地连接线夹、若干不同型号的螺母及螺栓。如图 6-11、图 6-12 所示。

图 6-11　巡视前准备

图 6-12　巡视配备工具

（3）列队点名分工，给作业组成员布置巡视任务和安全防护措施，强调安全注意事项及本次巡视重点，尤其是存在的危险源。如图6-13所示。

图6-13　巡视前列队点名分工

（4）按巡视区段制作好接触网巡视线路卡片，并列出巡视区段内所有的具体关键设备，如补偿装置、分段、线岔、分相、开关、避雷器，与巡视分工单一起派发给巡视人员。如图6-14所示。

图6-14　巡视待发

3. 巡视内容

（1）巡视的设备分A区（支柱及绝缘子）、B区（绝缘内侧支撑装置）、C区（定位装置）、D区（附加悬挂部分）、E区（跨中部分，含吊弦、中心锚结、电连接等设备）、F区（地面）

6 个固定区域。

（2）巡视视线顺序：A 区（由下部往上部巡查）→D 区→B 区→C 区→E 区→F 区，如图 6-15 所示。

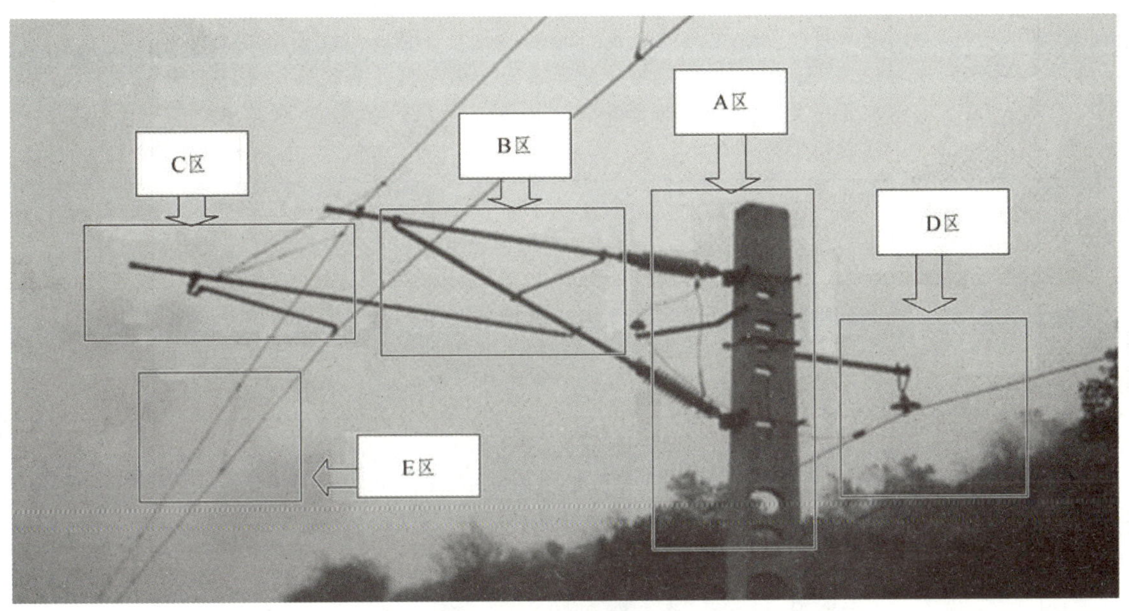

图 6-15　巡视视线顺序

（3）巡视分段绝缘器、负荷（隔离）开关、锚段关节、线岔、避雷器、补偿装置、软硬横跨为巡视重点巡视设备，其他巡视项目还包括回流线、架空地线、供电线上网点、接地极、吸上线、跨线桥（跨越线）、树木侵限、配合施工地段检查等。

（4）在巡视过程中一人做防护工作，一人先按上述巡视视线对设备进行巡看，第三个人再次按前一人的巡视视线复巡，经过两人确认，确保设备巡视质量。

4. 巡视标准

巡视标准如表 6-1 所示。

表 6-1　巡视标准

序　号	巡视项目	巡视内容	备　注
1	支柱和基础	检查支柱侧面限界，支柱号码牌状态，有无倾斜、破损、露筋，上部地线状态，火花间隙和下部地线状态，吸上线安装是否正确、有无被盗，回流线状态是否良好，红线标高及参数情况，基础有无下陷、滑坡、破损等	
2	支持装置	检查绝缘子状态，腕臂是否偏移、锈蚀，压杆或水平拉杆是否水平、有无锈蚀，底座是否水平，套管绞环有无下滑痕迹	
3	线岔	检查定位器是否偏移，定位坡度状态，线岔交叉处状态，线岔始触区有无线夹，线岔区吊弦状态，电连接线状态等	观察两趟列车通过

续表

序　号	巡视项目	巡视内容	备　注
4	锚段关节	检查腕臂、定位管有无偏移，压杆或水平拉杆是否水平，定位器坡度情况，电连接状态，目测非支抬高量，绝缘子串距工作支的距离，绝缘子串距定位的距离，补偿装置是否灵活，八跨式分相器中性点承力索有无烧伤，异形保护条安装情况，机车受电弓通过情况等	观察1趟列车通过
5	分段（分相）绝缘器	检查主绝缘状态，两绝缘水平状态，机车通过时接头处是否平滑，分段器与线路中心的偏移状态。吊弦状态，零部件锈蚀情况等	观察1趟列车通过
6	软横跨	检查横向承力索是否与上下部固定绳同一铅垂面内，直吊弦状态，上、下部绳是否松弛，斜拉线状态，定位立柱有无侵限，下部固定绳与接触线的距离是否足够，各零部件锈蚀情况等	
7	上网隔开	观察引线有无断股、散股、过紧，电连接线成弧形（弹性圈应盘紧），操纵机构状态，绝缘子状态，测温片状态，锁闭情况，各零部件锈蚀情况，接地线状态是否良好	
8	电连接器	检查电连接线弛度是否合适（无过紧、过松，弹性圈应盘紧），有无断股、散股，线夹安装情况等	
9	定位装置	检查定位器坡度是否正常，有无偏移，定位环安装是否正确，定位器线夹受力面是否正确，有无明显裂纹，定位管有无弯曲变形等	
10	补偿装置	检查滑轮间距是否足够，滑轮是否灵活，有无偏磨，补偿绳有无入槽，有无断股、散股，有无磨下锚拉杆，动滑轮与定滑轮之间的距离是否大于500 mm，补偿 a、b 值是否符合规定，坠砣堆码是否整齐，坠砣数量是否足够各零部件安装是否正确，有无锈蚀等	
11	曲线设备	检查设备的受力状态，拉出值、跨中偏移值状况。	
12	隧道	检查绝缘子脏污情况，隧道壁漏水情况，隧道拱顶渗水处矿物质结晶体是否接近带电设备，定位立柱和悬挂点状态，定位器坡度、吊弦状态、隧道口接地是否良好，避雷器状态等	
13	避雷器	检查主绝缘状态，计数器表示，脱离器状态，接地线状态，其他零部件安装是否正确，锈蚀情况等	
14	标志	各种标志是否齐全，字迹是否清晰，有无破损，是否侵入限界等	
15	地感器	检查地感器护套是否完整，有无破损、缺失，清理地感器吸附物品，测量磁通等	
16	供电线	检查绝缘子情况，馈线连接线及线夹处有无烧损、断股和散股，树木是否侵限，支柱有无倾斜，基础是否下陷，护墩是否完好	

续表

序　号	巡视项目	巡视内容	备　注
17	中心锚节	中心锚结绳是否松弛，观察承力索上的三个钢线卡子（线夹）是否等距排列，中心锚节辅助绳是否脏污和破损	
18	限界门	限界门安全告示牌字迹是否清楚，吊板是否平齐	
19	吊弦及斜拉线	吊弦偏移应不大于吊弦长度的 1/10，吊弦是否断裂、锈蚀，整体吊弦不松弛，无断股、散股，两端线夹处无烧伤痕迹，斜拉线是否锈蚀、折断	
20	其他	检查树木侵限情况，接触网跨越线状态，跨线桥附属线材是否牢固，防护网栅安装是否牢固，有无锈蚀，标志是否齐全，有无塌方落石、山洪水害、爆破作业等影响接触网安全现象	

5. 巡视注意事项

（1）接触网步行巡视小组不少于三人，其中一名防护，两名巡视，巡视人员中其中一名为班组技术骨干（包括技师以上）；

（2）在上道巡视时，安排驻站联络员在相应车站进行行车防护，并做好登记；

（3）巡视人员要按规定着装，戴安全帽，穿防护服，夜间巡视还要有照明用具；

（4）任何情况下，接触网须按有电对待，巡视时不得攀登支柱，注意避让行车，严禁爬乘列车和其他轨道车辆；

（5）步行巡视人员严禁走道心、坐卧钢轨；不得随意穿越上、下行线路，遇特殊情况必须上股道时，一人做好专职防护工作；

（6）必须双人双岗同侧巡视[见图 6-16（a）]；

（7）暑季步行巡视须做好防暑降温、防蛇虫措施，冬雨季巡视须做好防寒防滑措施；

（8）巡视中，拆除塑料布等异物、紧固地线钩、更换火花间隙等工作时，必须一人专门进行防护，一人操作；

（9）禁止在股道上观察设备，特殊情况下须上股道时，须做好防护，防护人员应密切观察线路两端来车情况，并及时提醒巡视人员下道，确保人身安全[见图 6-16（b）]；

（10）巡视上道前、下道后要向调度汇报；如果包含第三种作业，同时要设置驻站防护人员和现场两端防护人员；

（11）昼间、夜间和隧道内巡视要按要求带齐工具材料，并要按要求规范着装；每组携带一台有行车频道的电台；

（12）认真观察设备、路基、树木侵限、路外横幅或其他漂移物的情况；

（13）巡视结束后由工作领导人及时组织巡视人员召开收工总结会，对巡视中发现的问题和安全卡控措施执行情况进行总结和分析，对问题制定相对应的整改措施；

（14）工区根据实际情况将发现的问题于当天录入问题库，对于紧急的问题应用红色进行标准作为警示，车间要每周对班组发现的问题进行核对，并监督消号。

错误：分开线路巡视

正确：同侧双人巡视

（a）

错误：有车过时没停下避车

正确：避车并观察设备

（b）

图 6-16　巡视作业辨析图

【任务实施及考核】

一、任务实施

（一）任务实施目的

学习步行巡视的内容和要求，掌握步行巡视的方法。

（二）任务实施准备工作

（三）任务实施场地器材

（1）工具及材料：安全带、工具包、安全帽、巡视记录本、笔等；
（2）技术资料：接触网平面图、巡视线路图。

（四）任务实施步骤

（1）工具检验。
出发前检验接触网巡视工具。
（2）巡视。
按规定线路巡视接触网。

（3）记录。

巡视员如实记录巡视情况，要字迹清楚、措词准确、情况完整。

（4）收工。

巡视完毕收齐工具返回驻地。

（五）注意事项

（1）巡视员如实记录巡视情况，要字迹清楚、措词准确、情况完整。

（2）发现危及行车和供电的紧急情况，应及时报告电力调度员和工长，并采取应急措施。

（3）巡视员尽可能与看守工、巡道工等了解接触网有关的情况。

（4）乘车巡视人员应佩戴相应标志及带“登乘机车证”，巡视中尽可能向司机了解有关接触网设备的运行状况。

二、考核表

项　目	考核内容及评分标准	配　分	扣分情况
操作时限	规定时限：根据每个巡视项目由评委自定，每超时 2 min 扣 1 分，每提前 2 min 加 1 分	20 分	
料具准备	要求料具准备齐全，规格型号相符，每错、漏、多 1 件扣 2 分	20 分	
质量标准	说出表 6-1 中指定的巡视标准，每错一处扣 10 分	30 分	
安全作业	（1）作业中一般违章现象每次扣 5 分 （2）作业中严重违章每次扣 20 分 （3）工具使用错误每次扣 5 分 （4）工具损坏、脱落每次扣 20 分	20 分	
文明作业	（1）作业中，未佩戴必要的劳保、安全用具，每件扣 3 分 （2）作业时出现不文明动作或语言每次扣 5 分	10 分	
总　计	100 分		得分：

配套习题

一、单项选择题

1. 步行巡视中昼间步巡的周期：每（　　）天不少于 1 次（160 km/h 以下）。

A. 5　　B. 10　　C. 15　　D. 20

2. 步行巡视中夜间步巡的周期：（　　）不少于 1 次。

A. 每季度　　B. 每月　　C. 每年　　D. 每半年

3. 乘车巡视的周期：（　　）不少于 1 次。

A. 每季度　　B. 每月　　C. 每年　　D. 每半年

4. 全面检查的周期：（　　）1 次。

A. 每季度　　B. 每月　　C. 每年　　D. 每三年

5. 横向承力索的弛度符合规定，最短吊弦的长度为（　　）mm。

A. 100　　B. 200　　C. 400　　D. 500

6. 补偿装置巡视：测量坠砣 B 值，距离不得小于（　　）mm。

A. 100　　B. 200　　C. 300　　D. 400

7. 补偿装置巡视：观测滑轮工作间距，任何情况下不得小于（　　）mm。

A. 200　　B. 300　　C. 400　　D. 500

8. 观测跨越线与接触网距离是否合符要求：10 ~ 110 kV 大于（　　）m。

A. 3　　B. 4　　C. 5　　D. 6

9. 观测跨越线与接触网距离是否合符要求：220 kV 大于（　　）m。

A. 3　　B. 4　　C. 5　　D. 6

10. 观测跨越线与接触网距离是否合符要求：330 kV 大于（　　）m。

A. 3　　B. 4　　C. 5　　D. 6

11. 观测跨越线与接触网距离是否合符要求：500 kV 大于（　　）m。

A. 3　　B. 4　　C. 5　　D. 6

12. 树木与接触网设备水平或垂直距离不小于（　　）m。

A. 1　　B. 1. 5　　C. 2　　D. 2. 5

13. 接触网步行巡视小组不少于（　　）人。

A. 2　　B. 3　　C. 4　　D. 8

14. 补偿装置巡视：观测补偿绳 A 值，距离不得小于（　　）mm。

A. 100　　B. 200　　C. 300　　D. 400

15. 160 km/h 及以上区段除按周期进行登乘巡视检查外，还须（　　）利用作业车进行一次昼间车内巡视。

A. 每天　　B. 每周　　C. 每月　　D. 每季

16. 巡视流程规定，当班组收到批复计划后，提前一天开第（　　）种工作票，并制定巡视分工方案及派工单，于前一天 18：00 前上报至所属车间进行审核，车间审核后方可进行巡视作业。

A. 1　　B. 2　　C. 3　　D. 4

17. 补偿装置巡视：观测滑轮工作间距，任何情况下不得小于（　　）mm。

A. 200　　B. 300　　C. 400　　D. 500

18. 曲线区段巡视：观察定位器坡度范围是否为 1/10 ~（　　）之间。

A. 1/2　　B. 1/3　　C. 1/5　　D. 1/6

19.（　　）km/h 及以上区段禁止开展点外网内步行巡视。

A. 100　　B. 120　　C. 160　　D. 240

20. 软横跨巡视：下部固定索距工作支接触线的距离不得小于（　　）mm。

A. 100　　B. 150　　C. 200　　D. 250

21. 软横跨巡视：上、下部定位索应呈水平状态，允许有平缓的负弛度，5 股道及以下者负弛度不得超过（　　）mm，5 股道以上者不超过 200 mm。

A. 50　　B. 100　　C. 150　　D. 200

22. 侵限树木巡视：树木与接触网设备水平或垂直距离不小于（　　）米，如果倒下时可能侵限的树木亦按侵限处理。

A. 1　　B. 1. 5　　C. 2　　D. 3

二、多项选择题

1. 接触网巡视分为：（　　）。

A. 步行巡视　　B. 乘车巡视　　C. 平推检查　　D. 仪器巡视

2. 步行巡视工具及材料：（　　）、笔等。

A. 安全带　　B. 工具箱　　C. 安全帽　　D. 巡视记录本

三、判断题

1.（　）全面检查具有巡视检查和保养维护的双重职能。

2.（　）步行巡视人员严禁坐卧钢轨，可以走道心。

3.（　）电力跨越线巡视：观测跨越线与钢轨距离是否合符要求。

4.（　）巡视分为步行巡视、乘车巡视和夜巡检查。

5.（　）遇有大风、大雨、大雪等恶劣天气和季节温度变化时，要适当增加步巡和登乘机车巡视次数。

6.（　）夜间步巡周期每月不少于 1 次。

7.（　）电气连接部位巡视：观察电气连线连接处是否放电发热、线索是否断股、散股。

8.（　）曲线区段巡视：观察定位器坡度是否在 1/10 ~ 1/2 之间。

9.（　）在上道巡视时，安排防护人员在相应车站进行行车防护，并做好登记。

10.（　）步行巡视人员严禁走道心、坐卧钢轨；不得随意穿越上、下行线路，遇特殊情况必须上股道时，二人做好专职防护工作。

11.（　）巡视上道前、下道后要向调度汇报；如果包含第三种作业，同时要设置驻站防护人员和现场两端防护人员。

微信扫码　习题自测

学习情境七　登杆作业

【导读】

凡在距离地面 3 m 以上的处所进行的作业均称为高空作业，攀登支柱是进行接触网设备检修的最基本高空作业。本学习情境重点介绍不同类型的支柱，并通过对支柱认知和停电作业的两个任务实施，完成对本学习情境的综合应用。

【学习目标】

本节主要通过完成 3 个任务来掌握登杆作业，学习圆支柱、横腹杆支柱及钢柱的知识，正确使用安全带，按操作规范完成登杆作业。通过攀杆作业掌握标准化作业程序，体现接触网工良好的工作习惯，具备良好的安全意识。

任务一　攀登圆杆

【任务描述】

登圆杆需要与支柱相应直径的脚扣。常用接触网圆杆支柱为 ϕ400 mm、ϕ350 mm 等径杆，攀登应用与其相适应的脚扣。

【资讯】

微信扫二维码，
看本章教案

一、理论学习部分

（一）支柱按材质分类

支柱是接触网中最基本、应用最广泛的支撑设备，是用来承受接触悬挂与支持设备的负荷。接触网支柱，按其使用材质分为预应力钢筋混凝土支柱和钢支柱两大类。预应力钢筋混凝土支柱，简称为钢筋混凝土支柱，采用高强度的钢筋，在制造时预先使钢筋产生拉力，它具有比普通钢筋混凝土支柱在同等容量情况下节省钢材、强度大、支柱轻等优点。钢柱以角钢焊成架结构，具有支柱较轻、强度高、抗碰撞、安装运输方便等优点。

中国的电气化铁路广泛采用预应力钢筋混凝土支柱。与钢柱相比，预应力钢筋混凝土支柱的优点是减少了金属材料的使用量、成本较低，使用寿命长，使用中无需进行维修。钢筋混凝土支柱的缺点是比较笨重，且经不起碰撞，因此在运输装卸和安装工程施工中应小心谨慎，在用吊车作业繁忙的站场上，也不宜采用钢筋混凝土软横跨支柱。

钢筋混凝土柱从外观形态上可分为矩形横腹杆式、等径圆支柱两种。其外观如图 7-1-1、图 7-1-2 所示。

图 7-1-1　矩形横腹杆式支柱

图 7-1-2　等径圆支柱

等径圆钢筋混凝土支柱是一种上下直径相等的圆形支柱。该柱加工制造较容易，当支柱绕自己的纵轴旋转，利用离心力的作用，将混凝土浆喷洒到模型面上并能较密实地凝结。这种支柱表面平滑，便于运输，圆截面钢筋混凝土支柱的钢筋是按整个圆周均匀分布的，安装时不受方向性的限制，且受力均匀，运输方便，损耗率低，制造长度比较灵活；缺点是钢筋材料的利用率较低，攀登支柱较困难，不利于维修。现在生产的主要有 350 mm 和 400 mm 两种直径的等径圆支柱。这种支柱目前在中国电气化铁路区段使用时，主要用作受力较大的锚柱、转换柱和硬横跨支柱。

按照钢筋混凝土支柱基础的设置方法，这种支柱可分为整体式和独立基础两种类型，如图 7-1-3、图 7-1-4 所示。

图 7-1-3　独立基础

图 7-1-4　整体式基础

对于整体式支柱，其地下部分起到了基础的效能，埋置深度一般为 3 000 mm 左右。对于具有独立基础的钢筋混凝土支柱，要设置专门的混凝土基础。这种支柱，将会大大增加混凝土和钢材的耗量，而且需分两个阶段进行作业，提高施工成本。目前中国使用的横腹杆式混凝土支柱多属于整体式支柱，等径圆支柱多需要制作杯形混凝土基础或法兰盘连接基础。

常见的等径圆支柱型号及规格参数如表 7-1-1、表 7-1-2 所示。

表 7-1-1　ϕ400 mm 环形等径支柱规格技术参数

型　号	容　量（kN·m）	长　度（m）	杆　径（mm）	标准弯矩（kN·m）	参考重量（kg/m）	适用范围
$GQ\frac{60}{11+3}\phi400$	60	14	400	60	215	腕臂柱
$GQ\frac{80}{11+3}\phi400$	80	14	400	80	215	
$GQ\frac{100}{11+3}\phi400$	100	14	400	100	215	锚　柱
$GQ\frac{60}{9+3}\phi400$	60	12	400	60	215	腕臂柱
$GQ\frac{80}{9+3}\phi400$	80	12	400	80	215	锚　柱

表 7-1-2　ϕ350 mm 环形等径支柱规格技术参数

型　号	容　量（kN·m）	长　度（m）	杆　径（mm）	标准弯矩（kN·m）	参考重量（kg/m）	适用范围
$GQ\frac{40}{11+3}\phi350$	40	14	350	40	190	腕臂柱
$GQ\frac{50}{11+3}\phi350$	50	14	350	50	190	
$GQ\frac{60}{11+3}\phi350$	60	14	350	60	195	锚　柱
$GQ\frac{40}{9+3}\phi350$	40	12	350	40	190	腕臂柱
$GQ\frac{50}{9+3}\phi350$	50	12	350	50	190	
$GQ\frac{60}{9+3}\phi350$	60	12	350	60	195	锚　柱

注：表中，GQ 表示高强支柱，其余与横腹杆式混凝土支柱所表示的意义相同。

（二）支柱按用途分类

支柱按其在接触网中的作用可分为中间柱、转换柱、中心柱、锚柱、定位支柱道岔支柱、软横跨支柱、硬横跨支柱及桥梁支柱等几种。

1. 中间柱

如图 7-1-5 所示，中间柱是用于支持单支悬挂的支柱。其承受接触悬挂的重量、风负载以及接触悬挂产生的水平力。

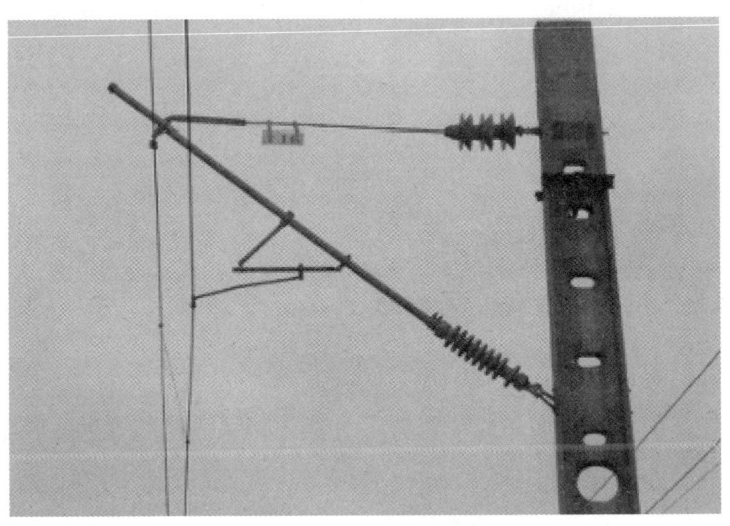

图 7-1-5　中间柱

2. 锚柱

如图 7-1-6 所示，锚柱是用于接触网线索下锚的支柱，一般承受两个方向的负荷，在垂直线路方向起中间柱的作用，顺线路方向在拉线的作用下承受线索的下锚张力。

图 7-1-6 锚柱

3. 转换柱

如图 7-1-7 所示，转换柱是用于锚段关节两锚柱之间实现工作支与非工作支转换的支柱，承受工作支和非工作支的重力及水平力。

图 7-1-7 转换柱

4. 中心柱

如图 7-1-8 所示，中心柱是用于四跨锚段关节两转换柱之间的支柱，承受两工作支接触悬挂的重力和水平力。

5. 定位柱

定位柱是仅起定位作用的支柱，承受接触悬挂的水平力，不承受接触悬挂的重力。

6. 道岔柱

道岔柱是用于支持道岔处两工作支悬挂的支柱，承受两工作支接触悬挂的重力、水平力。

7. 软横跨柱

如图 7-1-9 所示，软横跨柱是用于支撑软横跨的支柱，承受多支悬挂的重力、水平力。

图 7-1-8　中心柱

图 7-1-9　软横跨支柱

除上述几种支柱外，还有桥梁专用支柱及其他特殊支柱。

二、作业指导书

（一）范　围

本作业指导书规定了对接触网圆支柱的操作规范及技能训练要点。

（二）引用规范性文件

《接触网运行检修规程》《接触网安全工作规程》。

（三）作业目的

通过圆支柱攀登，能熟练使用脚扣攀登支柱，掌握攀登圆支柱的方法和注意事项；牢固树立“安全第一”的作业思想。

（四）作业内容

登杆需要选用与支柱相应直径的脚扣，登杆过程中应正确地使用安全带。

1. 安全带的使用

（1）每次使用前做一次外观检查，发现安全带存在无保护套、磨损、断股、变质等情况应停止使用。

（2）上杆前将安全带的腰带系结在臀部上部（髋骨），不得系在腰间，否则操作时既不灵活又容易扭伤腰部（系腰带时，应将其尾部穿过铁扣的内孔，然后返回穿过铁扣的外孔拉紧。禁止采用从外孔进内孔出的方法系腰带，以免脱扣），然后将腰绳调适当长度挂在肩上；安全带在使用时应将钩环挂牢，卡子扣紧。挂钩上的保险环是防止意外至脱钩的装置，使用前应将其扣好。

（3）登上电杆工作位置后，用手将腰绳从肩上拿下来，绕过电杆用手掌压在电杆上，并防止人向后翻到，另一只手将腰绳的保险钩打开勾在腰带的铁环上，并锁好保险锁，然后身体向后仰，使腰绳拉紧，双手离开电杆准备工作。

（4）高空悬挂安全带时最好要高挂低用，其次是平行拴挂，切忌低挂高用，否则一旦坠落将增加冲击力，容易发生危险。

2. 攀登圆支柱

登杆前要将脚扣带调整适当。

将脚扣进行人体荷载冲击试验，先登一步，然后用整个人体重以冲击速度加在一只脚扣上，若没有问题再换另一只脚扣做冲击试验，当两只脚扣都完好时，才可以向上攀登，如图7-1-10（a）所示。

右脚向上跨扣，右手同时向上扶杆，然后左脚向上跨扣，左手同时向上扶杆，左右交替，直到所需高度，如图7-1-10所示。

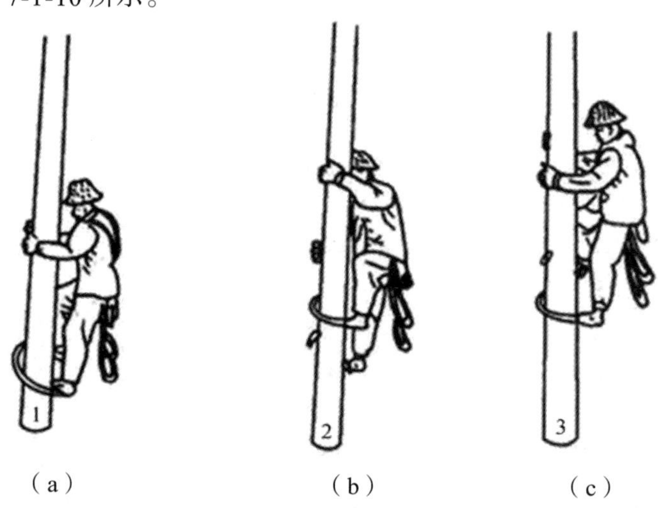

（a） （b） （c）

图7-1-10 圆杆攀登示意图

下杆方法与上杆方法相仿。

【任务实施及考核】

一、任务实施

（一）任务实施目的

掌握圆支柱的攀登动作要领，巩固安全带、安全帽正确的使用方法，进一步加强高空作业的安全要求和支柱攀登时的注意事项。

（二）任务实施准备工作

（1）人员组织：1人。
（2）工具准备：脚扣、安全带、安全帽、手套。
（3）设备准备：钢筋混凝土圆支柱。

（三）任务实施步骤

（1）检查脚扣、安全带、安全帽、手套是否完好、可用。
（2）登杆准备（扎安全带、戴安全帽和手套、穿脚扣）。
（3）攀登支柱（上杆）。
（4）从支柱上下到地面（下杆）。

（四）注意事项

（1）登杆前必须检查脚扣各部分有无裂纹、变形；脚扣皮带是否结实可靠；防滑胶套是否完好。如发现对安全有影响的问题，不得使用。

（2）上、下杆的每一步，必须使脚扣完全套入，并可靠地扣住电杆后才能移动身体，否则容易发生事故。

（五）测评标准

（1）人员组织：1人。
（2）考核时间：10 min。
（3）按考核表进行考核。

二、考核表

项　目	序　号	考核内容及评分标准	配　分	扣　分	得　分	备　注
准备工作	1	人员着装整齐，安全劳保用品齐全。个人着装，安全劳保用品一项不合格扣2分	10分			
	2	攀登工具型号选择正确、作业开始前摆放整齐，并进行检查。攀登工具选错一项扣2分，未进行检查扣2~5分	10分			
攀杆作业程序	3	熟练掌握运用、正确使用安全带，不符合规定的每次扣15分	45分			
	4	攀登前检查支柱状态，观察支柱上有无其他设备，选好攀登方向和条件，不按规定的每次扣5分	20分			
	5	需要脚扣或踏板攀登时，能熟练使用，卡牢和系紧，不能熟练使用者扣5分	15分			
合　计	100分					

任务二　攀登横腹杆

【任务描述】

横腹杆式支柱采用带腹孔的横腹结构，此类型支柱在接触网中应用较多。上杆时直接利用横腹杆脚踏孔，不需准备其他协助登高工具，攀登较为方便。

【资讯】

微信扫二维码，看本章教案

一、理论学习部分

横腹杆式支柱截面为工字形，采用带腹孔的横腹结构。这种结构便于上下攀登，利于维修和检查。同时针对接触网负载的方向性（一般垂直于线路方向承受一定方向弯矩），在支柱受拉一侧配筋多，提高了高强度钢筋的利用率。但是生产这种支柱比较复杂，运输中容易损坏。矩形横腹杆式混凝土支柱是在中国电气化铁道中使用最为广泛的支柱类型，如图 7-2-1 所示。

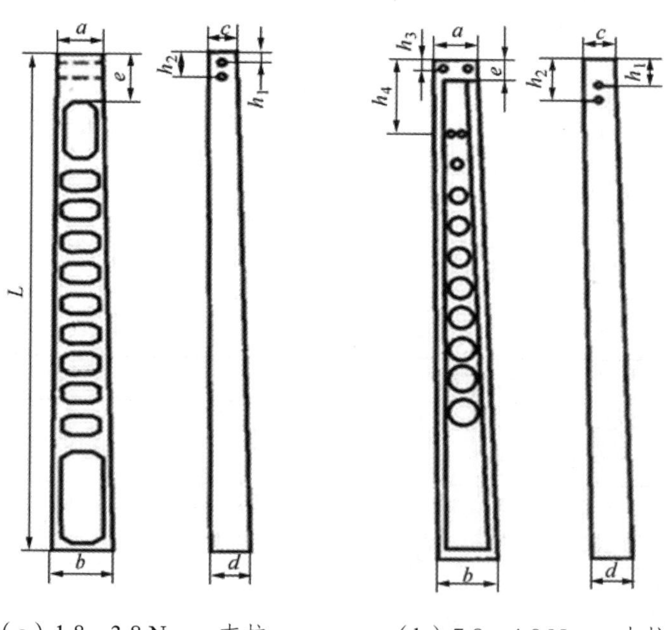

（a）1.8～3.8 N · m 支柱　　（b）7.8～4.8 N · m 支柱

图 7-2-1　钢筋混凝土支柱

横腹杆式钢筋混凝土支柱型号及规格，如表 7-2-1 所示。

表 7-2-1　钢筋混凝土支柱型号及规格表

支柱型号	支柱容量（kN·m）	柱长（m）			柱底尺寸（mm）		柱顶尺寸（mm）		锥度		使用范围
		L	L_1+L_3	L_2	b	d	a	c	i_1	i_2	
$H\frac{38}{8.7+2.6}$	38	11.3	8.7	2.6	550	290	267	196	$\frac{1}{40}$	$\frac{1}{120}$	锚柱
$H\frac{78}{8.7+3.0}$	78	11.7	8.7	3.0	705	291	413	213	$\frac{1}{40}$	$\frac{1}{150}$	
$H\frac{93}{8.7+3.0}$	93	11.7	8.7	3.0	705	291	413	213	$\frac{1}{40}$	$\frac{1}{150}$	
$H\frac{60}{9.2+3.0}$	60	12.2	9.2	3.0	705	291	400	210	$\frac{1}{40}$	$\frac{1}{150}$	
$H\frac{38}{8.2+2.6}$	38	10.8	8.2	2.6	550	290	280	200	$\frac{1}{40}$	$\frac{1}{120}$	腕臂支柱
$H\frac{78}{8.2+3.0}$	78	11.2	8.2	3.0	705	291	425	217	$\frac{1}{40}$	$\frac{1}{150}$	
$H\frac{93}{8.2+3.0}$	93	11.2	8.2	3.0	705	291	425	217	$\frac{1}{40}$	$\frac{1}{150}$	
$H\frac{60}{8.7+3.0}$	50	11.7	8.7	3.0	705	291	413	213	$\frac{1}{40}$	$\frac{1}{150}$	
$H\frac{90}{12+3.5}$	90	15.5	12	3.5	920	403	300	300	$\frac{1}{25}$	$\frac{1}{150}$	软横跨支柱
$H\frac{130}{12+3.5}$	130	15.5	12	3.5	920	403	300	300	$\frac{1}{25}$	$\frac{1}{150}$	
$H\frac{150}{12+3.5}$	150	15.5	12	3.5	920	403	300	300	$\frac{1}{25}$	$\frac{1}{150}$	
$H\frac{170}{12+3.5}$	170	15.5	12	3.5	920	403	300	300	$\frac{1}{25}$	$\frac{1}{150}$	

注：表内腕臂支柱 8.7 m 高的用于半补偿链形悬挂，8.2 m 高的用于全补偿链形悬挂；锚柱中 9.2 m 高的用于半补偿链形悬挂，8.7 m 高的用于全补偿链形悬挂。

钢筋混凝土支柱符号的意义如下：

$$H\frac{38}{8.7+2.6}$$

式中　H——钢筋混凝土支柱；

38——支柱容量（kN·m）；

8.7——支柱露出地面高度（m）；

2.6——支柱埋入地下深度（m）。

支柱容量是指支柱所能承受的最大许可弯矩值。钢筋混凝土支柱的支柱容量是指支柱的地面处所能承受的最大许可弯矩值。

二、作业指导书

（一）范　围

本作业指导书规定了对接触网横腹杆支柱的操作规范及技能训练要点。

（二）引用规范性文件

《接触网运行检修规程》《接触网安全工作规程》。

（三）作业目的

通过钢筋混凝土横腹杆式支柱攀登，掌握攀登方杆的方法和注意事项，牢固树立“安全第一”的作业思想。

（四）作业内容

登杆时，右脚蹬住腹杆，右手向上伸，扒住腹杆或翼缘相应高度，脚登、手拉使身体向上。同时，左脚和右手分别登、扒比右脚和右手高一层的腹杆或翼缘，然后再依次向上攀登。如图 7-2-2 所示，下杆方法和上杆方法相仿。

图 7-2-2　矩形杆攀登示意图（上杆）

【任务实施及考核】

一、任务实施

（一）任务实施目的

掌握横腹杆式支柱的攀登动作要领，巩固安全带、安全帽正确的使用方法，进一步加强高空作业的安全要求和支柱攀登时的注意事项。

（二）任务实施准备工作

（1）人员组织：1 人。
（2）工具准备：安全带、安全帽、手套。
（3）设备准备：钢筋混凝土横腹支柱。

（三）任务实施步骤

（1）检查安全带、安全帽、手套是否完好、可用。
（2）登杆准备（扎安全带、戴安全帽和手套）。
（3）攀登支柱（上杆）。
（4）从支柱上下到地面（下杆）。

（四）注意事项

（1）登杆时注意力应高度集中，动作要协调；不得穿鞋底易打滑或带钉的鞋。
（2）上、下杆时手要抓牢，脚应踩稳。
（3）要注意支柱上已安装的设施，如角钢、拉线等，防止碰伤事故发生。
（4）登杆时要时刻注意与周围带电设备保持足够的安全距离。

（五）测评标准

（1）人员组织：1 人。
（2）考核时间：10 min。
（3）按考核表进行考核。

二、考核表

项　目	序　号	考核内容及评分标准	配　分	扣　分	得　分	备　注
准备工作	1	人员着装整齐，安全劳保用品齐全。个人着装，安全劳保用品一项不合格扣 2 分	10 分			
	2	系安全带、戴安全帽，并检查。未检查一项扣 5 分	10 分			

续表

项　目	序　号	考核内容及评分标准	配　分	扣　分	得　分	备　注
攀杆作业程序	1	攀登前检查支柱状态，观察支柱上有无其他设备，选好攀登方向和条件，不按规定的每次扣 5 分	10 分			
	2	熟练掌握运用、正确使用安全带。到作业点时，应按动作要领系好安全带，不符合规定的每次扣 5 分	10 分			
	3	到作业点系好安全带，检查保险环及安全绳后，方可把手放开。不检查一项扣 5 分，不放开手扣 10 分	20 分			
	4	下杆后，按指定位置卸下安全带、安全帽放在指定地点，否则每件扣 5 分	10 分			
安全及其他	1	出意外伤害事故立即停止考核，成绩为不合格	30 分			
	2	安全带保险扣脱落、安全帽掉落每件扣 10 分				
	3	上、下支柱时，手、脚打滑一次扣 10 分				
	4	考核时间为 10 min，每超时 1 min 扣 2 分，超时 5 min 停止考核				
合　计	100 分					

任务三　攀登钢柱

【任务描述】

钢柱的攀登方法与登方杆基本相同。正确使用安全带，按操作规范完成登钢柱作业。

微信扫二维码，看本章教案

【资讯】

一、理论学习部分

目前，在接触网工程中，特别是较大站场上，大量利用钢柱。它是由角钢焊接而成，具有重量轻、容量大、耐碰撞、运输及安装方便等优点；但存在用钢量大、造价高、耐腐蚀性能差，需定期进行除锈、涂漆防腐，且维修不便等缺点。从节约钢材及方便运营维护的角度出发，要求尽量少采用。现在涂漆防腐已改为热镀锌防腐，提高了防腐性能，延长了维修周期。

钢柱主要用于跨越股道比较多、需要支柱高度较高、容量较大的软横跨、硬横跨支柱和作为桥梁墩台上安装的桥支柱。接触网常见的钢柱有矩形结构钢柱、H 型钢柱等类型。如图 7-3-1、图 7-3-2 所示。

图 7-3-1　矩形结构钢柱

图 7-3-2　H 形钢柱

根据安装地点的不同，钢柱的型号、规格及外形结构也不同。钢柱的结构图如图 7-3-3 所示。

钢柱是立在以钢筋混凝土浇成的基础之上，基础用以稳定钢柱不倾斜及下沉。配合不同支柱类型及土壤性质，有不同基础类型以适应不同悬挂受力要求。钢柱通过埋入在基础当中的螺栓与基础连接，然后再用混凝土封住支柱与基础连接部分（称为基础帽），可以保证地脚螺栓不受锈蚀或受碰撞弯曲，如图 7-3-4 所示。

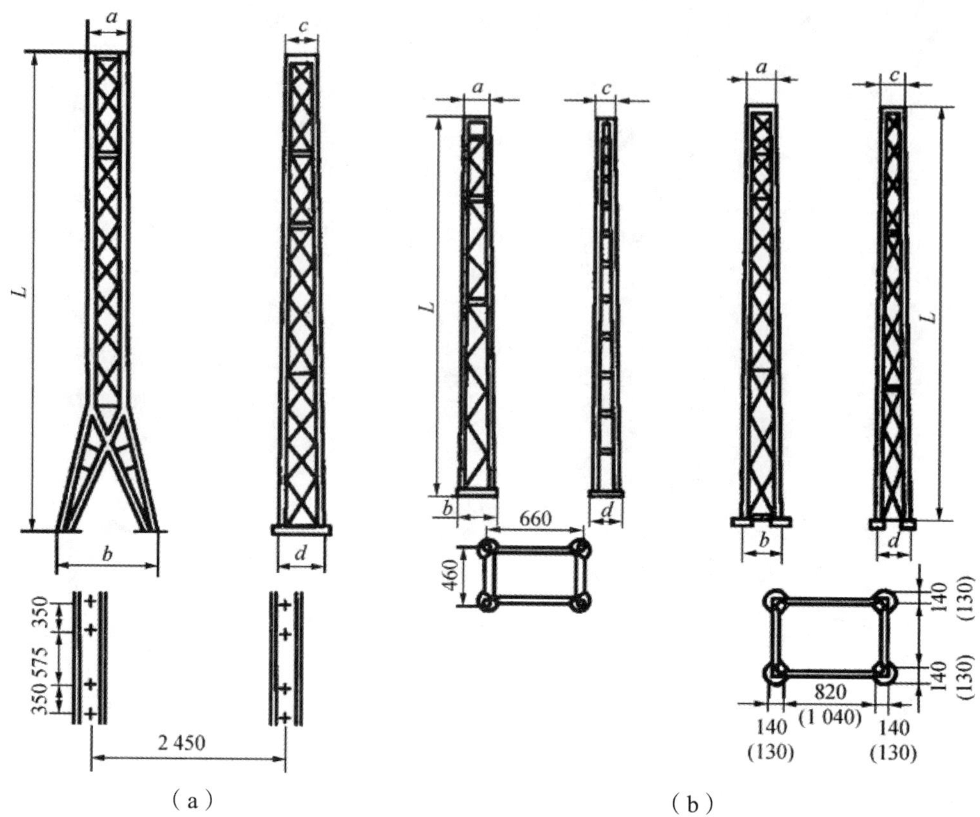

图 7-3-3 钢柱结构图

图 7-3-4 钢柱基础

钢柱的类型如表 7-3-1 所示。

表 7-3-1 常用钢柱型号规格表

型 号	a（mm）	b（mm）	c（mm）	d（mm）	L（m）	支柱质量（kg）	使用范围
$G\frac{50}{9.5}$	270	600	210	400	9.5	257	桥支柱
$G\frac{70}{9.5}$	270	600	210	400	9.5	303	

续表

型　号	a (mm)	b (mm)	c (mm)	d (mm)	L (m)	支柱质量 (kg)	使用范围
$G\frac{100}{9.5}$	270	600	210	400	9.5	341	桥支柱
$G\frac{50}{10}$	250	600	200	400	10	267	
$G\frac{70}{10}$	250	600	200	400	10	315	
$G\frac{100}{10}$	250	600	200	400	10	355	
$G\frac{100}{13}$	500	1 000	400	600	13	525	软横跨及双线路腕臂支柱
$G\frac{150}{13}$	500	1 000	400	600	13	597	
$G\frac{200}{13}$	500	1 000	400	600	13	675	
$G\frac{200}{15}$	400	1 200	400	800	15	650	软横跨支柱
$G\frac{250}{15}$	400	1 200	400	800	15	698	
$G\frac{350}{15}$	400	1 200	400	800	15	816	软横跨支柱
$G\frac{150-400}{13}$	400	1 200	500	1 000	13	1 135	
$G\frac{250-250}{15}$	400	1 200	400	1 200	15	1 022	软横跨锚柱
$G\frac{350-250}{15}$	400	1 200	400	1 200	15	1 140	

钢柱符号的意义：

$$G\frac{200}{15}$$

式中　G——普通钢柱；

15——支柱高度（m）；

200——支柱容量（kN · m）。

二、作业指导书

（一）范　围

本作业指导书规定了对接触网圆支柱的操作规范及技能训练要点。

（二）引用规范性文件

《接触网运行检修规程》《接触网安全工作规程》。

（三）作业目的

通过钢柱攀登，掌握攀登钢柱的方法和注意事项。牢固树立“安全第一”的作业思想。

（四）作业内容

钢柱的攀登方法与登矩形杆基本相同。沿钢柱主角钢，左手向上抓主角钢，左脚踩斜角钢，身体向上的同时，右手向上抓，右脚向上踩，依次交替，直至所需高度，如图 7-3-5 所示。

图 7-3-5　钢柱攀登示意图

【任务实施及考核】

一、任务实施

（一）任务实施目的

掌握钢柱柱的攀登动作要领，巩固安全带、安全帽正确的使用方法，进一步加强高空作业的安全要求和支柱攀登时的注意事项。

（二）任务实施准备工作

（1）人员组织：1 人。
（2）工具准备：安全带、安全帽、手套。
（3）设备准备：钢柱。

（三）任务实施步骤

（1）检查安全带、安全帽、手套是否完好、可用。
（2）登杆准备（扎安全带、戴安全帽和手套）。

（3）攀登支柱（上杆）。
（4）从支柱上下到地面（下杆）。

（四）注意事项

登钢柱的时候，手要尽量抓高一点，将身体向上提；下来的时候，手要抓低一点，不得出现脚踩不着、手放不开的现象。

（五）测评标准

（1）人员组织：1 人。
（2）考核时间：10 min。
（3）按考核表进行考核。

二、考核表

项　目	序　号	考核内容及评分标准	配　分	扣　分	得　分	备　注
准备工作	1	人员着装整齐，安全劳保用品齐全。个人着装，安全劳保用品一项不合格扣 2 分	10 分			
	2	系安全带、戴安全帽，并检查。未检查一项扣 5 分	10 分			
攀杆作业程序	1	攀登前检查支柱状态，观察支柱上有无其他设备，选好攀登方向和条件，不按规定的每次扣 5 分	10 分			
	2	熟练掌握运用、正确使用安全带。到作业点时，应按动作要领系好安全带，不符合规定的每次扣 5 分	10 分			
	3	到作业点系好安全带，检查保险环及安全绳后，方可把手放开。不检查一项扣 5 分，不放开手扣 10 分	20 分			
	4	下杆后，按指定位置卸下安全带、安全帽放在指定地点，否则每件扣 5 分	10 分			
安全及其他	1	出意外伤害事故立即停止考核，成绩为不合格	30 分			
	2	安全带保险扣脱落、安全帽掉落每件扣 10 分				
	3	上、下支柱时，手、脚打滑一次扣 10 分				
	4	考核时间为 10 min，每超时 1 min 扣 2 分，超时 5 min 停止考核				
合　计	100 分					

配套习题

一、单项选择题

1. 凡在距离地面（　　）m 以上的处所进行的作业均称为高空作业。

A. 1　　B. 2　　C. 2.5　　D. 3

2. 对于整体式支柱，其地下部分起动到了基础的效能，埋置深度一般为（　　）mm 左右。

A. 1000　　B. 2000　　C. 2500　　D. 3000

3. 具有独立基础的钢筋混凝土支柱，要设置专门的混凝土基础，这种支柱，将会大大增加混凝土和钢材的耗量，而且需分（　　）阶段进行作业，提高施工成本。

A. 1个　　B. 2个　　C. 3个　　D. 4个

4. 用于（　　）锚段关节两转换柱之间的支柱。承受两工作支接触悬挂的重力和水平力。

A. 三跨　　B. 四跨　　C. 五跨　　D. 六跨

5. 等径圆钢筋混凝土支柱目前在中国电气化铁路区段使用时，主要用作受力较大的（　　）转换柱和硬横跨支柱。

A. 锚柱　　B. 中间柱　　C. 中心柱　　D. 定位柱

6.（　　）用于锚段关节两锚柱之间实现工作支与非工作支转换的支柱。承受工作支和非工作支的重力及水平力。

A. 中间柱　　B. 锚柱　　C. 转换柱　　D. 中心柱

7. 道岔柱用于支持道岔处两工作支悬挂的支柱。承受（　　）工作支接触悬挂的重力、水平力。

A. 两　　B. 三　　C. 四　　D. 多

8. 通过圆支柱攀登，能熟练使用脚扣攀登支柱，掌握攀登圆支柱的方法和注意事项。牢固树立（　　）的作业思想。

A. 工作负责　　B. 安全第一

9.（　　）用于支持单支悬挂的支柱。承受接触悬挂的重量、风负载以及接触悬挂产生的水平力。

A. 中间柱　　B. 转换柱　　C. 锚柱　　D. 中心柱

10.（　　）用于支撑软横跨的支柱。承受支悬挂的重力、水平力。

A. 中间柱　　B. 中心柱　　C. 桥梁专用支柱　　D. 软横跨柱

二、多项选择题

1. 钢柱以角钢焊成架结构、具有（　　）等优点。

A. 支柱较轻　　B. 强度高　　C. 抗碰撞　　D. 安装运输方便

2. 接触网支柱，按其使用材质分为（　　）。

A. 预应力钢筋混凝土　　B. 钢支柱　　C. 矩形横杆式　　D. 圆支柱

3. 与钢柱相比，预应力的优点是（　　）

A. 强度高　　B. 成本较低

C. 使用寿命长　　D. 使用中无需进行修理

4. 现在生产的主要有（　　）和（　　）两种直径的等径圆支柱。

A. 300 mm　　B. 350 mm　　C. 400 mm　　D. 450 mm

三、判断题

1.（　）中间柱用于支持单支悬挂的支柱。承受接触悬挂的重量、风负载以及接触悬挂产生的垂直力。

2.（　）基柱是接触网中最基础、应用最广泛的支撑设备。

3.（　）等径圆钢筋混凝土支柱是一种上下直径不等的圆形支柱。

4.（　）中国的电气化铁路广泛采用预应力钢筋混凝土支柱。

5.（　）等径混凝土支柱缺点是钢筋材料的利用率较低，攀爬支柱简单，但不利于维修。

6.（　）目前中国使用的横腹杆式混凝土支柱多属于独立基础支柱，等径圆支柱多需要制作杯形混泥土基础或法兰盘连接基础。

7.（　）中心柱用于接触网线索下锚的支柱。一般承受两个方向的负荷，在垂直线路方向起中间柱的作用，顺线路方向在拉线的作用下承受线索的下锚张力。

8.（　）转换柱用于锚段关节两锚柱之间实现工作支与非工作支转换的支柱。承受工作支和非工作支的重力及拉力。

9.（　）定位柱用于支撑软横跨的支柱。承受多支悬挂的重力、水平力。

10.（　）横腹杆式支柱截面为工字形，采用带腹孔的横腹结构。

11.（　）矩形横腹杆式混凝土支柱是中国电气化铁道使用最为广泛的支柱类型。

12.（　）定位器用于仅起定位作用的支柱。承受接触悬挂的重力、水平力。

13.（　）道岔用于支持道岔处两工作支悬挂的支柱。承受两工作支接触悬挂的重力、水平力。

14.（　）中心柱用丁五跨锚段关节两转换柱之间的支柱。承受两工作支接触悬挂的重力和水平力。

15.（　）用于支持道岔处两工作支悬挂的支柱。承受两工作支接触悬挂的重力、水平力。

16.（　）登杆上杆前将安全带的腰带系结腰间，否则操作时既不灵活。

17.（　）高空悬挂安全带时最好要低挂高用，其次是平行拴挂。

微信扫码　习题自测

第二篇　接触网专项技能训练

学习情境八　接触网参数的测量

【导读】

本学习情境重点介绍接触网的基本参数，包括接触网导高、拉出值、侧面限界、定位器坡度、结构高度等，了解各参数的定义及标准，学会各参数的测量方法。

【学习目标】

本节主要通过完成 1 个任务，学习用接触网全参数激光测量仪进行接触网基础数据测量作业，学习接触网各项静态参数。

任务　接触网全参数激光测量仪进行接触网基础数据测量作业

【任务描述】

本任务是用接触网全参数激光测量仪进行接触网基础数据测量，通过本任务的学习，学习接触网各项静态参数，学会激光测量仪的使用。

【资讯】

微信扫二维码，
看本章教案

一、理论学习部分

（一）接触网基本参数认知

电气化铁道接触网在实际的应用中，需要结合行车速度、行车界限等多方面情况，注意一些参数，这些参数有导高、侧面限界、拉出值、结构高度、定位器坡度等。

1. 导高

导高是接触线悬挂点高度的简称，是接触线无弛度时定位点出（或悬挂点处）接触线距轨面的垂直高度，一般用 H 表示，如图 8-1 所示。

接触线的最高高度是根据受电弓的最大工作高度确定的。我国电力机车 TGS 型受电弓的工作高度为 5 183 ~ 6 683 mm，考虑到接触线可能出现负弛度及为保证受电弓接触线工作压力的需要，接触线距轨面的最高高度不应大于 6 500 mm。

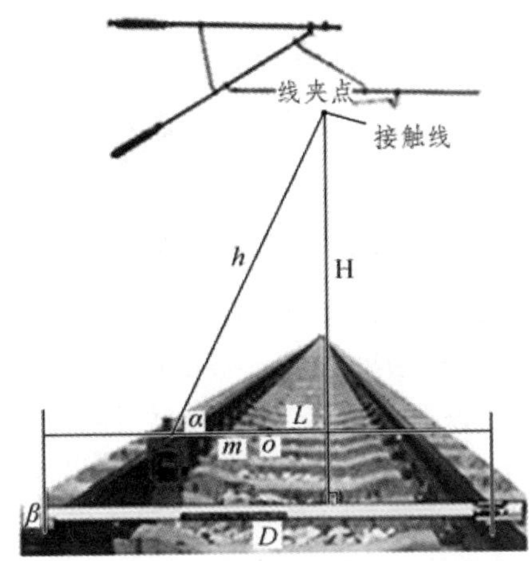

图 8-1　用激光测量仪测量导高示意图

接触线的最低高度的确定，是为考虑带电体对接地体之间的空气绝缘距离及通过超限货物的要求。接触线高度的允许施工偏差为±30 mm。行车速度在 160 ~ 200 km/h 时，对施工误差要求更加严格；定位点两侧第一吊弦值处接触线高度应等高，相对该定位点的接触线的高度的施工偏差为±10 mm，但不得出现“V”字形；两相邻悬挂点等高相对差不得大于 20 mm；同一跨距内相邻吊弦处的导高差应符合设计预留弛度的要求，施工偏差不得大于 5 mm。

最低点高度应符合下列规定：

（1）站场和区间（含隧道）接触线距轨面的高度宜取一致，其最低高度不应小于 5 700 mm；编组站、区段站等配有调车组的线、站，正常情况下不小于 6 200 mm，确有困难时不应小于 5 700 mm。

（2）既有隧道内（包括按规定降低高度的隧道口外及跨线建筑物范围内），最低高度正常情况下不应小于 5 700 mm；困难情况下不应小于 5 650 mm；特殊情况下不应小于 5 330 mm。

开双层集装箱列车的线路，接触线距轨面的最低高度应根据双层集装箱的高度和绝缘距离确定，一般采用 6 450 mm 导高。对于客运专线，因为不存在超限货物列车通过问题，为了提高接触悬挂稳定性，导高较低，一般采用 5 000 ~ 5 500 mm。

2. 拉出值

在电气化铁道当中，受电弓是和接触线摩擦接触来取流，供给电力机车运行，为了使电力机车受电弓更长久耐用一些，同时也为了使受电弓上滑板的磨耗能相对均匀平滑一些，防止受电弓滑板在一点摩擦，影响寿命。所以电气化铁路接触线在直线段装设的时候，会按照预先设计的拉出值装设，被布置成类似于汉语的“之”字形状，也类似于英文字母的“Z”字形。在曲线段接触线被装设成圆弧内 n 边形折线的形状，受电弓滑板中心一般情况下是与折线轨迹相割或者相切摩擦运行。接触网拉出值就是指接触线在腕臂定位器所确定的定位点处接触线距线路中心的水平距离，又称为“之”字值、“Z”字值，一般用小写字母 a 表示，如图 8-2 所示。

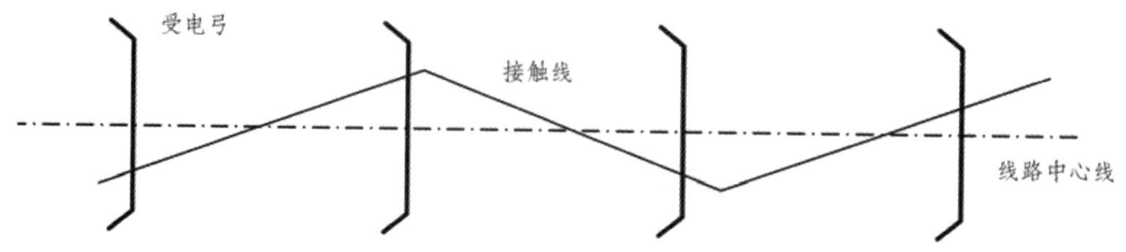

图 8-2　接触网拉出值

在接触网计算设计的过程中，接触网的拉出值 a 不能设计得过大或者过小，如果设计过小，滑板在摩擦的时候起不到均匀滑板磨损和延长受电弓使用寿命的目的。反之，如果拉出值 a 设计的过大，在遇到强风等恶劣天气情况时，接触线在大风的吹动下，接触线的某些部位会有可能会超过电力机车受电弓的最大工作范围，造成非常严重的钻弓、刮弓等行程安全事故，影响列车的运行。因此，为了避免这些危险事故的发生，作为铁路从业人员，需要定期测量接触线拉出值 a 的大小，来对接触网的整体运行情况做出改进。

接触线拉出值的大小由电力机车受电弓最大允许工作范围（950 mm）、线路情况、行车速度等因素决定，如图 8-3 所示。

图 8-3　受电弓允许工作范围

1）直线区段

在直线区段，线路中心线与机车受电弓中心线重合，接触线沿线路中心线上空成“之”字形对称布置，其标准值为±300 mm。在线路行车速度大于 200 km/h 线路上，考虑到车速提高后机车受电弓左右摇摆量及高速下接触线的摆动量的增加，拉出值一般选定为±200 mm，允许误差范围为±30 mm。

2）曲线区段

电力机车车身随线路的外轨超高向曲线内侧倾斜，受电弓也呈倾斜状，线路中心线与受电弓中心不重合，曲线区段上随曲线半径不同拉出值有差异，一般在 150～400 mm。具体数值查阅接触网设计平面图。紧急情况下可根据表 8-1、表 8-2 查得。

表 8-1　拉出值参考表（车速≤120 km/h）

曲线半径 R/m	180≤R≤1 200	1 200≤ R≤1 800	R≥1 800	直线
拉出值 a/mm	400	250	150	±300

表 8-2　拉出值参考表（车速≤200 km/h）

曲线半径 R/m	3 000≤R≤4 000	1 800≤R≤3 000	1 200≤R≤1 500	900≤R≤1 200	直线
拉出值 a/mm	100	150	250	300	±200

3. 侧面限界

支柱侧面限界是指轨平面处，支柱内缘至线路中心的距离。电气化铁路接触网是沿铁路架设的，接触网支柱的安装必须符合《铁路技术管理规程》的要求。为了确保行车安全，要求接触网支柱及其电气装置的建筑不得侵入《铁路技术管理规程》规定的铁路建筑限界。为了安全起见，支柱侧面限界的设计值比建筑限界规定值要大，详见表 8-3。

表 8-3　支柱侧面限界选用表

曲线半径（m）	200	300 ~ 599	600 ~ 1 000	>1 000	∞
曲线外侧限界（m）	2.850	2.70	2.60	2.60	2.50
曲线内侧限界（m）	3.10	3.10	2.80	2.70	—

在直线区段，支柱侧面限界在通过超限货物列车的正线或站线必须大于 2 440 mm；不通行超限货物列车的站线（比如机车走形线）必须大于 2 150 mm。

曲线区段，受外轨超高的影响，上述距离应按现行国家标准《标准轨距铁路建筑限界》的规定加宽。

采用大型机械化养护的路基路段，接触网支柱侧面限界应满足大型机械作业的需要，不应小于 3 000 mm。

牵出线处支柱侧面限界一般不应小于 3 500 mm，困难情况下不应小于 3 100 mm。

站场上的软横跨支柱其侧面限界一般为 3.0 m，基本站台上的软横跨柱为 5.0 m。软横跨支柱的侧面限界较大的原因是为车站的美观以及客流行人的方便。中间站台上支柱内缘距站台边缘应有不小于 1 500 mm 的轻型车通道。

桥墩台上处，支柱内缘至线路中心的距离设置条件受桥墩台的制约，一般按如表 8-4 所示选用。

表 8-4　桥墩台上支柱侧面限界选用表

线路条件	曲线外侧		曲线内侧		
曲线半径（m）	250 ~ 1500	>1500	250 ~ 1 500	>1 500	2 000 ~ 4 000
侧面限界（m）	2.90	2.70	3.00	2.90	2.80

同时为了保证电气化区段超限货物运输和行车安全，保证接触网与线路的相对位置，供电会同工务部门在接触网支柱内侧或隧道边墙的一侧划一红横线，红横线上面标注轨面至接

触网接触线的高度（即导高），红横线下面标注接触网支柱内侧或隧道边墙至线路中心的距离（即侧面限界）。红横线的高程是钢轨顶面的设计标高。

此红横线其作用是限制轨面标高和侧面限界不超过规定，是确定轨面、接触网接触线、隧道边墙及接触网支柱内侧面相对位置的依据。红线一经划好，即为线路和接触网检修时应共同遵守的标准，实际轨面标高与红线高程之差在任何情况下不得大于 30 mm。如需重新划线必须经上级部门批准。

4. 构高度

链形悬挂的结构高度是指接触网悬挂点处承力索和接触线的铅锤距离，用符号 h 表示。

要确定一个技术、经济都合理的结构高度，一般应考虑以下几个方面的因素：

（1）最短吊弦长度不要过小，在极限温度时，其顺线路方向于垂直方向的偏移角不超过 30°；

（2）在条件许可时，尽可能减少支柱高度；

（3）选择适当的悬挂类型，全补偿比半补偿要求较低的结构高度；

（4）考虑适当的调整范围，如起道的影响；

（5）便于调整和维修。

设计中所指的结构高度是指接触线无弛度时，在悬挂点处承力索至接触线的垂直距离，一般取 1 100 ~ 1 700 mm，目前多采用 1 400 mm，高速电气化铁道中，为了改善定位点接触线弹性，结构高度一般取值较 1 400 mm 大。可由式（8-1）表示：

$$h = F_o + C_{min} \qquad \text{（式 8-1）}$$

式中 h——结构高度（mm）；

F_o——接触线无弛度时承力索弛度（mm）；

C_{min}——最短吊弦长度（mm）。

由式（8-1）可知，结构高度与承力索的弛度有关。在已知 F_o 时，就可以确定结构高度 h。最小的结构高度必须满足在最高温度时，最短吊弦（一般不小于 500 mm）顺线路方向的偏角不超过 30°（全补偿链形悬挂不超过 20°）。最短吊弦的计算是以选择最长的锚段为依据的，在满足上述条件的情况下，结构高度的取值以偏大为好。

隧道内的结构高度一般为 450 ~ 550 mm，不得低于 300 mm。结构高度过小，会在吊弦处形成硬点，甚至在受电弓通过时，在跨中使接触线与承力索相碰撞。同时，结构高度偏低，欲改善悬性工作状态，必然会增加滑动吊弦的使用数量。因此，在条件许可时，增大结构高度会相应的改善悬挂的运营条件。

5. 定位器角度及坡度

定位器角度是指定位器本体与水平线之间的夹角，夹角的正切值即为定位器坡度。定位器角度标准如下：

① 隧道外接触网中间柱：矩形定位器角度一般控制在 8° ~ 13°；

② 隧道内接触网中间柱：矩形定位器角度一般控制在 8° ~ 13°；

③ 直线区段定位器角度 β 不小于 6º；

④ 缺陷测量坡度定位器角度 β 按以下公式计算：

定位器位于曲外：$\beta=6^{\circ}+\alpha$；

定位器位于曲内：$\beta=6^{\circ}-\alpha$（最小保证 2°）。

式中，α 为不同曲线超高的轨平面角度（见表 8-5）；β 为直接测量的定位器的角度（相对于水平面的角度）。

表 8-5　不同曲线超高的轨平面角度

超高（mm）	30	40	50	60	70	80	90	100	110	120	130	140	150	160	175
轨平面角度（°）	1.2	1.6	2.0	2.4	2.8	3.2	3.6	4.0	4.4	4.8	5.2	5.6	6.0	6.4	7.0

除安装图有特殊要求外，对于测量的定位器角度大于最低安全角度时不必调整；小于最低安全角度时，可查计算结果，如符合计算结果可不必进行调整，否则按计算角度进行调整。

调整定位器角度时，需同时兼顾定位器限位间隙。曲线调整时应实测悬挂点外轨面超高。

（二）接触网全参数激光测量仪认知

1. 仪器结构简图

仪器主要由主机部分和轨距尺部分组成。其整体组成如图 8-4 所示。

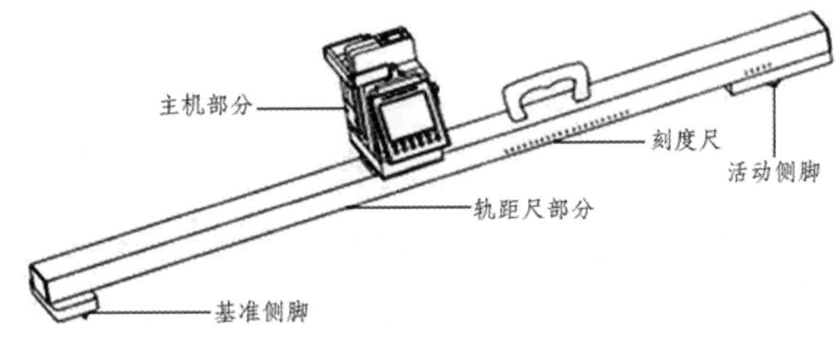

图 8-4　接触网全参数激光测量仪整体组成

主机结构图如图 8-5 所示。

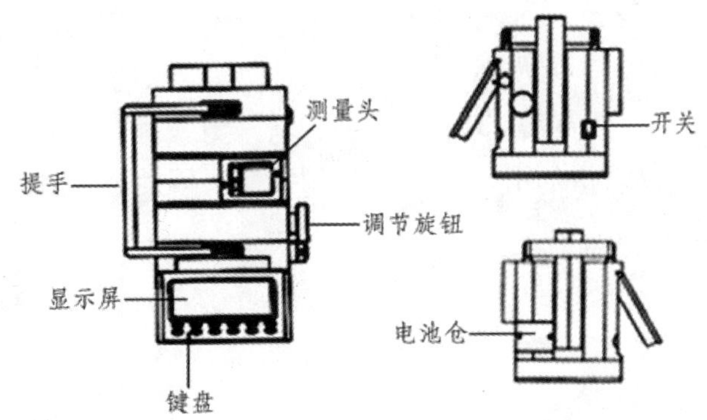

图 8-5　接触网全参数激光测量仪主机结构

2. 仪器主要测量项目及精度

如表 8-6 所示为仪器主要测量项目及精度。

表 8-6 仪器主要测量项目及精度

测量项目	精　度
导　高	范围 3 000～15 000 mm；精度为±2 mm
拉出值	范围−1 200～1 200 mm；精度为±4 mm
轨　距	范围 1 415～1 465 mm；精度为±1 mm
外轨超高	范围 0～150 mm；精度为±2 mm
侧面限界	精度为±2 mm
线岔中心投影	精度为±4 mm
500 高差和抬高	精度为±2 mm
非　支	精度为±3 mm
锚　段	精度为±3 mm
红　线	精度为±3 mm
结构高度	精度为±3 mm
输电线高度	精度为±3 mm

二、作业指导书

（1）操作人员将测量架放置于测量点下方的钢轨面上，拨动测量架右端的轨距手柄，使测量架的固定测脚和活动测脚都紧靠钢轨内沿。保持测量架与轨道垂直。将主机放置于测量架的定位盘上，锁闭旋钮。如图 8-6 所示。

图 8-6 激光测量仪的放置

（2）操作人员打开电源开关后，按下键盘上“启动”按钮，显示屏出现“请向右旋转主机”，根据提示用手轻轻旋转主机头（禁止快速旋转），直至显示屏上出现视频图像，即表示仪器进入正常测量状态，可以开始测量，如图 8-7 所示。

图 8-7　激光测量仪测量数据示意图

（3）仪器的显示屏中央有白色十字丝，操作人员通过前后挪动测量架和旋转主机头，使十字丝中心与测量点中心完全重合。如图 8-8 所示。

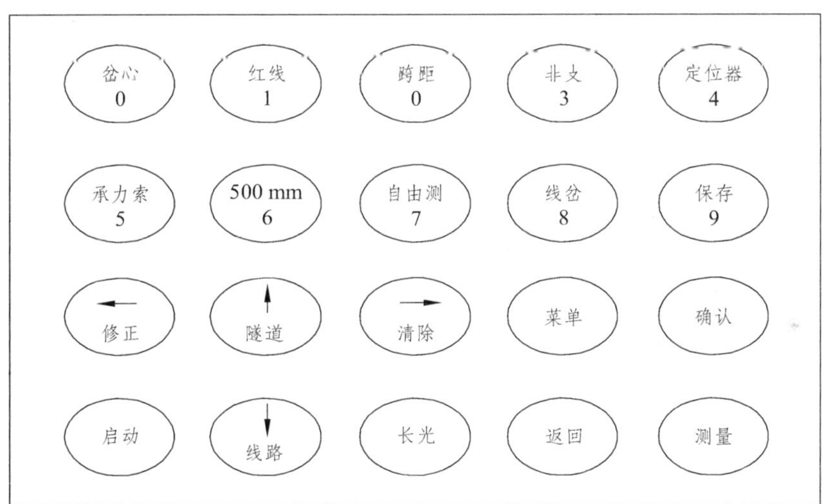

图 8-8　激光测量仪屏幕显示图标

瞄准时，可先用手转动主机头进行粗调，然后根据需要可旋转微调旋钮进行微调，直到对准目标。在光线较弱的情况下也可以按“长光”键打开长光用眼睛观察红色激光点辅助瞄准。

（4）在正常测量状态下，瞄准测量点后即可按下对应按键进行测量。如没有瞄准目标则提示“进入盲区或未对准目标，请重新测量”。

【任务实施及考核】

一、任务实施

（一）任务实施目的

了解激光测量仪的结构，会使用激光测量仪进行接触网基本参数的测量。

（二）任务实施准备工作

1）仪器外观检查

① 主机与测量架编号一致（主机、测量架及包装箱上均有编号）；

② 主机箱内主机、电池齐全，外观良好；电池电量充足（将电池安装在主机上，试开机，确认电池有电，关闭电源开关）；

③ 测量架定位盘外观良好，锁紧旋钮转动灵活，状态良好；

④ 测量架底面两绝缘垫片完整无破损；

⑤ 固定测脚、活动测脚完好齐全，轨距手柄左右移动灵活。

2）仪器放置标准

① 测量架放置在待测目标下方的轨道上，拨动轨距手柄，使测量架两端测脚紧靠钢轨内沿，并与轨道基本垂直；

② 主机放在定位盘上，旋紧旋钮（检查主机与测量架锁定情况，可轻轻提拉主机，应与测量架可靠锁紧）。

3）开机

① 打开电源开关；

② 按下键盘上“启动”按钮；

③ 根据显示屏提示，轻轻向右旋转主机头（禁止快速旋转），出现视频图像，可以开始测量。

4）瞄准

① 转动主机头及移动测量架进行粗调，找到目标大概位置；

② 旋转微调旋钮进行微调，使十字丝中心与待测目标完全重合；

③ 在光线较弱时可按“长光”键打开长光，用红色激光点辅助瞄准。

（三）任务实施场地器材

（1）工具及材料：激光测量仪、钢卷尺、工具包、安全帽、书写纸、笔等。

（2）技术资料：接触网平面布置图、接触网装配图、安装曲线图。

（四）任务实施步骤

1）导高、拉出值、轨距、超高测量

① 将仪器按“仪器放置标准”放置；

②（正常测量状态下）瞄准待测目标（接触线或其他需测量的目标），按“测量”键；

③ 测量数值：

导高：	****mm
拉出值：	****mm
轨距：	****mm
超高：	****mm

2）红线标高、侧面限界测量

① 将仪器按“仪器放置标准”放置；

②（正常测量状态下）瞄准支柱上的红线，按“红线”键；

③ 测量数值：

红线标高：	****mm
侧面限界：	****mm

3）承力索、接触线高差测量（结构高度测量）

① 将仪器按“仪器放置标准”放置；

②（正常测量状态下）按“承力索”键；

（仪器提示“请测量第一点”）瞄准承力索后按下“测量”键；

（仪器提示“请测量第二点”）瞄准接触线，按下“测量”键；

按“确认”键；

③ 测量数值：

高度 1：	****mm
高度 2：	****mm
高差：	****mm

（如遇承力索与接触线图像重合，在测完第一点后可将测量架左右对调，测第二点；按下“确认”键后，高差数据才会被刷新至当前数值。）

4）定位器坡度测量

① 将仪器按“仪器放置标准”放置；

②（正常测量状态下）按“定位器”键；

（仪器提示“请测量第一点”）瞄准定位器的近端线夹点位置，按下“测量”键；

（仪器提示“请测量第二点”）瞄准定位器的远端定位环位置；按下“测量”键；

按“确认”键；

③ 测量数值：

定位器坡度：	****mm
高差：	****mm

5）支柱垂直度测量　（支柱斜率）

① 将仪器按“仪器放置标准”放置；

②（正常测量状态下）按下“菜单”键，再按下“岔心”键；

（仪器提示“请测量第一点”）瞄准支柱上端，按下“测量”键；

（仪器提示“请测量第二点”）瞄准支柱下端，按下“测量”键；

按“确认”键；

③ 测量数值：

支柱垂直度：	****%

6）非支测量

① 将仪器按“仪器放置标准”放置；

②（正常测量状态下）按下 “非支”键；

（仪器提示“请先测量工作支”）瞄准工作支，按下“测量”键；

（仪器提示“请测量非支”）瞄准非支，按下“测量”键；

按下“确认”键；

③ 测量数值：

非支抬高：	****mm
非支偏离：	****mm
工支导高：	****mm
工支拉出：	****mm

7）支柱跨距测量

① 将仪器放置在两支柱的连线中间位置上（即仪器发出的激光分别向左向右都能打在支柱上，可以不用测量架）；

②（正常测量状态下）按下“跨距”键；

（仪器提示“请测量第一个支柱”）瞄准第一个支柱，按“测量”键；

（仪器提示“请测量第二个支柱”）旋转主机瞄准第二个支柱，按“测量”键；

按“确认”键；

③ 测量数值：

支柱跨距：	****m

8）数据保存

① 每个参数测量完成后都可以进行数据保存；

② 保存时，先按下“保存”键，（显示屏提示“请输入杆号”）输入杆号，按下“确认”键；（在开机后，第一次保存需要输入杆号，以后每次保存仪器会自动显示上次杆号，可以通过按下（↓线路）和（↑隧道）键来使杆号的自动加 1 和减 1，也可按下（→清除）键删除上次杆号重新输入）；

③ 在同一个杆号下，可以逐个测量完成后按一次“保存”（系统允许杆号重复，允许相同杆号下保存不同数据，如不保存数据，在下次测量时将被覆盖造成原数据丢失）；

9）收工（工作结束）

① 按“返回”键，返回原始界面；

② 关闭电源，旋松锁紧旋钮，取下主机；

③ 取下电池，将主机和电池放在保护盒内，关好盒盖；

④ 将测量架放入保护盒内，关好盒盖；

⑤ 报告，测量作业结束。

（五）注意事项

（1）作业过程中现场与驻站防护保持通讯联系畅通，联系中断时必须立即停止作业，人员机具撤至安全地带。

（2）测量仪发出的激光应避免直射眼睛。

（3）测量时必须佩戴安全帽，防止高空物体掉落。

（4）测量时对工具轻拿轻放，防止损害设备。

二、考核表

项　目	考核内容及评分标准	配　分	扣分情况
操作时限	规定时限：根据每个测量项目由评委自定，每超时 2 min 扣 1 分，每提前 2 min 加 1 分	10 分	
料具准备	要求料具准备齐全，规格型号相符，每错、漏、多 1 件扣 2 分	10 分	
质量标准	（1）正确说出激光测量仪使用注意事项、保养等要求，每错 1 处扣 5 分 （2）测量拉出值，操作程序不正确（包括读数）每步骤扣 2 分，测量结果不正确扣 10 分 （3）测量导高，操作程序不正确（包括读数）每步骤扣 2 分，测量结果不正确扣 10 分 （4）测量线岔中心，操作程序不正确（包括读数）每步骤扣 2 分，测量结果不正确扣 20 分 （5）测量轨距，操作程序不正确（包括读数）每步骤扣 2 分，测量结果不正确扣 10 分 （6）测量外轨超高，操作程序不正确（包括读数）每步骤扣 2 分，测量结果不正确扣 10 分 （7）测量侧面限界，操作程序不正确（包括读数）每步骤扣 2 分，测量结果不正确扣 20 分	50 分	
安全作业	（1）作业中一般违章现象每次扣 5 分 （2）作业中严重违章每次扣 20 分 （3）工具使用错误每次扣 5 分 （4）工具损坏、脱落每次扣 20 分	20 分	
文明作业	（1）作业中，未佩戴必要的劳保、安全用具，每件扣 3 分 （2）作业时出现不文明动作或语言每次扣 5 分	10 分	
总　分			

配套习题

一、单项选择题

1. 我国电力机车 TGS 型受电弓的工作高度为（　　）mm。

A. 4588 ~ 5183　B. 5183 ~ 6500　C. 5183 ~ 6683　D. 6500 ~ 7166

2. 接触线的最高高度，是根据受电弓的最大工作高度确定的，我国接触线距轨面的最高高度不应大于（　　）mm。

A. 5000　B. 5500　C. 6000　D. 6500

3. 接触线高度的允许施工偏差为±（　　）mm。

A. 10　B. 20　C. 30　D. 50

4. 定位点两侧低一吊弦处接触线高度应等高，相对该定位点的接触线的高度的施工偏差为±（　　）mm，但不得出现“V”字形。

A. 10　B. 20　C. 30　D. 50

5. 两相邻悬挂点等高相对差不得大于（　　）mm。

A. 10　B. 20　C. 30　D. 50

6. 同一跨距内相邻吊弦处的导高差应符合设计预留弛度的要求，施工偏差不得大于（　　）mm。

A. 5　B. 10　C. 15　D. 20

7. 站场和区间（含隧道）接触线距轨面的高度宜取一致，其最低高度不应小于（　　）m。

A. 5330　B. 5650　C. 5700　D. 6200

8. 编组站、区段站等配有调车组的线、站，正常情况下不小于（　　）mm。

A. 5330　B. 5650　C. 5700　D. 6200

9. 编组站、区段站等配有调车组的线、站，确有困难时不应小于（　　）mm。

A. 5330　B. 5650　C. 5700　D. 6200

10. 既有隧道内（包括按规定降低高度的隧道口外及跨线建筑物范围内）接触网高度，正常情况下不应小于（　　）mm。

A. 5330　B. 5650　C. 5700　D. 6200

11. 既有隧道内（包括按规定降低高度的隧道口外及跨线建筑物范围内）接触网高度，困难情况下不应小于（　　）mm。

A. 5330　B. 5650　C. 5700　D. 6200

12. 既有隧道内（包括按规定降低高度的隧道口外及跨线建筑物范围内）接触网高度特殊情况下不应小于（　　）mm。

A. 5330　B. 5650　C. 5700　D. 6200

13. 在直线区段，线路中心线与机车受电弓中心线重合，接触线沿线路中心线上空成“之”字形对称布置，其标准值为（　　）mm。

A. ±200　B. +200　C. ±300　D. +300

14. 在线路行车速度大于 200 km/h 线路上，考虑到车速提高后机车受电弓左右摇摆量及高速下接触线的摆动量的增加，拉出值一般选定为（　　）mm。

A. ±200　B. +200　C. ±300　D. +300

15. 站场上的软横跨支柱其侧面限界一般为（　　）m。

A. 1　B. 2　C. 3　D. 5

16. 基本站台上的软横跨柱为（　　）m。

A. 1　B. 2　C. 3　D. 5

17. 牵出线处支柱侧面限界一般不应小于（　　）mm。

A. 3000　　B. 3100　　C. 3200　　D. 3500

18. 牵出线处支柱侧面限界困难情况下不应小于（　　）mm。

A. 3000　　B. 3100　　C. 3200　　D. 3500

19. 实际轨面标高与红线高程之差在任何情况下不得大于（　　）mm。

A. 10　　B. 20　　C. 30　　D. 40

20. 最短吊弦长度不要过小，在极限温度时，其顺线路方向于垂直方向的偏移角不超过（　　）。

A. 10　　B. 30　　C. 45　　D. 60

21. 直线区段定位器角度 β 不小于（　　）。

A. 2　　B. 4　　C. 6　　D. 12

22. 开双层集装箱列车的线路，接触线距轨面的最低高度应根据双层集装箱的高度和绝缘距离确定。一般采用（　　）mm 导高。

A. 6000　　B. 6200　　C. 6450　　D. 6650

23. 在直线区段，支柱侧面限界在通过超限货物列车的正线或站线必须大于（　　）mm。

A. 2150　　B. 2200　　C. 2440　　D. 2600

24. 在直线区段，不通行超限货物列车的站线（比如机车走形线）必须大于（　　）mm。

A. 2150　　B. 2200　　C. 2440　　D. 2600

25. 采用大型机械化养护的路基路段，接触网支柱侧面限界应满足大型机械作业的需要；不应小于（　　）mm。

A. 1000　　B. 2000　　C. 3000　　D. 5000

26. 中间站台上支柱内缘距站台边缘应有不小于（　　）mm 的轻型车通道。

A. 1000　　B. 1500　　C. 2000　　D. 2500

27. 设计中所指的结构高度是指接触线无弛度时，在悬挂点处承力索至接触线的垂直距离，一般取 1100 ~ 1700 mm，目前多采用（　　）mm。

A. 1200　　B. 1300　　C. 1400　　D. 1500

28. 隧道内的结构高度一般为（　　）mm。

A. 300 ~ 400　　B. 400 ~ 450　　C. 450 ~ 550　　D. 550 ~ 600

29. 隧道内的结构高度不得低于（　　）mm。

A. 100　　B. 200　　C. 300　　D. 500

30. 接触网拉出值就是指接触线在腕臂定位器所确定的定位点处接触线距铁路中心的水平距离，又称为之字值、Z 字值，一般用小写字母（　　）表示。

A. a　　B. b　　C. c　　D. z

31. 接触线拉出值的大小由电力机车受电弓最大允许工作范围（　　）mm、线路情况、行车速度等因素决定。

A. 850　　B. 900　　C. 950　　D. 1000

32. 在直线区段，线路中心线与机车受电弓中心线重合，接触线沿线路中心线上空成“之”字形对称布置，其标准值为±（　　）mm。

A. 100　　B. 200　　C. 300　　D. 400

33. 定位器位于曲内：$\beta=6°-\alpha$ 最小保证（　　）。

A. 1　　B. 2　　C. 3　　D. 4

34. 欲改善悬性工作状态，必然会增加（　　）吊弦的使用数量。

A. 整体　　B. 环节　　C. 滑动　　D. 简单

35. 对于客运专线，应为不存在超限货物列车通过问题，为了提高接触悬挂稳定性，导高较低，一般采用（　　）mm。

A. 5000 ~ 5500　　B. 5500 ~ 6000　　C. 4500 ~ 5000　　D. 4000 ~ 5000

36.（　　）的最高高度，是根据受电弓的最大工作高度确定的。

A. 承力索　　B. 接触线　　C. 导高

二、判断题

1.（　）导高是指接触线悬挂点高度的简称，是接触线无弛度时定位点出（或悬挂点处）接触线距轨面的垂直高度，一般用 T 表示。

2.（　）支柱侧面限界是指轨平面处，支柱外侧至线路中心的距离。

3.（　）同时为了保证电气化区段超限货物运输和行车安全，保证接触网与线路的相对位置，供电会同工务部门在接触网支柱内侧或隧道边墙的一侧划一白横线。

4.（　）隧道外接触网中间柱：矩形定位器角度一般控制在 8 ~ 13°。

5.（　）隧道内接触网中间柱：矩形定位器角度一般控制在 8 ~ 12°。

6.（　）定位器角度是指定位管与水平线之间的夹角，夹角的正切值即为定位器坡度。

7.（　）曲线区段，受内轨超高的影响，上述距离应按现行国家标准《便准轨距铁路建筑限界》的规定加宽。

8.（　）在电气化铁道当中，受电弓是和接触线摩擦接触来取流，供给电力机车运行。

9.（　）电气化铁路接触网是沿铁路架设的，接触网支柱的安装必须符合《技规》的要求。

10.（　）站场上的软横跨支柱其侧面限界一般为 3.0 m，基本站台上的软横跨柱为 4.0 m。

11.（　）开双层集装箱列车的线路，接触线距轨面的最低高度应根据双层集装箱的高度和绝缘距离确定。一般采用 6550 mm 导高。

12.（　）两相邻悬挂点等高相对差不得大于 10 mm。

13.（　）接触线的最低高度的确定，是考虑了带电体对接地体之间的空气绝缘距离及通过超限货物的要求。

微信扫码　习题自测

学习情境九　接触网参数的调整

【导读】

本学习情境内容与学习情境七衔接介绍接触网主要参数的调整，包括导线高度、拉出值和结构高度的调整。重点掌握接触网主要参数调整的操作方法、调整标准等。

【学习目标】

本情境主要完成对接触网导线高度、拉出值及结构高度的调整，通过 3 个任务的实施使学生掌握导高、拉出值、结构高度这三个参数的调整方法步骤及注意事项。

任务一　接触网导高的调整

【任务描述】

本任务是在接触线导高测量的基础上，完成对导线高度的调整，使其符合检规要求的质量标准。

【资讯】

微信扫二维码，
看本章教案

一、理论学习部分

接触线的最低高度的确定，考虑了带电体对接地体之间的空气绝缘距离及通过超限货物的要求。接触线高度的允许施工偏差为±30 mm。行车速度在 160 ~ 200 km/h 时，对施工误差要求更加严格：定位点两侧第一吊弦处接触线高度应等高，相对该定位点的接触线高度的施工偏差为±10 mm，但不得出现“V”字形；两相邻悬挂点等高相对差不得大于 20 mm；同一跨内相邻吊弦处的导高差应符合设计预留弛度的要求，施工偏差不得大于 5 mm。

最低点高度应符合下列规定：

① 站场和区间（含隧道）接触线距轨面的高度宜取值一致，其最低高度不应小 5 700 mm；编组站、区段站等配有调车组的线、站，正常情况可不小于 6 200 mm；确有困难时不应小于 5 700 mm。

② 既有隧道内（包括按规定降低高度的隧道口外及跨线建筑物范围内）正常情况不应小

于 5 700 mm；困难情况不应小于 5 650 mm；特殊情况不应小于 5 330 mm。

开行双层集装箱列车的线路，接触线距轨面的最低高度应根据双层集装箱的高度和绝缘距离计算确定，一般采用 6 450 mm 导高。对于客运专线，因为不存在超限货物列车通过问题，为了提高接触悬挂稳定性，导高较低，一般采用 5 000 ~ 5 500 mm。

二、作业指导书

本任务以接触网导高的检调为理论基础，任务中的作业实施可以针对具体现场情况进行导高确定及测量相关知识。

（一）范　围

本作业指导书规定了对接触网导高的检调操作内容。

（二）引用规范性文件

《接触网设计规范》《接触网运行检修规程》《接触网安全工作规程》。

（三）作业目的

完成对接触网导高的检调，熟知导高的检调方法、步骤，掌握接触网导高检调技术标准。

（四）作业内容

（1）导线磨耗。
（2）接触线的张力和弛度。
（3）接触线高度。
（4）接触线偏角。
（5）接触线接头。

【任务实施及考核】

一、任务实施

（一）任务实施目的

接触网导线高度调整的目的是使接触线与轨道平面的位置达到《接触网检修规程》规定的要求，使接触线与运行中的受电弓接触良好，以达到保证受流质量的目的。

（二）任务实施准备工作

（1）使用车梯：6 ~ 8 人（不包括接地线、防护人员）。
（2）使用作业车：3 ~ 4 人（不包括接地线、防护人员、作业车司机）。

（三）任务实施场地器材

（1）实施场地：校内接触网实训演练场。

（2）器材：接触网多功能检测仪、导线接头线夹、定位线夹、电力复合脂、验电器、接地线等。

（四）任务实施实施步骤

（1）接触线的高度：

① 接触线距轨面的高度应符合该区段的设计要求，允许误差为±10 mm。

② 接触线的最大高度不得超过 6 600 mm，最低不低于《行车组织规则》规定的标准。

（2）张力和弛度：

① 接触线的张力应符合设计规定，补偿器坠砣重量允许偏差为额定重量的±2.5%。

② 接触线的弛度应符合安装曲线规定的数值，弛度误差不大于下列数值：半补偿链形和简单悬挂为 15%，全补偿链形悬挂为 10%。弛度误差不足 15 mm 者按 15 mm 计算。

（五）注意事项

（1）严禁踩踏接触线。

（2）曲线处作业时，作业人员不宜站在线索受力方向的反侧。

（3）高空作业系好安全带，严禁将安全带系在拆卸的接触网部件上。

（4）对导线进行接头处理后，应观察接头线夹附近导线弯度，如有硬弯，用直弯器及时处理。

（5）接触线其他线型磨耗换算各段根据实际进行换算。

二、考核表

项　目	考核内容及评分标准	配　分	扣分情况
操作时限	规定时限：根据每个测量项目由评委自定，每超时 2 min 扣 1 分，每提前 2 min 加 1 分，超过 10 min 失格	5 分	
料具准备	要求料具准备齐全，规格型号相符，每错、漏、多 1 件扣 2 分	5 分	
质量标准	（1）正确说出接触线高度的限界值及调整标准，每错 1 处扣 5 分 （2）接触线的弛度符合安装曲线的规定，弛度误差小于 15 mm 调整结果不正确扣 10 分 （3）接触线偏角（水平面内改变方向）160 km/h 及以下区段≤12°；160 km/h 以上区段≤6°调整结果不正确扣 10 分 （4）绝缘器两条绝缘滑道应平行于轨面，最大误差不超过 10 mm。测量结果不正确扣 10 分 （5）接触线接头、补强处过渡平滑。该处接触线高度不应低于相邻吊弦点，高于相邻吊弦点 0～10 mm 调整结果不正确扣 10 分	40 分	

续表

项　目	考核内容及评分标准	配　分	扣分情况
安全作业	（1）作业中一般违章现象每次扣 5 分 （2）作业中严重违章每次扣 20 分 （3）工具使用错误每次扣 5 分 （4）工具损坏、脱落每次扣 20 分	40 分	
文明作业	（1）作业中，未佩戴必要的劳保、安全用具，每件扣 3 分 （2）作业时出现不文明动作或语言每次扣 5 分	10 分	
总　分		100 分	

任务二　接触网拉出值的调整

【任务描述】

本任务主要掌握接触线拉出值的计算及调整方法，使接触线在空间水平位置上达到设计值，从而减少接触线与受电弓之间的磨耗。

微信扫二维码，
看本章教案

一、理论学习部分

接触线在空间的固定是由定位装置来完成的。定位装置是在定位点处实现接触线相对于线路中心进行横向定位的装置，也就是说，定位装置的作用就是根据技术要求，把接触线进行横向定位，保证接触线始终在受电弓滑板的工作范围内，保证良好受流；在直线区段，相对于线路中心把接触线拉成“之”字形状；在曲线区段，相对于受电弓中心行迹则拉成切线或割线，使受电弓滑板磨耗均匀；同时，定位装置要承担接触线水平负载，并将其传递给腕臂。

对定位装置的技术要求：其一，动作要灵活，在温度发生变化，接触线沿顺线路发生移动时，定位装置应能以固定点为圆心，灵活地随接触线沿线路方向相应移动；其二，重量应尽量轻，在受电弓通过定位点时，在受电弓抬升力作用下，应上下动作自如，并且有一定的抬升量，不产生明显硬点，其静态弹性和跨距中部应尽量一致；其三，具有一定的风稳定性，在受风时，保证定位状态的稳定性。

（一）接触线“之”字值（拉出值）的确定

接触线直接与电力机车受电弓接触且发生摩擦，为了保证受电弓和接触线可靠接触、不脱线和保证受电弓磨耗均匀，要求接触线在线路上按技术要求固定位置，即在定位点处保证接触线与电力机车受电弓滑板中心有一定距离，这个距离在直线区段叫做接触线的“之”字值，在曲线区段称拉出值，一般用符号“a”表示。

接触线的“之”字值或拉出值可以使在运行中的电力机车受电弓滑板工作面与接触线摩

擦均匀（否则会使滑板工作面某些部分磨出沟槽，降低受电弓使用寿命），保证接触线与受电弓接触，不发生脱弓，避免因脱弓造成的弓网事故。

接触线“之”字值和拉出值的区别是使用场合不同，“之”字值用于直线区段，拉出值用于曲线区段，它们从本质上说都是接触线在定位点处距受电弓中心的距离。

（二）“之”字值（拉出值）的大小

接触线的“之”字值（拉出值）的大小由电力机车受电弓最大允许工作范围（950 mm）、线路情况、行车速度等因素决定。在直线区段，线路中心线与机车受电弓中心线重合，接触线沿线路中心线上空成“之”字形对称布置，即所谓直线区段接触线拉出值也称“之”字值的原因，其标准值为 ±300 mm（当定位点位于线路中心线和支柱之间时，记为正；否则记为负），在线路行车速度大于 120 km/h 线路上，考虑到车速提高后机车受电弓左右摇摆量及高速下接触线的摆动量的增加，“之”字值一般选定为 ±200 mm，允许误差范围为 ±30 mm。

曲线区段电力机车车身随线路的外轨超高向曲线内侧（简称曲内）倾斜，受电弓也呈倾斜状，线路中心线与受电弓中心不重合，曲线区段上随曲线半径不同拉出值有差异，一般在 150 ~ 400 mm。拉出值的允许误差为 ±30 mm。

如果地理环境受限或设备特殊，拉出值也可适当增大（或减小），但拉出值最大不超过受电弓滑板允许工作范围（950 mm）的二分之一，即拉出值最大不得大于 450 mm。“之”字值（拉出值）的选用必须保证最大风偏移时，跨距中任一点接触线产生的最大水平偏移不超过规定的受电弓允许工作范围。

（三）“之”字值（拉出值）的施工与检调

现场对接触线“之”字值（拉出值）施工或检修时，借助于线坠和道尺，可以方便地确定接触线与线路中心线之间的水平距离。在直线区段，由于线路中心线和受电弓中心重合，定位点处接触线的垂直投影距线路中心线的距离也就是定位点处接触线距受电弓中心的距离。故在直线区段接触线的“之”字值就是定位点处接触线距线路中心线的距离。在对接触线“之”字值施工或测量检修时，可以直接通过接触线对线路中心线间距离来确定“之”字值。

在曲线区段，为平衡列车在转弯时产生的离心力，将曲线外侧轨道抬高，称为外轨超高，外轨超高值由线路曲线半径和线上列车允许通过的最大时速而定，可按下列公式计算：

$$h=\frac{7.6v_{\max}^{2}}{R} \tag{9-2-1}$$

式中　h——外轨超高值（mm）；

R——线路曲线半径（m）；

$v_{\max}$——线路允许最大行车速度（km/h）。

曲线上，由于线路外轨超高，使机车车身向曲线内侧方向倾斜，机车受电弓随之偏斜，受电弓中心线与线路中心线有一定偏斜距离。施工检调中，无法直接测量接触线距受电弓中心线的水平距离（即 a 值）。在确定曲线拉出值时，要通过定位处接触线对线路中心线投影的位置（即 m 值）间接确定对受电弓中心的位置，如图 9-2-2 所示。

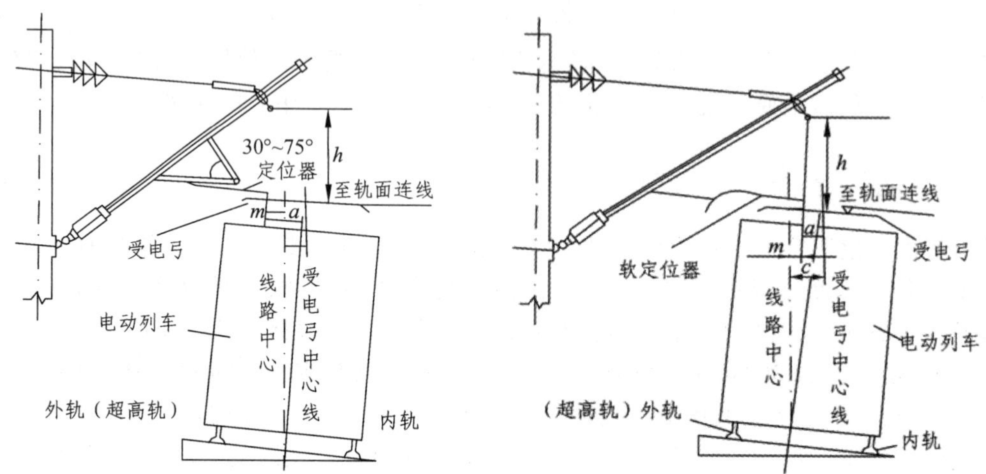

图 9-2-2 曲线区段外轨超高对受电弓位置的影响及 a、m、c 三者之间的关系

定位点处接触线距受电弓中心的水平距离（拉出值）用符号"a"表示。

定位点处接触线距线路中心的距离用符号"m"表示。

线路中心线距机车受电弓中心的偏斜值用符号"c"表示，三者的关系为

$$a = m + c \tag{9-2-2}$$

公式中的 m 值有正、负之分，当接触线定位点投影在线路中心线与外轨间时 m 值为正值，如图 9-2-2（a）所示。当在线路中心线与内轨间时，m 值为负值，如图 9-2-2（b）所示。

式中的 c 值可以根据图中的几何关系求得：

$$c = \frac{h \cdot H}{L} \tag{9-2-3}$$

式中 c——受电弓中心对线路中心偏移值（mm）；

h——曲线外轨超高（mm）；

H——接触线至轨面的高度（导高）（mm）；

L——轨距（mm）。

现场进行简化计算，当导高为 6 000 mm 时，有

$$c \approx 4h \tag{9-2-4}$$

曲线外轨超高 h 值可在现场接触线拉出值检调时用轨道尺实际测量得到。虽然工务施工或检修时一般将超高值标记在曲线内轨的内侧，但由于线路在运行中外轨超高略有变化，故在计算偏移值 c 时，应用实际测得的外轨超高值（曲线内侧标记值仅供参考）；接触线的高度 H 值可在现场实际测量得到；轨距 L 值是指钢轨轨顶下面 16 mm 处的两轨之间的距离，可以用轨道尺测量得到。我国铁路直线区段轨距为 1 435 mm，称为标准轨距，在曲线上考虑机车车辆转弯，轨距需加宽。

曲线拉出值的施工与检调，其主要计算就是根据现场实际情况求标准 m 值。过程为

1）确定计算条件

a 值为设计标准拉出值，一般可以在接触网平面图中查到；h、H、L 可以通过现场实测得到。

2）计算标准 m 值（$m_{标}$）

$$m_{标}=a-c \tag{9-2-5}$$

3）利用 $m_{标}$ 指导施工、检调

施工时，利用 $m_{标}$ 确定接触线的水平位置。

检调时，将 $m_{标}$ 和现场实际测得的 m 值（$m_{实}$）相比较，如果 $m_{标}$ 和 $m_{实}$ 误差小于±30 mm 时可以不检调（规程规定接触线拉出值允许误差±30 mm）；误差大于±30 mm 时应该进行检调：

$$\Delta m=m_{标}-m_{实} \tag{9-2-6}$$

式中　Δm——定位点实际位置和标准位置的差值。

在拉出值检调中，将定位点向曲线外侧移动，称为拉；将定位点向曲线内侧移动，称为放；当 Δm 为正时，需要将定位点向曲线外拉 $|\Delta m|$，Δm 当为负时，需要将定位点向曲线内放 $|\Delta m|$，现场简称为“正拉、负放、零不动”。在检调过程中，特别要注意的是 $m_{实}$、$m_{标}$ 的符号，当接触线定位点垂直投影在线路中心线至外轨间时 m 为正值，在线路中心线至内轨间时 m 为负值，代入上式计算时，要带符号进行运算。下面举例说明曲线拉出值检调的运算过程。

例 1：某区间接触网定位点处接触线高度（导高）$H=6\,000$ mm，所处区段为曲线，曲线半径 $R=600$ m，外轨超高为 $h=60$ m，设计拉出值 $a=400$ mm，求该定位处接触线的位置。若现场实测该定位处接触线投影在线路中心线距外轨间，距线路中心线距离为 100 mm 时，是否应该调整？

解：求定位点处接触线的位置就是求该处接触线相对线路中心线的位置，也就是求 $m_{标}$ 值。

（1）已知：$H=6\,000$ mm，$R=600$ m，$h=60$ m，$a=400$ mm，$L=1\,440$ mm。

$$\begin{aligned}c&=\frac{h\cdot H}{L}\\&=\frac{60\times6000}{1440}\\&=250\ (\text{mm})\end{aligned}$$

$$\begin{aligned}m_{标}&=a-c\\&=400-250\\&=150\ (\text{mm})\end{aligned}$$

即该定位点处接触线的位置应在线路中心线至外轨之间且距线路中心线距离为 150 mm 处。

（2）现场实际定位处接触线投影在线路中心线距外轨间且距线路中心线为 100 mm，即 $m_{实}=100$ mm。

$$\begin{aligned}\Delta m&=m_{标}-m_{实}\\&=150-100\\&=50\ (\text{mm})\end{aligned}$$

所以应使定位处接触线位置向外轨侧“拉”50 mm，才能符合设计定位要求。

当曲线区段检调定位时，不满足标准要求可能造成严重后果。

例 2：甲作业组在某区间 90#～108#支柱间综合检修，调整拉出值，当检调到 104#支柱定位时，实测接触线定位点距线路中心距离为 80 mm，且接触线定位投影在线路中心至外轨之

间，测得外轨超高为 115 mm，查接触网平面图可知该定位标准拉出值为 400 mm，工作领导人让操作人将该定位向外轨侧再拉 140 mm。结果作业组作业结束消令后，第一趟电力机车通过时即发生了弓网事故，请分析弓网事故发生的原因。

解：已知：$m_{实测}=80\ \text{mm}$，$h=115\ \text{mm}$，$a_{标}=400\ \text{mm}$，$\Delta m=140\ \text{mm}$，检调后现场实际 m 值：

$$m_{实}=m_{实测}+\Delta m=80+140=220(\text{mm})$$

调整后的定位实际拉出值为

$$\begin{aligned}a_{实}&=m_{实}+c\\&\approx 220+4h\\&=220+4\times 115\\&=680\ (\text{mm})\end{aligned}$$

调整后的定位实际拉出值 $a_{实}=680\ \text{mm}$，大于受电弓允许最大工作范围的一半 475 mm（接触网拉出值最大值规定为 450 mm，当拉出值大于 450 mm 时，必须降弓）。所以，事故是拉出值超标造成的弓网事故。

该处拉出值正确检调方法如下：

该定位处距线路中心的标准距离 $m_{标}$：

$$\begin{aligned}m_{标}&=a_{标}-c\\&\approx a_{标}-4h\\&=400-4\times 115\\&=-60\ (\text{mm})\end{aligned}$$

说明该定位处接触线距离线路中心标准距离应该为 60 mm，且投影位置应在线路中心线至内轨之间。

$$\begin{aligned}\Delta m&=m_{标}-m_{实测}\\&=(-60)-80\\&=-140\ (\text{mm})\end{aligned}$$

正确的检调应该是将接触线定位点向内轨侧放 140 mm。

上例提醒大家，在进行曲线拉出值检调的时候，一定要注意 m 值的符号和检调方向。在测量、计算、检调每一个步骤中认真记录好符号。

二、作业指导书

（一）周期

200 km/h 及以下区段正线检调周期为 12 个月，侧线为 24 个月。

（二）适用范围

适用于接触线的线面校正、校直、磨耗测量和调整接触线位置、接触线补强等作业。

（三）作业项目

校正接触导线线面，校正接触导线波浪弯，测量接触导线磨耗，检调接触线拉出值（之字值），检调接触线高度，检查接触线补强。

（四）作业组织

（1）人员：6～8 人（不包含地线及防护人员）。

（2）工具：激光测量仪、钢卷尺、滑轮组、手锤、钢丝套子、校正扳手、温度计、工具包、游标卡尺、手扳葫芦、紧线器、平挫、断线钳、五轮电车线校直器、力矩扳手、塞尺、平板尺等。

（3）技术资料：接触网平面布置图、接触网装配图、安装曲线图、接触线导线磨耗换算表。

（五）作业程序

1）校正接触导线线面

（1）接触线线面不正时，易造成线夹偏斜和打、碰弓，可利用校正扳手整正线面。

（2）若一跨距内线面普通偏斜，则需用两个校正扳手从一个定位开始，一步一步校正至另一个定位。作业时，一个校正扳手卡着导线固定不动，用另一个校正扳手卡着导线向相反方向轻轻扭动，随后放开扳手，观察导线线面是否平整。如果不平整，反复校正，直至使线面平整。

（3）若一个跨距内只有少数地方线面不正，则可以用三个校正扳手，两个扳手固定两边不动，中间一个校正扳手扭动，直至使线面平整。

2）校正接触导线波浪弯

当接触导线有波浪弯时，可使用 1 m 的平板尺紧靠接触线的下面，使用塞尺测量接触线与平板尺之间的间隙，当间隙 > 0.2 mm 时，使用五轮导线校直器校正导线波浪弯。

首先将五轮校直器卡在导线波浪弯平顺的一端，给五轮校直器加力，顺导线方向轻轻推动五轮校直器，直至推到导线平顺的部分为止。一般均需要反复校直，且向硬弯两侧分别扩大 1 米，直至达到接触线硬弯小于 0.2 mm 的标准为止。

注意事项：

① 在给校直器加力或卸力时，要逐步逐次进行，调节转盘每次旋转 60°，避免加力过大或卸力过快产生新的波浪弯。

② 在推动校直器时，要保持校直器运行角度一致。

3）测量接触导线磨耗

（1）测量方法：将游标卡尺上下卡在导线上，调整游标卡尺，使游标卡尺垂直于导线，读取导线厚度值。

（2）查接触导线磨耗换算表：将测量导线厚度值对照接触导线磨耗换算表，查找导线磨耗值。

4）接触线局部更换

如图 9-2-3 所示。

（1）利用接触网作业车在旧接触线上合适位置（局部更换的第一端）打紧两个紧线器 1、2，并挂手搬葫芦 A 紧线，紧手搬葫芦 A 至两紧线器间的旧接触线松弛后，在该处将旧接触线断开后（图中 C 点）将旧接触线一端头整平，做好新旧接触线的第一个接头 7。

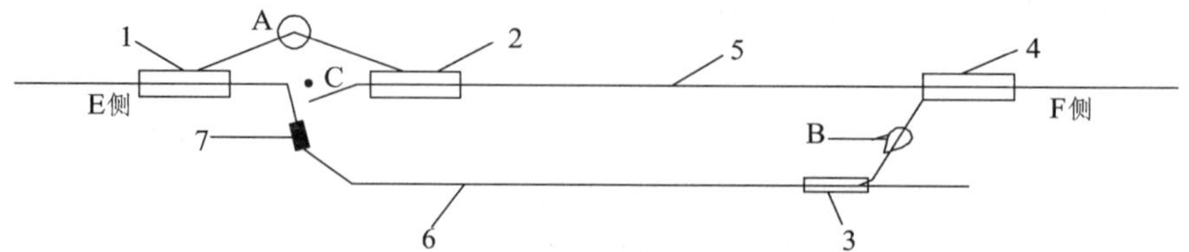

图 9-2-3　局部更换接触线示意图

1、2、3、4—紧线器；A、B—手扳葫芦；5—旧接触线（需要更换地段旧接触线）；6—新接触线；7—新、旧接触线接头；C—旧接触线断开点

（2）作业车摸着新接触线线面，缓缓移动至需另做接头处位置（局部更换的第二端），在新接触线安装紧线器 3，在旧接触线上安装紧线器 4，利用手扳葫芦 B 将新旧线相连。

（3）紧手扳葫芦 B 直至新接触线完全受力，旧线完全松弛后，松手扳葫芦 A，在需做第二个接头的合适位置切断该处的旧接触线，并将手扳葫芦 A、旧线以及紧线器 1、2 拆除，做好新旧接触线的第二个接头。

（4）两个接头均做好后，松手扳葫芦 B 使新接触线完全受力，检查所制作接头的状态，确认受力良好后拆除紧线器及手扳葫芦。

（5）撤除旧接触线上的吊弦和定位，将旧接触线放至地面，将吊弦及定位安装在新接触线上。

（6）接触线夹状态检查。

（7）导线外观检查。

【任务实施及考核】

一、任务实施

（一）任务实施目的

通过对接触线拉出值调整项目的实施使接触线的“之”字值（拉出值）达到《接触网运行检修规程》所要求的标准。

（二）任务实施准备工作

（1）使用车梯：6 ~ 8 人（不包括接地线、防护人员）。

（2）使用作业车：3 ~ 4 人（不包括接地线、防护人员、作业车司机）。

（三）任务实施场地器材

（1）完成该任务的实施场地是校内接触网实训演练场。

（2）器材：定位环、定位线夹、开口销、ϕ3.5 软态不锈钢丝、吊弦线夹、吊弦、接头线夹、接触导线、各种型号螺栓等。

（四）任务实施步骤

（1）调整前要进行修前测量，依据设计值与实际值确定调整量及调整方案，调整前要测量接触线导高值。

（2）按事先确定的调整量，在定位管上调整定位器安装位置，对于小限界使用的特型定位器，要在斜腕臂上调整定位器的安装位置。

（3）调整完毕后，重新测量接触线拉出值（“之”字值），直至符合要求为止。

（4）接触导线拉出值（“之”字值）的调整应注意以下几点：

① 在静态测量接触导线拉出值（“之”字值）时，要尽量使用激光测量仪等先进测量手段，减少人为因素造成测量误差。

② 若使用测杆测量拉出值时，要严格按照计算公式计算拉出值，切不可按照估算的方式进行拉出值计算。

③ 对于半斜链形悬挂方式，调整拉出值（“之”字值）后，要检查定位线夹及其两侧吊弦线夹偏斜是否打弓。

④ 调整拉出值（“之”字值）后，要对接触线高度进行复测，避免检调引起导高的变化。

（五）注意事项

（1）人员机具必须保证规定的安全距离，不得进入邻线，不得影响相邻轨道电路。

（2）两部车梯同时作业时，要加强联系，相互配合。

（3）高空作业人员作业时要认真分析接触线受力方向，避免线索弹回伤人。

（4）作业时禁止作业人员踩踏接触线和定位器，禁止作业平台碰挂接触线。

二、考核表

项　目	考核内容及评分标准	配　分	扣分情况
操作时限	规定时限：根据每个测量项目由评委自定，每超时 2 min 扣 1 分，每提前 2 min 加 1 分，超过 10 min 失格	5 分	
料具准备	要求料具准备齐全，规格型号相符，每错、漏、多 1 件扣 2 分	5 分	
质量标准	（1）正确说出接触线在不同区段及时速下的安全值范围，每错 1 处扣 5 分 （2）能正确回答拉出值调整的步骤，每错 1 处扣 5 分 （3）接触线硬弯不得超过 0.2 mm 调整结果不正确扣 10 分 （4）拉出值调整标准应符合设计值误差 30 mm，调整结果不正确扣 10 分 （5）能根据现场测量计算 Δm 值，确定是拉还是放。错误扣 15 分	40 分	
安全作业	（1）作业中一般违章现象每次扣 5 分 （2）作业中严重违章每次扣 20 分 （3）工具使用错误每次扣 5 分 （4）工具损坏、脱落每次扣 20 分	30 分	
文明作业	（1）作业中，未佩戴必要的劳保、安全用具，每件扣 1 分 （2）作业时出现不文明动作或语言每次扣 5 分	20 分	
总　分		100 分	

任务三　接触网吊弦的调整

【任务描述】

本任务是通过完成接触网承力索与接触线之间的吊弦长度调整任务，保证接触网结构高度符合标准要求。

【资讯】

微信扫二维码，
看本章教案

动画演示：
吊弦检修

一、理论学习部分

（一）结构高度

在链形悬挂的接触网中结构高度是指接触网悬挂点处承力索和接触线的铅垂距离，用符号 h 表示。确定一个技术、经济都合理的结构高度，一般应考虑几个方面的因素：

① 最短吊弦长度不要过小，在极限温度时，其顺线路方向的偏角不超过 3°；

② 在条件许可时，尽可能减少支柱高度；

③ 选择适当的悬挂类型，全补偿比半补偿要求较低的结构高度；

④ 考虑适当的调整范围，如起道的影响；

⑤ 便于调整和维修。

设计中所指的结构高度是指接触线无弛度时，在悬挂点处承力索至接触线的垂直距离，一般取 1 100 ~ 1 700 mm，目前多采用 1 400 mm，高速电气化铁道中，为了改善定位点接触线弹性，结构高度一般取值较 1 400 mm 大。结构高度可由下式表示：

$$h = F_0 + C_{\min}$$

式中　h——结构高度（mm）；

F_0——接触线无弛度时承力索弛度（mm）；

$C_{\min}$——最短吊弦长度（mm）。

由上式可知，结构高度与承力索的弛度有关。在已知 F_0 时，就可以确定结构高度 h。最小的结构高度必须满足最短吊弦（一般不小于 500 mm）在最高温度时，其顺线路方向的偏角不超过 30°（全补偿链形悬挂不超过 20°）。最短吊弦的计算是以选择最长的锚段为依据的，在满足上述条件的情况下，结构高度的取值以偏大为好。

隧道内的结构高度一般为 450 ~ 550 mm，不得低于 300 mm。结构高度过小，会在吊弦处形成硬点，甚至在受电弓通过时，在跨中使接触线与承力索相碰撞。同时，结构高度偏低，欲改善悬挂工作状态，必然会增加滑动吊弦的使用数量。因此，在条件许可时，增大结构高度会相应地改善悬挂的运营条件。

（二）吊弦

吊弦是接触网链形悬挂中，承力索和接触线间的连接部件。

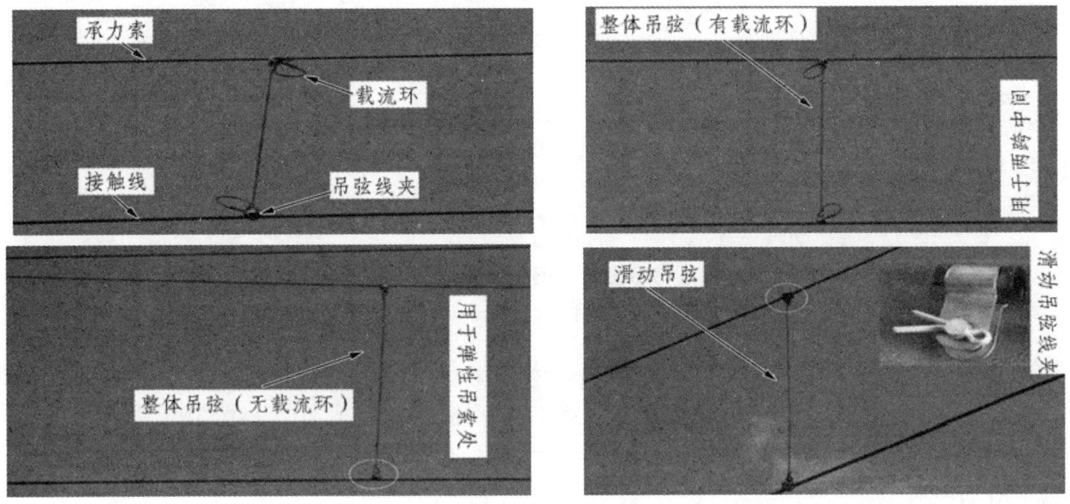

图 9-3-1　吊弦

1. 吊弦的作用

吊弦的作用是通过吊弦线夹，将接触线悬挂到承力索上；利用调节吊弦的长短来保证接触悬挂的结构高度、接触线的弛度、接触线距轨面的高度以及线岔处的水平、抬高，改善接触悬挂的弹性，调整接触线的弛度，保证接触线与受电弓良好接触，提高电力机车受电弓取流质量。吊弦是不应有电流通过的，如发现吊弦有温升、发红或烧伤现象就说明该段接触网正常导流有问题。

2. 吊弦的类型

吊弦一般分为环节吊弦、弹性吊弦、滑动吊弦和整体吊弦四种，如图 9-3-1 所示。

1）环节吊弦

环节吊弦一般由二节或三节连在一起，根据吊弦在跨距中所处位置及悬挂结构高度的不同，环节吊弦可分为四种类型，其结构形式如图 9-3-2 所示。

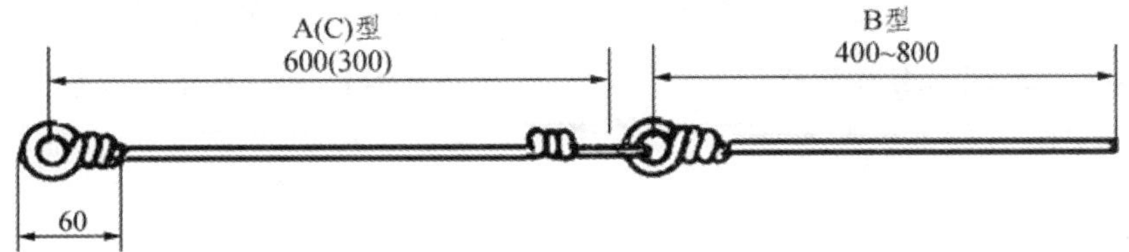

图 9-3-2　环节吊弦结构图（单位：mm）

环节吊弦最下面的一节应预留穿过安装在接触线上吊弦线夹后回头的长度（约 300 mm）。

2）弹性吊弦

弹性吊弦安装在支柱定位点处。它是通过一根长约 15 m 的 GJ-10（7 股）镀锌钢绞线制成的辅助绳和 1 根（或 2 根）环节吊弦组合而成的。如图 9-3-3 所示。

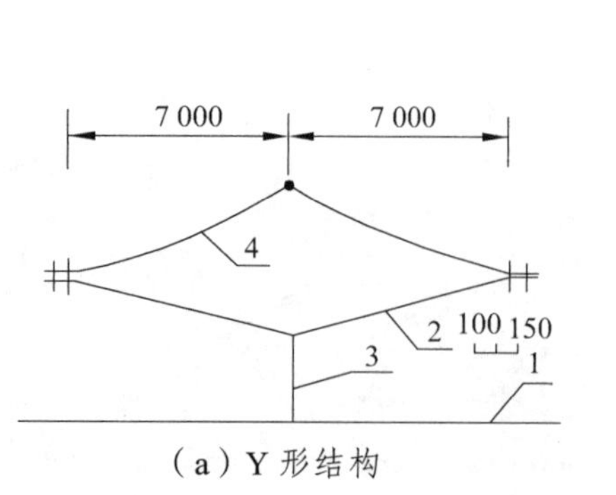

（a）Y 形结构

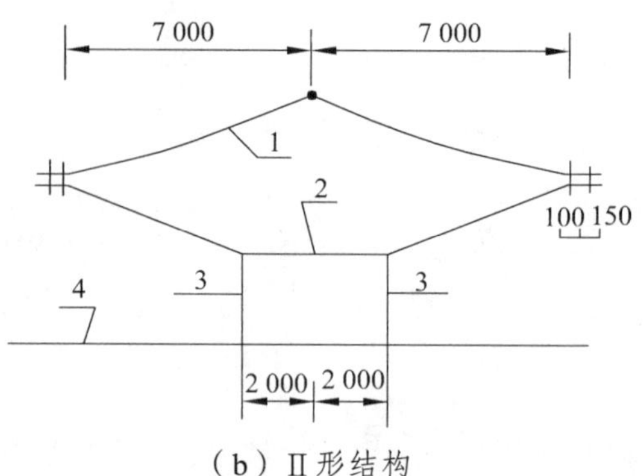

（b）Ⅱ形结构

图 9-3-3　弹性吊弦安设图

1—承力索；2—辅助绳；3—环节吊弦；4—接触线

由辅助绳和一根环节吊弦组成的弹性吊弦多用于正定位处，称为 Y 形弹性吊弦。由辅助绳和两根环节吊弦组成的弹性吊弦多用于反定位、软横跨定位等处，称为Ⅱ形弹性吊弦。

采用弹性吊弦，有利于消除定位点处接触线的硬点，改善定位处悬挂的弹性。

3）滑动吊弦

当安装环节吊弦在极限温度下其偏移超过允许范围时，就要采用滑动吊弦，一般用于隧道内接触悬挂。如图 9-3-4 所示。

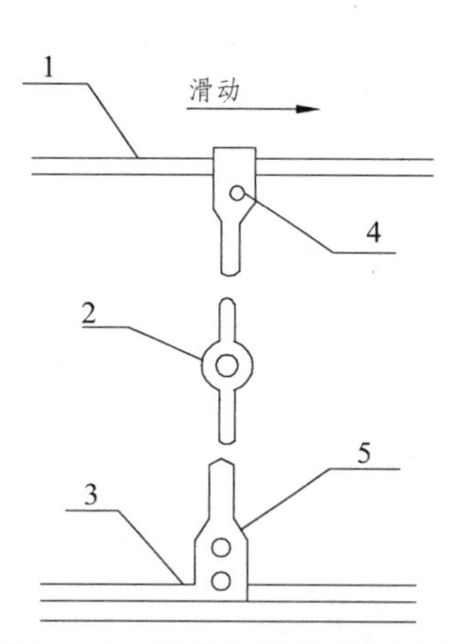

图 9-3-4　滑动吊弦结构示意图

1—承力索；2—吊弦；3—接触线；
4—夹环及长环；5—吊弦线夹

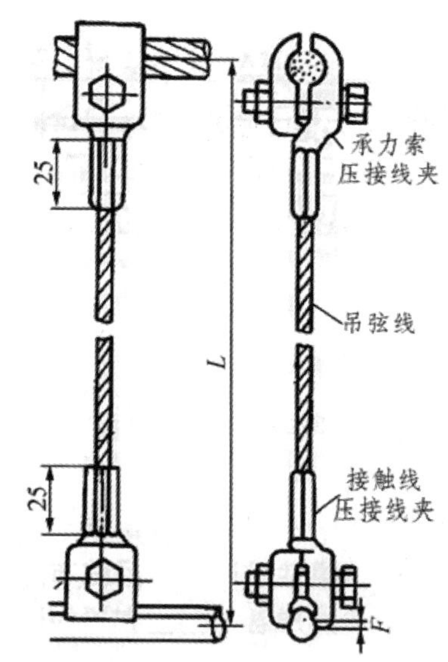

图 9-3-5　整体弦结构示意图

4）整体吊弦

整体吊弦由铜绞线、C（承力索）形线夹、J（接触线）形线夹组成，如图 9-3-5 所示。

整体吊弦是将铜绞线和 C 形线夹、J 形线夹通过压接机压接在一起的。整体吊弦的不可调性，要求吊弦长度的精确控制和支持装置的安装一次到位。

根据京郑线上台阶的要求，结合国外的运行经验，在施工中，首次在正线上采用整体吊弦。在吊弦线的材质上使用机械强度高、耐腐蚀性强的铜合金绞线，增长使用寿命；线材与线夹的连接改用压接工艺，连接可靠；采用扼流圈，将吊弦与线索进行短接，整体性好，在电气上没有环节的断点，避免了磨损及电火花烧伤，确保了可靠的电气连接和防护措施。吊弦的长度根据不同的跨距和悬挂点高度可利用专门的计算软件进行计算、预制，使接触网处于受控状态。施工安装一次到位，通常不需再进行调整，因此可大大提高接触悬挂的运行可靠性，为运营的少维修、无维修创造条件，可调与不可调整体吊弦示意图如图 9-3-5 所示。

其主要安装标准：铜合金整体吊弦一般采用截面面积为 10 mm^2 的带心形环的铜合金整体式吊弦。中间柱、中心锚结转换跨工作支均采用整体吊弦，关节转换跨抬高支、非工作支、分段绝缘器安装跨、线岔两端均采用可调式整体吊弦。

承力索的高度及横向偏移宜采用激光测量仪测量，精确到毫米。采用悬吊滑轮定位的承力索的高度、横向偏移的测量应在定位装置安装到位后进行。

整体吊弦的下料、测量、制作宜工厂化，采用整体吊弦制作专用平台，压接应采用恒压力控制的接触网液压压力机。整体吊弦的制作长度误差不超过±1.5 mm。

整体吊弦的吊弦线夹螺栓穿向一致，由田野侧穿向线路侧；定位线夹螺栓穿向应符合设计要求。

整体吊弦的安装位置测量应从悬挂点向跨中进行，偏差应积累在跨中，最大偏差不得超过±50 mm；吊弦应竖直安装，顺线路方向允许偏斜不得超过 20 m。

吊弦顺线路方向的安装位置误差：±100 mm。

3. 吊弦的布置

1）简单链形悬挂吊弦布置

简单链形悬挂吊弦布置如图 9-3-6 所示。

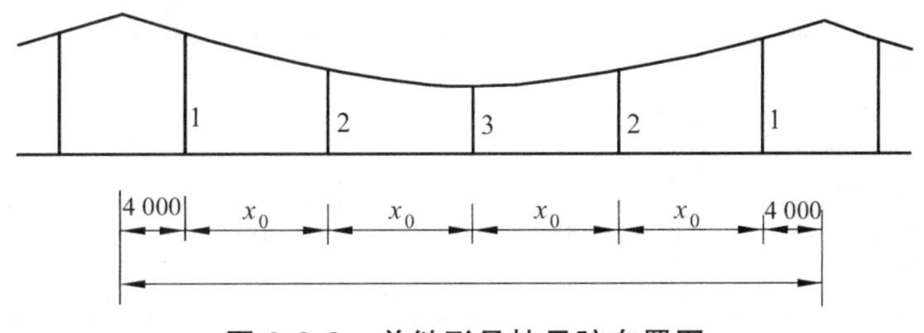

图 9-3-6　单链形悬挂吊弦布置图

1、2、3—吊弦编号

第一根吊弦距悬挂点的距离为 4 m，跨中吊弦数量、类型根据跨距长度从设计吊弦选用表中查出，如表 9-3-1 所示。

表 9-3-1　简单链形悬挂吊弦类型及数量选用表

跨距（m）	35～39		40～49			50～59			60～65			
吊弦编号	1	2	1	2	3	1	2	3	1	2	3	4
长度（mm）	1 650	1 500	1 600	1 450	1 400	1 600	1 350	1 250	1 550	1 300	1 200	1 100
类型及数量	Ⅰ×4		Ⅰ×4		Ⅲ×1	Ⅱ×2	Ⅱ×4		Ⅰ×2	Ⅱ×4		Ⅲ×1

注：本表适用于结构高度为 1.5～1.7 m 的简单链形悬挂。

简单链形悬挂的吊弦间距可根据下式计算：

$$x_0 = \frac{l - 2 \times 4}{k - 1} \tag{9-3-1}$$

式中　x_0——吊弦间距（m）；

l——跨距长度（m）；

k——跨距内吊弦布置根数（查表 9-3-1 得）。

2）弹性链形悬挂吊弦布置

弹性链形悬挂吊弦布置如图 9-3-7 所示。

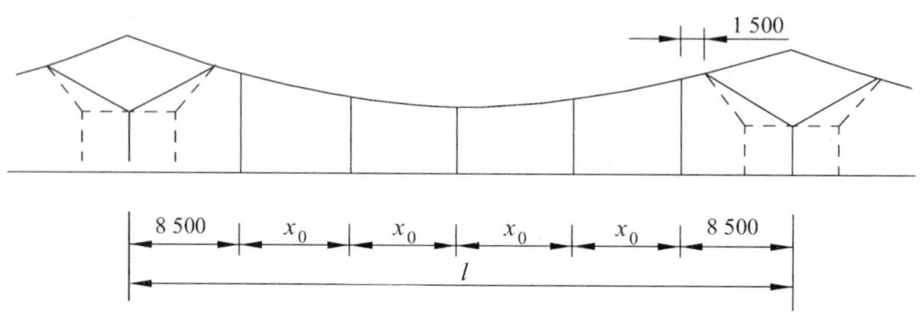

图 9-3-7　弹性链形悬挂吊弦布置图

第一根吊弦至悬挂点距离为 8.5 m，跨距中吊弦布置与简单链形悬挂相同。选用表如表 9-3-2 所示。

表 9-3-2　弹性链形悬挂吊弦类型及数量选用表

跨距 l（m）		35～39		40～49		50～59			60～65		
编号		1	2	1	2	1	2	3	1	2	3
h=1 300 mm	长度（mm）	1 130	1 050	1 100	1 100	1 050	950	950	1 050	900	750
	类型及数量	Ⅲ×3		Ⅲ×4		Ⅲ×5			Ⅲ×4		Ⅳ×2
h=1 500 mm	长度（mm）	1 400	1 300	1 350	1 250	1 300	1 200	1 100	1 250	1 100	1 000
	类型及数量	Ⅲ×3		Ⅲ×4		Ⅲ×4			Ⅲ×1	Ⅱ×2	Ⅲ×4
h=1 700 mm	长度（mm）	1 600	1 500	1 550	1 450	1 500	1 350	1 300	1 450	1 300	1 250
	类型及数量	Ⅰ×3		Ⅰ×4		Ⅰ×2	Ⅱ×3		Ⅰ×2	Ⅱ×4	

注：h——结构高度。

弹性链形悬挂吊弦间距可根据下式计算：

$$x_0 = \frac{l - 2 \times 8.5}{k - 1} \tag{9-3-2}$$

式中　各符号意义与上同。

3）隧道内链形悬挂吊弦布置

隧道内半补偿链形悬挂的跨距 l 通常 18～25 m，一般每跨布置两根吊弦，吊弦与悬挂点间的距离为 $l/4$，吊弦间距为 $l/2$。

隧道内全补偿链形悬挂跨距 l 通常为 35～40 m，一般布置 4 根吊弦，吊弦与悬挂点距离为 $l/8$，吊弦间距为 $l/4$。其布置如图 9-3-8 所示。

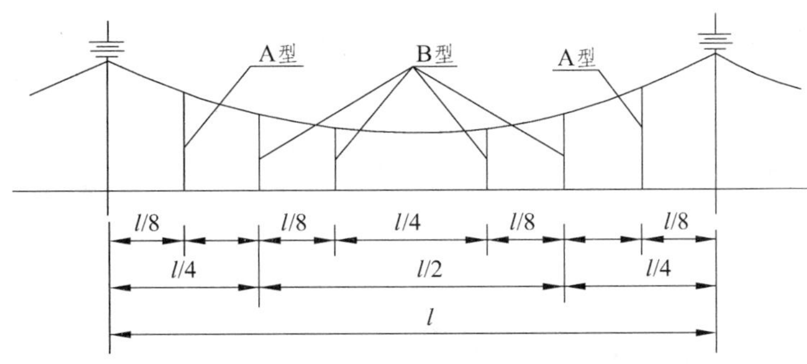

图 9-3-8　隧道内链形悬挂吊弦布置

【作业指导书】

（一）周期

检调吊弦（索）周期为 12 个月。

（二）适用范围

适用于接触网环节吊弦、整体吊弦、弹性吊弦辅助绳和简单悬挂吊索的检查、调整和更换等作业。

（三）作业项目

（1）对环节吊弦、整体吊弦、弹性吊弦辅助绳或简单悬挂吊索的状态进行检查。

（2）对环节吊弦、整体吊弦、弹性吊弦辅助绳或简单悬挂吊索进行调整或更换。

（四）技术标准

吊弦分环节吊弦和整体吊弦两种。其技术状态应符合下列要求：

1）吊弦安装

吊弦线夹必须夹持紧固，整体吊弦断股不得超过 3 股。

2）吊弦长度

吊弦的长度要能适应在极限温度范围内接触线的伸缩和弛度的变化，200 km/h 区段最短吊弦不应小于 500 mm，250 km/h 处吊弦不应小于 600 mm。否则应采用滑动吊弦。

环节吊弦：至少应由两节组成，每节的长度以不超过 600 mm 为宜。吊弦回头应均匀迂回，长度为 150 ~ 180 mm。吊弦环直径应为其线径的 5 ~ 10 倍。吊弦磨耗的面积不得超过原面积的 50%。

整体吊弦：吊弦预制长度应与计算长度相等，误差应不大于±2 mm。吊弦截面损耗不得超过 20%。

吊弦线夹在直线处应保持铅垂状态，曲线处应与接触线的倾斜度一致。

3）吊弦偏移

在无偏移温度时处于铅垂状态；在极限温度时，顺线路方向的偏移值不得大于吊弦长度的 1/3（200 km/h 及以上区段不得大于吊弦长度的 1/5）。

4）吊弦间距

160 km/h 及以下区段≤12 m，160 km/h 以上区段≤10 m，容许误差为±50 mm。同一跨内吊弦要按要求均匀布置，各吊弦受力均衡，定位两侧吊弦处接触线高度一致。

5）吊弦高差

相邻吊弦高差≤10 mm。

弹性吊弦辅助绳和简单悬挂吊索的技术状态应符合下列要求：

（1）辅助绳和吊索须用绞线制成并保持一定的张力。

（2）在无偏移温度时两端的长度应相等，允许相差不超过 400 mm。

（3）辅助绳和吊索不得有断股和接头。

（4）弹性吊弦辅助绳两端与承力索的连接符合设计规定。

（五）作业组织

① 人员：6～8 人（不包含地线及防护人员）。

② 工具：激光测量仪、皮尺（100 m）、钢卷尺、校正扳手、温度计、力矩扳手等。

③ 材料：ϕ3.5 软态不锈钢丝、吊弦（根据需要选整体吊弦或环节吊弦）、吊弦线夹、弹性吊弦辅助绳、简单悬挂吊索、各种型号螺帽等。

（六）作业程序

（1）对吊弦（索）进行全面检查，确认其状态是否良好，其中包括：

① 检查各吊弦（索）的线夹是否紧固到位，线夹是否偏斜打弓；检查吊弦回头是否有打弓的可能。

② 检查吊弦磨损是否超标；检查整体吊弦、吊索或辅助绳是否有断股的情况。

③ 通过测量确认一跨内第一根吊弦距定位点的距离符合设计要求，其他吊弦是否均匀布置，吊弦间距是否满足技术要求。

④ 通过测量，确认相邻吊弦高差是否满足技术要求。

⑤ 通过测量，确认吊弦偏移量是否在技术要求的范围内。

⑥ 检查辅助绳和吊索是否保持一定的张力，两端的长度是否相等。

（2）根据上述检查、测量情况，对相关吊弦、辅助绳或吊索进行必要的调整或更换，使其达到有关技术或设计要求。

（七）注意事项

（1）紧固时必须使用力矩扳手，按相应规定的力矩进行紧固。

（2）检调整体吊弦时，必须防止紧固的过程中造成吊弦绞线断股现象的发生。

（3）检修过程中，不得踩踏接触线，并严防机具碰刮接触线。

（4）检修过程中，必须采取相应安全措施，确保人身、设备安全。

【任务实施及考核】

一、任务实施

（一）任务实施目的

通过对本任务的实施调整了吊弦的状态，同时使接触网承力索与接触线之间的距离达到结构高度的标准值。

（二）任务实施准备工作

（1）使用车梯：6～8人（不包括接地线、防护人员）。
（2）使用作业车：3～4人（不包括接地线、防护人员、作业车司机）。

（三）任务实施场地器材

（1）实施场地：校内接触网实训演练场。
（2）材料：可调节整体吊弦若干、定位线夹、电力复合脂、验电器、接地线。

（四）任务实施步骤

（1）结构高度调整。
① 用小绳固定承力索与接触线间距。
② 松开接触线或承力索吊弦线夹。
③ 根据吊弦偏移值E调整吊弦到符合要求的位置。
④ 复测接触线高度。
⑤ 紧固后涂电力复合脂。
⑥ 拆除小绳。
（2）吊弦过松或过紧调整。
可调整体吊弦：松开调节螺栓，调整吊弦到合适长度。
整体吊弦：更换，方法如下：
① 拆除原吊弦，用ϕ2.0铁丝模拟测出长度。
② 制作吊弦：
根据模拟测出长度值和吊弦部件图（见图9-3-9）、整体吊弦类型领取材料。
③ 安装吊弦：

a. 在承力索处涂抹适量导电膏，将承力索吊弦线夹线安装在承力索上，并在承力索和线夹中间安装线卡子，用扭矩扳手拧螺母至设计力矩，同时按要求安装防松垫片。

b. 将接触线吊弦线夹与接触线接触部位涂抹适量导电膏，并将其卡住接触线沟槽，用扭矩扳手拧螺母至设计力矩，同时按要求安装防松垫片。

c. 拆除铁线。

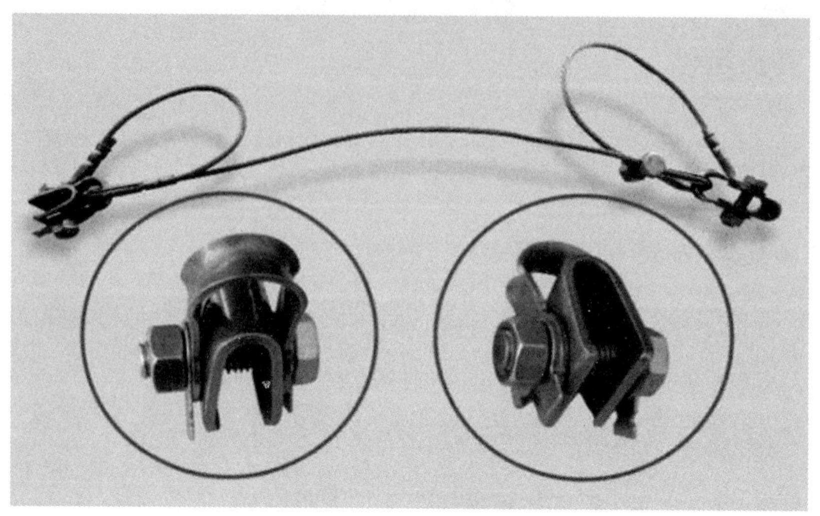

图 9-3-9 吊弦部件图

（3）吊弦线出现断股、散股、烧伤等本身缺陷。

（4）接触线吊弦线夹倾斜。

松开接触线吊弦线夹，用接触线正面器扭正接触线面（方法见接触线检修工艺），然后紧固接触线吊弦线夹。

（5）承力索吊弦线夹倾斜。

用小绳固定承力索与导线间距，松开承力索吊弦线夹，调整后紧固。

（6）线鼻子倾斜可能引起打弓。

松开接触线吊弦线夹调整至顺线路方向 45°角以上。

（7）吊弦载流环与接触线夹角过小。

松开接触线吊弦线夹紧固螺母，调整载流环与接触线角度。

（8）调节螺栓损坏，不能进行调节。

更换调节螺栓。

（9）各部螺栓紧固力矩。

按螺栓紧固力矩标准紧固各部螺栓。

（10）参数复测。

复测各部件技术参数，符合技术标准。

（11）办理收工手续。

工作领导人确认各作业组工作结束，人员机具均已撤至安全地带后，通知监护人员撤除地线及其他安全措施。

工作领导人确认安全措施撤除后，通知驻站联络员申请消除停电作业命令和线路封锁命令。

工作领导人召开收工会，办理收工手续。

（12）填写检修记录。

（五）注意事项

同任务二。

二、考核表

项　目	考核内容及评分标准	配　分	扣分情况
操作时限	规定时限：根据每个测量项目由评委自定，每超时 2 min 扣 1 分，每提前 2 min 加 1 分，超过 10 min 失格	5 分	
料具准备	要求料具准备齐全，规格型号相符，每错、漏、多 1 件扣 2 分	5 分	
质量标准	（1）正确说出接触线在不同区段及时速下的安全值范围，每错 1 处扣 5 分 （2）能够说出不同速度时吊弦间距的范围，每错 1 处扣 5 分 （3）吊弦预制长度应与计算长度相等，误差应不大于±2 mm 调整结果不正确扣 10 分 （4）160 km/h 及以下区段≤15 m；160 km/h 以上区段≤12 m。调整结果不正确扣 10 分 （5）顺线路方向的偏移值不得大于吊弦长度的 1/3，调整结果不正确扣 10 分	40 分	
安全作业	（1）作业中一般违章现象每次扣 5 分 （2）作业中严重违章每次扣 20 分 （3）工具使用错误每次扣 5 分 （4）工具损坏、脱落每次扣 20 分	40 分	
文明作业	（1）作业中，未佩戴必要的劳保、安全用具，每件扣 1 分 （2）作业时出现不文明动作或语言每次扣 5 分	10 分	
总　分		100 分	

配套习题

一、单项选择题

1. 同一跨内相邻吊弦处的导高差应符合设计预留弛度的要求，施工偏差不得大于（　　）mm。

A. 1　　B. 2　　C. 5　　D. 10

2. 接触线距轨面的高度应符合该区段的设计要求，允许误差（　　）mm。

A. 10　　B. ±10　　C. 20　　D. ±20

3. 接触线的最大高度不得超过（　　）mm。

A. 5000　　B. 5600　　C. 6000　　D. 6600

4. 接触线的张力应符合设计规定，补偿器坠砣重量允许偏差为额定重量的（　　）%。

A. 1　　B. 1.5　　C. 2　　D. 2.5

5. 接触线的驰度应符合安装曲线规定的数值，半补偿链形和简单悬挂的驰度误差为（　　）%。

A. 10　B. 15　C. 20　D. 25

6. 接触线的驰度应符合安装曲线规定的数值，全补偿链形悬挂的驰度误差为（　　）%。

A. 10　B. 15　C. 20　D. 25

7. 拉出值最大不得大于（　　）mm。

A. 400　B. 450　C. 500　D. 550

8. 200 km/h 及以下区段正线检调周期为（　　）个月。

A. 6　B. 12　C. 18　D. 24

9. 200 km/h 及以下区段侧线检调周期为（　　）个月。

A. 6　B. 12　C. 18　D. 24

10. 环节吊弦最下面的一节应预留穿过安装在接触线上吊弦线夹后回头的长度约为（　　）mm。

A. 50　B. 100　C. 200　D. 300

11. 整体吊弦的制作长度误差不超过±（　　）mm。

A. 1　B. 1.5　C. 2　D. 2.5

12. 整体吊弦的安装位置测量应从悬挂点向跨中进行，偏差应积累在跨中，最大偏差不得超过±（　　）mm。

A. 10　B. 20　C. 50　D. 100

13. 吊弦应竖直安装，顺线路方向允许偏斜不得超过（　　）mm。

A. 10　B. 20　C. 50　D. 100

14. 吊弦顺线路方向的安装位置误差：±（　　）mm。

A. 10　B. 20　C. 50　D. 100

15. 简单链形悬挂吊弦中，第一根吊弦距悬挂点的距离为（　　）m。

A. 1　B. 2　C. 4　D. 5

16. 弹性链形悬挂吊弦中，第一根吊弦至悬挂点为（　　）m。

A. 4.5　B. 7.5　C. 8.5　D. 10

17. 检调吊弦（索）周期为（　　）个月。

A. 3　B. 6　C. 9　D. 12

18. 吊弦线夹必须夹持紧固，整体吊弦断股不得超过（　　）股。

A. 1　B. 2　C. 3　D. 4

19. 吊弦的长度要能适应在极限温度范围内接触线的伸缩和弛度的变化，200 km/h 区段最短吊弦长度不应小于（　　）mm。

A. 400　B. 450　C. 500　D. 600

20. 吊弦的长度要能适应在极限温度范围内接触线的伸缩和弛度的变化，250 km/h 区段最短吊弦不应小于（　　）mm。

A. 400　B. 450　C. 500　D. 600

21. 环节吊弦：至少应由两节组成，每节的长度以不超过（　　）mm 为宜。

A. 100　B. 200　C. 500　D. 600

22. 环节吊弦回头应均匀迂回，长度为（　　）mm。

A. 100 ~ 150　B. 150 ~ 180　C. 180 ~ 200　D. 200 ~ 220

23 环节吊弦环直径应为其线径的（　　）倍。

A. 1～2　　B. 2～3　　C. 3～5　　D. 5～10

24 环节吊弦磨耗的面积不得超过原面积的（　　）%。

A. 10　　B. 20　　C. 25　　D. 50

25. 整体吊弦预制长度应与计算长度相等，误差应不大于（　　）mm。

A. 1　　B.

26. 整体吊弦截面损耗不得超过（　　）%。

A. 10　　B. 15　　C. 20　　D. 50

27. 在无偏移温度时处于铅垂状态；在极限温度时，顺线路方向的偏移值不得大于吊弦长度的（　　）。

A. 1/2　　B. 1/3　　C. 1/4　　D. 1/5

28. 在无偏移温度时处于铅垂状态，200 km/h 及以上区段不得大于吊弦长度的（　　）。

A. 1/2　　B. 1/3　　C. 1/4　　D. 1/5

29. 160 km/h 及以下区段吊弦间距不大于（　　）m。

A. 2　　B. 4　　C. 6　　D. 12

30. 160 km/h 以上区段吊弦间距不大于（　　）m。

A. 2　　B. 6　　C. 10　　D. 12

31. 相邻吊弦高差不大于（　　）mm。

A. 2　　B. 5　　C. 10　　D. 20

32. 使用车梯：（　　）人（不包括接地线、防护人员）。

A. 1～2　　B. 3～4　　C. 5～6　　D. 6～8

33. 使用作业车：（　　）人（不包括接地线、防护人员、作业车司机）。

A. 1～2　　B. 3～4　　C. 5～6　　D. 6～8

34. 直线区段，接触线拉出值也称“之”字值的原因，其标准值为（　　）mm。

A. ±100　　B. ±200　　C. ±300　　D. ±400

35. 在线路行车速度大于线路上，考虑到车速提高后机车受电弓左右摇摆量及高速下接触线的摆动量的增加，“之”字值一般选定为±200 mm，允许误差范围为±（　　）mm。

A. 10　　B. 20　　C. 25　　D. 30

36. 当安装环节吊弦在极限温度下其偏移超过允许范围时，就要采用（　　）。

A. 环节吊弦　　B. 整体吊弦　　C. 滑动吊弦　　D. 弹性吊弦

37.（　　）由铜绞线、C（承力索）型线夹、J（接触线）型线夹组成。

A. 环节吊弦　　B. 整体吊弦　　C. 滑动吊弦　　D. 弹性吊弦

38. 承力索的高度及横向偏移宜采用激光测量仪测量，精确到（　　）。

A. 毫米　　B. 厘米　　C. 分米　　D. 米

39. 在给校直器加力或卸力时，要逐步逐次进行，调节转盘每次旋转（　　），避免加力过大或卸力过快产生新的波浪弯。

A. 30　　B. 45　　C. 60　　D. 90

40. 吊弦应竖直安装，顺线路方向允许偏斜不得超过（　　）m。

A. 10　　B. 20　　C. 30　　D. 50

41. 吊弦线夹必须夹持紧固，整体吊弦断股不得超过（　　）股。

A. 1　　B. 2　　C. 3　　D. 4

42. 弹性吊弦辅助绳和简单悬挂吊索的技术状态，在无偏移温度时两端的长度应相等，允许相差不超过（　　）mm。

A. 100　　B. 200　　C. 300　　D. 400

二、多项选择题

1. 吊弦一般分为（　　）。

A. 环节吊弦　　B. 滑动吊弦　　C. 弹性吊弦　　D. 整体吊弦

三、判断题

1.（　）曲线处作业时，作业人员不宜站在线索受力方向的正侧。

2.（　）接触线“之”字值和拉出值区别是使用场合不同，“之”字值用于直线区段，拉出值用于曲线区段，它们从本质上说都是接触线在定位点处距受电弓中心的距离。

3.（　）吊弦是接触网链形悬挂中，受电弓和接触线间的连接部件。

4.（　）弹性吊弦安装在支柱定位点处。它是通过一根长约 15 m 的 GJ-10（7 股）镀锌钢绞线制成的辅助绳和 1 根（或 2 根）环节吊弦组合而成的。

5.（　）整体吊弦的吊弦线夹螺栓穿向一致，由线路侧穿向田野侧

6.（　）接触线线面不正时，易造成线夹偏斜和打、碰弓，可利用校正扳手整正线面。

7.（　）吊弦是有电流通过的，如发现吊弦有温升、发红或烧伤就说明该段接触网正常导流有问题。

8.（　）辅助绳和吊索须用绞线制成并保持一定的张力。

9.（　）曲线处作业时，作业人员不宜站在线索受力方向的正侧。

微信扫码 习题自测

学习情境十　接触网支撑装置预配与检调

【导读】

本学习情境重点介绍接触网腕臂结构和检调相关规定，并通过对接触网预配和检调两个任务的实施，完成对本学习情境的综合应用。

【学习目标】

本节主要通过完成 2 个任务，学习接触网支撑装置预配、安装、检修的相关知识点为日后开展接触网作业奠定基础。

任务一　接触网腕臂的预配和安装

【任务描述】

本任务是通过完成接触网腕臂的初步认识、测量、计算、预配和安装，为后续接触网腕臂的安装调整做好准备。

微信扫二维码，
看本章教案

【资讯】

一、理论学习部分

接触网支撑定位装置包括了支撑装置和定位装置。支撑装置最典型的是腕臂结构，定位装置主要是定位器、定位环、定位线夹等。接触网腕臂的预配主要是针对腕臂结构进行计算和地面预制。不同类型的腕臂本节以高速铁路接触网支撑定位装置为例进行讲解。

（一）支撑定位装置结构

腕臂支撑结构是指安装在腕臂柱、硬横梁及隧道内用吊柱上，起到承载接触悬挂荷重、固定承力索位置、连接固定接触线定位装置等作用。高铁接触网腕臂一般由平腕臂、斜腕臂、套管座、承力索座、腕臂支撑、套管单耳、管帽等组成，如图 10-1-1 所示。平腕臂用于组成旋转腕臂结构三角形的上部，平腕臂悬臂一端通过铝合金承力索座支撑承力索，另一端与悬式绝缘子相连，通过铝合金套管座与斜腕臂连接。斜腕臂用于组成腕臂支持结构三角形斜边，斜腕臂一端通过腕臂连接装置与平腕臂相连接，另一端通过棒式绝缘子与下腕臂底座相连接。腕臂支撑用在平腕臂与斜腕臂之间以增加腕臂的负荷能力。铝合金套管座用于平腕臂和斜腕臂相交处的连接。承力索座用于平腕臂上悬挂、固定双支或单支承力索。套管单耳用于安装在平、斜腕臂上连接腕臂的支撑。管帽安装在腕臂端头，起到防尘、防水保护的作用。

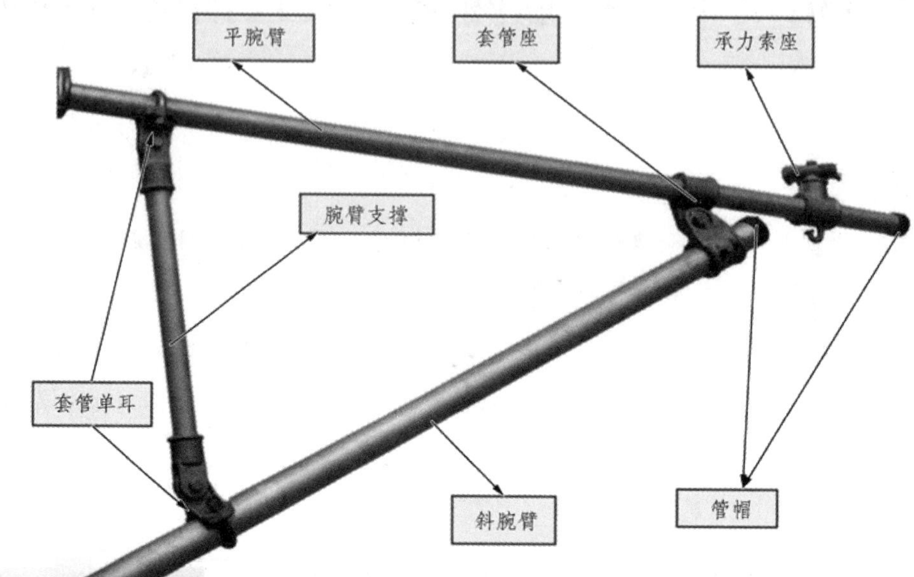

图 10-1-1　高速铁路接触网腕臂支撑装置结构图

定位装置连接于腕臂结构上，其中一端通过定位环与斜腕臂连接，另一端用定位管吊线与承力索座相连接。定位装置中的定位器通过定位线夹与接触线相连。定位装置有多种不同的外形，但功能都是为了将接触线限制固定在指定的垂直高度和水平位置上，并要求定位装置尽可能的轻以减少硬点，有合适的抬升空间以具备充足的弹性，如图 10-1-2 所示。

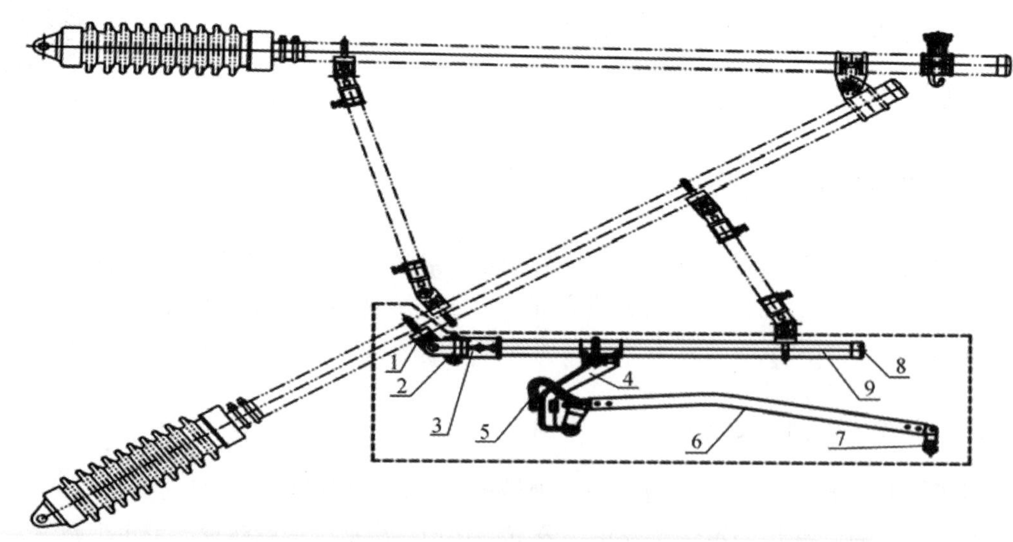

图 10-1-2　高速铁路接触网定位装置结构图

1—铝合金定位环；2—铝合金旋转接头；3—ϕ55 双耳套筒；4—W 型铝合金定位支座；5—电气连接线；6—折角形铝合金定位器；7—定位线夹；8—ϕ55 管帽；9—铝合金定位管

（二）腕臂类型

（1）正定位器腕臂的相应尺寸，如图 10-1-3 所示。

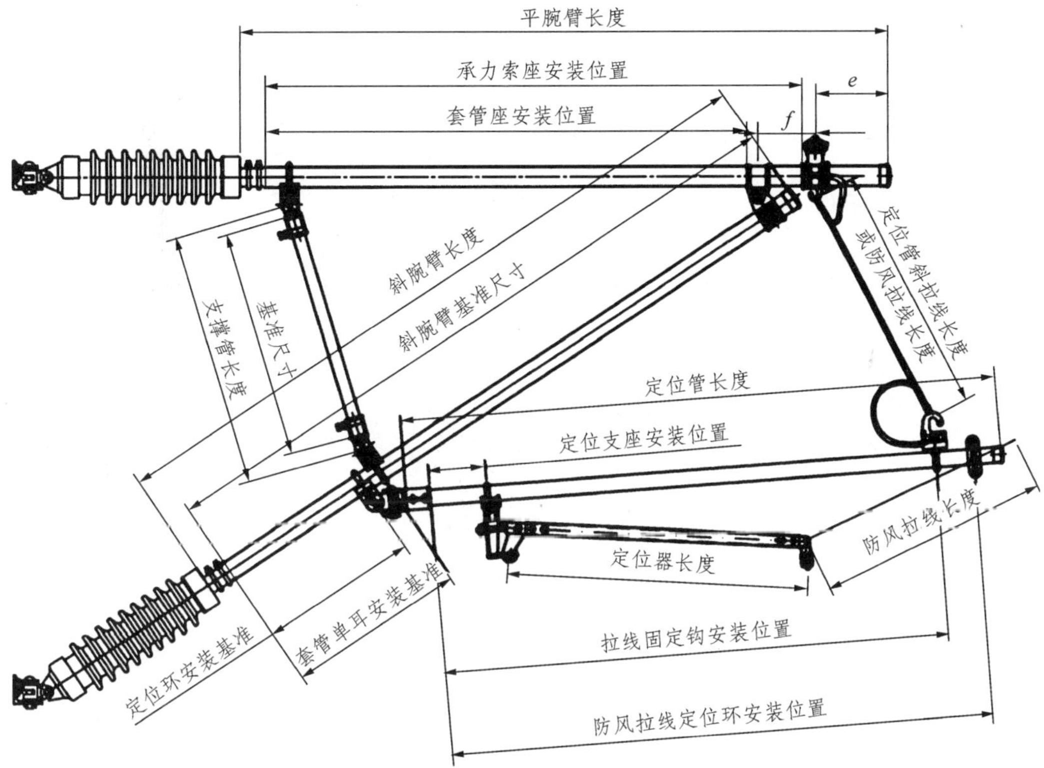

图 10-1-3　正定位器腕臂尺寸

（2）反定位器腕臂的相应安装图，如图 10-1-4 所示。

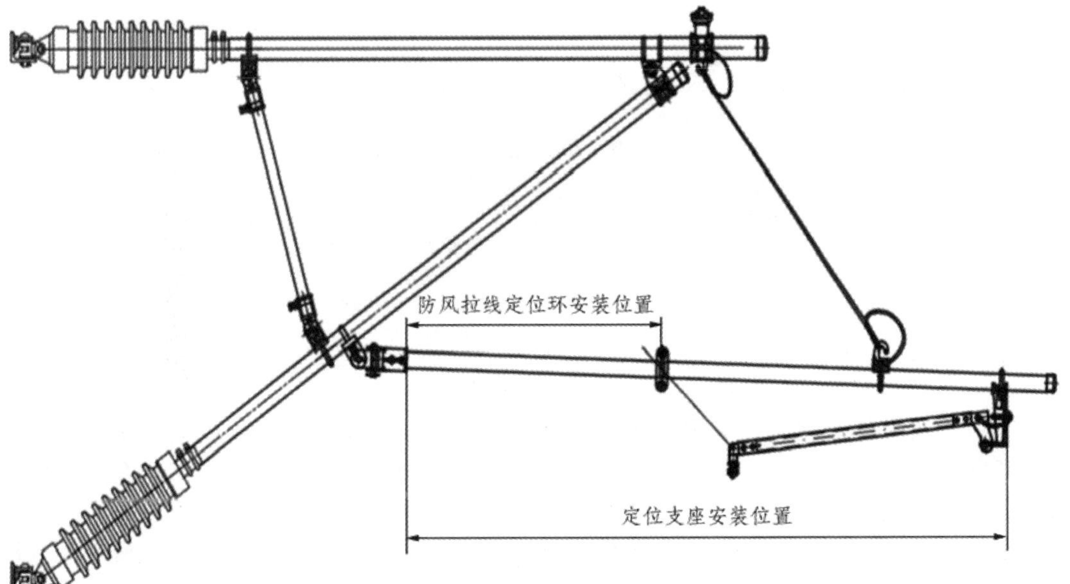

图 10-1-4　反定位器腕臂的相应安装图示

（三）腕臂测量参数

腕臂结构目前大都使用专用软件计算。计算前，工程施工单位应先采集每一组腕臂计算所需的数据，所需数据如图 10-1-5 所示。

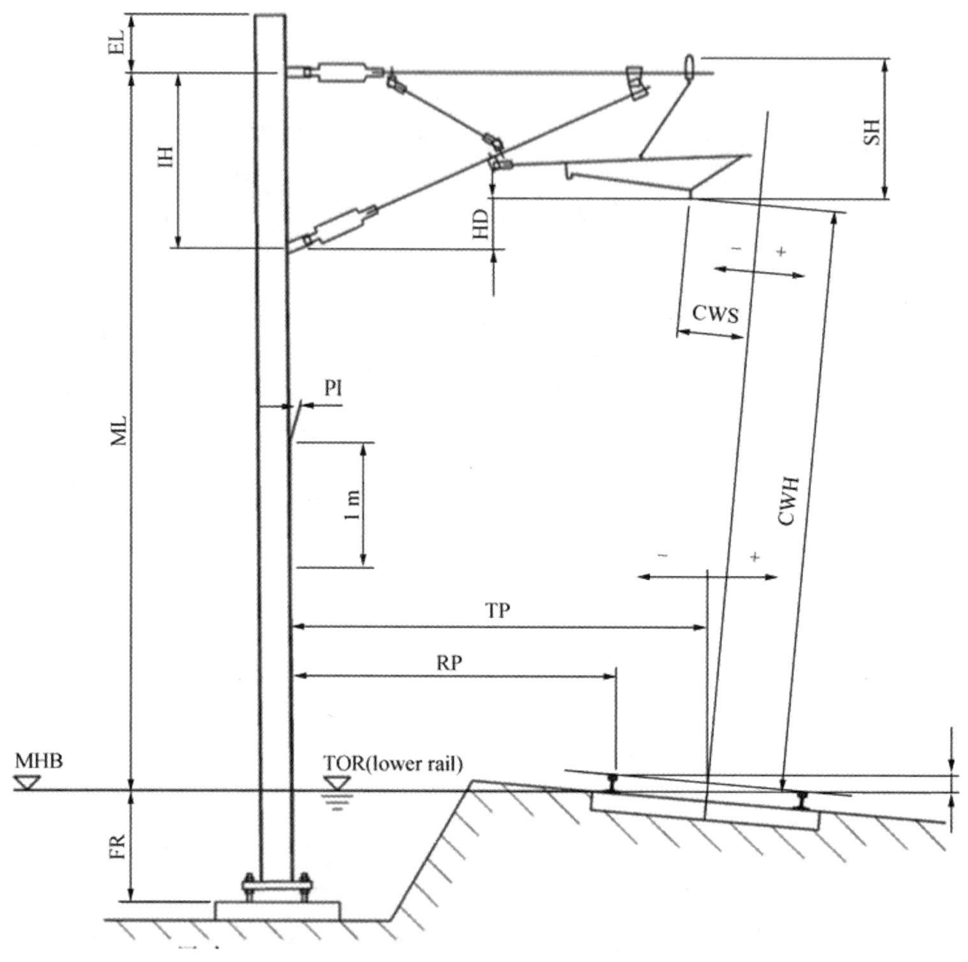

图 10-1-5　接触网支撑点各尺寸测量点标识

CWH—导高；SH—结构高度；CWS—接触线拉出值；RP—最近钢轨至电杆内侧之间的水平距离；TP—轨道中心线至电杆内侧之间的水平距离；PI—电杆倾斜度；MHB—电杆处的垂直参照点；FR—基础顶到内侧轨轨面的垂直距离；ML—平腕臂抱箍到电杆垂直参考点之间的距离；IH—平腕臂与斜腕臂之间的距离；EL—平腕臂以上的电杆长度；C—轨道倾斜面；HD—接触线到斜腕臂抱箍之间的高度差

（四）腕臂计算

由于目前接触网结构普遍采用平腕臂结构，所以在平腕臂安装和预配过程中，需要准确确定平腕臂和斜腕臂长度，根据平腕臂长度计算，在地面预配好整体结构，对今后一次性安装成功、减少调整工作量具有重要意义。

腕臂计算主要基于在直角三角形内计算各边长，应用基本的勾股定理和相似三角形就能满足腕臂的精确计算。对于初学者来说最关键的就是能理清思路，注意：各部位不能漏掉扣料或者扣料长度错误。

腕臂长度计算与支柱所在位置和用途密切相关，直线和曲线计算方法不同。同样是曲线，支柱在曲线外侧和曲线内侧时的计算方法也不同。转换柱与中心柱、正定位和反定位的计算方法也有区别。现就最常见的几种情况分别作简单介绍。

1. 直线和曲线支柱腕臂长度计算

直线与曲线外侧中间柱腕臂长度计算示意图如图 10-1-6 所示。

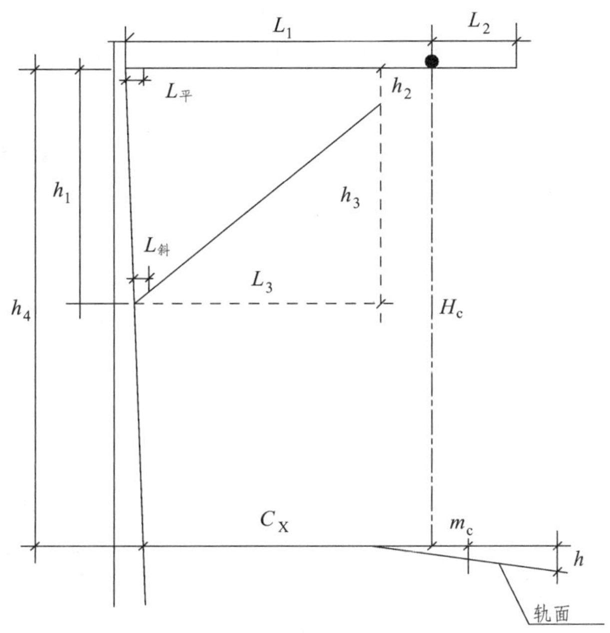

图 10-1-6　直线与曲线外侧中间柱腕臂长度计算示意图

L_1—平腕臂承力索固定点至支柱固定点长度（m）；L_2—承力索固定点至腕臂头长度（m）；L_3—斜腕臂水平投影长度（m）；$L_平$、$L_斜$—分别表示平腕臂底座和斜腕臂底座突出支柱部分长度（m）；h_1—平腕臂底座与斜腕臂底座之间的垂直安装距离（m）；h_2—斜腕臂套管双耳零件连接长度（m）；h_3—斜腕臂垂直投影长度（m）；h_4—支柱侧面限界测量点至平腕臂支柱固定点之间的垂直距离（m）；H_c—承力索至钢轨面的垂直高度（m）；C_X—支柱侧面限界（m）；m_c—承力索在曲线上轨平面处垂直投影与线路中心的偏移距离（m）；h—曲线外轨超高（m）

1）直线区段腕臂长度计算

腕臂长度可根据下式确定：

$$\begin{cases} L_1 = C_X + \beta h_4 \pm a \quad (\text{m}) \\ h_3 = h_1 - h_2 \quad (\text{m}) \\ L_3 = L_1 - (\text{承力索至承力索座中心的距离}) - (\text{承力索座中心至套管双耳的距离}) - \beta h_1 \end{cases} \tag{10-1-1}$$

式中　a——承力索拉出值（m）；

“±”——正定位时取“−”号，反定位时取“+”号；

β——支柱斜率（要考虑支柱整正后产生的斜率）。

$$\begin{cases} \text{平腕臂钢管长度} = L_1 + L_2 - L_平 - L_棒 \quad (\text{m}) \\ \text{斜腕臂钢管长度} = \sqrt{\left(L_3 - L_斜\right)^2 + h_3^{\,2}} - L_棒 \quad (\text{m}) \end{cases} \tag{10-1-2}$$

式中　L_2——承力索至平腕臂钢管头的距离（m）；

$L_{棒}$——棒式绝缘子安装长度（m）。

2）曲线区段腕臂长度计算

可根据下式确定：

$$\begin{cases} L_1 = C_X + \beta h_4 \pm (a - H_c \dfrac{h}{L}) \\ h_3 = h_1 - h_2 \\ L_3 = L_1 - (\text{承力索至承力索座中心的距离}) - (\text{承力索座中心至套管双耳的距离}) - \beta h_1 \end{cases} \tag{10-1-3}$$

式中　L——钢轨轨距（m）；

"±"——当支柱位于曲线外侧时取"−"号，支柱位于曲线内侧时取"+"号；

其余符号与直线腕臂长度计算相同。

$$\begin{cases} \text{平腕臂钢管长度} = L_1 + L_2 - L_{平} - L_{棒} \\ \text{斜腕臂钢管长度} = \sqrt{\left(L_3 - L_{斜}\right)^2 + h_3{}^2} - L_{棒} \end{cases} \tag{10-1-4}$$

2. 转换柱腕臂长度计算

平支腕臂计算一般是先算平腕臂然后算斜腕臂，抬高支则是在计算完平支之后进行计算。转换柱腕臂长度计算示意图如图 10-1-7 所示。

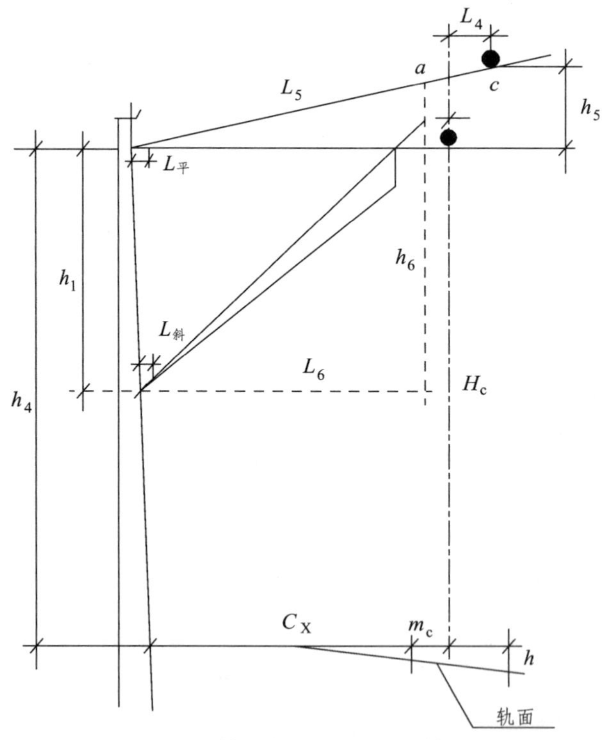

图 10-1-7　转换柱腕臂长度计算示意图

根据图 10-1-7 可以看出，转换柱非工作支腕臂按线间距要求相对工作支有一定水平偏移（L_4——非工作支承力索与工作支承力索之间的水平距离）和抬高（h_5——非工作支承力索与工作支承力索之间的垂直距离）。对于工作支腕臂长度可以按普通中间柱计算方法进行，现就非工作支腕臂长度计算说明如下：

$$\begin{cases} L_5 = \sqrt{\left(L_1 \pm L_4\right)^2 + {h_5}^2} \\ h_7 = (ac\text{段长度}) \times \dfrac{h_5}{L_1 \pm L_4} \\ h_6 = h_1 + h_5 - h_2 - h_7 \\ L_6 = L_5 - (\text{承力索至承力索座中心的距离}) - (\text{承力索座中心至套管双耳的距离}) - \beta h_1 \end{cases} \tag{10-1-5}$$

式中　L_5——非工作支平腕臂承力索固定点至支柱固定点长度（m）；

h_7——ac 段（承力索座中心至套管双耳的距离）垂直投影长度（m）；

“±”——当非工作支承力索位于工作支承力索支柱侧时取“-”号，位于另一侧时取“+”号。

$$\begin{cases} \text{非工作支平腕臂钢管长度} = L_5 + L_2 - L_{\text{平}} - L_{\text{棒}} \\ \text{非工作支斜腕臂钢管长度} = \sqrt{\left(L_6 \quad L_{\text{斜}}\right)^2 + {h_6}^2} - L_{\text{棒}} \end{cases} \tag{10-1-6}$$

（五）腕臂预配

腕臂预配工作将在车间进行，计算数据表中给出了每一根电杆的腕臂所要求的规格。腕臂加工数据表将给出管材长度、每根腕臂的安装固定位置等信息。该数据表将提交给加工单位使用。

在腕臂加工之前，首先要汇总相关资料，例如：组装编号、管材长度、安装位置、弹吊长度、定位器长度、斜支撑类型、有无防风拉线以及张力补偿装置等情况。张力补偿装置对防风拉线的安装是非常重要的。

预配应采用预配作业台，保证腕臂管和相关零件的定位摆放及模拟安装。预配时应配合该项目所选用的棒式绝缘子进行，保证接口匹配。

1）管材切割

数据表中的数据是依据平腕臂、斜腕臂、定位管以及腕臂支撑管的长度计算得出的。因此一定要根据数据表给出的规格尺寸用圆锯进行切割。

2）平腕臂的预配

根据计算单和组装图进行平腕臂上各部件的安装，如图 10-1-8 所示；平腕臂上安装的零件包括：承力索座、套管座、管帽（见图 10-1-9）以及连接腕臂支撑的套管单耳。安装时应注意平腕臂上与绝缘子螺栓销（或压板凸台）配合的孔的位置和方向。在开放端扣上匹配规格的 PVC 管帽，用塑料型榔头轻轻敲紧，敲击时应敲打管帽的边沿，以免管帽被损伤。腕臂支撑在完成锯切以及与两端双耳套筒的装配后，一般也直接与平腕臂上的套管单耳连接。

3）斜腕臂的预配

根据计算单和组装图实施斜腕臂上各部件的安装，如图 10-1-10 所示。斜腕臂上安装的零件包括：与定位管连接的定位环、与腕臂支撑连接的套管单耳、管帽，需要时还包括与定位管支撑连接的套管单耳。

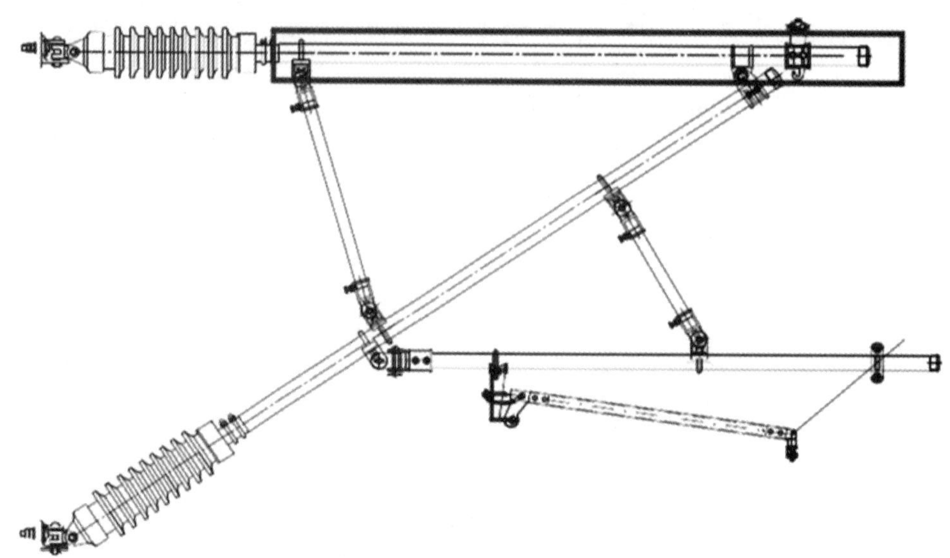

图 10-1-8　平腕臂的安装

图 10-1-9　管帽的安装

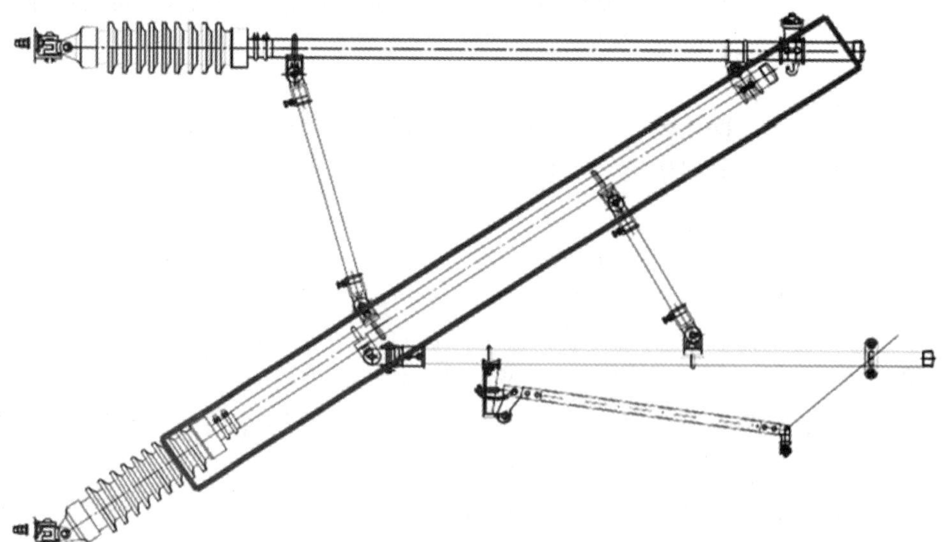

图 10-1-10　斜腕臂的安装

安装时应注意斜腕臂上套管单耳和定位环的相对位置，一般位置关系如图 10-1-11 所示。预配时除套管座 M20 的连接螺栓和承力索座顶部压线螺栓不要紧固外，各连接螺栓、顶紧螺栓应按照紧固力矩表紧固到位。

（a）正定位　　（b）反定位

图 10-1-11　正反定位的斜腕臂装配

预配后，每个腕臂支持总成单独标识用铝线绑扎，不得采用铁线，防止损伤腕臂管。绑扎后的腕臂组需进行适当的包装防护。

（六）腕臂安装

预配好的腕臂装置运输到施工现场后进行整体吊装。

安装步骤依次为：斜腕臂与绝缘子安装、平腕臂与绝缘子连接、腕臂支撑与斜腕臂连接、承力索座与承力索连接。定位管、定位器、定位管拉线（或定位管支撑）、电气跳线等的安装在接触线放线之后依次进行。

（1）松开已安装在腕臂下底座上的悬式绝缘子的压板，将斜腕臂的一端插入绝缘子孔内，先不紧固螺栓，待斜腕臂安装到位后再用双套压板压紧腕臂管。

（2）松开已安装在腕臂上底座上的悬式绝缘子的压板 U 形螺栓，并取下连接螺栓销，将平腕臂的带定位孔的一端插入绝缘子孔内，调整好位置，使之与绝缘子上的螺栓销准确连接，并装好螺母及开口销，开口销两肢掰开夹角在 120°～130°。然后紧固连接 U 形螺栓至规定紧固力矩（数据由绝缘子厂家提供）。

（3）解开腕臂支撑捆扎，将支撑一端与腕臂上的套管单耳连接，注意装好开口销。

（4）用规定的紧固力矩（100 N · m）紧固套管座上的 M20 螺栓。

二、作业指导书

本任务以接触网腕臂主要是理论基础，因此任务中的作业实施可以针对具体现场情况进行认知学习。在这里，我们以接触网典型结构中支柱的认知为例进行展示，大家也可参考以下作业指导书针对其他接触网认知开展学习。

（一）范　围

本作业指导书规定了对接触网腕臂预配和安装操作内容。

（二）引用规范性文件

《接触网设计规范》《接触网运行检修规程》《接触网安全工作规程》。

（三）作业目的

完成对接触网腕臂的认知学习，熟知腕臂的计算方法、预配和安装步骤，掌握接触网腕臂的预配技术标准。

（四）作业内容

1. 工艺流程

工艺流程如下：

2. 作业步骤

1）作业准备

预制组根据腕臂预配表提取材料，从库房领取，并进行外观检查和型号数量确认，严禁使用不合格品。

2）下料

根据腕臂预制表，在作业台上用钢卷尺测量出平、斜腕臂、定位管及腕臂支撑的下料长度，并用划线笔在管上做标识。平腕臂下料后需在与棒瓶相连端单侧钻孔，打眼。

3）预配腕臂

① 按支柱装配预制表尺寸，在斜腕臂上用钢卷尺测量出双套管连接器位置、定位环和安装腕臂支撑的套管单耳安装位置，用划笔划线标识。装好定位环和套管单耳等连接螺栓处止动垫片，再用梅花扳手拧紧定位环和套管单耳的连接螺栓及斜腕臂的双耳终端线夹，并用力矩扳手检测达标。把止动垫片煨到位。

② 按支柱装配预制表尺寸，在平腕臂上用钢卷尺测量出安装腕臂支撑和平、斜腕臂连接的双套筒联结器及承力索支撑线夹的安装位置，用划笔划线标识。戴好连接螺栓处的止动垫片，再用梅花扳手拧紧其连接螺栓，并用力矩扳手检测达标。把止动垫片煨到位。戴上平腕臂管帽。

4）预配组合定位装置

① 在安装好双耳套筒的定位管上，按计算长度，用钢卷尺测出安装定位器支座、吊线的钩头定位管卡子和安装防风拉线的 55 型环头卡子安装位置，用划笔划线标识。

② 从另一头穿入限位支座线夹，定位管拉线用钩头定位管卡子及 55 型环头卡子，并按设计要求安装在各自位置，用梅花扳手拧紧其连接螺栓，并用力矩扳手检测达标；把止动垫片煨到位；安装好管帽。

③ 把定位管和定位器连接在一起，用 $\phi 2.0$ 铁线捆扎在一起，在定位管上标记安装的支柱号。（正定位可与腕臂捆在一起）

④ 把定位支座与定位器的电连接，固定一端在在定位支座另一端待正式安装时再进行连接。

5）加工防风拉线和定位管斜拉线

① 在防风拉线预制平台上，按平台上的刻度测量、下料。

② 用煨弯器将不锈钢线两头煨成环形。

③ 长环穿进定位环后，把一钢制圆环套进长环的回头，然后用钳子将回头摵成圆弧形。

④ 定位管吊线的钢丝绳长度为计算长度（需由现场定位调整后测量验证）再加两头回头的长度，量出后，标出断点，在断点两边绑缠胶带，以防散股，用切割机切断不锈钢绳。两头先将压接管套入，再将心形护环套入回头内，用力拉线头，按设计长度测量总长度并确认，用压接钳先压好一头压接管（每个压接管压两个坑），再复测一次，再压接第二个压接管，完成后将两线头压好线鼻子，全部结束后加贴上安装支柱号予以标识。

6）组装

① 把定位管腕臂支撑杆、定位器及定位管吊线用 $\phi 2.0$ 铁线捆扎好。

② 把平、斜腕臂用 $\phi 2.0$ 铁线捆扎成一整体。以锚段为单位整理、标识并标明支柱号。

③ 用塑料袋和草袋绑扎好绝缘子，与腕臂分开存放，安装腕臂时一起领取，现场安装前再与腕臂连接，以便运输，同时使绝缘子不易损坏。

3. 技术标准

（1）支柱装配的预配应采用专用预配台具进行，预配的各项长度尺寸偏差不应大于 3 mm。预配完毕后，应进行复测，未达标应重新预配。

（2）顶紧螺栓顶端为圆形杯口状，是确保安装稳定的重要部件，不得用其他零件替代，确保紧固力矩值 75 N · m。

（3）定位管吊线固定钩，背向斜拉线安装，即正定位时朝向支柱，反定位时反向支柱，安装位置如下：

① 中间柱和以下未经提到的安装类型的定位管钩，正定位方式安装时在距导线定位线夹支柱侧 400 mm，反定位方式安装时在距导线定位线夹线路侧 400 mm 处。

② 非绝缘关节：可以调节吊线固定钩的位置，以保障腕臂偏移时，定位管吊线不与另一支承（导）线相磨。

③ 绝缘关节：应校核斜拉线与另一支承（导）线的绝缘距离，必要时可调整定位管钩位置。

④ 道岔定位支柱装配按图纸要求。个别情况可视实际情况而定。

（4）防风拉线环距定位器头 600 mm。防风拉线环的 U 螺栓穿向补偿下锚方向（以中心锚结为界），与水平向上呈 45°状态。防风拉线与定位器连接处钩与双线处于同一平面内。采用钢制圆环套进长环回头。

（5）定位管吊线（$\phi 19\times 7$，$\phi 6$ 不锈钢丝绳）两端均加装鸡心环，采用压接方法固定，线头上压接线鼻子，与载流吊弦预制相同。

（6）组合承力索座下悬挂定位管吊线的钩形线夹缺口，正定位朝远离支柱侧，反定位朝支柱侧。

（7）关节内（两线或三线并行段）支柱装配棒式绝缘子采用 16 kN 型；关节外的支柱（含接触悬挂锚柱）采用 12 kN 型。

（8）同一支柱有多根腕臂时，腕臂上应明确标明安装位置（如 123#有三根腕臂可用 123-北、123-中、123-南来区分）。

（9）对于侧面限界超标严重的支柱，需通过软件验证调整底座安装位置（预留孔位已预先考虑），保证定位环安装位置。为保证定位器的安装和受力符合要求，套管绞环偏离承力索座的距离最大可调整到 500 mm（提供督导确认）。

【任务实施及考核】

一、任务实施

（一）任务实施目的

掌握接触网腕臂预配和安装操作技能。

（二）任务实施准备工作

接触网腕臂安装图一份，以及对应的材料工具，有合适的场地。

（三）任务实施场地器材

（1）工具如表10-1-1所示。

表10-1-1 工具清单

序号	名称	规格	单位	数量	备注
1	切割机	台式	台	1	
2	电钻	台式	台	1	
3	梅花扳手	M17、M 19、M 18、M 21	套	4	
4	力矩扳手		套	2	
5	钢卷尺	2 m	把		预配人员人均1把
6	钢卷尺	5 m	把		预配人员人均1把
7	划线笔	钳工划线笔	把	3	
8	预配平台		台	2	
9	钳子	200 mm	把		预配人员人均1把
10	记号笔		支	2	标记号
11	压接钳		把	1	压接定位管吊线用
12	胶带		盘	2	
13	管钳		把	1	

（2）材料设备如表10-1-2所示。

表10-1-2 材料设备清单

序号	名称	规格	单位	数量	备注
1	斜腕臂	ϕ70×6	件	若干	长度依据计算切割
2	承力索支撑线夹	按设计要求定	套		数量按工程所需
3	套管单耳	按设计要求定	套		数量按工程所需
4	平腕臂	ϕ55×6	件	若干	长度依据计算切割
5	腕臂支撑	ϕ42×6	套		长度依据计算切割
6	双耳套筒	ϕ42	套		腕臂支撑用单顶紧螺栓
7	双套管连接器	ϕ70、ϕ55	套		数量按工程所需
8	定位环	按设计要求定	套		数量按工程所需

续表

序　号	名　称	规　格	单　位	数　量	备　注
9	双耳套筒	ϕ55	套		定位管用双顶紧螺栓
10	定位管	ϕ55×6	套		长度依据计算切割
11	组合定位器	按设计要求定	套	若干	数量按工程所需
12	电连接线	CU35（35×33）	套	若干	联结定位器与定位支座
13	棒式绝缘子	按设计要求定	套	若干	数量按工程所需
14	管帽	按设计要求定	个	若干	数量按工程所需
15	吊线固定钩	按设计要求定	套	若干	数量按工程所需
16	防风拉线	ϕ3.0	套	若干	
17	防风拉线固定环	按设计要求定	套	若干	
18	心形护环	按设计要求定	件	若干	加工定位管吊线装置
19	压接管	按设计要求定	件	若干	加工定位管吊线装置
20	不锈钢钢丝绳	ϕ19×7	m	若干	加工定位管吊线装置
21	镀锌铁线	ϕ1.6	kg	若干	绑扎吊线夹
22	线鼻子	按设计要求定	件	若干	

（四）任务实施步骤

（1）理论学习。完成本任务相关理论的学习。

（2）拓展学习。完成本任务拓展资料的学习

（3）任务实施。在掌握相关理论学习的基础上，结合接触网腕臂实物进行预配和安装，如图 10-1-12 所示。各部件名称及注意事项如表 10-1-3 所示。

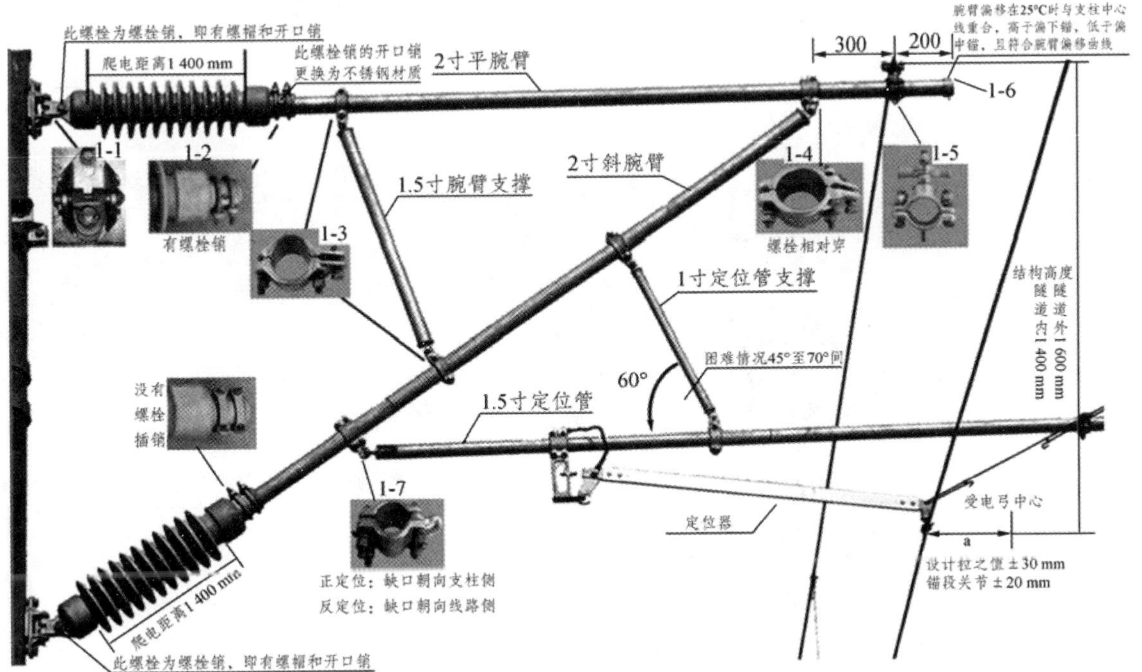

（a）

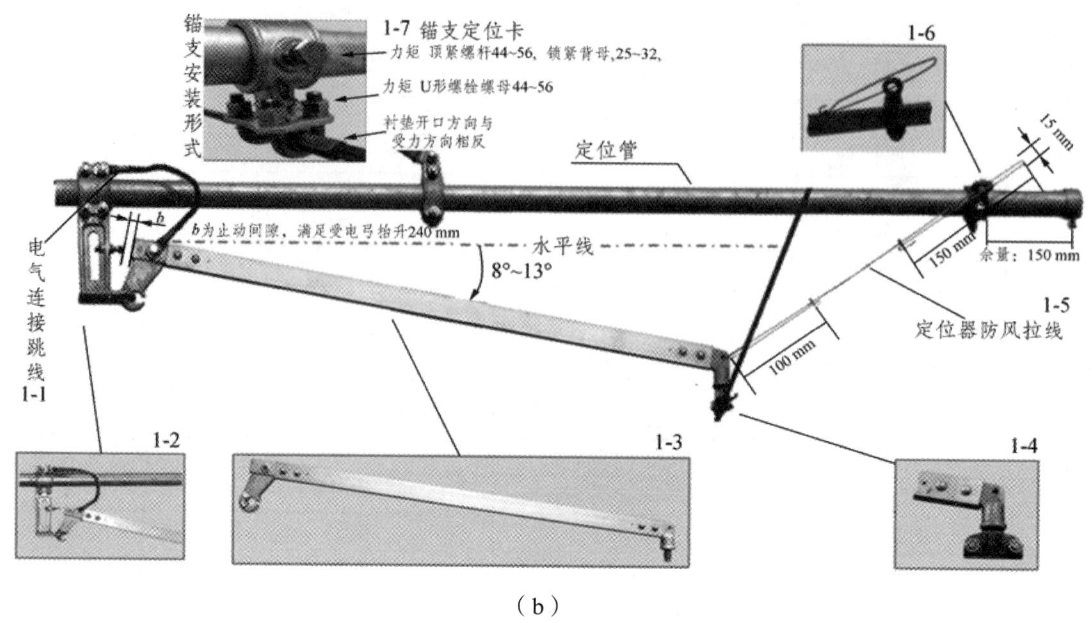

（b）

图 10-1-12 接触网腕臂结构图

表 10-1-3 各部件名称及注意事项

名称	图片	注意事项
腕臂底座（1-1）	M20 力矩：120~135 上下腕臂底座一样	开口销要扳开 120°以上； 与支柱连接的螺栓均为双螺母，里外各装垫片； 旋转双耳上下各装 1 垫片； 竖向插销为销钉安装形式，横向插销为螺栓销安装形式，有螺母及开口销
棒式绝缘子（1-2）	M12 力矩：30	开口销要扳开 120°以上； 表层瓷釉无脱落，伞裙无破损，无脏污； 每个绝缘子应包括 2 套 U 型螺栓和铁锚压板、4 个螺母、2 个垫片； 铁锚压板应落槽到位； 差别：平腕臂瓷瓶铁锚压板处有螺栓销，斜腕臂无
支撑管卡子（1-3）	M12 力矩：44~56	开口销要扳开 120°以上； 两个螺栓要均匀紧固，无开口销螺杆必须有止动片
套管双耳（1-4）	M10 力矩：30~32	开口销要扳开 120°以上； 螺母应交替循环紧固，螺杆头应落线夹卡槽内； 安装后不偏斜，止动垫片长扣本体短贴螺母； 抱箍处 4 根螺杆应正反交替

续表

名称	图片	注意事项
承力索座（1-5）	M12 力矩：44~56 单槽	开口销要扳开120°以上； 止动垫片长片紧扣本体，短片紧贴螺母平面； 腕臂偏移符合偏移量安装曲线，误差±20 mm； 承力索与接触线在同一垂面，误差±30 mm； 线槽内有预绞丝保护线索，预绞丝在线夹正中心位置
	M16 力矩：60~70 M12 力矩：44~56 双槽	止动垫片长支扣本体，短支贴螺母，螺母交替紧固； 腕臂偏移符合偏移量安装曲线，误差±20 mm； 承力索与接触线在同一垂面，误差±30 mm； 双线槽处上下均有铜衬垫，衬垫端部必须折弯，防止窜动
管帽（1-6）	M8 力矩：13 规格：48/60	定位管、腕臂端头都要加装管帽，管帽无开裂； 紧固螺栓应朝下安装
定位环（1-7）	M12 力矩：44~56	止动垫片长支扣本体，短支贴螺母，螺母交替紧固； 正定位定位环缺口朝支柱，反定位定位环缺口朝线路； 定位环方向应和斜腕臂单耳方向一致，不应偏斜； 共4组螺栓，每组配螺母、弹垫、止动垫片各1个

（4）完成考核。

（五）注意事项

预配和安装过程中应注意轻拿轻放，严禁抛落、锤击等粗放作业，防止零件损伤。解开捆扎时应按照安装步骤逐步进行，以便于安装时的操作。

二、考核表

序　号	考核内容	考核标准	标　准	得　分
1	腕臂计算	能根据给定的装配条件计算腕臂参数	计算正确，满分30分，每错一处扣10分	
2	腕臂预配	能正确完成预配准备工作（10分），正确完成下料（5分），说出正确的预配步骤和注意事项（25分）	40分，各项酌情给分	
4	腕臂安装	能正确按照腕臂安装步骤完成操作（20分），说出安装时的技术标准（10分）	30分，各项酌情给分	
总　分			100分	

任务二　接触网支撑定位装置的检调

【任务描述】

本任务是对接触网支撑装置各零部件进行检修，以保证这些部件在运用中保持良好的状态；明确各检修部位及工序的作业步骤，以实现作业过程有效可控。由于前面一个任务我们以高铁接触网为例进行展示，为增加教学类型，本节以普速铁路接触网的支撑定位装置为例进行展示。

【资讯】

微信扫二维码，看本章教案

一、理论学习部分

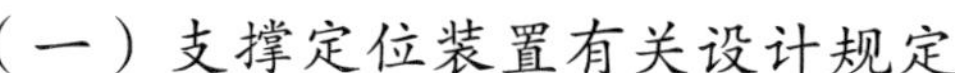

（一）支撑定位装置有关设计规定

（1）标准值：设计值。

（2）安全值：标准值±200 mm。

（3）限界值：（以跨距中最短吊弦长度为依据界定）v≤160 km/h 时，最短吊弦长度为 250 mm；v>160 km/h 时，最短吊弦长度为 500 mm，困难条件下不少于 300 mm。

（二）支撑定位装置技术状态应符合下列要求

（1）腕臂的安装位置应满足承力索悬挂点距轨面距离（即导线高度加结构高度），允许误差为±200 mm，悬挂点距线路中心线的水平距离符合规定。

（2）绝缘腕臂的棒式绝缘子安装时滴水孔朝下，腕臂上的各部件（不包括定位装置）应与腕臂在同一垂直面内，铰接处要灵活转动。腕臂不得弯曲且无永久变形，顶部非受力部分长度为 100 ~ 200 mm，顶端封帽要密封良好。

（3）腕臂偏移。

标准值：在无偏移温度时，应垂直于线路中心线，温度变化时，其偏移量应和该处承力索伸缩量相对应。

限界值：极限温度时，其偏移值不应超过腕臂垂直投影长度的 1/3。

（4）双线路腕臂应保持水平状态，其允许仰高不超过 100 mm，无永久性弯曲变形。定位立柱应保持铅垂状态。腕臂距吊柱上下部距离要符合规定。斜腕臂底座距离吊柱下端不少于 25 mm。

（5）拉杆（压管）或水平腕臂的安装位置要满足承力索的悬挂需要，安装误差与腕臂相同。

（6）拉杆（压管）或水平腕臂应呈水平状态，允许悬挂点侧仰高不超过 100 mm。拉杆必须处于受拉状态。

（7）隧道内的埋入杆件（包括立柱）应安装牢固，无断裂、变形、松动和锈蚀，其周围水泥填充物无辐射性裂纹、脱落，对杆件应有良好的防腐和固定措施（镀锌层脱落处要及时补漆）。

（8）隧道内“V”字形、“人”字形简单悬挂滑动环与滑动杆不卡滞。

（9）隧道立柱应保持铅垂状态，其倾斜角不得大于 1°；立柱地脚螺栓必须是双螺帽，拧紧螺帽后螺栓外露长度不得小于 30 mm；调整立柱用的垫片不得超过 3 片；立柱垂直线路的位置符合规定，允许偏差如无规定时，按 50 mm 执行；立柱底板与拱顶间隙的填充物符合规定。

（10）各零部件齐全，状态良好无锈蚀，螺栓紧固力矩符合规定。

（三）支撑定位装置检查流程

支撑定位装置检查时需要对接触网各零部件进行检修，以保证这些部件在运行中保持良好的状态，并对紧固到位的部件进行划线，使零部件紧固状态可视化。检查流程如图 10-2-1 所示。

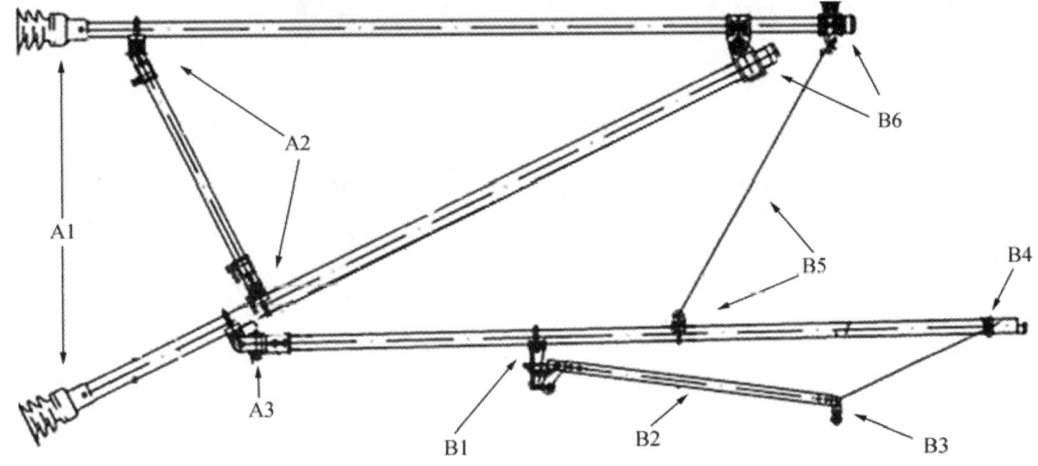

图 10-2-1　支撑腕臂装置检查流程

作业人员 A 检查流程：A1→A2→A3；

作业人员 B 检查流程：B1→B2→B3→B4→B5→B6。

（四）上下部腕臂底座及瓷瓶铁锚压板的检查

（1）上、下部腕臂底座穿钉是否紧固，弹簧垫片是否压平，有无副帽。

（2）上、下部腕臂底座棒式绝缘子顶部铁锚压板安装是否正确，弹簧垫片是否压平。

（3）瓷瓶是否破损，有无脏污现象。

（4）瓷瓶铁锚压板螺栓处划线，腕臂处划线。如图 10-2-2 所示。

图 10-2-2　铁锚压板处划线

（五）斜撑的检查

（1）零部件的外观检查，无裂纹变形，零部件连接状态；
（2）检查开口销是否缺失或打开到位、螺母是否缺失等；
（3）斜撑处划线，如图 10-2-3 所示。

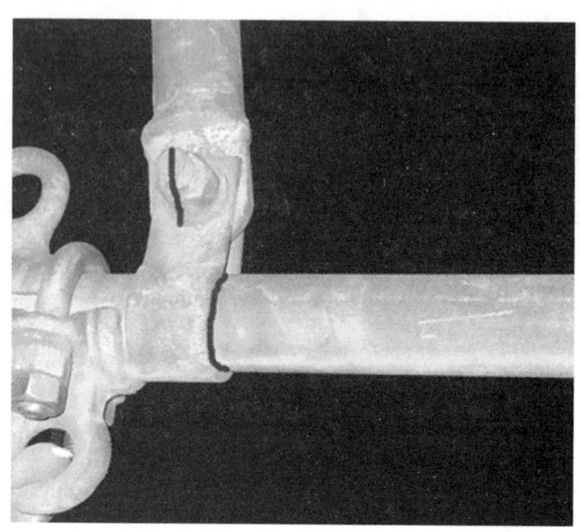

图 10-2-3 斜撑处划线

（六）套管绞环、定位环检查

（1）对套管绞环、定位环的外观整体检查，检查本体有无开裂，有无顺线路偏斜，紧固螺帽是否缺失。

（2）套管绞环、定位环划线：沿螺栓底部划向螺母至零部件处。如图 10-2-4 所示。

图 10-2-4 套管绞环、定位环处划线

（七）限位定位器座的检查

（1）对限位定位器座的外观整体检查，检查螺栓是否紧固，垫片是否压平，紧固螺帽是否缺失；定位器支座必须垂直大地，不得顺线路偏斜。

（2）限位定位器座划线：紧贴限位定位器座 U 形螺栓边沿定位管上内侧（田野侧）划一条防滑线，紧固螺母上划一条防滑线。如图 10-2-5 所示。

图 10-2-5 限位定位器处划线

（八）定位线夹的检查

（1）螺母在受压侧，纵向位置与腕臂偏移一致。止动垫片应煨到位。检查垫片是否压平，紧固螺帽是否缺失。

（2）定位线夹螺母划线，如图 10-2-6 所示。

图 10-2-6 定位线夹处划线

（九）压管的检查

（1）对压管的外观整体检查，检查螺栓是否紧固，垫片是否压平，顶丝、锁紧螺母等是否缺失。

（2）压管划线：紧贴限位 U 形螺栓边沿腕臂上外侧（线路侧）划一条防滑线，紧固螺母上划一条防滑线，顶紧螺栓从螺栓顶部划向螺母处。如图 10-2-7 所示。

（十）承力索座的检查

（1）对承力索座的外观整体检查，检查螺栓是否紧固，垫片是否压平。

（2）承力索座划线：紧贴承力索座沿腕臂上内侧（田野侧）划一条防滑线，紧固螺母上划一条防滑线，如图 10-2-8 所示。

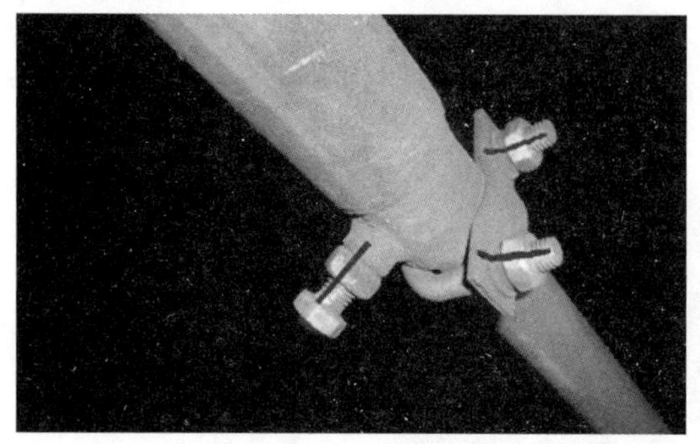

图 10-2-7 压管处划线

图 10-2-8 承力索底座处划线

二、作业指导书

（一）范 围

本作业指导书规定了对接触网支撑定位装置检调作业操作内容。

（二）引用规范性文件

《接触网设计规范》《接触网运行检修规程》《接触网安全工作规程》。

（三）作业目的

对接触网支撑装置各零部件进行检修，以保证这些部件在使用中保持良好的状态；明确各检修部位及工序的作业步骤，以实现作业过程有效可控。

（四）作业内容

1. 作业步骤

（1）到达支柱定位点处开始作业。

（2）作业人员（A）检查铁锚压板、检查棒式绝缘子，检查腕臂斜撑套管单耳、双耳套筒，检查套管单耳、旋转接头、双耳套筒组件，对无线的进行补划，对零部件缺失的进行补装。

（3）同时作业人员（B）检查定位支座、定位器及定位线夹，检查防风拉线固定环、斜拉线及拉线钩，检查双套筒连接器组件，检查承力索底座，对无线的进行补划，对零部件缺失的进行补装。

质检员对作业过程进行监督并记录，作业完毕后将作业平台复位，作业车行至下一作业点。

2. 划线

线条均匀、笔直，且划在成像拍照中能拍摄到的位置（划在面向来车方向，不能面向来车方向则划在面向底部）；套管、套筒与腕臂结合部，顶紧螺栓，缺垫片（含垫片安装不正确的）的螺母处划线。划线宽度为 2 ~ 3 mm，套管、套筒处位置是面向来车方向的半个圆，顶紧螺栓从螺栓顶部划向螺母处。

（五）作业标准

（1）上下部腕臂底座及瓷瓶铁锚压板的检查。上、下部腕臂底座穿钉是否紧固，弹簧垫片是否压平，有无副螺帽。上、下部腕臂底座棒式绝缘子顶部铁锚压板安装是否正确，弹簧垫片是否压平。瓷瓶是否破损，有无脏污。

（2）斜撑零部件的外观检查，有无裂纹变形，零部件连接状态，顶丝、锁紧螺母等是否缺失。

（3）垂直定位环（套管单耳）检查。对垂直定位环的外观整体检查，检查本体有无开裂；单耳部分垂直大地，不得顺线路偏斜；垫片是否压平，紧固螺帽是否缺失。

（4）旋转双耳+双耳套筒检查。对旋转双耳、套筒双耳检查外观整体检查，检查本体有无开裂，用手纵向推动一下定位管，观察旋转双耳，如果转动或受不正常的力，则易造成旋转双耳开裂，需进一步检查分析。检查顶紧螺栓及锁紧螺帽是否松动，对无线的进行补划防松线。

（5）限位定位器座的检查。对限位定位器底座的外观整体检查，是否开裂（若存在开裂，详细记录外部环境情况，如曲线、附加设备等）；检查螺栓是否紧固，垫片是否压平，紧固螺帽是否缺失；定位器支座必须垂直大地，不得顺线路偏斜。

（6）定位器的状态检查。对定位器的外观整体检查，检查定位器是否破损，有无烧伤痕迹；定位器应处于受拉状态，对受压的定位器进行调整。

（7）定位线夹检查，如图 10-2-9 所示。

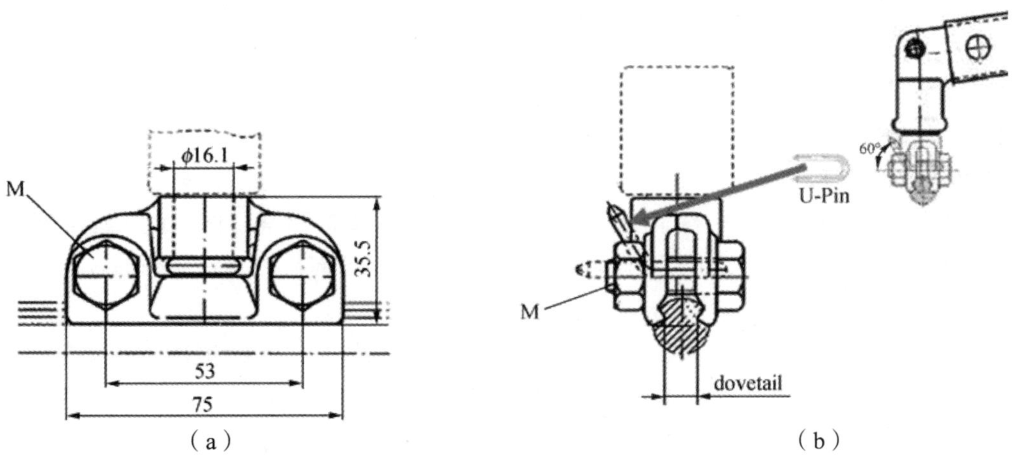

图 10-2-9　定位线夹

螺母在受压侧，纵向位置与腕臂偏移一致，U 形穿销是否向上掰成 60°；止动垫片应煨到位；检查垫片是否压平，紧固螺帽是否缺失；定位线夹使用强光灯采用三视法，即前、后、左（右）检查线夹本体状态，如图 10-2-10 所示。

（8）定位器尾部电连接线检查。如图 10-2-11 所示。等电位连接线固定螺栓是否紧固到位，有无松动。对线鼻子顶限位定位器座的，应松开等电位连接线并进行调整。

图 10-2-10　三视法检查定位线夹

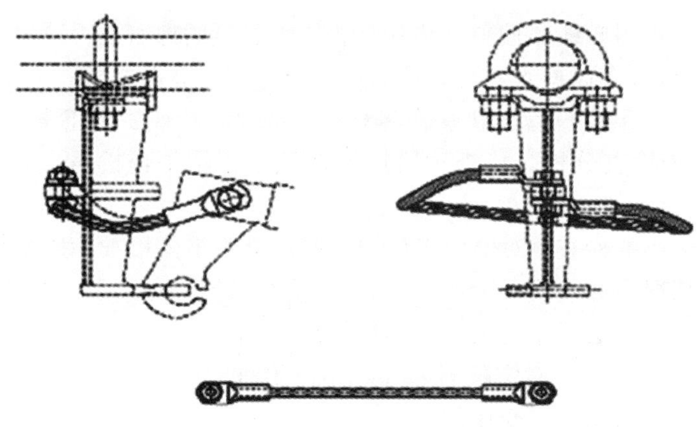

图 10-2-11　定位器尾部电连接线

（9）U 形螺栓防风拉线及固定环的检查。对防风拉线固定环的外观整体检查，检查防风拉线与固定环相磨程度，检查螺栓是否紧固，垫片压紧固螺帽是否缺失。

（10）吊钩定位环的检查。对吊钩定位环的外观整体检查，检查螺栓是否紧固，垫片是否压平，紧固螺帽是否缺失（U 形螺栓的螺母处垫片缺装或无法调整到位则使用油漆笔划红线防滑）；定位管吊线固定钩，背向斜拉线安装，即正定位时朝向支柱，反定位时反向支柱。

（11）定位管斜拉线检查。检查上、下部压接管是否压紧。

（12）检查双套筒连接器。零部件的外观检查，有无裂纹变形，零部件连接状态，顶丝、锁紧螺母等是否松动、缺失；连接器本体连接后，部件竖直面上应垂直于轨面；划线处是否滑移。

（13）检查承力索支撑线夹。目测进行零部件的外观检查，有无裂纹变形，零部件连接状态，顶丝、锁紧螺母是否松动、缺失；承力索支撑线夹安装方向应正确（底座处钩头开口正定位朝线路侧、反定位朝田野侧）；安装好的承力索支撑线夹应竖直向上；检查副线、铜铝过渡套有无缺失，平衡线是否与定位器方向异侧；压线盖板螺栓有无松动、承力索有无从支座中脱出；承力索支撑线夹有无缺平衡线、铜铝过渡套。

（14）开口销装配方法：用手或钳子将开口销插入圆柱销内，不能用榔头将开口销打进去，用螺丝刀将开口销掰开。掰开开口销的角度，原则上不小于 120°（两边对称）。开口销在打开时，注意使分开的部分平直、对称，如图 10-2-12（a）。不允许长短不齐[见图 10-2-12（b）]、带 R 形[见图 10-2-12（c）]和上下空挡[见图 10-2-12（d）]。

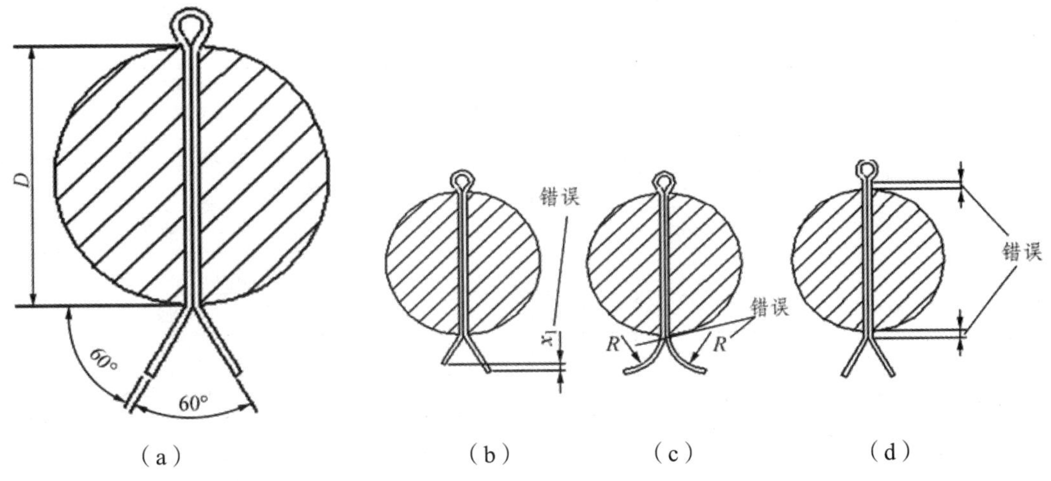

图 10-2-12　开口销装配示意图

【任务实施及考核】

一、任务实施

（一）任务实施目的

对接触网支撑装置各零部件进行检修，以保证这些部件在使用中保持良好的状态。

（二）任务实施准备工作

（1）材料准备，如表 10-2-1 所示。

表 10-2-1　材料清单

序　号	名　称	规　格	单　位	数　量	备　注
1	定位线夹		个	2	
2	定位环	碗臂与支撑连接	个	2	
3	承力索座		个	2	单槽、双槽各一个
4	开口销		个	20	
5	螺母	各种型号	套	各 5	
6	电力复合脂		盒	1	
7	定位器		组	1	

说明：开口销、各种垫片、螺母可根据需要配带，其他可放置在作业车上材料箱，如有需要再上作业平台。

（2）工具准备，如表 10-2-2 所示。

表 10-2-2　工具清单

序　号	名　称	规格或型号	单　位	数　量	备　注
1	作业车（或车梯）		台	1	
2	力矩扳手	0～200 N·m	个	2	配 8、12、16、20 套筒子各 2 个放置在作业车上
3	力矩扳手	0～100 N·m	个	2	套筒头（内六角，尺寸 10，用于 M12 内六角螺栓的）
4	大绳	ϕ18 mm	条	1	放置在作业车上
5	锉刀		把	1	放置在作业车上
6	扭面器		套	2	放置在作业车上
7	五轮直弯器		台	1	放置在作业车上
8	梅花扳手	8～20 mm	套	2	放置在作业平台上
9	链式手扳葫芦	1.5 t	台	1	放置在作业车上
10	水平尺	600 mm	把	1	放置在作业平台上
11	安全带		条	1	现场作业人员每人 1 条
12	短接线		套	1	放置在作业平台上
13	角度仪		套	1	放置在作业平台上
14	弹簧秤	20 kg	套	1	放置在作业平台上

（三）任务实施场地器材

接触网安装图。

（四）任务实施步骤

（1）理论学习。完成本任务相关理论的学习。
（2）拓展学习。完成本任务拓展资料的学习。
（3）检调操作。在掌握相关理论的学习的基础上，结合安装图进行检调操作。
a. 上下部腕臂底座及瓷瓶铁铆压板的检查。
b. 斜撑的检查。
c. 支撑装置检查。
d. 定位装置检查。
（4）完成考核。

（五）注意事项

（1）进行支撑装置的调整工作时，要有防止线索滑脱的措施，且作业人员不宜位于线索受力方向的反侧。

（2）水平拉杆只能承受拉力，在受压时选用压管或水平腕臂；调整或更换套管铰环等受力部件时，应在充分卸载的情况下进行。

（3）各部螺栓紧固时应注意交替紧固，受力均匀，紧固过程中不能咬扣。严禁使用金属工具敲打零部件。

（4）双槽承力索座：正定位承力索安装在靠近支柱侧的线槽，反定位承力索安装在远离支柱侧的线槽。承力索中心锚接绳或配线上铜铝衬垫开口与承力索上的开口相对。

（5）作业完毕后，检查相关设备状态，不符合要求时要按标准进行适当调整，并严格复核受电弓动态包络线。

二、考核表

序　号	考核内容	考核标准	标　准	得　分
1	检查	a.检查平腕臂、压管、水平拉杆受力状态是否良好，综合调整套管铰环位置和调节板孔位（压管调节滑动管长度）（10 分） b.检查防风支撑、定位环、支撑管卡子、调整螺栓、软定位拉线、斜拉线等支撑装置零部件状态是否良好，各部螺栓是否紧固到位（10 分） c.底座安装位置是否符合安装图的要求，底座与支柱是否密贴、水平（5 分） d.腕臂有无变形、损伤和锈蚀；检查各部件的装配是否符合规定，铰接处是否转动灵活（5 分） e.腕臂顺线路的偏移值及水平状态是否符合规定（5 分） f.各零部件是否有锈蚀、变形、裂纹，各部螺栓是否紧固；绝缘部件有无破损和放电痕迹，铁帽和金具是否锈蚀，瓷绝缘子釉面剥落面积是否超过 300 mm^2，连接件是否松动（10 分） g.桥梁、隧道埋入杆件有无松动、变形和裂纹，检查埋入杆件、立柱底板与拱顶间隙的填充物是否符合规定，有无剥落和裂纹（5 分）	50 分（按各细则给分）	
2	调试	根据检查结果，将各部位零件恢复调整到划线位置，或者直接更换新零件	正确恢复或者更换满分 50 分，如一项未达到标准则扣 5 分	
总　分			100 分	

配套习题

一、单项选择题

1. 开口销两肢掰开夹角为（　　）。

   A. 60　　B. 90　　C. 120　　D. 150

2. 正定位方式安装时在距导线定位线夹支柱侧（　　）mm。

   A. 100　　B. 200　　C. 300　　D. 400

3. 反定位方式安装时在距导线定位线夹线路侧（　　）mm。

A. 100　　B. 200　　C. 300　　D. 400

4. 防风拉线环距定位器头（　　）mm。

A. 100　　B. 200　　C. 450　　D. 600

5. 防风拉线环的 U 螺栓穿向补偿下锚方向（以中心锚结为界），与水平向上呈（　　）状态。

A. 30　　B. 45　　C. 60　　D. 90

6. 套管绞环偏离承力索座的距离最大可调整到（　　）mm。

A. 100　　B. 200　　C. 450　　D. 500

7. 斜腕臂底座距离吊柱下端不少于（　　）mm。

A. 10　　B. 15　　C. 20　　D. 25

8. 双线路腕臂应保持水平状态，其允许仰高不超过（　　）mm。

A. 50　　B. 100　　C. 150　　D. 200

9. 隧道立柱应保持铅垂状态，其倾斜角不得大于（　　）。

A. 1　　B. 3　　C. 6　　D. 8

10. 立柱地脚螺栓必须是双螺帽，拧紧螺帽后螺栓外露长度不得小于（　　）mm。

A. 10　　B. 20　　C. 30　　D. 50

11. 调整立柱用的垫片不得超过（　　）片。

A. 1　　B. 2　　C. 3　　D. 4

12. 支柱装配的预配应采用专用预配台具进行，预配的各项长度尺寸偏差不应大于（　　）mm。

A. 2　　B. 3　　C. 4　　D. 5

13. 关节内（两线或三线并行段）支柱装配棒式绝缘子采用（　　）KN 型。

A. 12　　B. 16　　C. 20　　D. 24

14. 关节外的支柱（含接触悬挂锚柱）采用（　　）KN 型。

A. 12　　B. 16　　C. 20　　D. 24

15. 为保证定位器的安装和受力符合要求，套管绞环偏离承力索座的距离最大可调整到（　　）mm（提供督导确认）。

A. 300　　B. 350　　C. 400　　D. 500

16. 腕臂的安装位置应满足承力索悬挂点距轨面距离（即导线高度加结构高度），允许误差±（　　）mm，悬挂点距线路中心线的水平距离符合规定。

A. 150　　B. 200　　C. 250　　D. 300

17. 腕臂偏移在极限温度时，其偏移值不应超过腕臂垂直投影长度的（　　）。

A. 1/2　　B. 1/3　　C. 1/4　　D. 1/5

18. 腕臂距吊柱上下部距离要符合规定。斜腕臂底座距离吊柱下端不少于（　　）mm。

A. 20　　B. 25　　C. 30　　D. 35

19. 支撑定位装置有关设计规定，限界值：（以跨距中最短吊弦长度为依据界定）$v \leqslant 160$ km/h 时，最短吊弦长度为（　　）mm。

A. 200　　B. 250　　C. 300　　D. 350

二、多项选择题

1. 腕臂在同一垂直面内，铰接处要灵活转动。腕臂不得弯曲且无永久变形，下列顶部非力部分长度不符合规定的有（　　），顶端封帽要密封良好。

A. 110 mm　　B. 180 mm　　C. 210 mm　　D. 250 mm

2. 下列划线宽度不符合规定的是（　　）。

A. 1 mm　　B. 2 mm　　C. 3 mm　　D. 3.5 mm

三、判断题

1.（　）安装正定位时应该注意斜腕臂上套管单耳在定位环的下方。

2.（　）组合承力索座下悬挂定位管吊线的钩型线夹缺口，正定位朝支柱侧，反定位朝远离支柱侧。

3.（　）对限位定位器座的外观整体检查，检查螺栓是否紧固，垫片是否压平，紧固螺帽是否缺失；定位器支座必须垂直大地，可以顺线路偏斜。

4.（　）定位线夹的检查，螺母在受压侧，纵向位置与腕臂偏移一致。

5.（　）定位管吊线固定钩，顺向斜拉线安装，即正定位时远离支柱，反定位时朝向支柱。

6.（　）进行支撑装置的调整工作时，要有防止线索滑脱措施，且作业人员不宜位于线索受力方向侧。

7.（　）水平拉杆能承受拉力和压力。

8.（　）各部螺栓紧固时应注意交替紧固，受力均匀，紧固过程中不能咬扣。必要时可以使用金属工具敲打零部件。

9.（　）同一支柱有多根腕臂时，应腕臂上明确标明安装位置。

微信扫码　习题自测

学习情境十一　补偿装置的调整

【导读】

本学习情境重点介绍学习补偿装置的定义、作用、结构、分类，学习补偿装置的检修及更换方法。

【学习目标】

本节主要通过完成 2 个任务，学习补偿装置的定义、作用、结构、分类。明确接触网补偿装置的调整标准，能对接触网补偿装置的调整做出规划，选择所要用的材料、仪表、工具，了解接触网补偿装置调整的注意事项及调整步骤。

任务一　滑轮补偿装置检修及更换

【任务描述】

本任务通过学习滑轮补偿装置的基本结构，明确其检修及更换方法，为接触网安全运行提供保障。

【资讯】

微信扫二维码，看本章教案

一、理论学习部分

接触网补偿装置，又称张力自动补偿器，它安装在锚段的两端，作用是在补偿线索内的张力变化，使张力保持恒定。接触网补偿装置是自动调节接触线和承力索张力的补偿器及其制动装置的总称。

（一）补偿器的作用

当温度变化时，线索受温度变化的影响热胀冷缩出现伸长或缩短。由于在锚段两端线索下锚处安装了补偿器，在其坠砣串重力的作用下，能够自动调整线索的张力并保持线索弛度满足技术要求，从而使接触悬挂的稳定性与弹性得到了改善，提高了接触网运营质量。

（二）基本技术要求

按接触网结构选择适当的传动比。半补偿时，滑轮组的传动比为 1∶2，即坠砣块的重力为接触线标称张力的一半；全补偿时，接触线与承力索两端均带补偿器，接触线补偿器的安设与半补偿相同，承力索补偿器则采用三滑轮组式，传动比为 1∶3。

补偿滑轮：补偿滑轮完整无损、转动灵活（人力用手托动坠砣能上下自由移动），没有卡滞现象；定滑轮槽应保持铅垂状态，动滑轮槽偏转角度不得大于 45°。同一滑轮组的两补偿滑轮的工作间距，任何情况下不小于 500 mm。

制动装置：应安装正确、作用良好。

补偿绳：补偿绳不得有松股、断股和接头，不得与其他部件、线索相摩擦。

（三）滑轮式补偿装置

滑轮式补偿装置用于电气化铁道接触网系统中正线或站线接触网下锚处调整补偿张力。补偿器由补偿滑轮、补偿绳、杵环杆、坠砣杆、坠砣块及连接零件组成。补偿滑轮分为定滑轮和动滑轮（构造相同），定滑轮改变受力方向，动滑轮除改变受力方向外还可省力和移动位置。滑轮一般都装有轴承，其结构如图 11-1-1 所示。

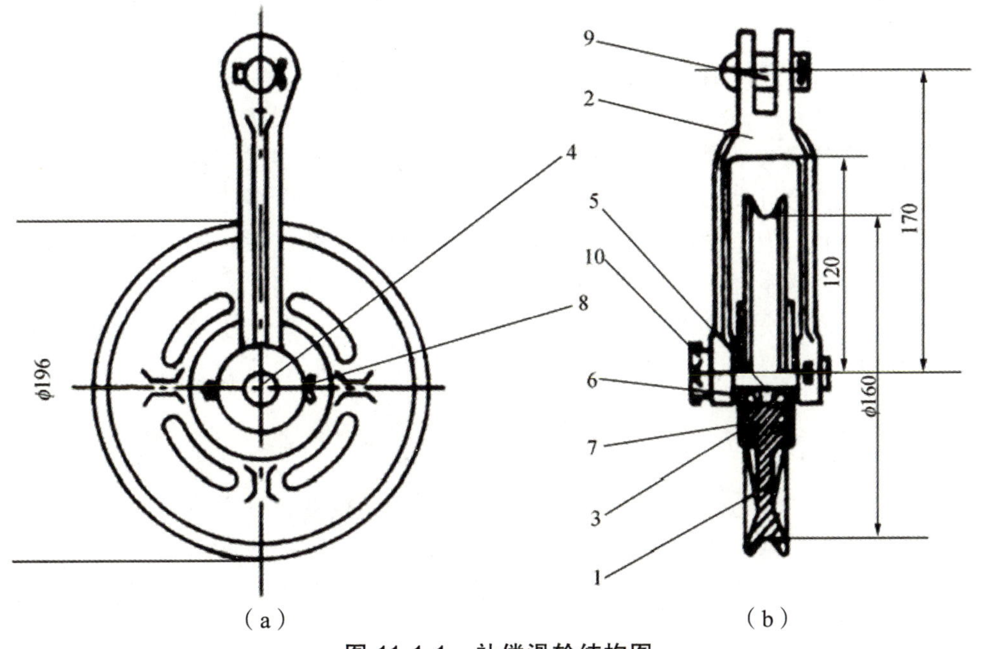

图 11-1-1　补偿滑轮结构图

1—圆轮；2—框架；3—盖板；4—轴；5—滚动轴承；6—挡环；7—螺钉；8—开口销子；9—销钉；10—注油盖子

补偿绳均用 GJ-50（19 股）镀锌钢绞线制成。坠砣块一般采用混凝土或灰口铸铁制成，每块质量约 25 kg，呈中间开口的圆饼状。坠砣杆一般为直径 16 mm 的圆加工制成，上端有单孔焊环，底部焊有托板。坠砣杆的型号规格根据其放置坠砣块数量的不同分为三种：17 型、20 型和 30 型。型号中的数字表示坠砣杆所悬挂坠砣的数量。坠砣与坠砣杆构造如图 11-1-2 所示。

杵环杆系动滑轮与下锚绝缘子串之间的连接杆件，一般以直径 16 mm 圆钢加工制成。一端为单环孔，一端为杵头状，杵环杆的机械强度要求较高，且长度不小于 1 m。

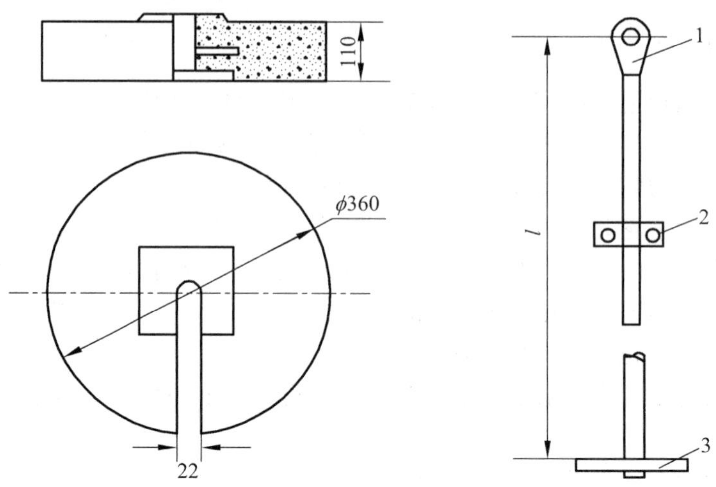

图 11-1-2　坠砣块和坠砣杆结构图

1—单环杆；2—夹板；3—底托板

（四）补偿器的安设与要求

补偿器串接在锚段内线索两端与支柱固定处，根据接触悬挂类型的不同其有不同的补偿器结构。

半补偿时，接触线带补偿器，多采用两滑轮组结构，滑轮组的传动比为 1∶2，即用两个滑轮使补偿绳的张力为接触线张力的一半，也就是坠砣块的重力为接触线标称张力的一半。

全补偿时，接触线与承力索两端均带补偿器，接触线补偿器的安设与半补偿相同。承力索补偿器则采用三滑轮组式，传动比为 1∶3。采用传动比比较大的滑轮组时坠砣串块数减少了，这是有利的一面；但坠砣串上升和下降的距离也会按倍数增大，这时要求支柱（锚柱）的高度和容量增加，既不经济也不利于施工和维修。在运营线路上，当接触线因磨耗使其截面逐渐减小时，坠砣串块数也相应地减少，使接触线维持一定的张力，防止出现断线事故。

各类接触悬挂补偿器安设结构分别如图 11-1-3 ~ 11-1-5 所示。

（五）补偿器的 a、b 值

补偿器靠坠砣串的重力使线索的张力保持平衡。当温度变化时，线索的伸缩使坠砣串上升和下降，当坠砣串升降超出允许范围时，如下降过多使坠砣串底面接触地面或上升过多使坠砣杆耳环孔卡在定滑轮槽中，都会使补偿器失去补偿作用。因此用补偿器的 a、b 值来限定坠陀串的升降范围。

坠陀杆耳环孔中心至补偿（定）滑轮下沿的距离为 a 值。由坠陀串最下面一块坠陀的底面至地面（或基础面）的距离称为补偿器的 b 值。补偿器 a、b 值随温度变化而发生变化。

接触线和承力索补偿器的 a、b 值不相等。

为了使补偿器不失去补偿作用，对补偿器 a、b 值提出以下要求：

在最低温度时，a 值应大于零；最高温度时，b 值应大于零。原铁道部颁发的《接触网运行检修规程》规定，补偿器 a、b 值的最小值不小于 200 mm，进行接触网设计时，规定 a、b 值不小于 300 mm。

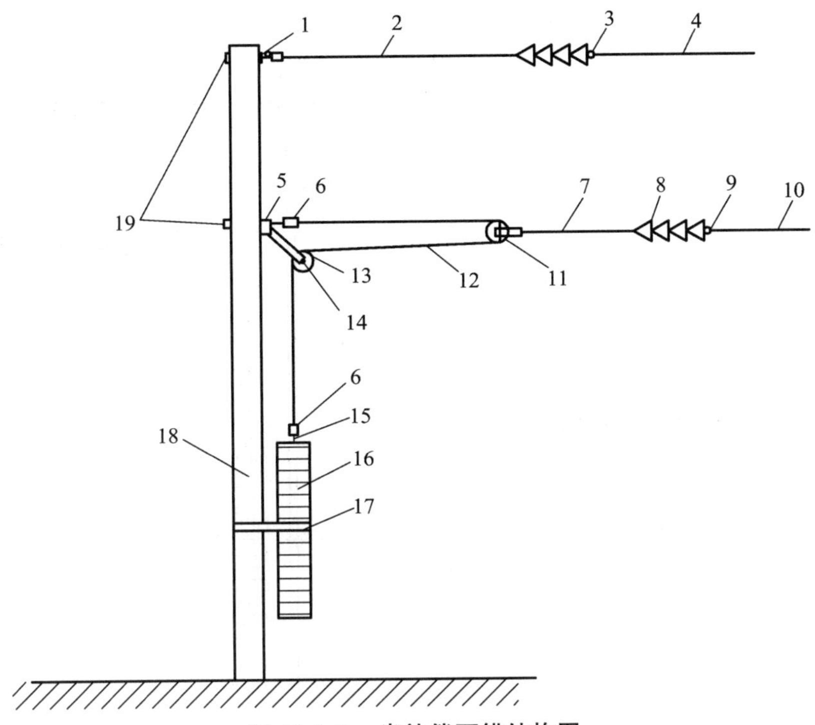

图 11-1-3　半补偿下锚结构图

1—承锚角钢；2—多节杵环杆；3—杵座楔形线夹；4—承力索；5—线锚角钢；6—双耳楔形线夹；7—杵环杆；8—悬式绝缘子串；9—终端锚结线夹；10—接触线；11—动滑轮；12—补偿绳；13—叉形连接板；14—定滑轮；15—坠砣杆；16—坠砣；17—限界架；18—锚柱；19—下锚拉线

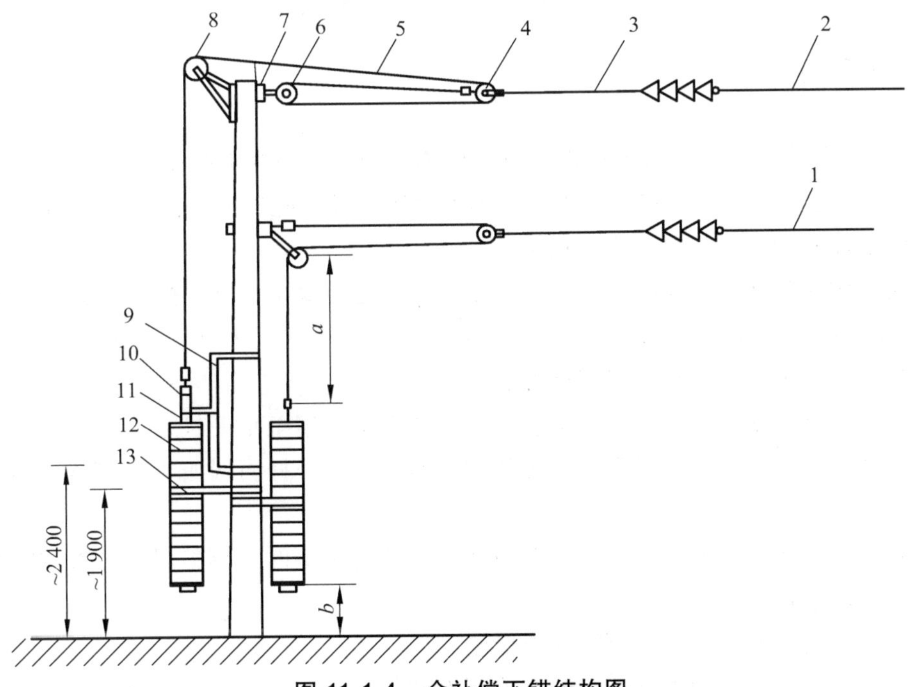

图 11-1-4　全补偿下锚结构图

1—接触线；2—承力索；3—杵环杆；4—动滑轮；5—补偿绳；6—定滑轮；7—承锚角钢；8—定滑轮；9—补偿制动框架；10—制动装置；11—坠砣杆；12—坠砣；13—限界架

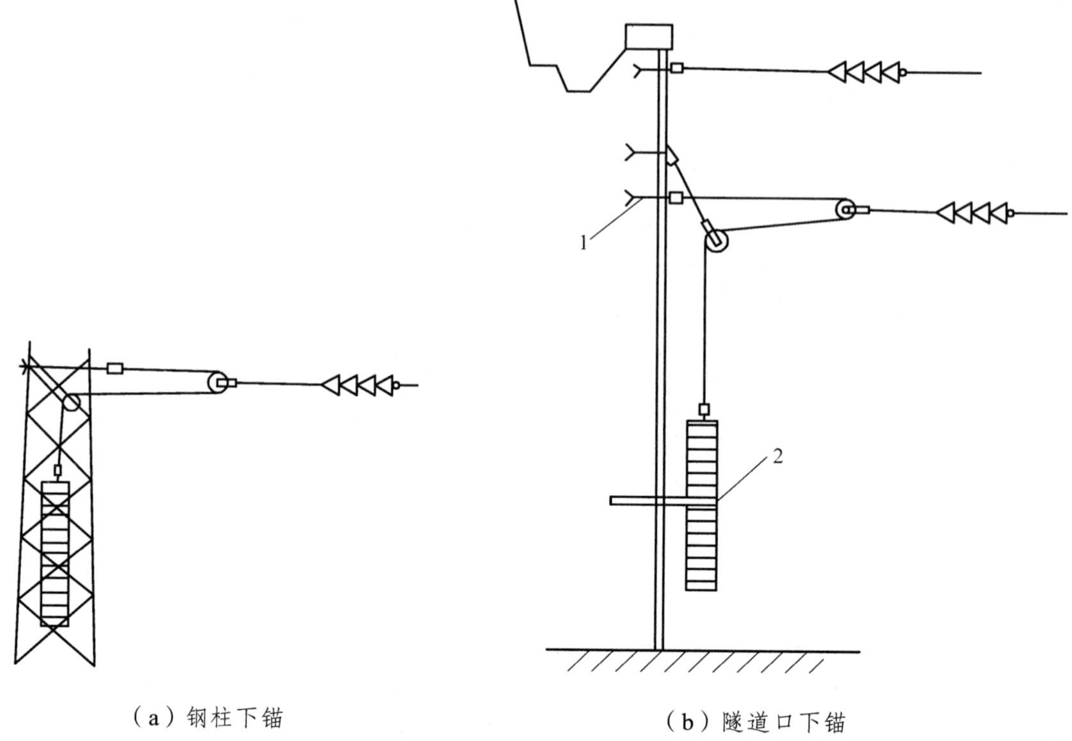

图 11-1-5 钢柱及隧道口下锚图

1—埋入杆；2—限界架角钢

二、作业指导书

（1）高空操作人员目视检查补偿滑轮有无破损、裂纹，动滑轮偏转角度是否大于 45°，定滑轮是否保持铅垂状态，滑轮转动是否灵活（人力用手托动坠砣能上下自由移动）。

① 补偿滑轮破损、有裂纹，进行更换。

② 动滑轮偏转角度大于 45°，高空操作人员 A 固定绝缘子，高空操作人员 B 旋转动滑轮使角度符合标准。

③ 定滑轮不铅垂，偏磨补偿绳调整方法：

a. 因下锚角钢不水平导致定滑轮偏磨时，调整下锚角钢至水平状态。

b. 因双环杆与定滑轮连接间隙过大导致偏磨时，在双环杆两端加装 D 型连接器，使定滑轮处于铅垂状态。

c. 因限制导管或限制绳安装位置不合适造成定滑轮偏磨时，调整限制导管或限制绳安装位置，使补偿绳处于铅垂状态。

d. 补偿滑轮转动不灵活时，更换补偿滑轮。

（2）高空操作人员 B 目视检查补偿绳有无断股、散股、损伤，是否存在承锚补偿绳磨线锚双环杆现象。

① 补偿绳有断股、散股、损伤时，更换补偿绳。

② 承锚补偿绳磨线锚双环杆时，调整承锚角钢或线锚角钢安装位置使之符合标准。

（3）高空操作人员 B 目视检查坠砣串的重量是否符合张力要求，坠砣有无破损，坠砣叠码是否整齐、缺口是否互相交错 180°。

① 坠砣串的重量不符合标准时，地面辅助人员先检查本锚段另一端下锚坠砣串的重量是否符合张力要求。

a. 另一端符合张力要求时，调整坠砣数量，使两端坠砣数量相等，符合张力要求，坠砣数量调整后对整锚段设备进行巡视。

b. 另一端不符合张力要求时，两端同时调整坠砣数量，使两端坠砣数量相等，符合张力要求，坠砣数量调整后对整锚段设备进行巡视。

② 坠砣破损时，高空操作人员 B 用 0.75 t 的链条式紧线器、钢丝套子和卡线器将需更换坠砣的补偿绳固定在支柱上，地面辅助人员卸下破损坠砣，换上新坠砣。

③ 坠砣叠码不整齐，缺口未互相交错 180°时，高空操作人员 B 用 0.75 t 的链条式紧线器、钢丝套子和卡线器将需更换坠砣的补偿绳固定在支柱上，重新叠码。

（4）地面辅助人员用手托动坠砣串，检查补偿装置是否灵活，有无卡滞现象。

坠砣抱箍与限制导管或限制绳卡滞造成补偿装置不灵活时，调整方法：

① 限制架安装位置不合适时，调整限制架安装位置。

② 坠砣抱箍安装位置不合适时，调整坠砣抱箍安装位置。

③ 限制导管变形或限制绳回头过长卡滞坠砣抱箍时，更换限制导管或重新制作限制绳回头。

（5）对 a、b 值（含坠砣抱箍与限制架的位置）测量超标处进行调整（根据现场气温及安装曲线确定 a、b 值），对动定滑轮间距小于 500 mm 的处所进行调整。

① a 或 b 值不符合标准时的调整方法：

a. 根据安装曲线及测量值计算 a 或 b 值调整量；

b. 根据调整量高空操作人员 A 在补偿绳合适位置和坠砣杆安装卡线器，用 3T 链条式紧线器连接卡线器；

c. 高空操作人员 A 紧链条式紧线器使补偿绳回头处卸载；

d. 高空操作人员 A 按调整量重新制作补偿绳回头；

e. 高空操作人员 A 松链条式紧线器使补偿绳回头处受力；

f. 高空操作人员 A 拆除链条式紧线器及卡线器，复测补偿装置 a 或 b 值。

② 动定滑轮的间距不符合标准时调整方法：

a. 根据测量值计算动定滑轮的间距调整量；

b. 高空操作人员 A 根据调整量在承力索或接触线合适位置安装卡线器；

c. 高空操作人员 B 在杵环杆上安装卡线器；

d. 高空操作人员 A 用 3 t 链条式紧线器连接两个卡线器；

e. 高空操作人员 A 紧链条式紧线器使承力索或接触线终端回头处卸载；

f. 高空操作人员 B 按调整量重新制作承力索或接触线终端回头；

g. 高空操作人员 A 松链条式紧线器使承力索或接触线终端回头处受力；
h. 高空操作人员 A 拆除链条式紧线器及卡线器。

【任务实施及考核】

一、任务实施

（一）任务实施目的

学会对滑轮补偿装置进行更换操作。

（二）任务实施准备工作

作业前按规程要求填写工作票并交付工作领导人，工作领导人向作业组全体成员宣读工作票，分工并进行安全预想，准备并检查工具、材料。

（三）任务实施场地器材

作业工具：温度计、水平尺、力矩扳手、钢卷尺、卡线器、钢丝套子、断线钳、扁油刷、链条式紧线器、单绳、450 mm 活口扳手、管钳；

作业材料：双耳楔型线夹、钢线卡子、ϕ4.0 铁线、ϕ1.6 绑线、砂纸、防腐油、防锈漆、零配件（螺栓、螺母、垫片、开口销等）、补偿装置。

（四）任务实施步骤

（1）高空操作人员 A 在支柱高于需更换补偿装置坠砣串 2 m 左右处安装钢丝套子，在需更换补偿装置的坠砣杆上安装卡线器，用 0.75 t 链条式紧线器连接钢丝套子和卡线器。

（2）高空操作人员 A 在需更换补偿装置下锚角钢处的支柱上安装钢丝套子，高空操作人员 B 在需更换补偿装置的杵环杆（线索）上安装卡线器，用 3 t 的链条式紧线器连接钢丝套子和卡线器。

（3）高空操作人员 B 紧 3 t 链条式紧线器至受力，高空操作人员 A 紧 0.75 t 链条式紧线器至补偿装置卸载。

（4）拆除旧补偿装置，根据现场气温及安装曲线安装新补偿装置。

（5）高空操作人员 A 松 0.75 t 链条式紧线器使补偿装置受力，高空操作人员 B 松 3 t 链条式紧线器。

（6）高空操作人员 A、B 拆除链条式紧线器、卡线器、钢丝套子。

（7）检查坠砣及补偿装置。

二、考核表

序号	项目	评分标准	扣分	备注
1	比赛时间（10分）	1.准备时间 5 min，超过时间计入总的比赛成绩		
		2.作业时间 25 min。总的竞赛时间为准备时间加作业时间，共计 30 min。每提前 1 min 加 1 分，每超过 1 min 扣 1 分，超过 5 min 或未完成任务中途自行退出比赛按失格处理		
2	操作技能（60分）	1.个人工具用品（安全帽、安全带、工作服、绝缘鞋、手套）不齐，扣 1 分/次人		
		2.测量原有补偿装置 b 值，未测量扣 10 分		
		3.正确卸载拆除旧补偿绳，错误扣 10 分		
		4.安装新补偿绳，平衡轮偏斜不大于 20°，超过扣 10 分；平衡轮销钉穿向错误扣 2 分；各部开口销安装到位，掰开角度＞90°；漏装每处扣 5 分，掰开角度不够，每处扣 2 分		
		5.坠砣补偿绳尾绳不大于 200 mm，超出每 20 mm 扣 2 分		
		6.补偿绳出现脱槽，按失格处理		
		7.补偿绳回头端部尾绳不大于 20 mm，超出每处扣 2 分；补偿绳回头未在线夹中心扣 5 分		
		8.坠砣杆穿钉不到位，扣 5 分		
		9.调整补偿装置 b 值误差不超过 20 mm，每超过 10 mm 扣 2 分		
		10.新安装补偿绳楔形线夹穿线错误按失格处理；双耳楔形线夹受力面与坠砣杆受力面不在同一铅垂线上，扣 10 分；补偿绳盘圈直径不大于 200 mm，不规范扣 2 分，未绑扎扣 5 分		
		11. 正确领取料具，检查工具状态良好，漏缺每件扣 2 分		
3	工具使用（20分）	1.正确使用工具，不得抛掷材料，违章使用每次扣 2 分		
		2.工具，材料掉落每件扣 3 分		
		3.踩踏绝缘子，每次扣 2 分		
		4.损坏工具或遗漏工具在设备上，扣 10 分		
		5.作业系好双安全带，未及时使用及保险环未扣好扣 5 分，未使用扣 10 分		
4	安全及其他（10分）	1.登杆时不得两人同时同侧上下电杆，绕行支柱须系好安全带，违者每次扣 2 分		
		2.登杆前选好攀登方向，错误扣 5 分，登杆过程手把牢靠脚踏稳准，踏空或脚扣环扣未扣入支柱每次扣 2 分		
		3.严禁跳跃（作业人员下杆离地面大于 800 mm，脱离脚扣落地视为跳跃）及顺拉线下杆，违者按失格处理		
		4.作业过程出现人身伤害扣 10 分，严重按失格处理		
		5.作业完毕，清理现场，确认参数及补偿状态，否则扣 5 分		
		6.作业过程没有呼唤应答扣 5 分		
总计扣分				
总计得分				

任务二　棘轮补偿装置检修及更换

【任务描述】

本任务通过学习棘轮补偿装置的基本结构，明确其检修及更换方法，为接触网安全运行提供保障。

【资讯】

微信扫二维码，
看本章教案

一、理论学习部分

（一）用途

接触网棘轮补偿装置适用于电气化铁道接触网正线或站线、地铁线路、城市地铁、轻轨等下锚处补偿调整张力。它能确保接触线或承力索承受合适和持续的补偿力，并有断线制动功能，可防止在断线后坠砣落地而损坏下部设施及造成的其他伤害。

接触网棘轮补偿装置又叫张力自动补偿装置，它装在锚段的两端，并且串联在接触线盒承力索内，它的作用是补偿线索内张力的变化，使张力保持恒定。对本装置的要求有二：其一，补偿装置灵活，在线索内的张力发生缓慢变化时，应能及时补偿，传送效率要高；其二，具有快速制动作用，一旦发生断线事故或者其他异常情况，补偿装置应有一种制动功能。

（二）种类及规格

接触网棘轮补偿装置相关参数如表 11-2-1 所示。

表 11-2-1　棘轮补偿装置参数

产品相关参数	传动比	质量/kg	外形尺寸/mm×mm×mm
2.4 t 正制动棘轮补偿装置	1∶3	22.5	933×570×225
3.6 t 正制动棘轮补偿装置	1∶3	23.5	833×570×225

（三）产品及安装示意图

棘轮补偿装置如图 11-2-1、图 11-2-2 所示。

（四）性能

（1）适用正线/站线承力索：工作张力 20 kN /15 kN。
（2）适用正线/站线接触线：工作张力 25/15 kN。
（3）导线补偿温度范围：−40 ~ +80 °C。

（4）适用接触悬锚段长度：正线不大于 2×700 m，站线不大于 2×850 m。

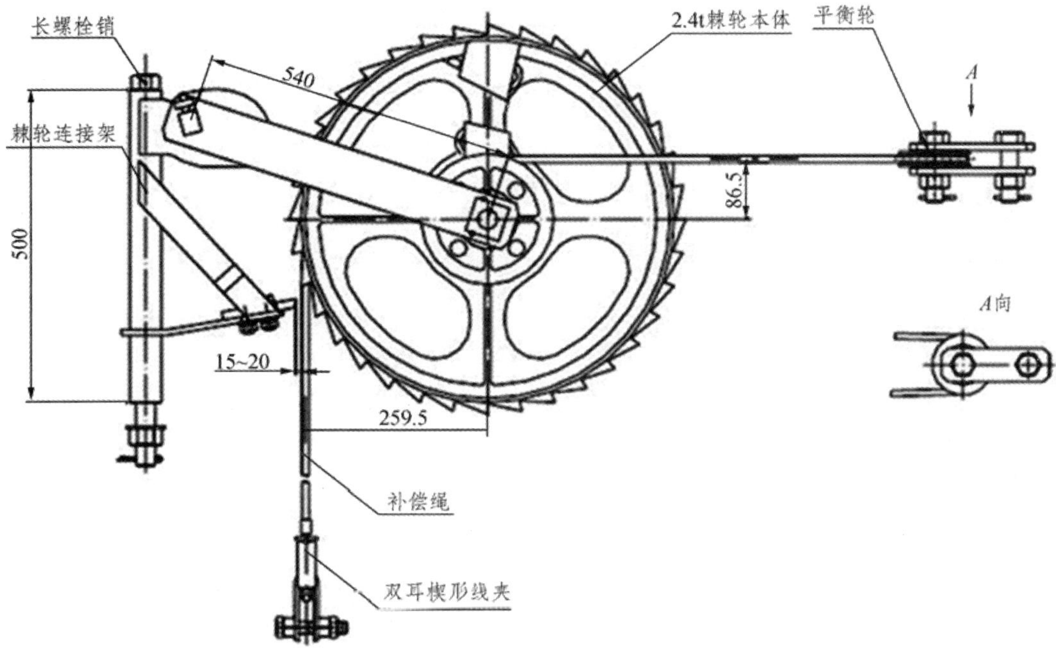

图 11-2-1　2.4 t 正制动棘轮补偿装置

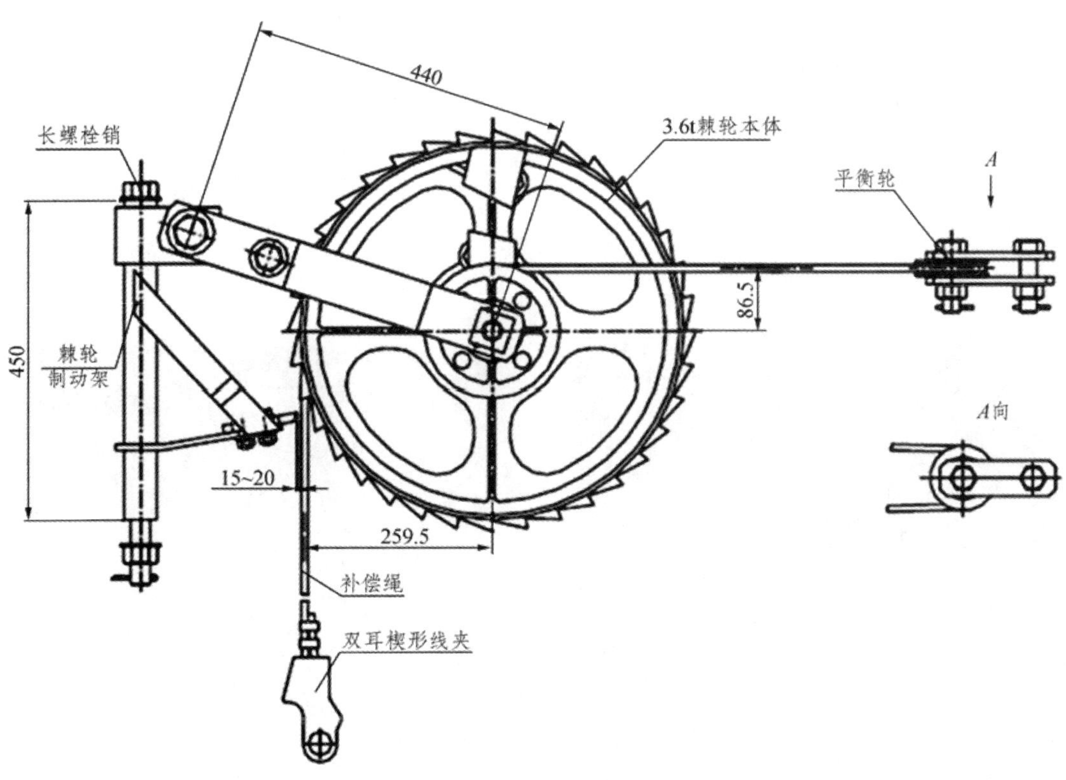

图 11-2-2　3.6 t 正制动棘轮补偿装置

（5）工作荷载不小于 19.62 kN；破坏荷载不小于 64.75 kN。

（6）各零件的拉伸破坏荷重根据张力及使用条件确定如下：

① 双耳楔型线夹破坏荷重≥54 kN；

② 轮体的抗拉强度 σ_b ≥290 MPa，延伸率 δ≥3%；

③ 补偿绳拉断力≥54 kN。

（7）断线时，制动时间不大于 200 ms，坠砣下落距离不大于 200 mm。

（8）补偿棘轮的传动效率：

① 补偿坠铊上升时效率≥97%；

② 补偿坠铊下降时效率≥98%；

③ 相邻的两个测量点间传动效率之差应≤1%；

④ 试验连续做两次，两次结果相差≤2%。

（9）补偿棘轮疲劳试验：

疲劳次数：20 000 次；

疲劳试验时所加的补偿力：4.9 kN。

疲劳试验后：

① 补偿棘轮传动效率与规定值相比下降≤2%；

② 补偿绳整绳破断拉力与规定值相比下降≤10%（48.6 kN）；

③ 补偿棘轮破坏荷重与规定值相比下降≤5%；

④ 补偿棘轮轮槽磨损深度≤0.5 mm；

⑤ 补偿绳外观：不允许断股现象。

（10）拉伸破坏荷重≥80 kN。

二、作业指导书

（1）高空操作人员 A 利用水平尺测量下锚角钢是否水平。下锚角钢不水平时调整至水平状态。如图 11-2-3 所示。

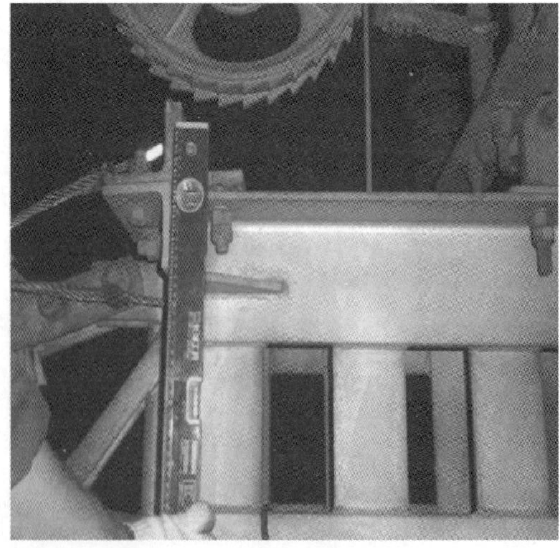

图 11-2-3　利用水平尺测量下锚角钢水平状态

（2）高空操作人员 B 目视检查棘轮本体有无裂纹、变形，用水平尺检查棘轮安装是否垂直。

① 棘轮本体有裂纹或变形时，进行更换。

② 棘轮安装不垂直时，调整棘轮底座、调节板螺栓使棘轮垂直。

（3）高空操作人员 B 用钢卷尺测量棘轮与制动块间隙是否为 15 ~ 20 mm，如图 11-2-4 所示。不符合时进行调整。调整方法如下：

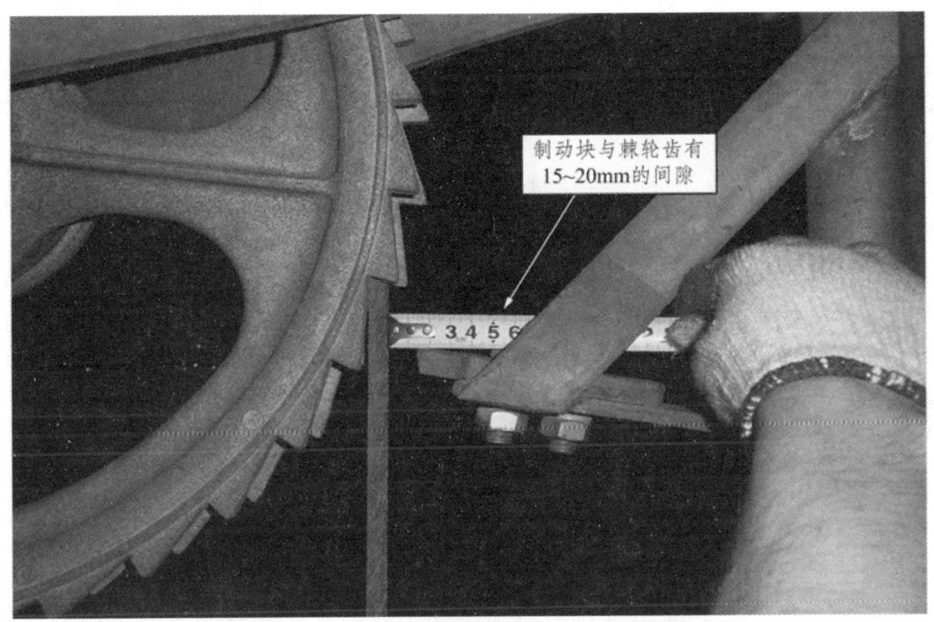

图 11-2-4　钢卷尺测量棘轮与制动块间隙

① 松开制动块 4 个螺栓，使制动块能在调节孔范围内移动；

② 按要求将制动块移动到距轮体 15 ~ 20 mm 处，并使其两边和轮缘中心对齐；

③ 用 70 N · m 力矩扳手紧固 4 个固定螺栓。

（4）高空操作人员 B 用水平尺检查平衡轮安装是否水平。平衡轮不水平时，转动旋转接头线夹使平衡轮水平。如图 11-2-5 所示。

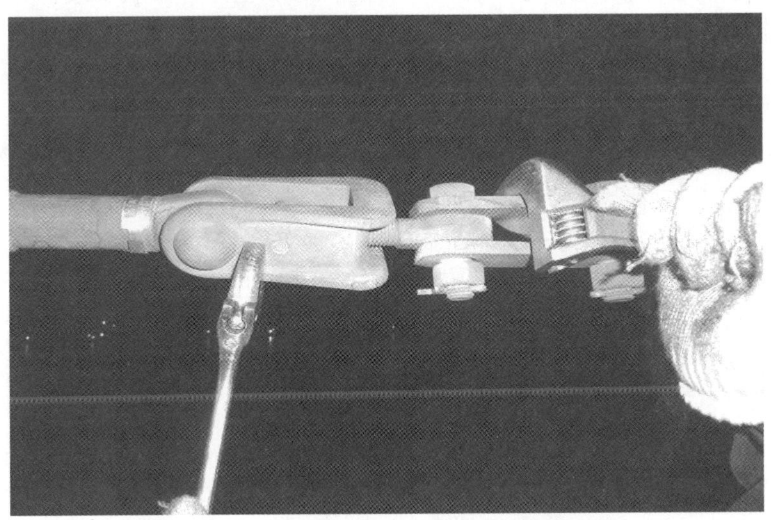

图 11-2-5　转动旋转接头线夹使平衡轮水平

（5）高空操作人员 A 目视检查补偿绳有无断股、散股、损伤，是否存在承锚补偿绳磨导锚棘轮底座现象。

① 补偿绳有断股、散股、损伤时，更换补偿绳。

② 承锚补偿绳磨线锚棘轮底座时，调整承锚角钢或线锚角钢安装位置使之符合标准。

（6）高空操作人员 A 目视检查坠砣串的重量是否符合张力要求，坠砣有无破损，坠砣叠码是否整齐以及缺口是否互相交错 180°。

① 坠砣串的重量不足时，先检查本锚段另一端下锚坠砣串的重量是否符合张力要求。

a. 另一端符合张力要求时，加装坠砣，使两端坠砣数量相等且符合张力要求，坠砣加装后对整锚段设备进行巡视。

b. 另一端不符合张力要求时，两端同时加装坠砣，使两端坠砣数量相等且符合张力要求，坠砣加装后对整锚段设备进行巡视。

c. 坠砣破损时，用 0.75 t 的链条式紧线器、钢丝套子和卡线器将需更换坠砣的补偿绳固定在支柱上，卸下破损坠砣，换上新坠砣。

② 坠砣叠码不整齐，缺口未互相交错 180°时，用 0.75 t 的链条式紧线器、钢丝套子和卡线器将需更换坠砣的补偿绳固定在支柱上，重新叠码。

（7）高空操作人员 A 人力用手托动坠砣串，检查补偿装置是否灵活，有无卡滞现象。坠砣抱箍与限制导管或限制绳卡滞造成补偿装置不灵活时，调整方法如下：

① 限制架安装位置不合适时，调整限制架安装位置。

② 坠砣抱箍安装位置不合适时，调整坠砣抱箍安装位置。

③ 限制导管变形或限制绳回头过长卡滞坠砣抱箍时，更换限制导管或重新制作限制绳回头。

（8）对 a、b 值（含坠砣抱箍与限制架的位置）测量超标处所进行调整（根据现场气温及安装曲线确定 a、b 值），对棘轮与平衡轮的间距小于 500 mm 的处所进行调整。

① a 或 b 值不符合标准时调整方法如下：

a. 根据安装曲线及测量值计算 a 或 b 值调整量；

b. 根据调整量高空操作人员 A 在补偿绳合适位置和坠砣杆安装卡线器，用 3T 链条式紧线器连接卡线器；

c. 高空操作人员 A 紧链条式紧线器使补偿绳回头处卸载；

d. 高空操作人员 A 按调整量重新制作补偿绳回头；

e. 高空操作人员 A 松链条式紧线器使补偿绳回头处受力；

f. 高空操作人员 A 拆除链条式紧线器及卡线器，复测补偿装置 a 或 b 值。

② 棘轮与平衡轮的间距不符合标准时调整方法如下：

a. 根据安装曲线及测量值计算棘轮与平衡轮的间距调整量；

b. 根据调整量高空操作人员 B 在承力索或接触线合适位置安装卡线器；

c. 高空操作人员 B 在杵环杆上安装卡线器；

d. 高空操作人员 B 用 3 t 链条式紧线器连接两个卡线器；

e. 高空操作人员 B 紧链条式紧线器使承力索或接触线终端回头处卸载；

f. 高空操作人员 A 按调整量重新制作承力索或接触线终端回头；

g. 高空操作人员 B 松链条式紧线器使承力索或接触线终端回头处受力；

h. 高空操作人员 B 拆除链条式紧线器及卡线器；

i. 复测调整 a、b 值。

（9）根据安装曲线使用钢卷尺测量 a、b 值来确定限制架安装位置是否满足补偿坠砣升降要求，高空操作人员 A 用水平尺测量限制架底座是否水平，用线坠绳测量限制架导管或绳是否铅垂，目视检查限制架各部螺栓是否齐全、弹垫是否压平、有无锈蚀。

① 限制架安装位置不满足补偿坠砣升降时，根据安装曲线确定限制架安装位置，调整限制架安装位置使之满足补偿坠砣升降需求。

② 限制架底座不水平时，松开限制架底座固定螺栓调整至水平。

③ 限制架导管或绳不铅垂时，松开限制架导管或绳固定螺栓调整至铅垂。

④ 螺栓缺失时补装螺栓；弹垫未压平时，用力矩扳手紧固螺栓；有锈蚀时除锈涂漆。

【任务实施及考核】

一、任务实施

（一）任务实施目的

学会对棘轮补偿装置进行日常检修及更换。

（二）任务实施准备工作

作业前按规程要求填写工作票并交付工作领导人，工作领导人向作业组全体成员宣读工作票，分工并进行安全预想，准备并检查工具、材料。

（三）任务实施场地器材

作业工具：温度计、水平尺、力矩扳手、钢卷尺、卡线器、钢丝套子、断线钳、扁油刷、链条式紧线器、单绳、450 mm 活口扳手、管钳。

作业材料：双耳楔型线夹、钢线卡子、ϕ4.0 铁线、ϕ1.6 绑线、砂纸、防腐油、防锈漆、零配件（螺栓、螺母、垫片、开口销等）、补偿装置。

（四）任务实施步骤

（1）高空操作人员 A 在支柱高于需更换补偿装置坠砣串 2 m 左右安装钢丝套子，在需更换补偿装置的坠砣杆上安装卡线器，用 0.75 t 链条式紧线器连接钢丝套子和卡线器。

（2）高空操作人员 A 在需更换补偿装置下锚角钢处的支柱上安装钢丝套子，高空操作人员 B 在需更换补偿装置的杵环杆（线索）上安装卡线器，用 3 t 的链条式紧线器连接钢丝套子和卡线器。

（3）高空操作人员 B 紧 3 t 链条式紧线器至受力，高空操作人员 A 紧 0.75 t 链条式紧线器至补偿装置卸载。

（4）拆除旧补偿装置，根据现场气温及安装曲线安装新补偿装置。

（5）高空操作人员 A 松 0.75 t 链条式紧线器使补偿装置受力，高空操作人员 B 松 3 t 链条式紧线器。

（6）高空操作人员 A、B 拆除链条式紧线器、卡线器、钢丝套子。

（7）检查坠砣及补偿装置。

二、考核表

序号	项目	评分标准	扣分	备注
1	比赛时间（10 分）	1.准备时间 5 min，超过时间计入总的比赛成绩		
		2.作业时间 25 min。总的竞赛时间为准备时间加作业时间，共计 30 min。每提前 1 min 加 1 分，每超过 1 min 扣 1 分，超过 5 min 或未完成任务中途自行退出比赛按失格处理		
2	操作技能（60 分）	1.个人工具用品（安全帽、安全带、工作服、绝缘鞋、手套）不齐，扣 1 分/次人		
		2.测量原有补偿装置 b 值，未测量扣 10 分		
		3.正确卸载拆除旧补偿绳，错误扣 10 分		
		4.安装新补偿绳，平衡轮偏斜不大于 20°，超过扣 10 分；平衡轮销钉穿向错误扣 2 分；各部开口销安装到位，掰开角度 > 90°；漏装每处扣 5 分，掰开角度不够，每处扣 2 分		
		5.补偿绳压磨棘轮肩架扣 10 分		
		6.补偿绳出现脱槽、棘轮卡滞，按失格处理		
		7.坠砣补偿绳尾绳不大于 200 mm，每超出 20 mm 扣 2 分		
		8.棘轮处补偿绳回头端部尾绳不大于 20 mm，超出每处扣 2 分；补偿绳回头未在线夹中心扣 5 分		
		9.坠砣杆穿钉不到位，扣 5 分		
		10.大、小轮缠绕时最少缠绕半圈，最多 3.5 圈，小轮缠绕时必须两边对称，补偿绳不能重叠、交叉，违者每处扣 10 分		
		11.调整补偿装置 b 值误差不超过 20 mm，每超过 10 mm 扣 2 分		
		12.新安装补偿绳楔形线夹穿线错误按失格处理；双耳楔形线夹受力面与坠砣杆受力面不在同一铅垂线上，扣 10 分；补偿绳盘圈直径不大于 200 mm，不规范扣 2 分，未绑扎扣 5 分		
		13.正确领取料具，检查工具状态良好，漏缺每件扣 2 分		
3	工具使用（20 分）	1.正确使用工具，不得抛掷材料，违章使用每次扣 2 分		
		2.工具、材料掉落每件扣 3 分		
		3.踩踏绝缘子，每次扣 2 分		
		4.损坏工具或遗漏工具在设备上，扣 10 分		
		5.作业系好双安全带，未及时使用及保险环未扣好扣 5 分，未使用扣 10 分		

续表

序号	项目	评分标准	扣分	备注
4	安全及其他（10分）	1.登杆时不得两人同时同侧上下电杆，绕行支柱须系好安全带，违者每次扣2分		
		2.登杆前选好攀登方向，错误扣5分，登杆过程手把牢靠脚踏稳准，踏空或脚扣环扣未扣入支柱每次扣2分		
		3.严禁跳跃（作业人员下杆离地面大于800 mm，脱离脚扣落地视为跳跃）及顺拉线下杆，违者按失格处理		
		4.作业过程出现人身伤害扣10分，严重按失格处理		
		5.作业完毕，清理现场，确认参数及补偿状态，否则扣5分		
		6.作业过程没有呼唤应答扣5分		
总计扣分				
总计得分				

配套习题

一、单项选择题

1. 按接触网结构选择适当的传动比。半补偿时，滑轮组的传动比为（　　）。

A. 1∶2　　B. 1∶3　　C. 1∶4　　D. 1∶5

2. 定滑轮槽应保持铅垂状态，动滑轮槽偏转角度不得大于（　　）。

A. 30　　B. 45　　C. 60　　D. 90

3. 同一滑轮组的两补偿滑轮的工作间距，任何情况下不小于（　　）mm。

A. 200　　B. 400　　C. 500　　D. 600

4. 坠砣块一般采用混凝土或灰口铸铁制成，每块约重（　　）kg，呈中间开口的圆饼状。

A. 10　　B. 20　　C. 25　　D. 30

5. 坠砣杆一般为直径（　　）mm 圆加工制成。

A. 10　　B. 14　　C. 15　　D. 16

6. 坠砣下落距离不大于（　　）mm。

A. 100　　B. 200　　C. 250　　D. 300

7. 全补偿时，接触线与承力索两端均带补偿器，接触线补偿器的安设与半补偿相同，承力索补偿器则采用三滑轮组式，传动比为（　　）。

A. 1∶2　　B. 1∶3　　C. 1∶4　　D. 1∶5

8. 补偿滑轮：定滑轮槽应保持铅垂状态，动滑轮槽偏转角度不得大于（　　）。

A. 30　　B. 45　　C. 60　　D. 10

9. 杵环杆的机械强度要求较高，且长度不小于（　　）m。

A. 0.5　　B. 1　　C. 1.5　　D. 2

10. 半补偿时，接触线带补偿器，多采用两滑轮组结构，滑轮组的传动比为（　　）。

A. 1∶2　B. 1∶3　C. 1∶4　D. 1∶5

11. 承力索补偿器则采用三滑轮组式，传动比为（　　）。

A. 1∶2　B. 1∶3　C. 1∶4　D. 1∶5

12. 补偿器 *a*、*b* 值的最小值不小于（　　）mm。

A. 100　B. 200　C. 300　D. 400

13. 进行接触网设计时，规定 *a*、*b* 值不小于（　　）mm。

A. 100　B. 200　C. 300　D. 400

14. 动滑轮偏转角度大于（　　），高空操作人员 A 固定绝缘子，高空操作人员 B 旋转动滑轮使角度符合标准。

A. 20　B. 30　C. 45　D. 60

15. 高空操作人员 B. 目视检查坠砣串的重量是否符合张力要求，坠砣有无破损，坠砣叠码是否整齐且缺口互相交错（　　）。

A. 30　B. 60　C. 90　D. 180

16. 对 *a*、*b* 值（含坠砣抱箍与限制架的位置）测量超标处所进行调整（根据现场气温及安装曲线确定 *a*、*b* 值），对动定滑轮的间距小于（　　）mm 的处所进行调整。

A. 200　B. 300　C. 400　D. 500

17. 接触网棘轮补偿装置具有快速制动作用，一旦发生断线事故或者其他异常情况，补偿装置应有（　　）种制动功能。

A. 1　B. 2　C. 3　D. 多

18. 2.4 t 正制动棘轮补偿装置传动比为（　　）。

A. 1∶2　B. 1∶3　C. 1∶4　D. 1∶5

19. 3.6 t 正制动棘轮补偿装置传动比为（　　）。

A. 1∶2　B. 1∶3　C. 1∶4　D. 1∶5

20. 杵环杆系动滑轮与下锚绝缘子串之间的连接杆件，一般以直径（　　）mm 圆钢加工制成。

A. 14　B. 15　C. 16　D. 18

21. 杵环杆系动滑轮与下锚绝缘子串之间的连接杆件，一端为单环孔，一端为杵头状，杵环杆的机械强度要求较高，且长度不小于（　　）m。

A. 0.5　B. 1　C. 2　D. 2.5

22. 半补偿时，接触线带补偿器，多采用（　　）滑轮组结构。

A. 1　B. 2　C. 3　D. 4

二、多项选择题

1. 下列属于补偿器的组成部件的是（　　）。

A. 补偿滑轮　B. 补偿绳　C. 杵环杆

D. 坠砣杆　E. 坠砣块及连接零件组成

2. 补偿器由（　　）及连接零件组成。

A. 补偿绳　B. 补偿滑轮　C. 制动装置　D. 坠砣块

三、判断题

1.（　）导线补偿温度范围−40°C ~ +80°C。

2.（　）接触网补偿装置，又称张力自动补偿器。

3.（　）制动装置不得有松股、断股和接头，不得与其它部件、线索相摩擦。

4.（　）补偿绳均选用 GJ-50（18 股）镀锌钢绞线制成。

5.（　）补偿器靠坠砣串的重力使线索的重力保持平衡。

6.（　）接触网棘轮补偿装置又叫张力自动补偿装置，它是装在锚段的两端，并且并联在接触线盒承力索内。

7.（　）接触网补偿装置它的作用是补偿线索内的张力变化，使张力保持恒定

8.（　）补偿器靠坠砣串的重力使线索的张力保持平衡。

9.（　）接触线和承力索补偿器的 a、b 值相等。

10.（　）滑轮式补偿装置用于电气化铁道接触网系统中正线或站线接触网下锚处调整补偿张力。

11.（　）补偿滑轮分为定滑轮和动滑轮（构造相同），动滑轮改变受力方向，定滑轮除改变受力方向。

12.（　）按接触网结构选择适当的传动比。半补偿时，滑轮组的传动比为 1∶3。

13.（　）接触网补偿装置是自动调节接触线和承力索张力的补偿器及其制动装置的总称。

14.（　）坠陀杆耳环孔中心至补偿（定）滑轮下沿的距离为 b 值。

微信扫码　习题自测

学习情境十二　接触网分相、分段绝缘装置调整

【导读】

本学习情境主要介绍接触网分相、分段绝缘器相关理论知识。重点介绍了分相、分段绝缘器的常见故障的检调步骤及方法。最后作为知识拓展介绍了自动过分相的相关内容。

【学习目标】

本节主要通过完成 2 个任务，学习用接触网分段、分相绝缘装置结构、特点。通过任务的实施使学生掌握分段、分相绝缘器的检修要点及步骤。

任务一　接触网分相绝缘装置调整

【任务描述】

本任务是在掌握接触网分段绝缘器基础知识的基础上，完成对分段绝缘器的调整，使其符合《接触网检修规程》要求的质量标准。

【资讯】

微信扫二维码，
看本章教案

一、理论学习部分

（一）供电与分段

接触网是一种特殊形式的供电线路，为了保证供电的可靠性和灵活性，并缩小停电事故发生的范围，要进行电气分段。被分段的接触网在电气方面是独立的，并用隔离开关连接。当某区段发生事故或停电进行检修时，可以打开相应段的隔离开关使该区段无电，而不致影响其他各段接触网的运行。

接触网分段有横向分段和纵向分段两种形式。

1. 横向分段

接触网线路（或线群）之间所进行的分段称为横向分段，如：站场内因各股道的作用不

同进行的分段。

在复线和多线路区段上，不论是区间或者站场，其正线间总是分开的，其分段方式、方法视股道的具体情况而定。如果正线间有道岔，则往往是在此处进行分段，如图 12-1-1 所示。

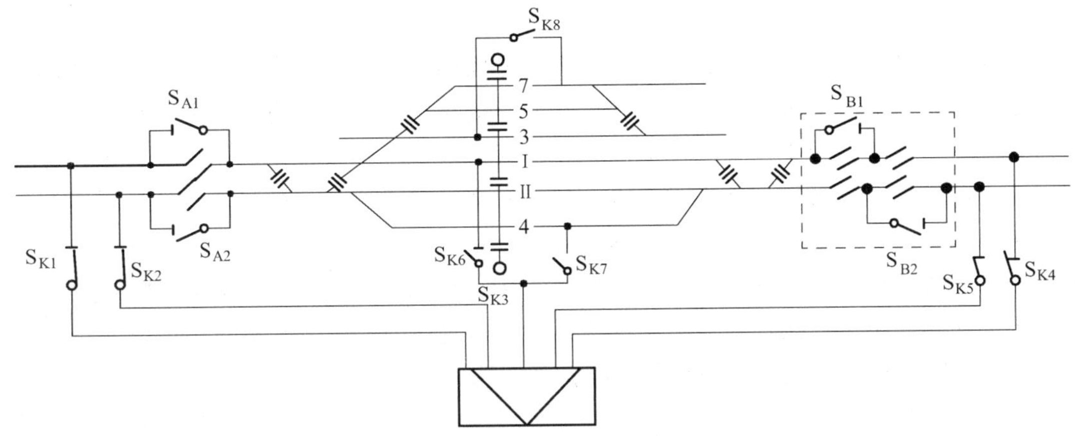

图 12-1-1　复线区段有牵引所的车站站场分段与供电方式

在有几个电化车场的大站上，应将每一个车场单独分段。

装卸线、旅客列车整备线、检查电力机车上部设备的线路均应分段，并在该处安装带接地刀闸的隔离开关。

每条库线应当单独分开，且用带接地刀闸的隔离开关连接。为保证检修工作的安全，还应在适当位置上装设隔离开关开闭位置的灯光指示器。

大型车场上的电分段应特别注意其灵活性。在各个线群之间有分段时，应能打开任一网组（或车场）而不影响其他网组的接发列车。

在有牵引变电所的站场上，站场和区间皆应有单独的供电线路，此时连接站场与区间接触网的隔离开关应是常开的。对站场的供电线路应做到既能向站场供电，也可作为区间供电线的后备。在选择供电线的截面时，应保证有向站场和区间同时供电的可能性。在复线区段上，区间每条正线都应有单独的供电线路，如图 12-1-1 中的 S_{K1} 与 S_{K4} 和 S_{K2} 与 S_{K5} 供电线均应通过隔离开关而与站场或区间相连接。设置隔离开关的原则是既保证供电的可靠性，又要保证供电的灵活性；既保证可以向整个站场供电，也可以分别向站场各网组供电。

选择隔离开关的安设地点时，应注意操作方便和便于实现距离控制，连接跳线应简单和安全。在绝缘关节处，开关一般设在靠近车站的转换支柱上。

横向分段采用分段绝缘器的方法进行分段。

2. 纵向分段

接触网沿线路方向所进行的分段称为纵向分段，如在站场和区间衔接处所进行的分段。站场和区间的接触网应是各自独立的，因此在它们的连接处必须进行分段。区间接触网一般不进行电分段，但遇有大型人工建筑物（长大隧道及长大下承桥）时，应将这些建筑物的接触网单独分段。

在交流电气化铁道区段同相电之间，是靠绝缘锚段关节或分段绝缘器实现电分段的，不同相电采用分相绝缘器，它们都是接触网上的重要电气设备。

（二）分段绝缘器

分段绝缘器又称分区绝缘器，是接触网电气分段的常用设备。它安装在各车站装卸线、机车整备线、电力机车库线、专用线等处。在正常情况下，机车受电弓带电滑行通过。当某一侧接触网发生故障或因检修需要停电时，可打开分段绝缘器处的隔离开关，将该部分接触网断电，而其他部分接触网仍能正常供电，从而提高了接触网运行的可靠性和灵活性。利用分段绝缘器进行分段的处所主要有：货物线及有货物装卸作业的站线，机车整备线，同一车站内不同车场之间及复线区段车站内上、下行之间。这些处所由于受线路条件等因素的制约，难以布置绝缘锚段关节，因而设置分段绝缘器。分段绝缘器由于材质及结构上均存在一定的问题，虽经不断改进，但仍为薄弱环节，应合理使用，尽量少设。

目前我国常见的分段绝缘器，有高铝陶瓷分段绝缘器、菱形分段绝缘器。在结构上既保证机车受电弓平滑通过，又能满足供电分段的要求。

1. C-1200 高铝陶瓷分段绝缘器

高铝陶瓷分段绝缘器结构如图 12-1-2 所示。

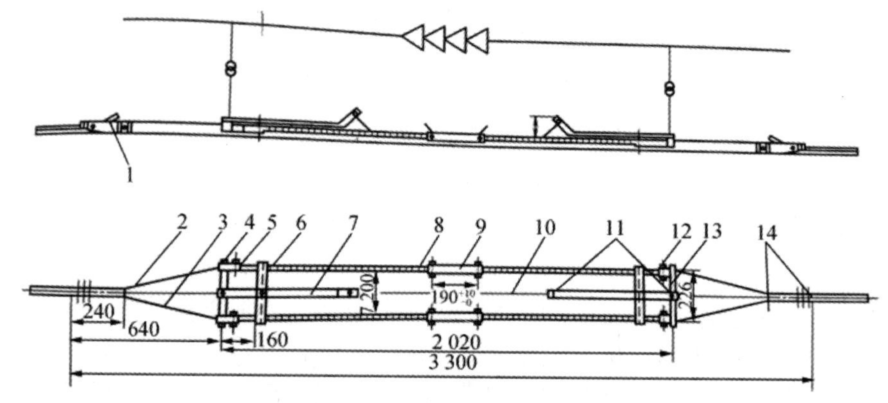

图 12-1-2 高铝陶瓷分段绝缘器

1—接触线接头线夹；2、3—导流框架；4—销钉；5—接头；6—横撑架；7—角钢支架；8—绝缘元件；9—辅助滑道；10—导流角隙；11、14—螺栓；12—圆头销钉；13—横撑管

其中绝缘元件为高铝陶瓷绝缘棒，它由高强度玻璃纤维芯棒、高铝陶瓷护套、密封垫圈、灌封层和金属接头组成，长度为 600 mm，每侧用两根棒串接起来，总泄漏距离是 1200 mm。高强度玻璃纤维芯棒，采用聚酯树脂或环氧树脂为胶粘剂的棒材，其抗拉强度超过 45 号钢，直径为 12 mm。

C-1200 高铝陶瓷护套为 75 号氧化铝瓷，表面涂硅脂，有优异的耐磨和抗老化性能。密封垫圈起密封和缓冲作用，采用石棉垫和硅橡胶两种垫圈。硅橡胶垫圈在耐老化、抗漏电及工艺方面都优于石棉垫圈。

C-1200 型高铝陶瓷分段绝缘器具有以下特点：

（1）采用高铝陶瓷护套克服了材质老化问题。

（2）绝缘件比滑道高 15 mm，工作时不与受电弓滑板接触，改善了绝缘件工作条件。

（3）绝缘件泄漏距离为 1 200 mm，提高了绝缘性能和防污染能力，增强了工作的可靠性。

（4）受电弓通过导流角隙时，利用拉弧工作原理，使导流角隙起导流和灭弧作用，并在此设置辅助滑道，保证机械上平稳过渡。

（5）可满足 70 km/h 行车速度的要求。

这种型号的分段绝缘器的缺点：高铝陶瓷管容易受到受电弓冲击而破碎，受电弓滑板通过导流间隙易拉弧；不适合在通行速度较高的线路上使用。

2. 滑道式菱形分段绝缘器

滑道式菱形分段绝缘器的结构如图 12-1-3 所示。

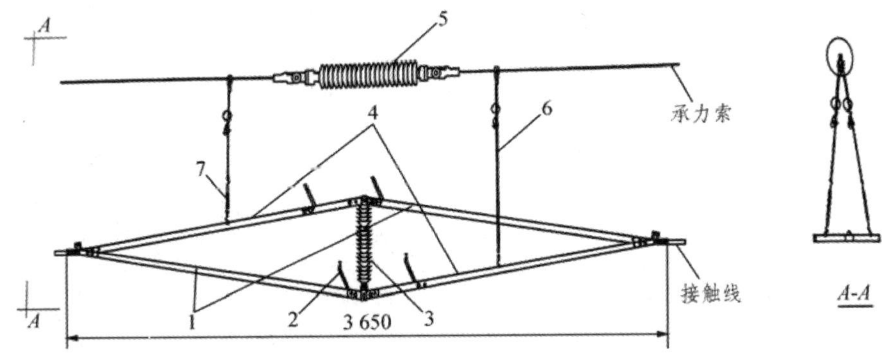

图 12-1-3　滑道式菱形分段绝缘器

1—玻璃纤维树脂绝缘板；2—防闪络角隙；3—桥绝缘子；4—导流滑板；5—复合悬式绝缘子；6—分段绝缘器吊弦；7—调整螺栓

受电弓通过分段绝缘器时，受电弓滑板与导流板和绝缘件同时接触。分段绝缘器绝缘件采用玻璃纤维树脂绝缘棒，具有较高的机械强度、绝缘强度和耐磨性。导流板用磷青铜制成，具有较好的导电性和耐磨性。桥绝缘子一般采用加强型玻璃纤维棒并覆盖硅橡胶或聚四氟乙烯护套，结构上起支撑和绝缘作用。受电弓通过桥绝缘子下方时为防止在两导流板转换时拉弧，特设防闪络角隙，以保护桥绝缘子，角隙为 220 mm，采用不锈钢制成。绝缘泄漏距离为 1 200 mm，当用于钢铝接触线时总长度为 3 058 mm；用于铜接触线时，因接头线夹不同，其总长度为 2 812 mm。滑道式菱形分段绝缘器，具有结构简单、质量轻、便于安装与维护，防污性能好等优点，可适应 160 km/h 的行车速度，目前应用较广泛。

3. 其他分段绝缘器

随着我国电气化铁路运行速度的提高和复线电气化干线的发展，需要灭弧效率高、运行速度高、寿命长、方便维护的分段绝缘装置。分段绝缘装置主要有：从瑞士 AF 公司引进的 AF 分段绝缘器，如图 12-1-4 所示（我国引进国产化后称为 XTK 消弧分段绝缘器或通用型分段绝缘器）；法国吉斯玛公司 JG 系列分段绝缘器，如图 12-1-5 所示；法国西门子轻型分段绝缘器，如图 12-1-6 所示；德国 Re200C 型分段绝缘器，如图 12-1-7 所示。

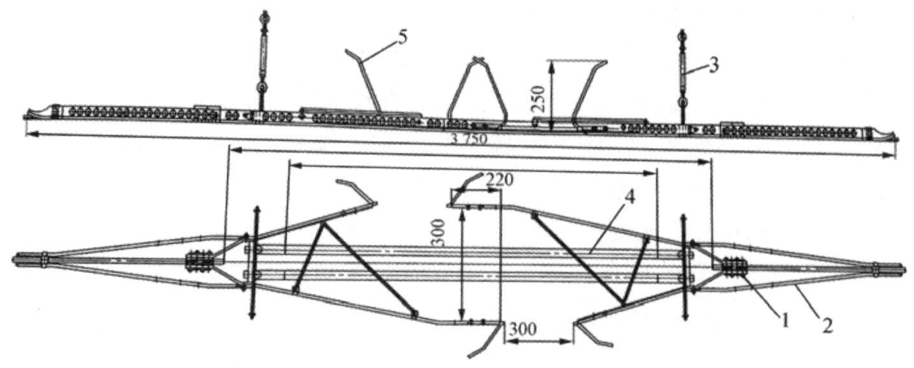

图 12-1-4　AF 分段绝缘器

1—接触线线夹；2—滑板；3—调整螺栓；4—绝缘杆；5—消弧角

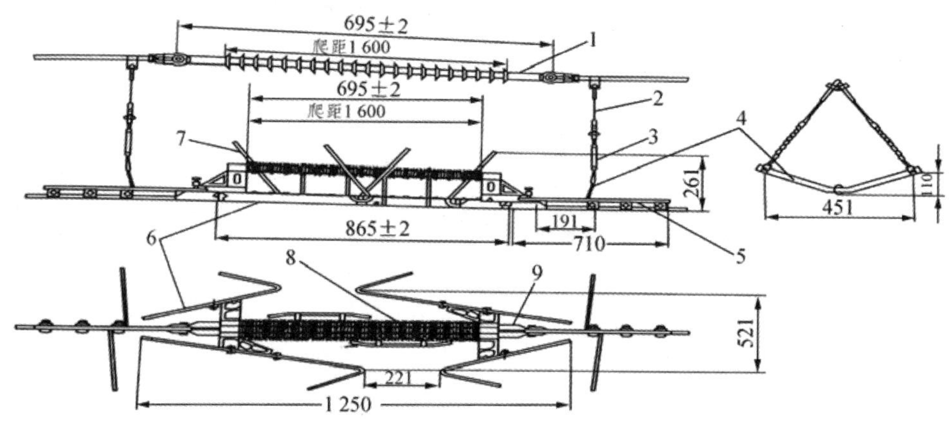

图 12-1-5　吉斯玛分段绝缘器

1—承力索绝缘子；2—吊弦线；3—吊弦调整螺栓；4—支承杆；5—辅助导线及夹线；6—滑板；7—消弧角；8—绝缘器绝缘子；9—接触线线夹

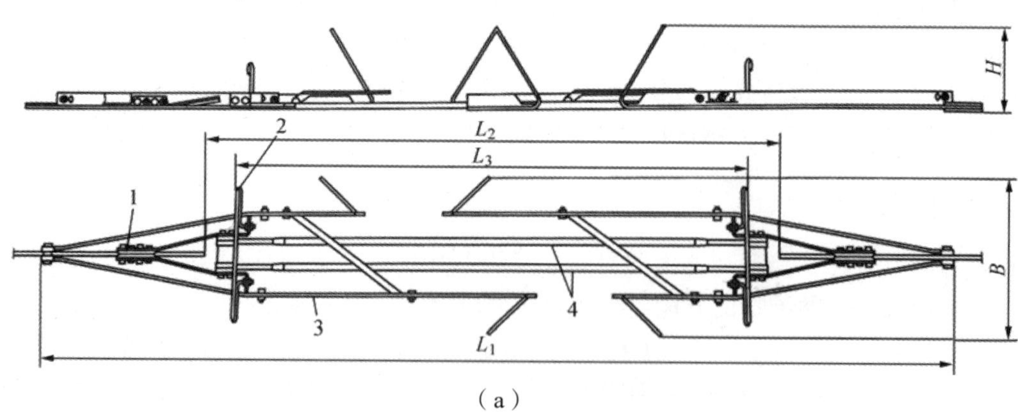

（a）

1—接触线终端线夹；2—悬挂支撑；3—带有消弧角的滑轨；4—两个绝缘棒

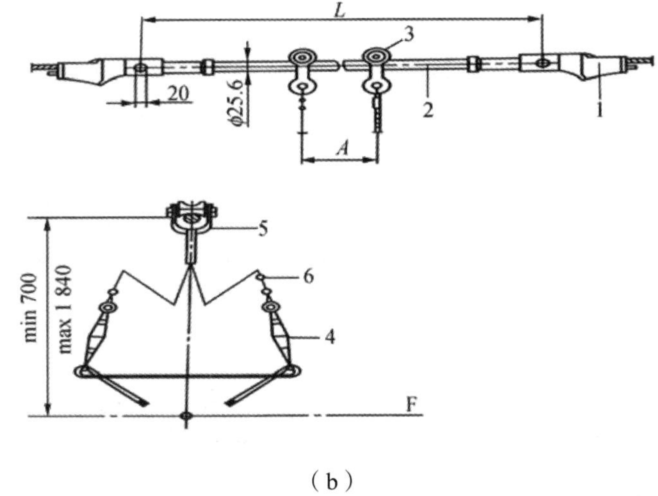

（b）

1—承力索终锚线夹；2—长棒绝缘子；3—滚柱；4—调整螺栓；5—吊环；6—吊索

图 12-1-6　法国西门子轻型分段绝缘器

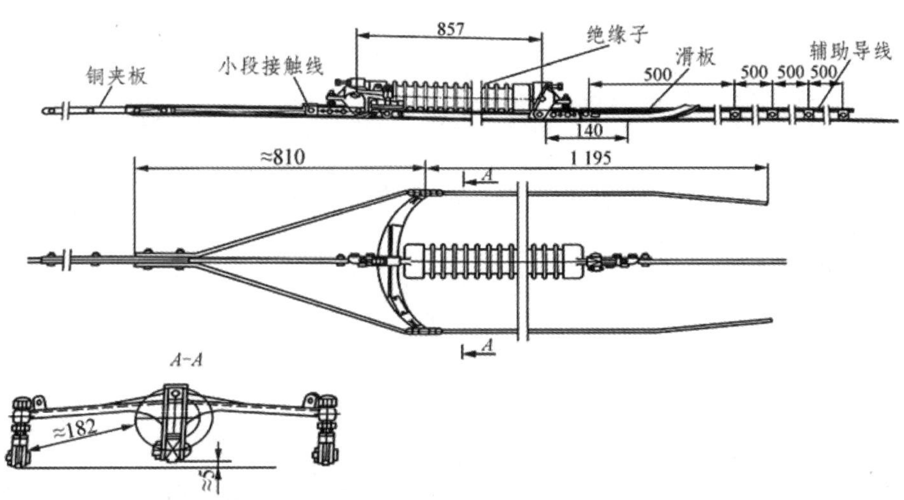

图 12-1-7　德国 Re200C 型分段绝缘器

二、作业指导书

本任务以接触网常见的器件式分段绝缘器为基础，重点介绍检修方法及作业标准。

（一）范　围

（1）本指导书规定了接触网分段绝缘器的检测（修）作业程序和质量标准。

（2）本指导书适用于接触网菱形分段绝缘器、XFFP-2.0 无弯矩防污型高速分段绝缘器的检测（修）作业。

（二）引用规范性文件

《接触网设计规范》《接触网运行检修规程》《接触网安全工作规程》。

（三）作业目的

接触网分段绝缘器检测作业的目的是使接触网分段绝缘器的状态达到《接触网检修规程》规定的要求，使接触网分段绝缘器与运行中的受电弓接触良好，以达到保证受流质量的目的。

（四）分段绝缘器调整作业内容

1. 作业准备

1）人员

（1）使用绝缘测杆：3 人（不包括防护人员）。

（2）使用多功能激光接触网检测仪：3 人（不包括防护人员）。

2）工具

（1）绝缘测杆、钢卷尺、线坠、道尺。

（2）多功能激光接触网检测仪。

3）检测作业安全注意事项

（1）使用绝缘测杆作业开接触网第二种工作票，使用多功能激光接触网检测仪开接触网第三种工作票。

（2）绝缘测杆、线坠在使用前要仔细检查有否损坏，并用清洁干燥的抹布擦拭有效绝缘部分，并按规定进行绝缘摇测。

（3）作业组两端应设好行车防护，并时刻注意避让列车。

（4）避让列车时，人员与检测机具均不得侵入机车车辆限界。

（5）雨、雪天气禁止使用绝缘杆进行检测。

2. 作业程序

（1）测量分段绝缘器中心对线路中心的偏移值，测量方法是分别测量分段绝缘器两端接头线夹距线路中心的距离，取二者平均值。

（2）将测杆挂于两侧导流板与桥绝缘连接处，测量分段绝缘器两侧距轨面高度的差值。

（3）测量分段绝缘器的负弛度，即绝缘器中心高度（两端高度的平均值）与两端吊弦（或定位点）高度的平均值的差值。

（4）查看分段绝缘器主绝缘、导流板、接头线夹、承力索分段绝缘件以及各部零件状态。

（5）将检测情况填入《分段（分相）绝缘器检测（修）记录》中，并下达《维修任务书》。

3. 作业标准

1）常见类型分段绝缘器的检调

高铝陶瓷分段绝缘器的检调：

（1）检查绝缘子串和绝缘元件是否脏污，当绝缘子破损 300 mm^2 以上时应更换。

（2）检查绝缘件是否水平，应比滑道高 15 mm，否则通过吊弦进行调整。

（3）检查接头线夹、导流板、主绝缘及其他零部件连接情况。

（4）导流角隙之间的间距不小于 240 mm。

菱形分段绝缘器的检调：

（1）检查承力索悬式绝缘子和桥式绝缘子是否脏污，破损面积超过 300 mm^2 以上时予以更换。

（2）分段绝缘器与导线连接处应平滑。

（3）绝缘器工作面应平行于轨面，允许误差为 10 mm，否则应调整吊弦长度。

（4）防闪络角隙间距为 190 ~ 220 mm。

2）分段绝缘器常见故障

（1）分段绝缘器不水平，造成碰弓刮弓事故。

（2）与导线接头线夹连接状态不良，形成硬点使接头处导线磨耗严重。

（3）分段绝缘器元件老化，形成裂纹，造成泄漏距离不够，发生闪络击穿事故。

（4）分段绝缘器与导线连接螺栓松动，出现导线拉脱的断线事故。

【任务实施及考核】

一、任务实施

（一）任务实施目的

通过该任务的理论学习，学生基本能掌握常见类型的分段绝缘器的结构、特点。在本任务实施操作完成后学生应能掌握分段绝缘器的检修要点及操作方法。

（二）任务实施准备工作

（1）使用车梯：6 ~ 8 人（不包括接地线、防护人员）。

（2）使用作业车：3 ~ 4 人（不包括接地线、防护人员、作业车司机）。

（3）车梯（或作业车）、手扳葫芦或倒链、接触线卡线器、单滑轮小绳、接触线校正扳手、平锉、水平尺、手锤、钢锯、木榔头、木垫板、线坠、钢卷尺、扁油刷、安全工具、防护工具等。

（三）任务实施场地器材

（1）完成该任务的实施场地是校内接触网实训演练场。

（2）器材：菱形分段绝缘器、酒精或丙酮、棉纱、ϕ4.0 铁线、硅油等。

（四）任务实施步骤

（1）检查并清扫承力索分段绝缘子。

（2）检查分段绝缘器主绝缘。主绝缘脏污或表面有放电痕迹时，用丙酮或酒精擦拭干净；主绝缘严重磨损、老化、烧伤应进行更换。

（3）检查分段绝缘器导流板、接头线夹及各部零件状态，各部螺栓应按标准力矩紧固。

（4）检查分段绝缘器过渡是否平滑，如不平滑用平锉打磨。

（5）检查分段绝缘器接头处接触线磨耗情况。

（6）分段绝缘器中心对线路中心的偏移值超过 100 mm 时，通过调整定位拉出值来满足要求，并用线坠复查。注意定位拉出值及相邻两跨跨中拉出值均不得超标。

（7）分段绝缘器两侧距轨面高度的差值超过 10 mm 时，通过安装在分段绝缘器导流板上的两根吊弦进行调整，并用水平尺复查。

（8）分段绝缘器的负弛度超出 5 ~ 15 mm 范围时，通过调整分段绝缘器两端相邻吊弦或安装在分段绝缘器导流板上的两根吊弦来满足要求，注意分段绝缘器两侧距轨面的高差及定位坡度均不得超标。

（9）若需更换分段绝缘器，采取以下程序（见图 12-1-8）：

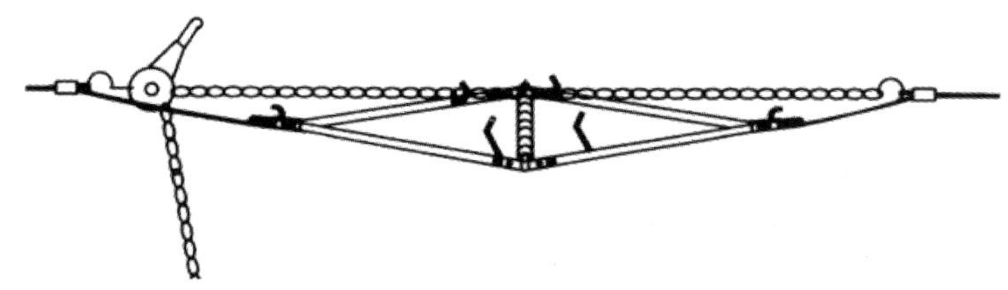

图 12-1-8 分段绝缘器

① 先在分段绝缘器一侧导线上的适当位置安装接触线卡线器，挂上手扳葫芦或倒链后，再安装另一侧接触线卡线器，并与手扳葫芦相连，抽动两卡线器间的手扳葫芦绳或倒链，使手扳葫芦或倒链受力。

② 闭锁并摇紧手扳葫芦或倒链，边紧边检查两端卡线器是否滑动，必要时采取防滑措施，直至分段绝缘器卸载。

③ 检查受力无误后，拆除旧分段绝缘器，安装新分段绝缘器。

④ 慢慢松动手扳葫芦或倒链，使分段绝缘器受力，检查各部零件受力情况。

⑤ 卸下手扳葫芦或倒链和接触线卡线器。

⑥ 安装吊弦，使分段绝缘器平面与轨平面平行，并高出两侧接触线 5 ~ 15 mm。

⑦ 检查主绝缘，并涂硅油。主绝缘在安装过程中不得有损伤。

⑧ 用水平尺模拟检查分段绝缘器过渡是否平滑。

⑨ 将检修情况填入《分段（分相）绝缘器检测（修）记录》和《维修任务书》。

（五）质量标准

（1）绝缘器主绝缘器应清洁、无烧伤、裂纹，破损、老化现象，其表面放电痕迹应不超过有效绝缘长度的 20%，主绝缘严重磨损时应及时更换。

（2）分段绝缘器不应长时间处于对地耐压状态，尤其在雾、雨、雪等恶劣天气时，应尽量缩短其对地的耐压时间，即当作业结束后应尽快合上隔离开关，恢复其正常运行。

（3）各零部件无锈蚀。

（六）注意事项

（1）手扳葫芦或倒链使用前应检查其状态，确认完好方可使用。

（2）手扳葫芦或倒链受力后应检查两端卡线器是否滑动，必要时应采取防滑措施。确认受力无误后方可卸载。

（3）作业过程中不得损伤分段绝缘器。

（4）新分段绝缘器安设完后，应检查各部零件受力状况，确认无误后方可卸下手扳葫芦。

（5）“V”形天窗区段应严格执行《供电段复线电化区段 V 形天窗接触网检修作业办法》，可参考本书学习情境四。

二、考核表

项　目	考核内容及评分标准	配　分	扣分情况	得　分
操作时限	规定时限：根据每个测量项目由评委自定，每超时 2 min 扣 1 分，每提前 2 min 加 1 分，超过 10 min 失格	5 分		
料具准备	要求料具准备齐全，规格型号相符，每错、漏、多 1 件扣 2 分	5 分		
质量标准	（1）正确说出常见分段绝缘器检修内容、注意事项，每错 1 处扣 5 分 （2）分段绝缘器安装与更换，操作程序不正确每步骤扣 2 分，测量结果不正确扣 10 分 （3）绝缘器应位于受电弓中心，一般情况下误差不超过 100 mm。测量结果不正确扣 10 分 （4）绝缘器两条绝缘滑道应平行于轨面，最大误差不超过 10 mm。测量结果不正确扣 10 分 （5）绝缘器相对于两侧的吊弦点具有 5～15 mm 的负弛度。测量结果不正确扣 10 分 （6）绝缘器导线接头处过渡平滑，测量结果不正确扣 10 分	50 分		
安全作业	（1）作业中一般违章现象每次扣 5 分 （2）作业中严重违章每次扣 20 分 （3）工具使用错误每次扣 5 分 （4）工具损坏、脱落每次扣 20 分	30 分		
文明作业	（1）作业中，未佩戴必要的劳保、安全用具，每件扣 3 分 （2）作业时出现不文明动作或语言每次扣 5 分	10 分		
总　分				

任务二　接触网分段绝缘装置调整

【任务描述】

本任务是在掌握接触网分相绝缘器基础知识的基础上，完成对分段绝缘器的调整，使其符合检规要求的质量标准。

微信扫二维码，看本章教案

【资讯】

一、理论学习部分

在单相交流牵引供电系统中，电力机车是由单相电供电的，为了平衡电力系统的 A、B、C 各相负荷，一般要实行 A、B 相轮流供电。所以 A、B 相之间要进行分相，这称为电分相。电分相通常由分相绝缘器实现。在变电所出口处及两牵引变电所之间（供电臂末端）必须设电分相装置。

电分相装置包括分相绝缘装置和相应的线路标志。分相绝缘装置根据其实现方法分为分相绝缘器电分相和锚段关节式电分相。

（一）分相绝缘器电分相

分相绝缘器电分相在接触悬挂中串入分相绝缘器，实现两侧接触悬挂的电气分段。电分相两侧机械上不分段。

分相绝缘器一般由三块（或四块）相同的环氧树脂玻璃层压布（俗称玻璃钢）绝缘件组成，每块玻璃钢绝缘件长 1.8 m、宽 25 mm、高 60 mm，底面做成斜槽，以增加表面泄漏距离。

要求接触线和绝缘件连接平滑可靠，不得形成硬点，应保持接触线原有张力，保证机车受电弓平滑通过。

两端部绝缘元件之间的不带电区段称为中性区段，电力机车通过中性区段时采用断电惰行通过；电分相绝缘器两端的接触网为不同相供电，它应保证列车安全通过而不发生短接事故。因此，中性区段不宜过长，其长度以电力机车升起双弓时不短接不同相接触线为限。电分相绝缘器上方的承力索，通过与绝缘元件相对应的 3 串悬式绝缘子（每串为 4 片）断开。分相绝缘器的设置应注意：避开线路的大坡道，以利于电力机车惰行，同时还要考虑信号显示、调车作业、供电线路径及维修管理等条件。

电分相绝缘器的主要问题是由于各种各样的原因，会经常烧损或烧坏绝缘件，甚至破坏其绝缘性能。如图 12-2-1 所示为 XTK 电分相绝缘器，它不仅是一块绝缘元件，且从结构上增加消弧角，具有一定的消弧功能，是一种新型接触网电分相设备。它采用优质绝缘材料和先进的制造工艺，电气绝缘性能好，并具有耐磨性能好、整体质量轻、安装方便、使用寿命长等优点。

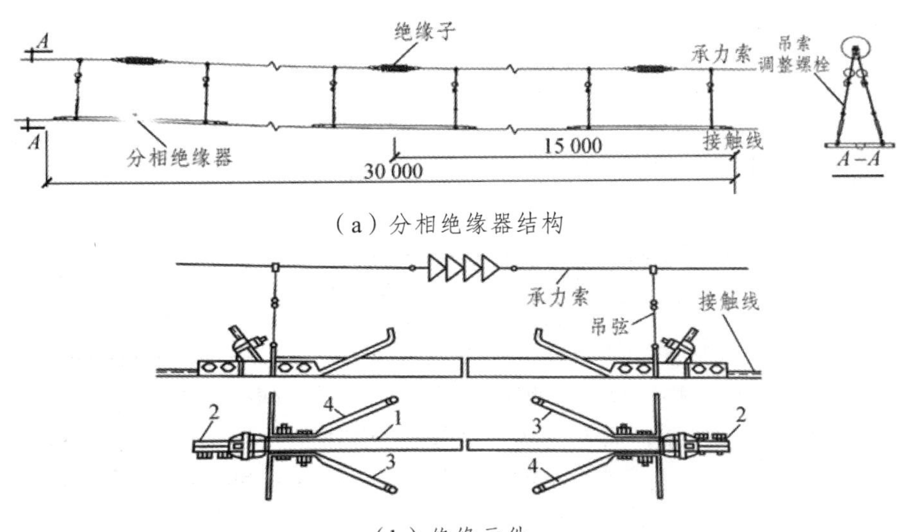

（a）分相绝缘器结构

（b）绝缘元件

图 12-2-1　XTK 电分段绝缘器结构

1—绝缘元件；2—接头角；3，4—导流角隙

根据所使用的导线类型不同，它可分为 T 型和 GL 型两种类型，整机长度：T 型≥2 200 mm，GL 型≥2 300 mm。绝缘元件泄漏距离为 1 800 mm，且两端设有引弧件，形成消弧角，具有较好的消弧能力。

在安装 XTK 电分相绝缘器时应注意技术要求，在调整好后，能避免其产生硬点，具有良好的运行效果。T 型用于 TCG-100 及 TCG-110 等导线类型，GL 型用于钢铝电车线。

我国还引进了瑞典 AF 分相绝缘器（国产化后为 BF-1 型分相绝缘器），如图 12-2-2 所示，其耐弧、耐污、耐漏电起痕、耐磨性及减少硬点等方面优于前两种产品。该种分相绝缘器设有金属滑道及引弧装置；虽然重量上比 XTK 型要重，但是分相绝缘器与导线连接接头高出金属滑道 3 ~ 5 mm，避免了受电弓与接头接触，长三角形布置的金属滑道分散了受力，减少了硬点；承力索绝缘子采用无裙边的聚四氟乙烯光棒绝缘子，有较好的自洁功能。

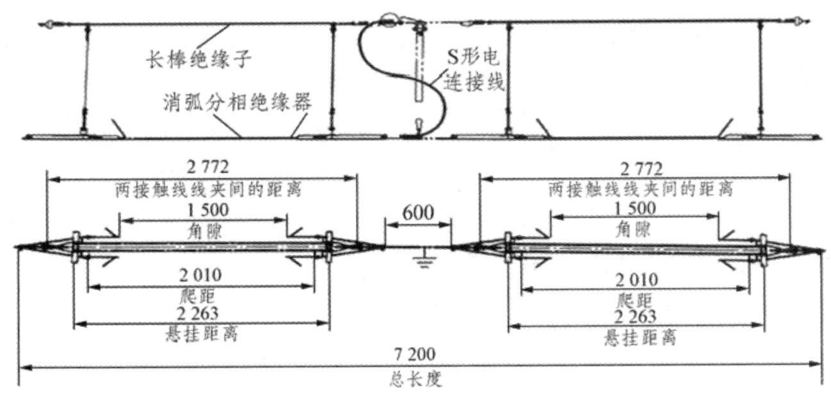

图 12-2-2　AF 滑道式分相绝缘器

分相绝缘器安装后应达到以下标准：

a. 绝缘元件安装正确。与接触线连接处的工作面应光滑没有扭曲和硬弯，无碰弓、打弓

现象。

b. 主绝缘件清洁无裂纹、烧伤痕迹。

c. 接头线夹应紧固，无裂纹和偏磨现象。

d. XTK 分相绝缘器与铜接触线连接，采用 T 形接头线夹。安装接头线夹时，须使线夹夹线部位的齿尖嵌入接触线燕尾槽中。

e. XTK 分相绝缘器与钢铝接触线采用 GL 形接头线夹。

安装线夹时，线夹螺栓应压安装线夹时，应先将约 150 mm 长的接触线向上弯曲 45°穿入线夹斜孔内，用紧固线夹顶部螺栓的方法，确定接触线切口位置，然后将线抽出，用扁铲去掉切口位置上的铝，线夹螺栓应压紧钢面防止抽脱，用 $\phi 2$ 铁线将螺栓头绑扎避免螺栓松动。

分相绝缘器平时禁止检调，需要更换时要向电力调度提出申请，经批准才能作业，一般在分相两端供电臂同时停电时进行。若带电作业更换三根以上绝缘件中的一根时，必须确认至少两根绝缘件良好，然后用截面面积不小于 25 mm^2 的短接线，短接需更换的绝缘件，作业完毕拆除短接线，作业中应加强行车防护，当影响受电弓通过时应向司机显示降弓信号，且应尽快恢复良好状态。

（二）锚段关节式电分相

采用分相绝缘器的电分相装置在应用中存在多种问题：分相绝缘器存在明显的硬点；绝缘器绝缘部件表面易出现烧伤（甚至烧断）；停电检修困难等。对于速度大于 160 km/h 的准高速和高速电气化铁道，电分相多采用锚段关节式电分相。从广深高速准铁路开始，我国近年来逐渐在提速干线、高速电气化铁道中使用锚段关节式电分相，使其满足在高速时受电弓平稳通过。

我国电气化铁道接触网通常采用的锚段关节式电分相有七跨式、八跨式和九跨式三种。高速中采用六跨分相，其基本结构由两个绝缘锚段关节和一个分相（中性）锚段组成。绝缘锚段关节可以采用四跨结构或五跨结构（四跨结构简单，但五跨结构接触线坡度较小），两绝缘锚段关节重叠区域有 1 跨和 2 跨两种情况（重叠区域的多少会影响到电分相的中性区的长短），因此形成了不同类型的锚段关节式电分相。在中性区和列车行进方向的锚段间设有隔离开关，在机车停于无电区且和来车方向锚段间满足绝缘条件时，通过闭合隔离开关，可使机车恢复供电，开出无电区。中性锚段不带电，也不接地，列车通过时起到过渡作用。

以六跨锚段关节电分相为例，说明锚段关节式电分相的结构特点，如图 12-2-3 所示。

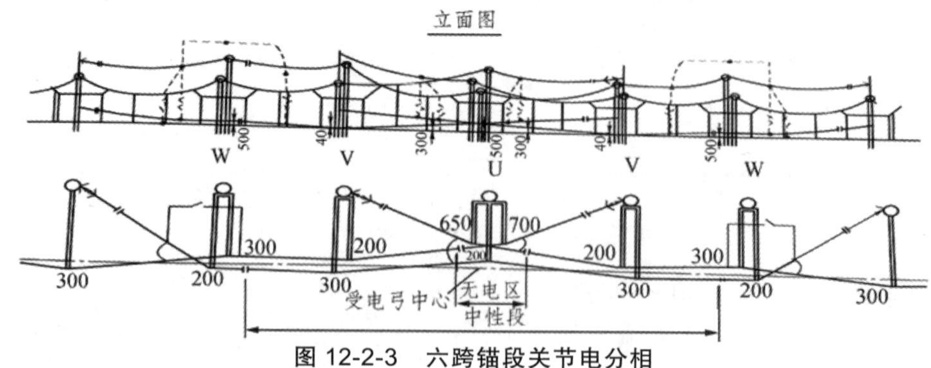

图 12-2-3　六跨锚段关节电分相

它由两个四跨锚段关节重叠两跨组成。两列动车联挂运行时，严禁“后弓—前弓”运行方式，两受电弓最小距离不小于 190 m，两弓间不允许有高压母线连接。两外转换柱处两非支绝缘子串距离不大于 190 m。

a. 绝缘距离：在电分相的锚段关节内，2 支接触悬挂的水平间距均为 500 mm，2 支接触悬挂间空气绝缘间隙≥450 mm，施工误差应控制在+50 ~ −0 mm，各个定位点抬高允许误差为±20 mm。

b. 中性区：如图 12-2-3 所示的中性区长度为 35 m，机车惰行通过中性区，其长度应大于单台机车升双弓取流时的受电弓间距(一般不大于 26 m)。为了满足重联机车通过要求，35 m 中性区长度不足时，可以采用九跨式电分相（两个绝缘锚段关节间只重叠 1 跨），中性段（包括中性区加两个过渡区）的长度应符合设计要求，施工允许偏差为+50 ~ −0 mm。

c. 接触线坡度：采用五跨绝缘锚段关节的八跨电分相接触线抬高有个更大的过渡距离(和采用四跨绝缘锚段关节的七跨电分相比较)，可以满足接触线坡度≤4‰的要求。

d. 为了减轻接触悬挂中的集中负载，非工作支中绝缘子易采用合成绝缘子，绝缘锚段关节电分段绝缘子串安装位置应符合设计要求，施工允许偏差为±50 mm；承力索、接触线两绝缘子串中心应对齐，施工允许偏差为±50 mm。

c. 接触线高度：五跨绝缘锚段关节转换跨内两接触线等高处，行车速度为 160 km/h 的路段，接触线高度比正常高度应高出 30 mm，施工允许偏差为±10 mm；行车速度为 200 km/h 的路段，接触线高度比正常高度应高出 40 mm，施工允许偏差为±10 mm。

锚段关节式电分相在使用中存在如下缺点：结构复杂，检修工作量大，一旦发生弓网故障，抢修难度大；中性区长，对列车运行速度影响大，在坡道设置时，对牵引吨数和线路坡度会有严格的限制；分相区越长，对地形的适应性越差；两个空气间隙的存在要求重联机车牵引的受电弓间距必须限制，否则，可能造成相间短路；受电弓在中性锚段和带电锚段过渡时，由于电位差的存在，会产生电弧，会影响到过渡区内的接触线寿命。

（三）电分相线路标志

为了防止受电弓通过电分相元件时，拉弧烧损绝缘元件，甚至烧断线索，要求电力机车乘务员按照操作规程规定退级，关闭辅助机组，断开主断路器，惰性通过电分相装置后恢复机车运行。在电分相两端设置线路标志以提示机车乘务员操作。线路标志设置位置如图 12-2-4 所示。在双线电气化区段，考虑组织反方向行车需要，在“合”“断”标志背面，可分别加装“断”“合”字标，作为反方向行车的“断”“合”标志使用。标志牌应具有逆反射功能，采用锚段关节式电分相时，标志牌的真实位置从无电区绝缘子处算起。

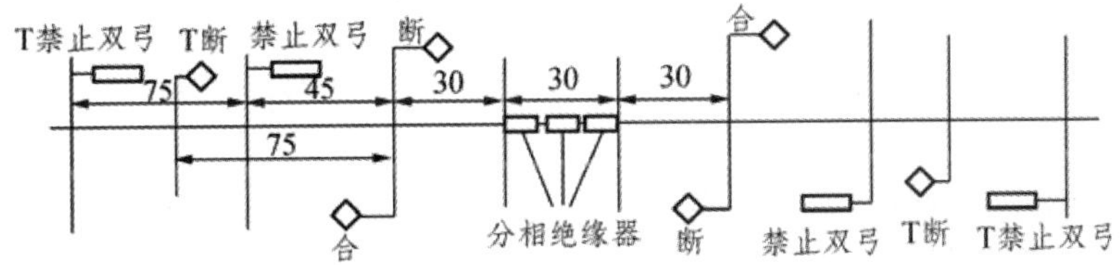

（a）器件式分相线路标识牌

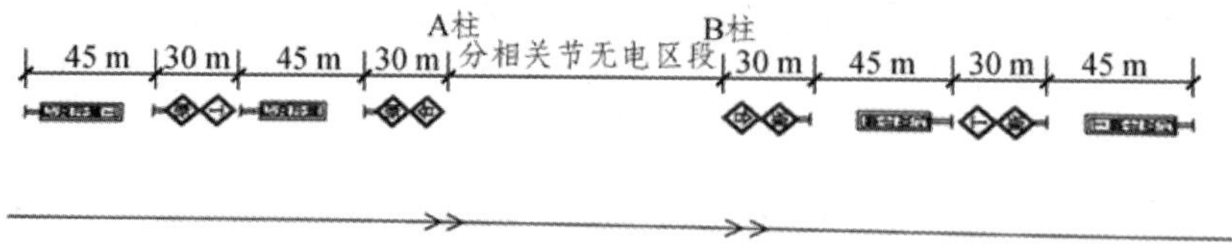

（b）关节式分相线路标识牌

图 12-2-4 电分相标志牌

（四）自动过分相

接触网上每隔 20 ~ 25 km 就有存在一个长度约 30 m 的电分相区。随着高速铁路的发展，列车通过电分相的时间越来越短。例如直供区段，供电臂长 20 km，车速为 160 km/h 时，每 8 min 就要通过一个电分相；AT 供电区段，供电臂长 40 km，车速为 300 km/h 时，每 7.5 min 就要通过一个电分相。传统的电力机车过分相技术采用车上手动切换，电力机车通过分相区时，机车乘务员必须按照线路上设置的断合标志进行操作。接近分相区时，先将机车操纵手柄回零，也称降流过程，关闭辅助机组，再断开主断路器，通过分相区后，再以相反的顺序操作。这样受电弓是在无电流情况下进出分相区的，从而保证了受电弓和接触网的寿命。但这种手动操作通过分相区的主要问题是：一方面影响了行车速度；另一方面不仅耗费司机精力，增加劳动强度，而且过多地分散了司机行车的注意力，行车安全完全依赖于机车司机的注意力和技术水平，没有技术设备保障，对行车安全极为不利，稍有疏忽操作不当或瞭望不及就会拉电弧烧损分相绝缘器甚至造成断线，直接危及设备及行车安全。对高坡重载区段，手动过分相会引起列车大幅降速，延长咽喉区段的运行时间，降低线路运营能力。因此，传统的手动切换方式已无法适应我国电气化铁路的发展，尤其无法满足高速电气化铁路的需要，所以发展自动过分相技术势在必行。

目前自动过分相技术的实现方法主要分为：地面自动转换电分相装置、柱上断载自动转换电分相装置及车载断电自动转换电分相装置。

1. 地面自动转换电分相装置

地面自动转换电分相装置原理图如图 12-2-5 所示，电分相处设置 JY1、JY2 两处绝缘，一般由锚段关节式电分相实现，绝缘间是中性区。在 JY1、JY2 两端跨接两个真空负荷开关 QF1、QF2，当机车从 A 相驶来，到 CG1 处时，开关 QF1 闭合，中性段接触网由 A 相供电，机车通过 JY1 时，JY1 两端等电位；机车到达 CG3 时，QF1 断开，QF2 迅速闭合，完成中性段供电的换相变换，机车在此过程中可以不用任何附加操作；待机车驶离 CG4 处时，QF2 断开，装置恢复原始状态。反向行驶时，由控制系统控制两个开关以相反顺序轮流断开和闭合。我国从 20 世纪 70 年代末期开始研究该方案，1994 年在陇海线咸阳西建成我国第一套实用装置，1997 年通过鉴定验收。

这种自动过分相装置的优点在于：接触网无供电死区；无需司机操作；机车上主断路器无需动作，自动切换时接触网中性段瞬间断电，时间很短，而且此时间与列车速度无关，可适用于 0 ~ 350 km/h 速度范围，对行车中可能出现的限速、一度停车等情况均能正常工作。

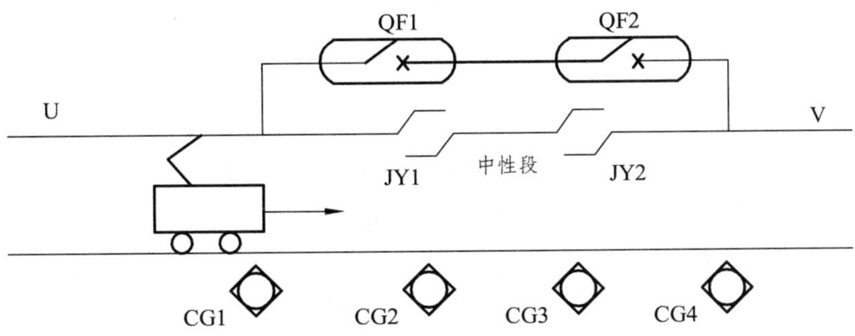

图 12-2-5　地面自动转换电分相装置

该方案的缺点主要有：

（1）真空负荷开关大负荷分断并动作频繁，对开关的电气寿命、机械寿命要求较高，主接线应考虑在线备份及检修备份，使主接线较复杂。

（2）中性区长度确定困难，只有单机单弓运行或双机重联（两台机车紧靠连接）运行时，中性段长度可以按照双机长度来确定；对于双机重联分在首尾或多弓分散型机车，中性区要按照列车长度来确定。中性段的长度必须考虑本区段运行模式的多样性。

（3）过分相区后合闸时的电流冲击较大，如果机车上不采取限制合闸冲击电流，有可能造成电极环火，同时列车产生冲动影响旅客舒适性。

（4）投资较大，要建立分区所，运营维护成本高。

2. 柱上断载自动转换电分相装置

其基本原理图如图 12-2-6 所示，图中 L_1、L_2 为磁控线包，K_1、K_2 为真空灭弧室，MOA 为过电压吸收器，x—y 段为中性绝缘滑道，2、3 为两个分段绝缘器。假使机车由左向右行驶，由 A 相驶入，依次经过 ab、cd、xy、ef、gh 各区段，进入 B 相。当机车行驶到 1—2 的位置，即进入线包受流区时，机车通过时磁控线包 L_1 受流，真空灭弧室 K_1 合闸，2—x 区段带电。当机车驶过 2 以后，离开了控制线包受流区，进入 K_1 供电的分断区，真空灭弧室分闸，机车断载。此时机车不带电过 2—3 间的电分相的 x—y 主绝缘区。过了分段绝缘器 3 以后，机车通过 B 相的受流线包 L_2 得到 B 相的电流，经过 4 以后，由 B 相供电。机车反方向行驶时，同理，依次由 B 相过渡到 A 相。

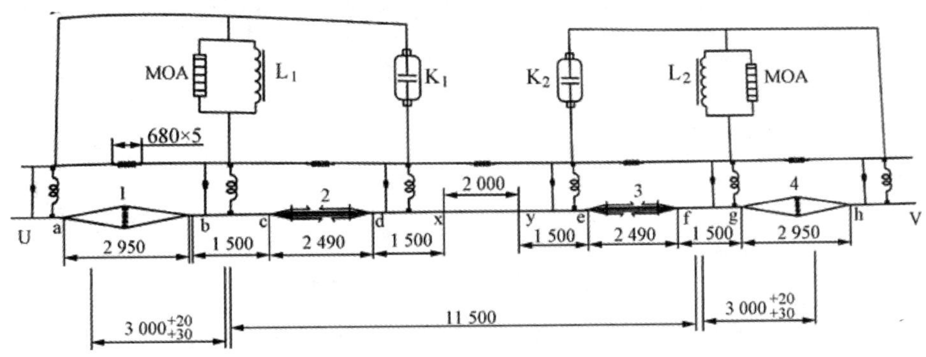

图 12-2-6　柱上断载自动转换电分相装置

这种方案的优点：比地面过分相方案结构简单，真空开关设备装载支柱上，无须设置分区所，供电死区（d—e—f—g 或者 c—d—e—f）比现有的分相区短，无需司机操作，机车上的主断路器不需分断。

这种方案的缺点：过分相后机车电流受到很大冲击，造成机车主断路器跳闸导致机车冲动；靠近分相两端易产生明显的电弧；分相区接触网分段比较多，接触网结构复杂，易形成硬点；机车向一个方向行驶时，A、B 两组开关中只有一组开关动作是必需的，另一组开关动作是多余的，造成机械电气磨损；存在一定长度的供电死区，断电时间比较长而且和机车速度有关。实际应用中还要解决过渡过程中的过电压和涌流问题。兰州铁路局在兰新线武威南至兰州段进行了柱上自动过分相试验，基本上取得了预期的效果，并于 2001 年 8 月通过了由原铁道部科教司组织的鉴定。

3. 车载断电自动转换电分相装置

车载断电自动转换电分相装置包括四种设备：

（1）地面感应装置，称地感器，它安装在电分相区域中的相应位置，能为电力机车进行分相断电过电分相提供准确的位置信息。

（2）车载感应接收装置，又称信息接收器，它安装在电力机车上，专门用于接收地感信息。

（3）主电路设备，它是实现过电分相时断开、分合主电路电源的主体设备。

（4）控制设备，它是实现自动化及智能化的主体设备。

其地面感应装置布置如图 12-2-7 所示。4 个地面感应器为钕铁硼永磁体，磁铁一般预制在水泥块内部或封装在工程塑料内，然后骑跨式固定在铁轨端部，上表面低于钢轨面 15 mm，中心离钢轨内侧面水平距离为 250 mm。车载感应接收器装在机车两端排障器下方的两侧位置。该装置用于接受地面感应器信号，基本不用维护。

机车按照图示方向行进时，2#、4#车载感应装置应可靠接受到 1#地面感应器的信号，这个信号为预备信号，控制装置做好断电准备；在机车继续前进时，1#、3#车载感应装置应受到 3#地面感应器信号，这时，控制装置立即执行断电过分相动作；2#、4#车载感应装置经过 3#地面感应器后，恢复机车正常运行。

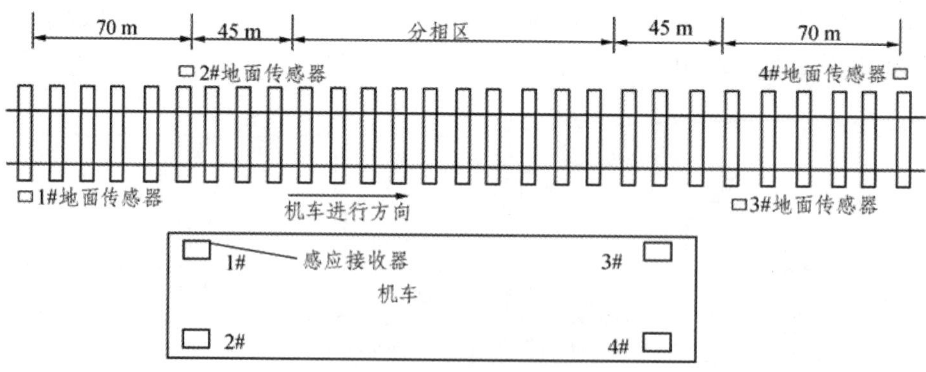

图 12-2-7 地面感应装置布置

这种方案的优点：地面投资小，地面感应器采用免维护材料，安全可靠；机车主断路器只需要分断辅助机组小电流，不用切断牵引电流，对主断的电气寿命影响小；过分相后通过控制设备逐渐增大牵引电流，列车冲动小，改善了乘车的舒适性；过分相的自动控制与列车速度无关，可适应低速、常速、准高速和高速的要求；预告信号检测采用两套冗余，应用表面可靠性较高；适合多弓运行列车，头车在接到分相预告信号后，各动力车同时断开主断路器，各动力车自己判断是否通过分相区，合主断路器命令相继发出，减少整个列车牵引力的损失，这种运行方式在我国广深准高速铁路、昆明到石林的动车组均有采用。

该方案的有待改进之处：断电区较长，断电时间的长短和通过速度有关；该设备需要对通过的列车进行改造，不同制式列车控制部分有所不同，在采用微机控制的机车（如 SS_8、SS_9、SS_{4B} 等）上，控制系统容易实现，但是在采用模拟控制的相控机车（如 $SS_{4改}$、SS_{3B}、SS_6、SS_{6B}）需要对机车设备进行一定改造，对采用调压开关进行控制的机车（SS_1、SS_3）则难于实现。

【任务实施及考核】

一、任务实施

（一）任务实施目的

接触网分相绝缘器调整的目的是使接触网分相绝缘器的状态达到《接触网检修规程》规定的要求，使分相绝缘器与运行中的受电弓接触良好，以达到保证受流质量的目的。

（二）任务实施准备工作

（1）人员：14 ~ 15 人。

（2）工具：车梯、平锉、钢丝套、滑轮组、校正扳手、水平尺、钢卷尺、游标卡尺、扭矩扳手、小管钳、砂纸、安全用具、防护用具、通信工具，更换时还须携带手扳葫芦、蛙型紧线器、楔型紧线器（羊角紧线器）、木锤、断线钳、煨弯器。

（三）任务实施场地器材

（1）完成该任务的实施场地是校内接触网实训演练场。

（2）材料：丙酮、棉纱、可调吊索、吊弦线夹、ϕ4.0 铁线，细绑线、黄油等，更换时还需携带分相绝缘器、绝缘棒。

（四）任务实施步骤

（1）整组分相位置应符合要求。

（2）检查分相绝缘器各部件是否有烧伤、破损、裂纹、老化、龟裂、放电痕迹，根据情况进行清扫或更换。

（3）检查分相绝缘元件底面与轨面是否平行，测量高度是否符合要求。

（4）检查分相绝缘器处承力索绝缘件状态是否良好，各部螺栓是否紧固、有油，弹簧销及开口销锈蚀情况。

（5）检查分相绝缘器与接触线连接是否牢固，过渡是否平滑，线夹有无裂纹、烧伤腐蚀等现象。

（6）检查中性区接触线及分相绝缘器安装跨距内接触线磨耗、损伤情况。

（7）对瑞士 AF 分相还有下列程序：

① 检查吊索有无断股现象及受力状态是否符合要求。

② 测量整组分相的高度。

③ 测量每块分相的水平。

④ 测量 AF 分相绝缘滑道磨损情况，是否符合要求。

（8）更换分相绝缘器的程序：

① 在需更换的分相绝缘器两端导线上打上紧线器，利用手扳葫芦使分相卸载。

② 拆除需更换部分，安装新部件，并紧固各螺栓。

③ 缓慢放松手扳葫芦使分相受力后再次紧固各部螺栓，确认其牢固可靠，不会抽脱时再拆手扳葫芦和紧线器。

（9）XTK 分相绝缘器的安装：

① XTK 分相与铜接触线采用 T 形接头线夹。

② 上线安装前事先在地面进行整体组装，装配时检查各部零件是否齐全，有无损伤。

③ 安装接头线夹时，须使线夹夹线部位齿尖嵌入接触线燕尾槽，安装部位接触线应平直，不得有扭曲和硬弯，避免受电弓碰撞。

④ T 形线夹时，应留出 80 ~ 100 mm 长接触线向上弯曲 120 度，然后用 U 形螺栓夹紧接触线。

⑤ 安装后应通过调整线夹两侧吊弦，使绝缘器工作面与线路轨面平行，并检查各部螺栓是否紧固。

⑥ 安装完毕后，使用长 600 mm 的水平尺模拟受电弓滑过绝缘器工作面，保证接触可靠和各部件衔接处不存在硬点，避免造成机车拉弧刮弓现象。

（五）注意事项

（1）作业过程中要防止分相抽脱。

（2）作业过程中注意防止损伤主绝缘。

（3）检调后，观察 2 ~ 3 趟列车，确保机车平滑过渡。

二、考核表

项　目	考核内容及评分标准	配　分	扣分情况	得　分
操作时限	规定时限：根据每个测量项目由评委自定，每超时 2 min 扣 1 分，每提前 2 min 加 1 分，超过 10 min 失格	10 分		
料具准备	要求料具准备齐全，规格型号相符，每错、漏、多 1 件扣 2 分			
质量标准	（1）正确说出常见分相绝缘器检修内容、注意事项，每错 1 处扣 5 分 （2）绝缘器应位于线路中心，误差不超过 100 mm。测量结果不正确扣 10 分	50 分		

续表

项　目	考核内容及评分标准	配　分	扣分情况	得　分
质量标准	（3）分相绝缘器应安装端正，过渡平滑，无打弓、碰弓现象。测量结果不正确扣 10 分 （4）绝缘器导线接头处过渡平滑。测量结果不正确扣 10 分 （5）分相与导线连接的线夹处水平，保证机车平滑过渡。测量结果不正确扣 10 分 （6）分相绝缘器应位于承力索绝缘子正下方，并在机车运行方向按 1%上升坡度安装。测量结果不正确扣 10 分	50 分		
安全作业	（1）作业中一般违章现象每次扣 5 分 （2）作业中严重违章每次扣 20 分 （3）工具使用错误每次扣 5 分 （4）工具损坏、脱落每次扣 20 分	30 分		
文明作业	（1）作业中，未佩戴必要的劳保、安全用具，每件扣 1 分 （2）作业时出现不文明动作或语言每次扣 5 分	10 分		

配套习题

一、单项选择题

1. 在高铝陶瓷分段绝缘器中，当绝缘子破损（　　）mm^2以上时应更换。

A. 100　　B. 200　　C. 300　　D. 400

2. 在高铝陶瓷分段绝缘器中，导流角隙之间的间距不小于（　　）mm。

A. 120　　B. 200　　C. 240　　D. 300

3. 菱形分段绝缘器中，绝缘器工作面应平行于轨面，允许误差为（　　）mm。

A. 5　　B. 10　　C. 15　　D. 20

4. 分段绝缘器中心对线路中心的偏移值超过（　　）mm 时，通过调整定位拉出值来满足要求，并用线坠复查。

A. 50　　B. 100　　C. 150　　D. 200

5. 分段绝缘器两侧距轨面高度的差值超过（　　）mm 时，通过安装在分段绝缘器导流板上的两根吊弦进行调整，并用水平尺复查。

A. 5　　B. 10　　C. 15　　D. 20

6. 安装吊弦，使分段绝缘器平面与轨平面平行，并高出两侧接触线（　　）mm。

A. 2 ~ 5　　B. 5 ~ 15　　C. 15 ~ 20　　D. 20 ~ 25

7. 绝缘锚段关节电分段绝缘子串安装位置应符合设计要求，施工允许偏差为±（　　）mm。

A. 10　　B. 20　　C. 50　　D. 100

8. 承力索、接触线两绝缘子串中心应对齐，施工允许偏差为±（　　）mm。

A. 10　　B. 20　　C. 50　　D. 100

9. 五跨绝缘锚段关节转换跨内两接触线等高处，行车速度为 160 km/h 路段，接触线高度比正常高度应高出（ ）mm，施工允许偏差为（ ）mm。

A. 20±10 B. 20 10 C. 30±10 D. 30 10

10. 五跨绝缘锚段关节转换跨内两接触线等高处，行车速度为 200 km/h 路段，接触线高度比正常高度应高出（ ）mm，施工允许偏差为（ ）mm。

A. 30±10 B. 30，10 C. 40±10 D. 40，10

11. 滑道式菱形分段绝缘器，具有结构简单、质量轻、便于安装于维护，防污性能好，可适应（ ）km/h 的行车速度，目前应用较广泛。

A. 100 B. 120 C. 160 D. 180

12. 被分段的接触网在电气方面是独立的，并用（ ）连接。

A. 隔离开关 B. 断路器 C. 连接零件

13. 大型车场上的电分段应特别注意其（ ）。

A. 安装正确 B. 作用良好 C. 可靠性 D. 灵活性

14. 设置隔离开关的原则是既保证供电的可靠性，又要保证供电的（ ）。

A. 稳定性 B. 灵活性 C. 可造性

15. 高铝陶瓷分段绝缘器绝缘元件为高铝陶瓷绝缘棒，它由高强度玻璃纤维芯棒、高铝陶瓷护套、密封垫圈、灌封层和金属接头组成，长度为（ ）mm。

A. 300 B. 400 C. 500 D. 600

16. 高强度玻璃纤维芯棒，采用聚脂树脂或环氧树脂为胶粘剂的棒材，其抗拉强度超过 45 号钢，直径为（ ）mm。

A. 8 B. 10 C. 12 D. 14

17. 使用绝缘测杆作业开接触网第（ ）种工作票。

A. 1 B. 2 C. 3 D. 4

18. 使用多功能激光接触网检测仪开接触网第（ ）种工作票。

A. 1 B. 2 C. 3 D. 4

19. 测量分段绝缘器中心对线路中心的偏移值，在分段绝缘器接头线夹处测量，取二者（ ）值。

A. 最高 B. 最低 C. 平均 D. 总和

20. 分段绝缘器的负弛度超出（ ）mm 范围时，通过调整分段绝缘器两端相邻吊弦或安装在分段绝缘器导流板上的两根吊弦来满足要求，注意分段绝缘器两侧距轨面的高差及定位坡度均不得超标。

A. 1 ~ 5 B. 5 ~ 10 C. 10 ~ 15 D. 5 ~ 15

21. 绝缘元件泄漏距离为（ ）mm，且两端设有引弧件形成消弧角. 具有较好的消弧能力。

A. 1500 B. 1600 C. 1800 D. 200

22. 安装线夹时，线夹螺栓应压安装线夹时，应先将约 150 mm 长的接触线向上弯曲（ ）。

A. 20 B. 30 C. 45 D. 60

23. 从广深高速准铁路开始，我国近年来逐渐在提速干线、高速电气化铁道中使用（ ），满足在高速时受电弓平稳通过。

A. 分相绝缘器电分相　B. 锚段关节式电分相　C. 自动过分相

24. 接触网上每隔 20 ~ 25 km 就有存在一个长度约（　　）m 的电分相区。

A. 10　B. 20　C. 30　D. 40

25.（　　）它是实现自动化及智能化的主体设备。

A. 地面感应装置　B. 车载感应接收装置　C. 主电路设备　D. 控制设备

26.（　　）它是实现过电分相时断开、分合主电路电源的主体设备。

A. 地面感应装置　B. 车载感应接收装置　C. 主电路设备　D. 控制设备

二、多项选择题

1. 控制设备车载断电自动转换电分相装置包括（　　）设备。

A. 地面感应装置　B. 车载感应接收装置　C. 主电路设备　D. 控制设备

2. XTK 电分相绝缘器采用优质绝缘材料和先进的制造工艺，电气绝缘性能好，并具有（　　）等优点。

A. 耐磨性能好　B. 整体质量轻　C. 安装方便　D. 使用寿命长

3. 我国电气化铁道接触网通常采用的锚段关节式电分相有（　　）。

A. 六跨式　B. 七跨式　C. 八跨式　D. 九跨式

4. 目前我国常见的分段绝缘器，有（　　）绝缘器。

A. 玻璃钢分段绝缘器　B. 高铝陶瓷分段绝缘器

C. 菱形分段绝缘器　D. 消弧分段绝缘器

三、判断题

1.（　）接触网线路（或线群）之间所进行的分段称为纵向分段。

2.（　）触网沿线路方向所进行的分段称为纵向分段。

3.（　）纵向分段采用分段绝缘器的方法进行分段。

4.（　）每条库线应当单独分开，且用带接地刀闸的断路器连接。

5.（　）在有牵引变电所的站场上，站场和区间皆应有单独的供电线路，此时连接站场与区间接触网的隔离开关应是常闭的。

6.（　）受电弓通过分段绝缘器时，受电弓滑板与导流板和绝缘件同时接触。

7.（　）目前自动过分相技术的实现方法主要分为：地面自动转换电分相装置、柱上断载自动转换电分相装置及车载断电自动转换电分相装置。

8.（　）安装线夹时，线夹螺栓应压安装线夹时，应先将约 100 mm 长的接触线向上弯曲 30°。

9.（　）在有几个电化车场的大站上，应将每一个车场单独分段。

10.（　）选择隔离开关的安设地点时，应注意操作方便和便于实现距离控制，连接跳线应简单和安全。

微信扫码　习题自测

学习情境十三　接触网线岔调整

【导读】

本学习情境主要介绍交叉线岔、无交叉线岔相关理论知识。对交叉线岔的调整方法步骤、调整标准作了详细的介绍。最后作为知识拓展介绍了高速无交叉线岔相关内容。

【学习目标】

本章主要通过学习接触网线岔调整，使学生掌握普速线岔及高速无交叉线岔的基本知识，同时能对普通线岔的调整作规划及操作实施方案，通过完成本情境学习，学生应能独立完成线岔的调整工作。

任务　线岔状态调整

【任务描述】

本任务是在接触网线岔测量的基础上对线岔状态的调整，使其符合检规要求的质量标准。

微信扫二维码，看本章教案

【资讯】

一、理论学习部分

在站场上，站线、侧线、渡线、到发线总是并入正线的。如果线路设一个道岔，接触网就必须设一个线岔（也称架空转辙器）。道岔的形式多种多样，因而线岔的形式也多种多样。线岔的作用是保证电力机车受电弓安全平滑地由一条接触线过渡至另一条接触线，达到转换线路的目的。

（一）交叉线岔

交叉线岔在两接触线交叉处用限制管固定，并限制两相交接触线位置的设备，称为接触网线岔。

当机车受电弓从一股道通过线岔时，由于受电弓有一固定宽度，因此在未运行到两导线交叉点时，即已接触到另一股道接触线，该处被称为线岔始触点。在接触瞬间，本股道接触线因受电弓抬升力的作用已有一升高值，而相邻股道接触线仍保持原有高度，此时会出现两导线不等高现象，为保持两导线在始触点基本等高，使受电弓在始触点处不发生刮弓和钻弓事故，两导线交叉点处应安装一个限制管。

1. 线岔的结构

接触网线岔是由两相交接触线、一根限制管和固定限制管的定位线夹、螺栓组成。

限制管两端，用定位线夹固定在下面的接触线上，通过限制管将两相交接触线互相贴近，当上面接触线升高时，可利用限制管带动下面的接触线同时升高，以消除始触点两导线的高差。

限制管用 3/8 英寸镀锌钢管加工制成，两端扁平有圆孔用以固定定位线夹。其长度根据所安装接触线处至中心锚结的距离确定，当距离小于 500 m 时，采用 500 型；大于 500 m 时，选用 700 型，结构如图 13-1 和表 13-1 所示。

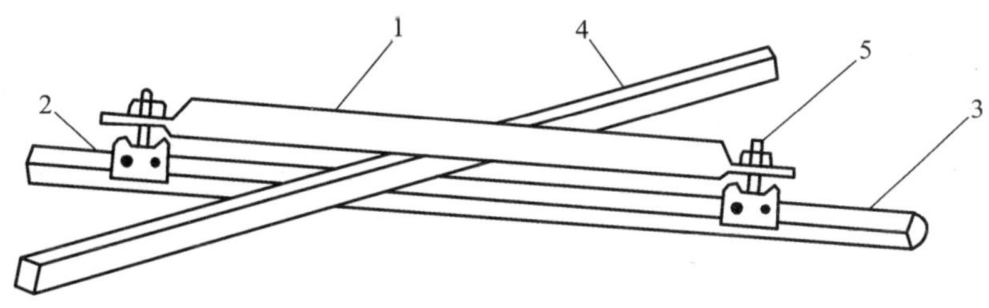

图 13-1

1—限制管；2—定位线夹；3—正线接触线；4—渡线接触线；5—螺栓

表 13-1　限制管长度

型号	适用范围	主要尺寸 L（mm）	最大工作荷重（kN）	破坏荷重（kN）	质量（kg）
JL49（500）—85	中心锚结到线岔接触线交叉处≤500 m	1 300	2.45	≥7.36	2.51
JL49（700）—85	中心锚线到线岔接触线交叉处>500m	1 550	2.45	≥7.36	3.00

在平均温度安装时，如限制管中心重合于接触线交叉点，安装温度高于平均温度，应略偏于下锚方向；如低于平均温度，应略偏于中心锚结方向。有必要进行精确定位的时候，可以通过线索线膨胀公式计算出限制管的准确安装位置。

2. 线岔的定位

线岔定位是指两导线交叉点的投影点，在道岔导曲线两内轨轨距的位置，其位置与道岔类型有关，如表 13-2 所示。

表 13-2　道岔定位

道岔类型	道岔号	示意图	D	拉出值
单开道岔	1/9	（a） 143.5 600 690	1 164	375
	1/12		1 552	
对称（双开）道岔	1/9	（b） 600 D 690 1 440	1 047	375
复试交分道岔	1/9	（c） 对称中心	1 500	对直线
	1/12		1 500	

1）单开道岔

这种线岔处接触线的定位有两种形式，即标准定位和非标准定位。

标准定位是其交点处于最合理位置。对于单开道岔，标准定位时，两接触线相交于道岔导曲线两内轨距为 745 mm 处。标准定位的合理位置是由定位支柱决定的，而定位支柱应设在距接触线交点 1 000 ~ 1 500 mm 处，最好是在道岔导曲线两内轨距为 835 mm 处，即两线路中心距离为 600 mm 处的位置上。处于标准定位时，接触线在支柱处的拉出值为 350 ~ 400 mm 之间，通常取其平均值为 375 mm。

非标准定位时，定位支柱位于道岔导曲线两内轨距为 735 ~ 935 mm 处，即两线路中心距为 500 ~ 700 mm 的范围内。

施工检修中规程规定，对于单开道岔的标准定位，两接触线相交于道岔导曲线两内轨轨距（即岔心轨距）630 ~ 760 mm 的横向中间位置处，其对横向中心线（即辙叉角平分线）误差不得超过 50 mm，标准定位时道岔柱中心位置应在道岔导曲线外轨外缘至基本轨内缘为 600 mm 的延长线上，如图 13-2 所示。

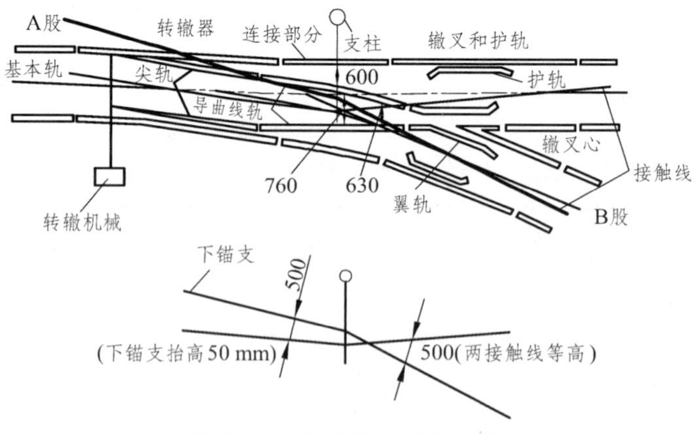

图 13-2　单开道岔线岔定位

因受条件限制无法实现标准定位时，可考虑非标准定位，非标准定位两导线交叉处的投影点，应在道岔导曲线两内轨轨距 735 ~ 935 mm 的横向中心位置处。车站正线道岔均应设标准定位。

2）对称和复式交分式道岔

单开道岔是铁路上最多也是最基本的形式，同样线岔也是这样。对于对称（双开）及复式交分道岔，其线岔的布置形式类似单开道岔，其标准定位的形式如表 13-2 中图（b）、（c）所示，复式交分道岔标准定位接触线应相交于道岔对称中心轴的上方。

3）交叉渡线

相邻的两条正线或主要站线用专设渡线连接起来的称为交叉渡线。它由两条线和四组单开道岔组成。对于接触悬挂则设五组线岔，如图 13-3 中的 a、b、c、d、e 所示。对于常速道岔的要求是：第一，首先要使限制管嵌住的接触线能自由伸缩、纵向移动；第二，考虑到温度变化，在调整时，以平均温度计算，侧线接触线应在限制管中间；第三，要考虑到限制管、线夹以及双悬挂的集中重量，两接触线应相交于两渡线中心线的正上方，且侧线接触线高出正线（或较重要线）的接触线 10 ~ 20 mm；非工作支要按照设计要求抬高。

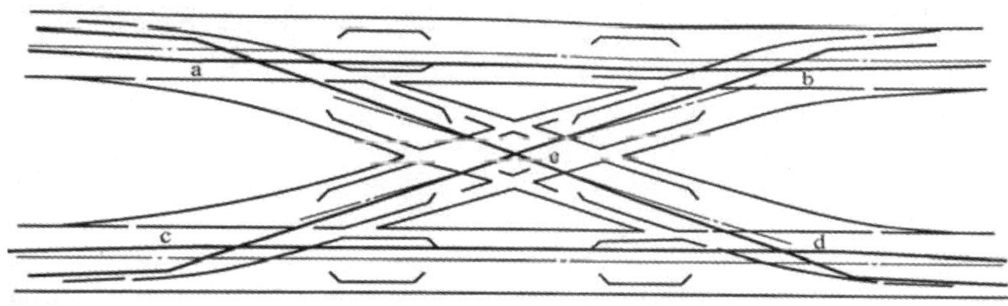

图 13-3　交叉渡线线岔定位

（二）单开线岔技术要求

根据《接触网运行检修规程》，线岔检修周期为 3 个月，在没有开展带电作业的区段，应按检修周期进行带电测量，发现超标时应及时检修调整，检修后的线岔应达到以下标准：

（1）道岔定位柱的拉出值应为 375 mm，最大不得超过 450 mm，提速线路最大不得超过 400 mm。岔区腕臂顺线路偏移量应符合设计要求，施工允许偏差为±20 mm。两支承力索垂直间隙不应小于 60 mm。

（2）标准定位时，线岔处两接触线交叉点的垂直投影，应位于道岔导曲线两内轨轨距 630 ~ 760 mm 范围内的横向中点处，相对中点处的误差不超过 50 mm。

非标准定位时，两相交接触线的投影位置，应在导曲线两内轨轨距 735 ~ 935 mm 横向中点处，且应尽量靠近标准定位。

（3）线岔一侧两导线均为工作支时（一般在辙岔上空附近），在两接触线相距 500 mm 处，为受电弓始触点，要求此点两导线对轨面等高，误差为±10 mm。线岔的另一侧，当两接触线有一条是非工作支时，在线间距 500 mm 处，非工作支接触线比工作支接触线抬高不小于 50 mm，如图所示。

（4）凡是安装线岔的地方，均应安设电连接线，电连接线安装在距线岔 1.5 ~ 2 m 处，以保证始触点处等电位。

（5）线岔处两组接触悬挂应自然相交，接触线在线岔里能随温度变化自由纵向移动。正线位于侧线下方，如同为侧线时，距中心锚结近的那组悬挂应在下面。

二、作业指导书

（一）主题内容与适用范围

（1）本指导书规定了单开、交叉渡线、复式交分道岔接触网线岔检测（修）作业程序和质量标准。

（2）本指导书适用于单开、交叉渡线、复式交分道岔处接触网线岔的检测（修）作业。

（二）引用规范性文件

《接触网设计规范》《接触网运行检修规程》《接触网安全工作规程》。

（三）作业目的

接触网线岔调整的目的是使接触网线岔的状态达到《接触网检修规程》规定的要求，使接触网线岔与运行中的受电弓接触良好，以达到保证受流质量的目的。

（四）线岔调整作业内容

1. 作业准备

（1）人员：3人（不包括防护人员）。

（2）工具：

① 绝缘测杆、钢卷尺、线坠、道尺。

② 多功能激光接触网检测仪。

（3）检测作业安全注意事项：

① 使用绝缘测杆作业开接触网第二种工作票，使用多功能激光接触网检测仪开接触网第三种工作票。

② 绝缘测杆、线坠在使用前要仔细检查有否损坏，并用清洁干燥的抹布擦拭有效绝缘部分，并按规定进行绝缘摇测。

③ 作业组两端应设好行车防护，并时刻注意避让列车。复线区段检测，要迎着列车前进方向进行。

④ 避让列车时，人员与检测机具均不得侵入机车车辆限界。

⑤ 雨、雪天气时禁止带电检测。

2. 作业程序

（1）用绝缘测杆将线坠挂在两接触线交叉点上，测量两接触线交叉点位置，具体为：测量两接触线交叉点处两内轨的距离是否在 630～1 085 mm 范围内，测量两接触线交叉点距任一内轨的距离，用两内轨距离的一半减去两接触线交叉点距任一内轨的距离的差值即为两接触线交叉点横向位置的偏差，不得超过 50 mm。

（2）用绝缘测杆将线坠挂在两接触线定位点上，测量工作支、非工作支定位点拉出值。

（3）测量两支接触线相距 500 mm 处的水平和抬高。具体方法如图 13-4 所示。

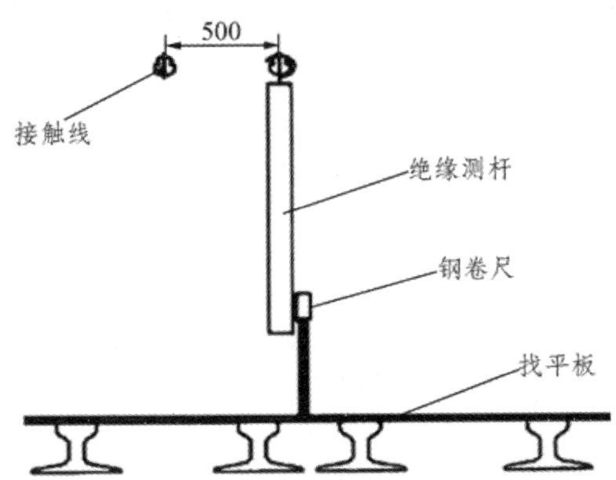

图 13-4　测量接触网 500 mm 处抬高

将绝缘测杆挂在两支接触线相距 500 mm 处的一支接触线上，用钢卷尺测量轨面至绝缘测杆底端的距离，再将绝缘测杆挂在同一位置处的另一支接触线上，用钢卷尺测量轨面至绝缘测杆底端的距离，两次测得的距离之差即为两接触线相距 500 mm 处的高差。带读数的绝缘测杆，两次测得的距离之差即为两接触线相距 500 mm 处的高差。

（4）查看限制管等零部件状态。

（5）查看始触区内是否有线夹。

（6）将检测情况填入《线岔检测（修）记录》，并下达《维修任务书》。

【任务实施及考核】

一、任务实施

（一）任务实施目的

本任务的实施目的是完成对线岔的测量调整，使其达到《接触网检规》要求的技术标准，在能保证受流质量的条件下使机车受电弓平滑地过渡到另一股道。

（二）任务实施准备工作

（1）使用车梯：6～8 人（不包括接地线、防护人员）；使用作业车：3～4 人（不包括接地线、防护人员、作业车司机）。

（2）工具：车梯（或作业车）、线坠、水平尺、钢卷尺、滑轮组、接触线校正扳手、铁丝套、钢刷、扁油刷、木榔头、安全工具、防护工具等。

（三）任务实施场地器材

（1）本任务的实施在校内接触网实训演练场进行。

（2）材料：限制管、定位线夹、开口销、吊弦线夹、平头螺栓、平垫片、防松垫片、电连接线夹、ϕ4.0 铁线、防锈漆等。

（四）任务实施步骤

检测发现线岔的垂直投影超出安全值时，对单开线岔，大致可分为以下三种情况：

（1）第一种情况：两导线交叉点的垂直投影在两内轨相距 630 ~ 1 085 mm 范围内，但不在两内轨夹角的角平分线上，且超出允许误差范围。

可采取如下调整办法：

a. 对照检测记录复测横向偏移值。

b. 松开两个定位器的定位环或支持器顶丝，将两根导线向同一方向调整，使之标准，注意定位点拉出值不得超出规定。

（2）第二种情况：两导线交叉点的垂直投影超出 630 ~ 1 085 mm 范围，但处在角平分线上。

可采取如下调整办法：

a. 对照检测记录复测垂直投影位置。

b. 调整定位器来满足其标准，并注意两导线反向等距调整，拉出值不得超出规定。

c. 大于 1 085 mm，可增大 α（正线与侧线夹角）角度（见图 13-5）。

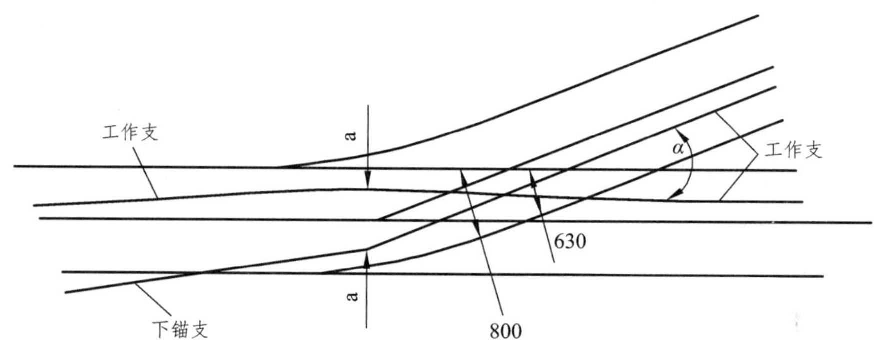

图 13-5 α 角度图示

d. 小于 630 mm，可缩小 α 角度。

（3）第三种情况：两导线交叉点的垂直投影超出 630 ~ 1 085 mm 范围，并且不在两内轨夹角的角平分线上。

可采取如下调整办法：

a 对照检测记录复测交叉点位置。

b 先拆除限制管或松动限制管两端固定线夹调至需要位置。

c 将线坠挂于正线接触线并位于两内轨相距 630 ~ 1 085 mm 范围内，然后调整正线定位拉出值，直至符合 630 ~ 1 085 mm 的横向中心位置。

d 调整侧线或下锚支定位拉出值，直至该线交于线坠处，则该点就是两接触线的交叉点。

e 安装限制管，符合技术要求。

（4）对交叉渡线线岔可采取如下调整办法（见图 13-6）：

a. 找出各单开道岔接触线交叉点的标准范围（630 ~ 1 085 mm）。

b. 调整正线（Ⅰ、Ⅱ）接触线拉出值，使接触线通过 A、B、C、D 点处于标准位置。

c. 调整渡线（Ⅲ、Ⅳ）接触线拉出值，使接触线通过 A、B、C、D 点，从而满足四组单开岔子投影点的要求。

d. 调整拉出值时，同时应兼顾两渡线交叉点 O 使其位于菱形交叉中心上方。

e. 调整导高，分别检调 A、B、C、D、O 限制管。

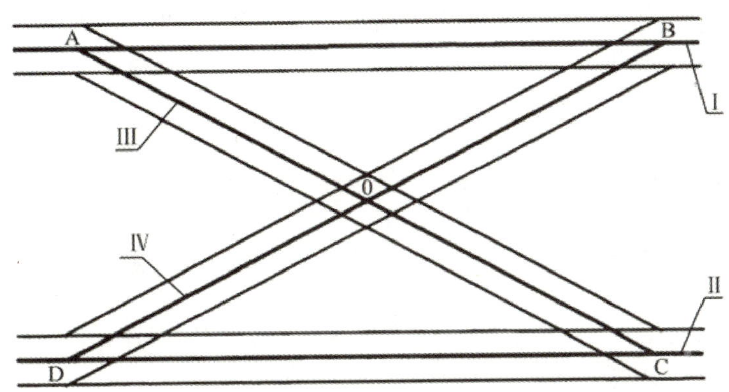

图 13-6　交叉渡线线岔调整示意图

（5）复式交分道岔处的线岔可参照交叉渡线线岔调整。

（6）两线交叉点垂直投影调整完后，对定位点的拉出值和该定位相邻两跨的拉出值进行复测，不得超出规定。

（7）检测发现两支导线相距 500 mm 处的水平和抬高超出安全运行状态值时，在保证正线接触线高度的情况下，通过调整非工作支或工作支邻近吊弦的长度直到满足要求。注意调整完后对定位坡度进行复测，不得超出规定。

（8）检查限制管、两接触线活动间隙及各零部件状态。在平均温度时限制管中心与交叉点重合；高于平均温度时向下锚方向偏移，反之，向中心锚结方向偏移，其偏移值可查安装曲线或计算得出。对零部件连接不牢固的进行紧固，对锈蚀部件进行防腐处理。

（9）检查始触区内是否有吊弦线夹或电连接线夹，有线夹则移出始触区，同时应复测两工作支，使其导线相距 500 mm 处的水平符合标准。

（10）各部螺栓应按标准力矩紧固。

（11）将检修情况填入《线岔检测（修）记录》和《维修任务书》中。

（五）检修作业安全注意事项

（1）作业前对滑轮组、铁丝套进行检查，确保良好。

（2）松卸定位时要注意受力方向和作业人员的站位，防止定位滑脱伤人。

（3）始触区附近各类线夹螺栓均由两线间向外侧穿，并考虑线夹受温度影响可能产生的偏移量。

（4）线岔的检修要综合考虑各部位参数（坡度、高度、拉出值）配合关系。

（5）电连接线夹拆卸时，不要同时打开接触线、承力索线夹，如必须打开时，先加装短接线。

（6）作业完毕要进行复测。

二、考核表

项　目	考核内容及评分标准	配　分	扣分情况	得　分
操作时限	规定时限：根据每个测量项目由评委自定，每超时 2 min 扣 1 分，每提前 2 min 加 1 分，超过 10 min 失格	5 分		
料具准备	要求料具准备齐全，规格型号相符，每错、漏、多 1 件扣 2 分	5 分		
质量标准	（1）调整交叉点位于道岔导曲线两内轨距 630～1 085 mm 范围内的横向中间位置，横向位置允许偏差 50 mm，调整结果不正确扣 10 分 （2）非工作支接触线比工作支接触线抬高 50～100 mm。调整结果不正确扣 10 分 （3）限制管，应安装牢固，并使两接触线有一定的活动间隙，保证接触线自由伸缩。安装不符合要求扣 10 分 （4）线岔定位拉出值不大于 450 mm。调整结果不正确扣 5 分 （5）正线线岔侧线接触线比正线接触线高 10～30 mm；调整结果不正确扣 10 分 （6）侧线线岔两接触线高差不大于 30 mm 调整结果不正确扣 10 分	55 分		
安全作业	（1）作业中一般违章现象扣 5 分 （2）作业中严重违章扣 5 分 （3）工具使用错误扣 5 分 （4）工具损坏、脱落每次扣 20 分	25 分		
文明作业	（1）作业中，未佩戴必要的劳保、安全用具，每件扣 1 分 （2）作业时出现不文明动作或语言每次扣 5 分	10 分		
总　分				

【拓展知识】

一、高速交叉线岔

前面介绍了常速交叉线岔的类型和定位，这种交叉布置方式是我国传统的接触悬挂在道岔处的布置方式。哈大线引入的德国的 Re200C 接触网也采用了这种交叉式布置方式，同样实现了 200 km 速度的安全行车和接触网－受电弓系统的良好受流，对我国高速接触网交叉线岔的设计有着非常重要的示范作用。

在高速接触网设计中，由于道岔侧向通过速度的提高，接触网在道岔处无论采用交叉式还是无交叉式，均有了更高的要求，因而不能再简单地利用“标准定位”和“非标准定位”方式对道岔处的支柱和悬挂进行布置，而应通过确定一些明确的概念来进行精确的布置。在设计中应该明确接触线、悬挂支持装置与受电弓的几何位置，从而保证受电弓在岔区安全、平滑、无障碍地通过。

如前所述，接触网线岔是随线路条件决定的，在正线最高速度为 200 km/h、侧线最高通过速度为 140 km/h 的条件下，线路的最小曲线半径由过去的 300 m 变为 3000 m，道岔的型号也由 $\frac{1}{9}$、$\frac{1}{12}$ 改为 $\frac{1}{38}$、$\frac{1}{42}$，对接触悬挂定位提出了新的要求。

（一）无线夹区

受电弓在道岔区域短时间内同时与两条接触线接触，侧线接触线和正线接触线在受电弓的一个侧面上运行。由于动态抬升作用可能引起接触线滑板与任何倾斜安装的线夹发生剧烈冲撞，诱发事故，因此在考虑受电弓的动态抬升及车辆的横向运动等因素的基础上建立无线夹区。如图 13-7 所示。距线路中心线两侧 600 ~ 1 050 mm 的阴影区域为无线夹区。

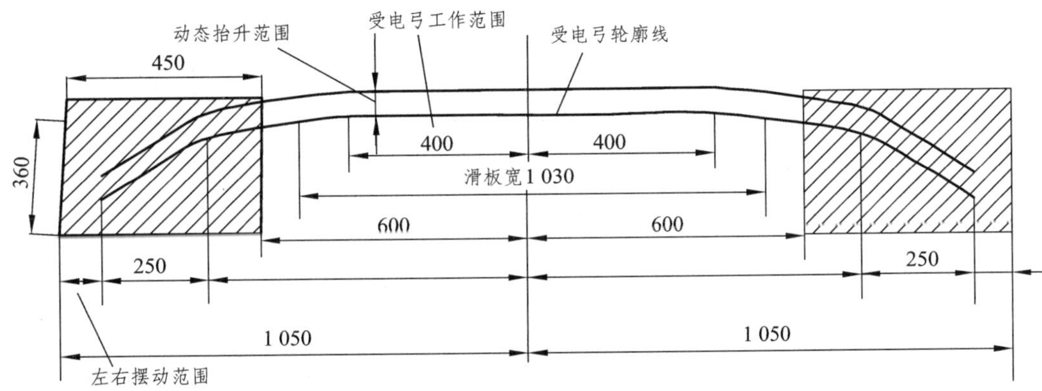

图 13-7　无线夹区

在垂直于轨面的线路中心线左边和右边的无线夹区域内不得安装以下零部件：

（1）馈线线夹、接触线线夹、弹性吊弦线夹和绝缘子，并考虑风力引起的偏移量；

（2）接触线接头线夹。

我国大量使用的 TSG 系列受电弓工作面宽度为 1 250 mm；滑板两端至圆弧面宽度为 1 346 mm；滑板托架总长度为 2 160 mm；弓头高度为 435 mm。我国现行机车采用的受电弓基本可归结于弓宽为 1 950 mm 的受电弓系列，故 Re200C 采用相同范围的无线夹区是可行的，实际运营情况也证明了这一点。

当受电弓一侧的无线夹区内存在接触线工作支时，受电弓中心的另一侧不应同时存在接触线工作支。接触线在无线夹区内的长度不超过本跨距内最大吊弦间距。

（二）交叉吊弦

在线岔交点两端，直股（正线）接触线和侧股（渡线）线路中心线距、侧股接触线和直股线路中心线距均在 550 ~ 600 mm，分别设置 2 组交叉吊弦，即将侧股接触悬挂的承力索悬吊直股接触悬挂的接触线，而直股接触悬挂的承力索悬吊侧股接触悬挂的接触线，如图 13-8 所示。机车受电弓将正（站）线接触线抬升时，通过交叉吊弦的作用可将站（正）线的接触线同步抬升。

交叉吊弦在承力索端采用滑动吊弦线夹，以保证温度变化时，交叉吊弦顺线路方向不会发生偏斜，安装时应保证，在极限温度下，两交叉吊弦不相互碰撞。

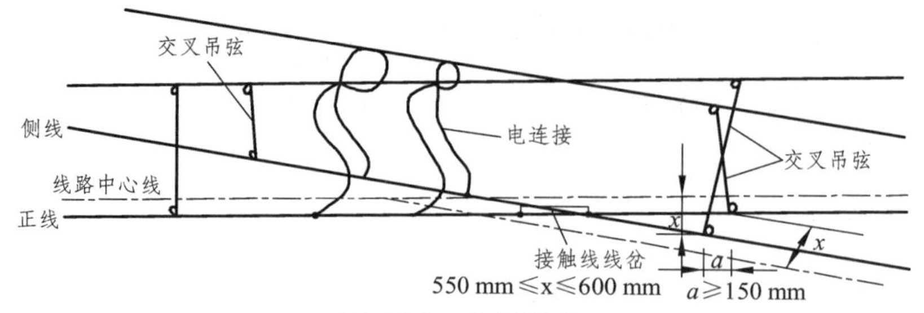

图 13-8　交叉吊弦

以 $\frac{1}{38}$ 型道岔为例，说明交叉线岔的技术要求，如图 13-9 所示。

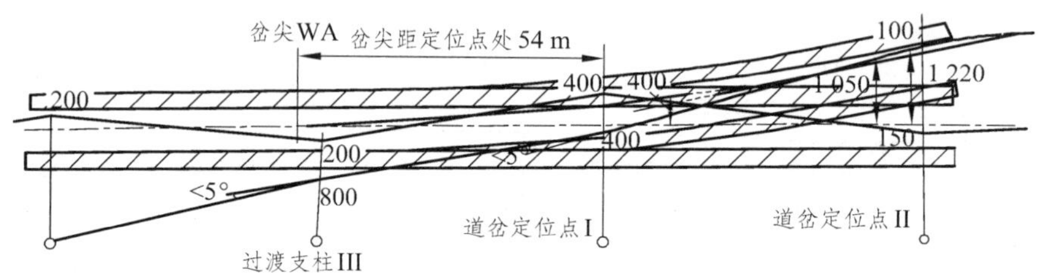

图 13-9　高速线岔平面布置与无线夹

（1）道岔尖轨前的轨缝标记为道岔起点 WA，在距 WA 54 m 处，设立道岔定位点Ⅰ，道岔定位点Ⅰ应设在线间距 400 mm 以内。

（2）道岔接触悬挂的线岔交点应尽量靠近定位点Ⅰ，并位于两线路的中间位置。

（3）满足无线夹区要求。

（4）在定位点Ⅰ、Ⅱ（Ⅱ点设在距Ⅰ点 50 m 处）之间为受电弓驶入驶出区域，应保证在线间距 800 ~ 1 050 mm 范围内，两接触线应在道岔开口内，即保证两接触线在受电弓的同一侧。

（5）在交叉点两侧，导线间距为 550 ~ 600 mm 处各设一组交叉吊弦。

（6）侧线经过定位点Ⅰ后不能直接下锚，应延伸一跨后抬高 350 ~ 500 mm 下锚。

（7）立面要求：如图 13-10 所示，在道岔定位点Ⅱ处，正线股道接触网高度为标准导高，侧股接触线高度适当抬高 30 mm（对 Re250，侧股接触线抬高 150 mm）；线岔交叉点 O 处，侧线接触线在正线接触线之上，侧股接触线抬高 30 mm，正线接触线高度为标准导高（对 Re250C，正线接触线抬高 10 mm）；在悬挂定位点Ⅰ处，侧线接触线抬高 30 mm，直股接触线高度为正常值。

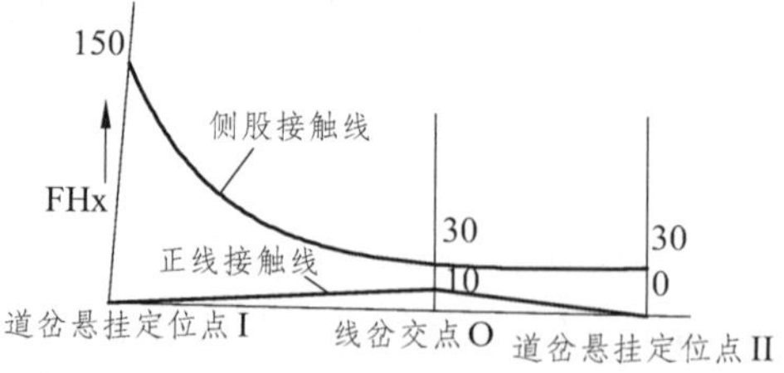

图 13-10　道岔区接触线抬高示意图

二、无交叉线岔

无交叉线岔就是在道岔处，正线和侧线两组接触悬挂无相交点。我国自广深线开始，逐渐在（准）高速线路的正线道岔中使用无交叉线岔。无交叉线岔的优点是正线和侧线两组接触线既不相交、不接触，也没有线岔设施，故既不会产生刮弓事故，也没有因线岔形成的硬点，提高了接触悬挂的弹性和均匀性，从而保证在高速行车时，消除打弓、钻弓及刮弓的可能性。

无交叉线岔应达到以下两点要求：

（1）机车受电弓沿正线高速行驶通过线岔时，不与渡线接触线接触，因而不受渡线接触悬挂的影响。

（2）机车从正线驶入渡线时（或从渡线驶入正线），要使受电弓平稳过渡，不出现钻弓和打弓现象，且接触良好。

1. 无交叉线岔的结构

无交叉线岔的道岔布置如图 13-11 所示。无交叉线岔的道岔柱位于正线和侧线的两线间距的 660 mm 处，正线拉出值约为 330 mm，侧线相距于正线的线路中心 999 mm，距侧线线路中心 333 mm，侧线接触线在过线岔后抬高下锚，O 点为道岔岔心，O' 点为理论岔心，D 点为道岔柱的位置。

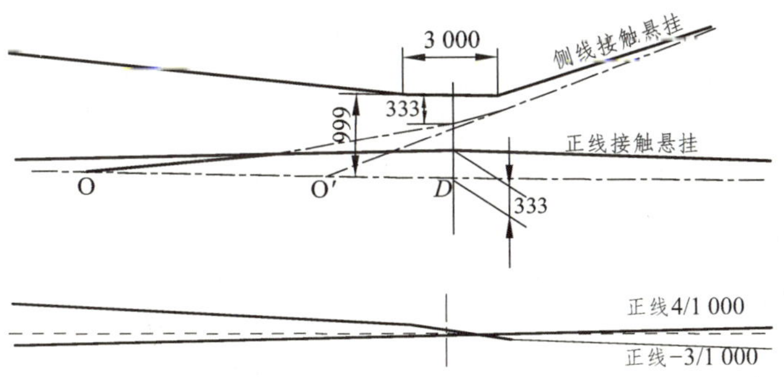

图 13-11　无交叉线岔的道岔布置

如图 13-11（b）所示为立面图，用来表示垂直方向上接触线的布置。不相交的正线和侧线两支接触线在线岔过渡区不在同一水平面上。图中虚线为接触线正常高度水平线，正线接触线在理论岔心方向，比定位点处略低，在辙岔方向以 4/1 000 的坡度升高；而侧线相反，在理论岔心方向抬高后去下锚，在其辙岔方向以−3/1 000 的坡度降低。在定位处，两承力索高度也存在高度差，远离支柱的一支（不论该支是正线还是侧线），抬高量为 300 mm（相对于水平支承力索）。

2. 无交叉线岔的工作原理

如图 13-12 所示为机车通过无交叉线岔时的过渡状态示意图。无交叉线岔的最大优点是保证机车能从正线高速通过，在平面布置时，应使侧线接触线位于正线线路中心以外 999 mm 处，机车受电弓一半宽度为 673 mm，考虑受电弓左右摆动最大值不大于 300 mm，即运行机车受电弓在侧线侧可能触及的尺寸限界为 673+200+100=973（mm），其值小于 999 mm；如果受电弓向侧线反向摆动 300 mm，则 673−300=373（mm），其值大于定位点拉出值 333 mm，因此机车从正线通过岔区时，与区间接触网一样正常受流，而与侧线接触悬挂无关。

在悬挂布置时，已充分考虑了受电弓工作长度和摆动量，因此在机车正线通过时，可以保证侧线接触线与正线线路中心线间距离始终大于受电弓的工作宽度的一半加上受电弓的横向摆动量，因而，正线高速行车时，受电弓滑板不可能接触到侧线接触线，从而保证了正线高速行车的绝对安全，并且在道岔处不存在相对硬点。

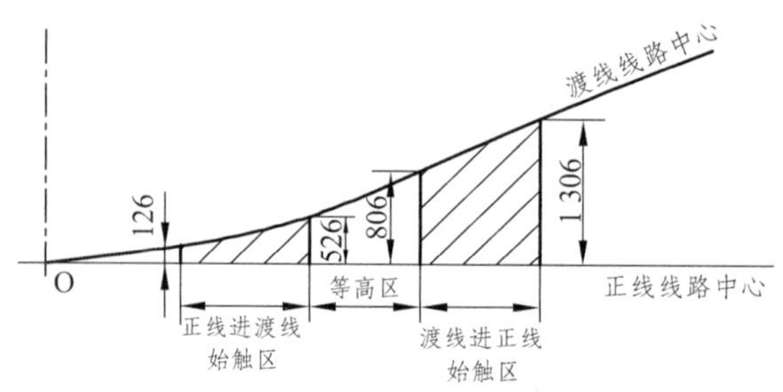

图 13-12　无交叉线岔始触区两线间距范围示意图

当机车从正线进入侧线时，线间距 126 ~ 526 mm 为受电弓与侧线接触线的始触区，如图 13-13（b）所示，此时，因侧线接触线被抬高下锚，侧线接触线高于正线接触线，过岔时，侧线接触线比正线接触线高度以–3/1 000 坡度降低，因而，受电弓可以顺利过渡到侧线接触悬挂。

在机车由正线向侧线过渡时，由于侧线接触线比正线接触线有较大的抬高，因此，受电弓不会接触侧线接触线而从正线接触线上受流。随着机车的前进，由于在定位点处受电弓中心与正线接触线之间的距离较小，受电弓经过等高区后逐渐滑离正线接触线，而此时侧线接触线逐渐降低至正常高度。因而，受电弓可以顺利过渡到侧线接触悬挂。

当机车从侧线进入正线时，线间距 806 ~ 1 306 mm 为受电弓与正线接触线的始触区，如图 13-13（c）所示。此时，因正线接触线比侧线接触线高 4/1 000 的坡度，过岔后，渡线被抬高下锚，正线接触线高度又低于侧线，因而，受电弓可以顺利过渡到正线接触悬挂。

在机车从侧线向正线开始过渡时，由于侧线低于正线，所以仍由侧线供电，受电弓进入正线接触悬挂的始触区，受电弓滑板的侧面与正线接触线开始接触。经过等高区以后，由于侧线接触线比正线接触线抬高，随着机车的继续前进，受电弓将逐步脱离侧线接触悬挂而平滑地过渡到正线接触悬挂。

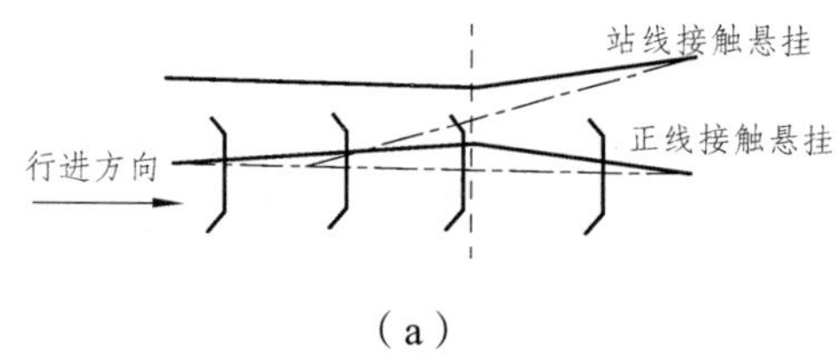

（a）

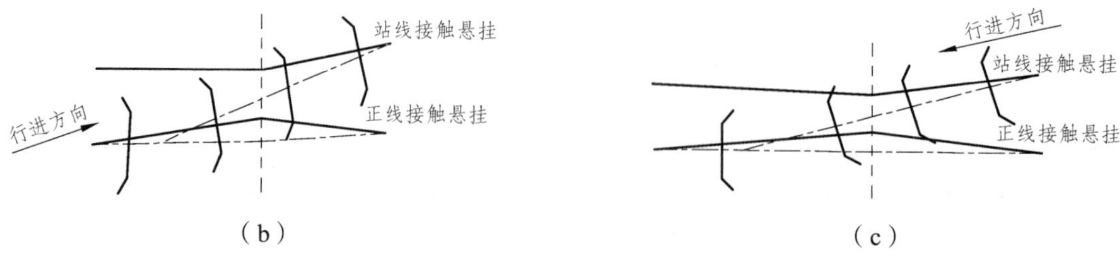

（b）　（c）

图 13-13　机车从正线高速通过

配套习题

一、单项选择题

1. 其长度根据所安装接触线处至中心锚结的距离确定，当距离小于 500 m 时，采用（　　）型。

A. 300　　B. 500　　C. 700　　D. 800

2. 其长度根据所安装接触线处至中心锚结的距离确定，当距离大于 500 m 时，选用（　　）型。

A. 300　　B. 500　　C. 700　　D. 800

3. 标准定位是其交点处于最合理位置。对于单开道岔，标准定位时，两接触线相交于道岔导曲线两内轨距为（　　）mm 处。

A. 450　　B. 550　　C. 745　　D. 800

4. 标准定位的合理位置是由定位支柱决定的，而定位支柱应设在距接触线交点 1000 ~ 1500 mm 处，最好是在道岔导曲线两内轨距为（　　）mm 处。

A. 745　　B. 765　　C. 835　　D. 855

5. 处于标准定位时，接触线在支柱处的拉出值为（　　）mm 之间。

A. 100 ~ 200　　B. 250 ~ 300　　C. 350 ~ 400　　D. 400 ~ 450

6. 非标准定位时，定位支柱位于道岔导曲线两内轨距为（　　）mm 处。

A. 670 ~ 700　　B. 700 ~ 735　　C. 735 ~ 935　　D. 935 ~ 965

7. 两接触线应相交于两渡线中心线的正上方，且侧线接触线高出正线（或较重要线）的接触线（　　）mm。

A. 5 ~ 10　　B. 10 ~ 20　　C. 25 ~ 30　　D. 35 ~ 50

8. 道岔定位柱的拉出值应为 375 mm，最大不得超过（　　）mm。

A. 400　　B. 420　　C. 440　　D. 450

9. 岔区腕臂顺线路偏移量应符合设计要求，施工允许偏差为（　　）mm。

A. 10　　B. ±10　　C. 20　　D. ±20

10. 两支承力索垂直间隙不应小于（　　）mm。

A. 20　　B. 50　　C. 60　　D. 100

11. 标准定位时，线岔处两接触线交叉点的垂直投影，应位于道岔导曲线两内轨轨距（　　）mm 范围内的横向中点处。

A. 550 ~ 600　　B. 600 ~ 630　　C. 630 ~ 760　　D. 760 ~ 850

12. 非标准定位时，两相交接触线的投影位置，应在导曲线两内轨轨距（　　）mm 横向中点处，且应尽量靠近标准定位。

A. 535 ~ 635　　B. 635 ~ 735　　C. 735 ~ 935　　D. 935 ~ 1035

13. 当两接触线有一条是非工作支时，在线间距 500 mm 处，非工作支接触线比工作支接触线抬高不小于（　　）mm。

A. 20　　B. 50　　C. 100　　D. 200

14. 凡是安装线岔的地方，均应安设电连接线，电连接线安装在距线岔（　　）m 处，以保证始触点处等电位。

A. 0.5 ~ 1　　B. 1 ~ 1.5　　C. 1.5 ~ 2　　D. 2.5 ~ 3

15. 我国大量使用的TSG系列受电弓工作面宽度为（　　）mm。

A. 1150　　B. 1250　　C. 1350　　D. 1450

16. 在线岔交点两端，直股（正线）接触线和侧股（渡线）线路中心线距、侧股接触线和直股线路中心线距均在（　　）mm之间。

A. 400 ~ 450　　B. 450 ~ 500　　C. 500 ~ 550　　D. 550 ~ 600

17. 限制管用（　　）英寸镀锌钢管加工制成，两端扁平有圆孔用以固定定位线夹。

A. 3/5　　B. 3/6　　C. 3/7　　D. 3/8

18. 相邻的两条正线或主要站线用专设渡线连接起来的称为交叉渡线。它由两条线和（　　）组单开道岔组成。

A. 1　　B. 2　　C. 3　　D. 4

19. 在距线路中心线两侧（　　）mm的阴影区域为无线夹区。

A. 500 ~ 1000　　B. 550 ~ 1050　　C. 600 ~ 1000　　D. 600 ~ 1050

20. 我国现行采用的机车受电弓基本可归于弓宽为（　　）mm的受电弓系列。

A. 1250　　B. 1450　　C. 1550　　D. 1950

21. （　　）是铁路最多也是基本的形式，同样线岔也是这样。

A. 单开道岔　　B. 对称道岔　　C. 双开道岔　　D. 三开道岔

22. 根据“接触网运行检修规程”规定，线岔检修周期为（　　）个月。

A. 1　　B. 2　　C. 3　　D. 6

23. 线岔处两组接触悬挂应自然相交，接触线在线岔里能随温度变化自由（　　）移动。

A. 纵向　　B. 横向

二、多项选择题

1. 在站场上（　　）到发线总是并入正线的。

A. 站线　　B. 侧线　　C. 渡线　　D. 馈线

2. 受电弓在道岔区域短时间内同时与两条接触线接触，（　　）接触线在受电弓的一个侧面上运行。

A. 正线　　B. 侧线　　C. 渡线　　D. 馈线

3. 在垂直于轨面的线路中心线左边和右边的无线夹区域内不得安装（　　）。

A. 馈线线夹　　B. 接触线线夹　　C. 弹性吊弦线夹　　D. 绝缘子

三、判断题

1.（　）接触网线岔是由两相交接触线、两根限制管和固定限制管的定位线夹、螺栓组成。

2.（　）当受电弓一侧的无线夹区内存在接触线工作支时，受电弓中心的另一侧应同时存在接触线工作支。

3.（　）对于单开道岔，标准定位时，两接触线相交于道岔导曲线两内轨距为755 mm处。

微信扫码　习题自测

学习情境十四　锚段关节调整

【导读】

本学习情境重点介绍接触网锚段关节的结构和检调标准，并通过对接触网典型锚段关节的检修调整的任务实施，完成对本学习情境的综合应用。

【学习目标】

通过本情境学习使学生掌握锚段关节的结构、作用。通过完成实施环节使学生掌握锚段关节调整的方法步骤及应注意的事项。

任务　锚段关节检调

【任务描述】

本任务是在掌握接触网锚段关节基础知识的基础上对接触网四跨锚段关节进行检修使其符合检规要求的质量标准。

微信扫二维码，
看本章教案

【资讯】

一、理论学习部分

在区间站场上，根据供电和机械方面的要求，将接触网分成许多独立的分段，这种独立的分段称为锚段。

（一）锚段的作用

（1）缩小事故范围。当发生断线或支柱折断等事故时，由于接触网是分段的，从而使事故限制在一个锚段内，不致波及相邻锚段。

（2）便于加设张力补偿装置。分段后，在承力索和接触线两端加设张力补偿装置，使其下锚处与中心锚结处的张力基本保持不变，提高了供电质量。

（3）缩小因检修而停电的范围。在进行接触网检修时，可以打开绝缘锚段关节的隔离开关，使停电范围缩小，保证非检修锚段的正常供电。

（4）锚段便于设供电分相。通过绝缘锚段关节可以将不同段的异相电分开，以满足供电方式的需要。

（二）锚段长度

接触网的每一个锚段包括若干跨距，接触网锚段长度确定时主要考虑以下几个方面的因素：

（1）首先考虑到发生事故时，应尽量缩小事故范围，因此锚段长度不宜过长。

（2）其次考虑到在温度变化时，由于线索的伸缩而引起的吊弦、定位器及腕臂等处的偏移不得超过允许值。同时考虑到锚段两端补偿器坠砣在极限温度下不致过低（坠砣底面触及地面或基础面）或过高（碰触定滑轮），必须限制锚段长度。

（3）最后考虑在极限温度下，根据承力索和接触线在补偿器处与在中心锚结处的张力差不能超过允许值来确定锚段长度。对于半补偿链形悬挂，接触线在中心锚结处张力和在补偿器处的张力差，不能超过补偿器处接触线额定张力的 15%；对于全补偿链形悬挂，除考虑接触线张力差外，还要考虑承力索的张力差，不能超过补偿器处承力索额定张力的 10%。

锚段长度一般为：

半补偿链形悬挂：	直线区段	一般	1 600 m
		困难	1 800 m
	曲线区段	直、曲各一半	1 300 m
		曲线 70%及以上	1 100 m
全补偿链形悬挂：	直线区段	一般	1 800 m
		困难	2 000 m
	曲线 70%及以上		1 500 m

在长大隧道内，全补偿和半补偿链形悬挂锚段长度与隧道外是一样的。长度不超过 2 000 m 的隧道内尽量避免设锚段关节；长度超过 2 000 m 时，应在隧道内下锚。

（三）锚段关节

两个相邻锚段的衔接部分称为锚段关节。

锚段关节按其用途分为绝缘锚段关节和非绝缘锚段关节。绝缘锚段关节不仅起机械分段作用，同时起同相电分段作用。非绝缘锚段关节只起机械分段作用。

在锚段关节处，两锚段的接触悬挂是并排架设的。对它的基本要求是当机车通过时，应保证受电弓能平滑地由一个锚段过渡到另一个锚段。

根据锚段关节所含跨距数可分为二跨、三跨、四跨、五跨、七跨及九跨式锚段关节。所谓三跨式锚段关节，就是锚段关节内含有三个跨距，其余类推。

1. 二跨非绝缘锚段关节

二跨非绝缘锚段关节是一种仅有机械分段的锚段关节，因其运行情况不好，一般不采用。只有在特殊情况下（如在密集的隧道群地段，两隧道之间确实受地形条件限制时）才采用。对于高速电气化铁路，出于对受流的要求及考虑，一般是不采用的。

2. 三跨非绝缘锚段关节

三跨非绝缘锚段关节也是仅用作接触悬挂在机械方面的分段，电气方面仍然相联结。此时用电连接线将工作支和非工作支连接起来，保证电流通过。在这种锚段关节内，其承力索和接触线在两转换支柱之间的跨距中心处过渡。过渡处，两接触线等高，且相距 100 mm，非工作支在转换支柱处抬升 200 mm，然后拉向锚支柱（抬升 500 mm）去下锚，如图 14-1 所示。在图中，Z 表示直线区段；Q 表示曲线区段；F 表示非绝缘锚段关节；下标 1、2 表示转换支柱装配的形式。

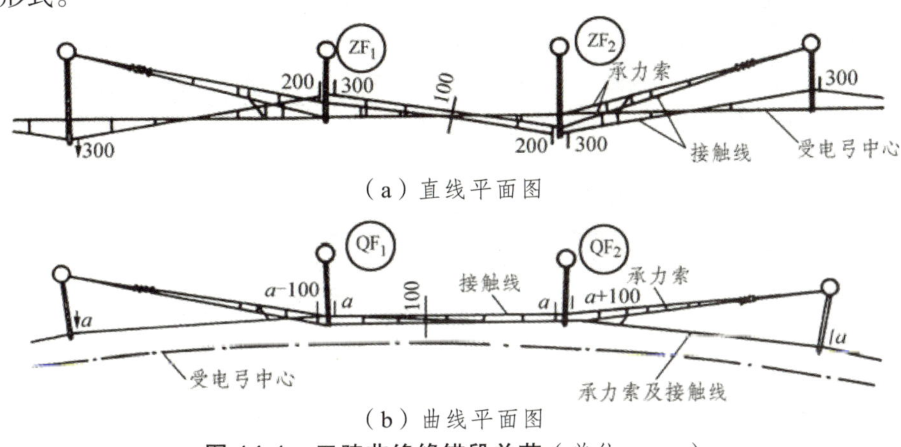

图 14-1　三跨非绝缘锚段关节（单位：mm）

3. 四跨绝缘锚段关节

四跨绝缘锚段关节除了进行机械分段以外，主要用于电分段，多用于站场和区间的衔接处。这种锚段关节的特点是相邻两锚段的两组悬挂，其承力索之间、接触线之间在垂直方向和水平方向都彼此相距 500 mm，以保证其电气方面的绝缘。在中心支柱处，两接触线等高，并保证受电弓在由一个锚段过渡到另一个锚段时，过渡较平稳，其平面布置如图 14-2 所示。在图中，J 表示绝缘锚段关节；ZJ_2、QJ_2 为中心支柱装配形式：ZJ_1、ZJ_3 及 QJ_1、QJ_3 分别表示直线区段和曲线区段的转换支柱的装配形式。

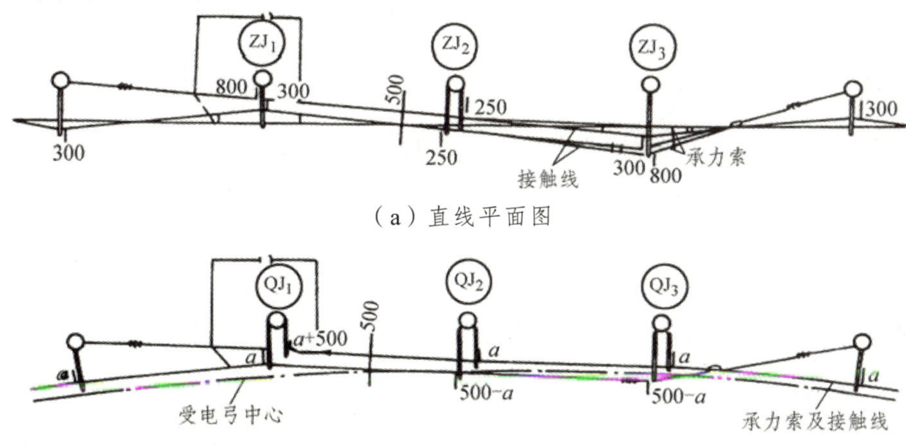

图 14-2　四跨绝缘锚段关节（单位：mm）

4. 跨绝缘锚段关节

五跨绝缘锚段关节含有五个跨距，主要在高速电气化铁路中应用。因为四跨锚段关节在受电弓由一个锚段过渡到另一个锚段时，是在中心支柱处转换的，在此处，虽然可以控制并实现两支接触线等高，但在定位点处，由于有两个定位器，其弹性性能明显变差，因此不仅会加大接触线的磨损，而且影响受流。所以在时速为 160 km/h 以上的电气化线路上，绝缘锚段关节都用五跨绝缘锚段关节，在技术要求上和四跨绝缘锚段关节相同，两组悬挂的接触线之间和承力索之间必须保持 500 mm 的绝缘距离。很明显，其两组悬挂的转换点在中间跨距的中心，这样就可以保证弹性良好、过渡平稳，如图 14-3 所示。图中 Z、Q 的意义和前述相同；W 字符表示曲线外侧的意思。显然，对于复线也有在曲线内侧设立转换支柱的情况，用 QNJ 表示，其余的在图中就省略了。

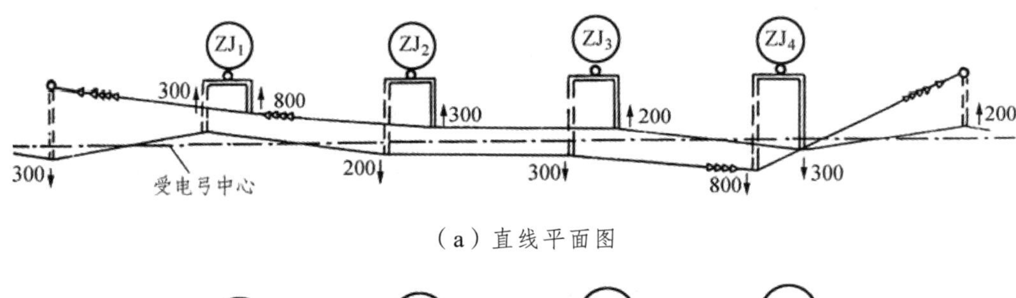

（a）直线平面图

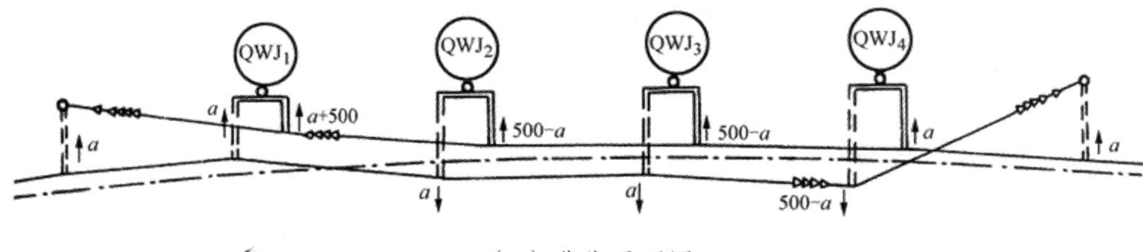

（b）曲线平面图

图 14-3 五跨绝缘锚段关节（单位：mm）

二、作业指导书

（一）范 围

本作业指导书主要就锚段关节处转换柱处工作支与非工作支间线索的位置关系进行调整，使其达到检规要求。

（二）引用规范性文件

《接触网设计规范》《接触网运行检修规程》《接触网安全工作规程》。

（三）作业目的

通过调整使锚段关节内接触悬挂达到《接触网检修规程》要求的标准，使学生掌握锚段关节的检修内容、作业方法步骤等。

（四）作业内容

（1）两转换柱处承力索的垂直、水平间距。
（2）两转换柱处接触线的垂直、水平间距。
（3）中心柱处承力索的垂直、水平间距。
（4）中心柱处接触线等高值、拉出值。
（5）锚段关节电连接状态。

【任务实施及考核】

一、任务实施

（一）任务实施目的

本任务的目的是对锚段关节调整使其达到《接触网检规》的技术要求。

（二）任务实施准备工作

（1）使用车梯：6～8人（不包括接地线、防护人员）。
（2）使用作业车：3～4人（不包括接地线、防护人员、作业车司机）。

（三）任务实施场地器材

（1）完成该任务的实施场地是校内接触网实训演练场。
（2）器材：手扳葫芦或倒链、接触线卡线器、单滑轮小绳、接触线校正扳手、平锉、水平尺、手锤、钢锯、木榔头、木垫板、线坠、钢卷尺、扁油刷、安全工具、防护工具等。

（四）任务实施步骤

（1）两支承力索水平间距不符合标准：

先确认工作支承力索位置是否符合标准。如工作支承力索位置不符合标准时，将手扳葫芦一端固定在工作支腕臂顶端（曲线区段根据线索受力方向固定手扳葫芦），另一端与工作支承力索连接，摇动手扳葫芦将工作支承力索卸载，按调整方向和数据，松开工作支承力索座（拉杆式腕臂可调整调节板），将工作支承力索位置调整到标准位置。

再将手扳葫芦一端固定在非工作支腕臂顶端（曲线区段根据线索受力方向固定手扳葫芦），另一端与非工作支承力索连接，摇动手扳葫芦将非工作支承力索卸载，以工作支承力索为基准，松开非工作支承力索座（拉杆式腕臂可调整调节板），按调整方向和数据，将非工作支承力索调整至符合标准。

（2）两支承力索垂直间距（高差）不符合标准：

先确认工作支承力索高度是否符合标准。当工作支承力索高度不符合标准时，将手扳葫芦一端固定在工作支腕臂顶端（曲线区段根据线索受力方向固定手扳葫芦），另一端与工作支承力索连接，摇动手扳葫芦将工作支承力索卸载，按调整方向和数据，松开工作支组合承力索线夹（拉杆式腕臂可调整调节板位置和孔距），将工作支承力索位置调整到标准位置。

再将手扳葫芦一端固定在非工作支腕臂顶端（曲线区段根据线索受力方向固定手扳葫芦），另一端与非工作支承力索连接，摇动手扳葫芦将非工作支承力索卸载，以工作支承力索为基准，松开非组合承力索线夹（拉杆式腕臂可调整调节板），按调整方向和数据，将非工作支承力索调整至符合标准。测量各数据符合规定后，按标准紧固各部螺栓，拆除手扳葫芦。

（3）两支接触线水平间距不符合标准：

先确认工作支接触线位置是否符合标准。当工作支接触线位置不符合标准时，将手扳葫芦一端固定在工作支定位管顶端（曲线区段或正定位可根据线索受力方向固定手扳葫芦），另一端与工作支接触线连接，摇动手扳葫芦将工作支接触线卸载，松开工作支定位支座（或定位环），按调整方向和调整数据，将拉出值调整到标准值。

再将手扳葫芦一端固定在非工作支定位管顶端（曲线区段或正定位根据线索受力方向固定手扳葫芦），另一端与非工作支接触线连接，将非工作支接触线卸载，以工作支接触线为基准，松开非工作支接触线锚支卡子，按调整方向和调整数据，将非工作支接触线调整到标准位置，使两支接触线水平间距调整至符合标准。

（4）两支接触线间垂直间距（高差）不符合标准：

先确认工作支接触线高度是否符合标准。当工作支接触线位置不符合标准时，调整或更换工作支定位点两侧吊弦，将工作支接触线高度调整至标准值。

以工作支接触线为基准，按调整数据，调整或更换非工作支定位点两侧第一根吊弦，使高差符合标准；再依次调整或更换其他吊弦。

（5）中心柱处承力索的垂直、水平间距不符合标准：

参见两转换柱处承力索的垂直、水平间距不符合标准时的调整步骤，进行调整。

（6）中心柱处等高值、拉出值不符合标准：

两支接触线等高值不符合标准：适当调整或更换中心柱两侧吊弦。

先确认工作支接触线高度是否符合标准。当工作支接触线位置不符合标准时，调整或更换工作支定位点两侧吊弦，将工作支接触线高度调整至标准值。

以工作支接触线为基准，按调整数据，调整或更换非工作支定位点两侧第一根吊弦，使高差符合标准；再依次调整或更换其他吊弦。

（7）如拉出值不符合标准：

先确认工作支接触线位置是否符合标准。当工作支接触线位置不符合标准时，将手扳葫芦一端固定在工作支定位管顶端（曲线区段或正定位可根据线索受力方向固定手扳葫芦），另一端与工作支接触线连接，摇动手板葫芦将工作支接触线卸载，松开工作支定位支座（或定位环），按调整方向和调整数据，将拉出值调整到标准值。

再将手扳葫芦一端固定在另一支定位管顶端（曲线区段或正定位根据线索受力方向固定手扳葫芦），另一端与接触线连接，摇动手板葫芦将接触线卸载，以工作支接触线为基准，然后根据调整量，对另一支接触线的拉出值进行调整，使其符合设计要求。

（8）锚段关节电连接状态：

按检查项目对电连接进行检查，根据发现缺陷确定补强或更换电连接，具体方法见电连接检修工艺。

（五）注意事项

（1）作业车移动或作业平台升降、转向时，严禁人员上、下作业平台；禁止从未封锁线路侧上、下作业车。

（2）作业人员在作业平台防护栅为作业时，必须将安全带系在牢固可靠部位。

（3）作业平台严禁向未封锁的线路侧旋转；当邻线有列车通过时，作业人员应提前停止作业，并在平台远离邻线侧避让，列车通过后方可继续作业。

（4）作业平台上的作业人员在车辆移动中应注意防止接触网设备伤人。

（5）雷雨等天气条件下，应有防滑措施。

（6）当结构高度较大，台上作业人员够不着作业时，作业人员可站在特制的作业凳上，将安全带系在不动的那支承力索上，进行操作。

（7）中心柱处，反定位管的根部可适当抬高，以保证反定位管与另一支接触线的绝缘距离。采用 T 形定位器或 T 形软定位器，在调整接触线拉出值的同时，应保证定位器对另一支接触线的绝缘距离。

二、考核表

项　目	考核内容及评分标准	配　分	扣分情况	得　分
操作时限	规定时限：根据每个测量项目由评委自定，每超时 2 min 扣 1 分，每提前 2 min 加 1 分，超过 10 min 失格	5 分		
料具准备	要求料具准备齐全，规格型号相符，每错、漏、多 1 件扣 2 分	5 分		
质量标准	（1）正确说出常见锚段关节的结构（包括哪些类型支柱），每错 1 处扣 5 分 （2）中心柱处两悬挂的垂直距离 20 mm。调整结果不正确扣 10 分 （3）非支分段绝缘子下裙边距工支接触线不少于 200 mm。调整结果不正确扣 10 分 （4）锚支接触线在其垂直投影与线路钢轨交叉处，应高于工作支接触线 300 mm 以上。调整结果不正确扣 10 分 （5）定位器处于受拉状态，定位点处接触线工作面平行于轨面调整结果不正确扣 10 分	50 分		
安全作业	（1）作业中一般违章现象扣 5 分 （2）作业中严重违章扣 5 分 （3）工具使用错误扣 5 分 （4）工具损坏、脱落扣 20 分	30 分		
文明作业	（1）作业中，未佩戴必要的劳保、安全用具，每件扣 1 分 （2）作业时出现不文明动作或语言每次扣 5 分	10 分		
总　分				

配套习题

一、单项选择题

1. 对于半补偿链形悬挂，接触线在中心锚结处张力和在补偿器处的张力差，不能超过补偿器处接触线额定张力的（　　）%。

A. 5　　B. 10　　C. 15　　D. 20

2. 对于全补偿链形悬挂，除考虑接触线张力差外，还要考虑承力索的张力差，不能超过补偿器处承力索额定张力的（　　）%。

A. 5　　B. 10　　C. 15　　D. 20

3. 直线区段，半补偿链形悬挂的锚段长度一般为（　　）m。

A. 1100　　B. 1300　　C. 1600　　D. 1800

4. 直线区段，半补偿链形悬挂的锚段长度困难为（　　）m。

A. 1100　　B. 1300　　C. 1600　　D. 1800

5. 曲线区段，直、曲各一半时，半补偿链形悬挂的锚段长度一般为（　　）m。

A. 1100　　B. 1300　　C. 1600　　D. 1800

6. 曲线区段，曲线 70%及以上时，半补偿链形悬挂的锚段长度一般为（　　）m。

A. 1100　　B. 1300　　C. 1600　　D. 1800

7. 直线区段，全补偿链形悬挂的锚段长度一般为（　　）m。

A. 1300　　B. 1500　　C. 1800　　D. 2000

8. 直线区段，全补偿链形悬挂的锚段长度困难为（　　）m。

A. 1300　　B. 1500　　C. 1800　　D. 2000

9. 曲线区段，曲线 70%及以上时，全补偿链形悬挂的锚段长度一般为（　　）m。

A. 1300　　B. 1500　　C. 1800　　D. 2000

10. 三跨非绝缘锚段关节，过渡处，两接触线等高，且相距 100 mm，非工作支在转换支柱处抬升（　　）mm。

A. 50　　B. 100　　C. 50　　D. 200

11. 所谓三跨式锚段关节，就是锚段关节内含有（　　）个跨距。

A. 2　　B. 3　　C. 4　　D. 5

12.（　　）非绝缘锚段关节是一种仅为机械分段的锚段关节，因其运行情况不好，一般不采用。

A. 二跨　　B. 三跨　　C. 四跨　　D. 七跨

13.（　　）非绝缘锚段关节也是仅用作接触悬挂在机械方面的分段，电气方面仍然相联结。

A. 二跨　　B. 三跨　　C. 四跨　　D. 七跨

14.（　　）绝缘锚段关节除了进行机械分段以外，主要用于电分段，多用于站场和区间的衔接处。

A. 二跨　　B. 三跨　　C. 四跨　　D. 七跨

15.（　　）锚段关节不仅起机械分段作用，同时起同相电分段作用。

A. 绝缘　　B. 非绝缘

16.（　　）锚段关节的特点是相邻两锚段的两组悬挂，其承力索之间、接触线之间在垂直方向　和水平方向都彼此相距 500 mm，以保证其电气方面的绝缘。

A. 二跨　　B. 三跨　　C. 四跨　　D. 七跨

17.（　　）锚段关节在受电弓由一个锚段过渡到另一个锚段时，是在中心支柱处转换的。

A. 二跨　　B. 三跨　　C. 四跨　　D. 七跨

二、多项选择题

1. 下列选项属于锚段作用的是（　　）。

A. 缩小事故范围　　B. 便于加强张力补偿装置

C. 缩小因检修而停电的范围　　D. 便于设供电分相

2. 锚段的作用（　　）。

A. 缩小事故范围　　B. 便于加强张力补偿装置

C. 缩小因检修而停电的范围　　D. 便于设供电分相

三、判断题

1.（　）在区间站场上，根据供电和机械方面的要求，将接触网分成许多分段，这种分段称为锚段。

2.（　）根据锚段关节所含跨距数可分为二跨、三跨、四跨、五跨、七跨及八跨式锚段关节。

3.（　）五跨绝缘锚段关节是锚段关节中含有六个跨距，主要在高速电气化铁路中应用。

4.（　）绝缘锚段关节只起机械分段作用。

5.（　）在锚段关节处，两锚段的接触悬挂是并排架设的。

微信扫码　习题自测

学习情境十五 隔离开关与电连接调整检修

【导读】

本学习情境重点介绍隔离开关与电连接的作用和结构，通过完成学习任务培养学生掌握隔离开关及电连接的调整、检修方法和相关操作技术。

【学习目标】

本节通过2个学习任务，学习接触网隔离开关及电连接的类型、作用和安装要求；掌握隔离开关及电连接的检修标准；重点掌握隔离开关及电连接的检调顺序和方法；培养学生对隔离开关及电连接的调整检修能力。

任务一 隔离开关检修调整

【任务描述】

本任务主要介绍接触网隔离开关的类型、作用和相关技术参数，重点介绍隔离开关的检调标准、检调顺序和方法，掌握相关调整检修技能。

【资讯】

一、理论学习部分

微信扫二维码，
看本章教案

（一）接触网隔离开关

1. 接触网隔离开关

接触网隔离开关具有一般隔离开关的特点，其作用是连通或切断接触网供电分段间的电路，增加供电的灵活性，以满足检修和不同供电方式运行的需要。隔离开关在分闸状态下有明显的断口，在合闸状态下能可靠地通过额定电流和短路电流。因隔离开关没有灭弧装置，不能切断负荷电流和短路电流，因此隔离开关通常和断路器配合使用，且在操作中必须注意与断路器操作的先后顺序。断路器与隔离开关串联组合时，合闸先合隔离开关，后合断路器；分闸先分断路器，后分隔离开关。断路器与隔离开关并联组合时反之。这种操作通常称为倒闸操作。为了保证安全，一般采用闭锁装置，其中包括了电气闭锁方式和机械闭锁方式，以防止误操作。锚段关节处隔离开关如图 15-1-1 所示。

图 15-1-1　锚段关节处隔离开关

按照隔离开关担负的任务，其应满足以下要求：

（1）隔离开关应具有明显的断开点（肉眼可见），易于鉴别负荷是否与电源断开。

（2）隔离开关断开点应具有可靠的绝缘。要求隔离开关断开点之间有足够的距离，以保证在恶劣的气候条件下也能可靠地工作，并在过电压及相间闪络时，不致从断开点击穿，危及人身安全。

（3）定性和动稳定性，尤其不能因电动力的作用而自动断开，否则将引起严重事故。

（4）隔离开关的结构应尽可能简单，动作要可靠。

（5）带有接地闸刀的隔离开关必须有联锁机构，以保证先断开隔离开关再合上接地闸刀，先断开接地闸刀再合上隔离开关的操作顺序。

隔离开关一般装设在大型建筑物（如长大隧道和长大桥梁）两端、车站装卸线、专用线、电力机车库线、机车整备线、绝缘锚段关节、分区和分相绝缘器等需要进行电分段的地方。

隔离开关的主要用途是当需要接触网停电作业检修时，用它来实现与正线或到发线接触网线路的可靠隔离，以保证作业及检修人员的安全和运行部分的正常工作。隔离开关外观如图 15-1-2 所示。

图 15-1-2　隔离开关外观图

2. 接触网隔离开关的技术参数

隔离开关按安装地点，可分为户内型和户外型；按接触头运动方式，可分为水平回转式、垂直回转式、伸缩式和直线移动式；按有无接地刀闸，可分为有接地刀闸和无接地刀闸隔离开关；按隔离开关的极数，可分为单极和三极隔离开关；按隔离开关的操作机构，可分为手动和电动两种。户内型一般采用手动操作机构，一般对改变运行方式的隔离开关采用电动操作机构，以便实现远距离控制。其主要技术参数包括额定电压、最大工作电压、额定电流、极限通过电流和热稳定电流。

接触网采用电力系统中的 35 kV 单极隔离开关和电气化铁道专用耐污性单级隔离开关。隔离开关结构如图 15-1-3 所示。

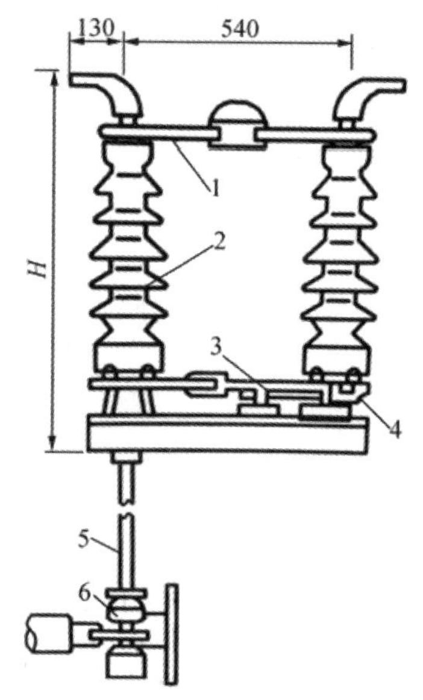

（a）户外隔离开关

1—导电刀闸；2—瓷柱；3—交叉连杆；4—底座；5—传动杆；6—操作机构

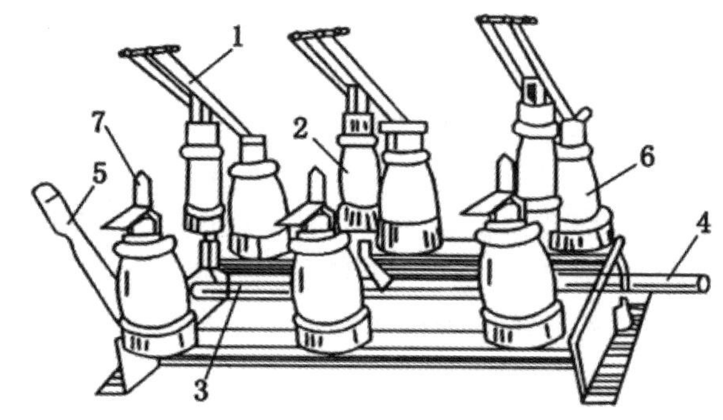

（b）户内隔离开关

1—动触头；2—拉杆绝缘子；3—拉杆；4—转动轴；5—转动杠杆；6—支持绝缘子；7—静触头

图 15-1-3 隔离开关结构

隔离开关的型号参数一般以□□□-□□/□表示，其中各位含义如下：

第一位：产品字母代号（G—隔离开关，J—接地开关）；

第二位：适用环境（N—户内，W—户外）；

第三位：设计序号（1，2，3…）；

第四位：额定电压（kV）；

第五位：派生代号（K—带快分装置，D—带接地刀闸，G—改进型，T—铁路专用，C—人力操作机构）；

第六位：额定电流（A）。

例如：GW4-110GD/600 表示设计序号 4，额定电压 110 kV，额定电流 600 A，带接地刀闸的改进型户外隔离开关。常用的隔离开关技术参数如表 15-1-1 所示。

表 15-1-1　常用隔离开关技术特性

型　号	额定电压（kV）	最大工作电压（kV）	额定电流（A）	极限通过电流限值（kA）	10 s 热稳定电流有效值（kA）	破冰厚度（mm）	母线最大水平拉力（N）	每极质量（kg）	配用操作机构
GW1-10/400	10	11.5	400	25	10			20	CS8-1
GW1-10/600	10	11.5	600	35	14			21	CS8-1
GW4-35	35	40.5	600	50	10	5	490	65	CS11
			1 000	80	15				
GW4-35D	35	40.5	600	50	10	5	490	68	CS8-6D
			1 000	80	15				
GW-$\frac{35}{60}$	35 60	40.5 69.5	600	50	10	4	490		CS11
			1 000	80	15				
			2 000	104	30				
GW4-$\frac{35}{60D}$	35 60	40.5 69.5	600	50	10	4	490		CS8-6D CS15-D
			1 000	80	15				
			2 000	104	30				

隔离开关按操作次数分为经常操作和不经常操作两种。经常操作的隔离开关安装在车站货物装卸线、机车整备线和库线等处，选用带接地刀闸的 GW4-35D 或 GW4-25/630TD 型开关。当开关打开的同时，接地刀闸将接通停电侧刀闸，以保证装卸货物和检修机车人员的安全。不经常操作的隔离开关，安装在绝缘锚段关节、分相电分段和馈线等处，采用不带接地刀闸的 GW4-35、GW4-25/630T 型开关。

上述四种隔离开关的主体结构基本相同，只是带接地刀闸的开关多了一套接地刀闸和联动装置。它由金属底座、绝缘瓷柱、导电刀闸、接地刀闸和操动机构组成。开关的分合过程是手动操作机构，经转动杆转动主轴上的瓷柱，并带动导电刀闸水平转动 90°，转动的同时又通过交叉连杆使另一个瓷柱和导电刀闸转动 90°。

GW4-25/630T 与 GW4-25/630TD 为电气化铁道专用耐污型隔离开关，额定电压为 25 kV，额定电流为 630 A，其主要特点是瓷柱采用了耐污型支持绝缘子，其主要技术性能如表 15-1-2 所示。

表 15-1-2　耐污型隔离开关支持绝缘子技术特性

泄漏距离（mm）	工频闪络电压有效值（kV）			50%全波冲击闪络电压幅值（kV）	抗弯破坏负荷（N）	抗扭破坏负荷（N·m）	备　注
1 200	≥1 800	≥1 400	≥32	≥300	≥3 824	≥981	污闪盐密度 0.3 mg/cm^2

隔离开关安装时，对于腕臂柱安装在支柱顶部，软横跨柱安装在支柱的二分之一高度处，导电刀闸通过电连接线与接触网连接，如图 15-1-4 所示。

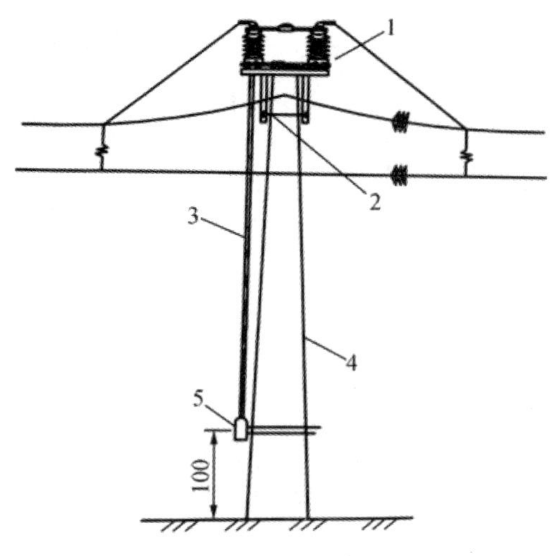

（a）隔离开关在钢筋混凝土支柱上的安装

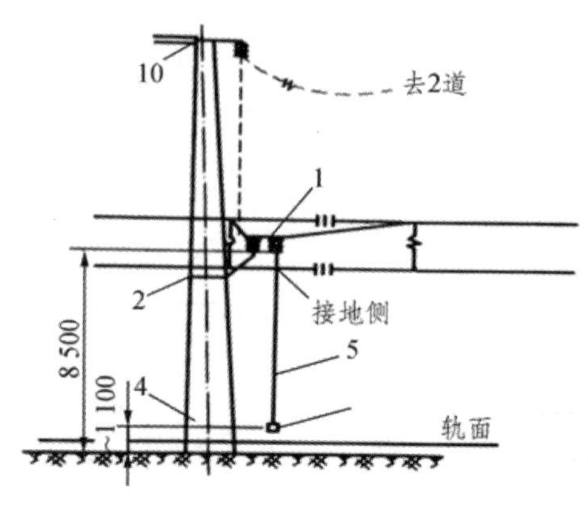

（b）隔离开关在软横跨柱上的安装

图 15-1-4 隔离开关安装图（单位：mm）

1—隔离开关；2—隔离开关托架；3—传动杆；4—支柱；5—手动操作机构

（三）隔离开关的操作

从事隔离开关倒闸作业的人员，其安全等级应不低于三级。由于隔离开关触头外露，作业人员可以清楚地观察到它的开、闭状态，检修后应恢复原状。

凡接触网及电力作业人员进行隔离开关倒闸时，都必须有电力调度的命令。对车站、机务段、厂矿等有权操作隔离开关的单位，在向电力调度申请倒闸命令前，要令人应向单位主管负责人办理倒闸手续。遇有危及人身或设备安全的紧急情况，可以不经电力调度批准，先行断开断路器或有条件地断开隔离开关，并立即报告电力调度，但在闭合时必须有电力调度员的命令。

在进行隔离开关倒闸作业时，先由操作人员向电力调度提出申请，经电力调度审查后发布倒闸作业命令，操作人受令复诵，电力调度员确认无误后，方可给命令编号和批准时间。倒闸人员必须戴好安全帽和绝缘手套，接到倒闸命令后，要迅速准确地进行倒闸，一次开闭到位，中途不得停留和发生冲击。

每次倒闸作业，发令人要将命令内容等记入如表 15-1-3 所示的“倒闸操作命令记录”里。

表 15-1-3 倒闸操作命令记录

命令号	时间（月日）	发令人	受令人	操作卡片	批准时间	完成时间	报告人	倒闸完成报告单	电力调度员
1									
2									
3									
4									

要令人要填写如图 15-1-5 所示的“隔离开关倒闸命令票”。

隔离开关倒闸命令票　第　号
1. 把车站（或区间）第　号隔离开关闭合或断开；
2. 把车站（或区间）第　号隔离开关闭合或断开。
发令人　　　　　　　　　受令人
批准时间：时　分　　　　日期：　年　月　日

图 15-1-5　隔离开关倒闸命令票

操作完成后，操作人员立即填写“隔离开关倒闸完成报告单”，如图 15-1-6 所示。

隔离开关倒闸完成报告单　第　号
1. 车站（或区间）第　号隔离开关已于时分闭合或断开；
1. 车站（或区间）第　号隔离开关已于时分闭合或断开；
倒闸操作人　　　　　　　电力调度员
完成时间：时　分　　　　日期：　年　月　日

图 15-1-6　隔离开关倒闸完成报告单

电力调度员要及时发布完成时间和命令编号并记入“倒闸操作命令记录”中，至此倒闸作业方告结束。上述各种命令票和记录单均可在《接触网安全工作规程》中查到。

（四）隔离开关检调标准和常见故障

1. 检调标准

隔离开关检调时，首先要确定编号及分合闸位置，检调后应恢复原状。经常操作的隔离开关，检修周期为 3 ~ 6 个月；不经常操作的隔离开关，检修周期为 9 ~ 10 个月。检调标准如下：

（1）各部分零件连接牢固，铁件无锈蚀，操作机构灵活可靠。

（2）开关瓷柱转动灵活，水平转角 90°，误差为 1°。合闸时，刀闸触头接触紧密良好，呈水平状态，两闸刀中心线为一直线，止钉间隙为 1 ~ 3 mm。

（3）GW2 型的隔离开关合闸时动触头要水平，开、合闸过程中两消弧棒应连续接触；分闸角度为 50°，允许误差±2°。触头入槽后，用 0.05×10 mm 的塞尺检查，对于线接触应塞不进去；对于面接触接触，表面宽度为 50 mm 以下时，塞进深度不超过 4 mm；接触表面宽度为 60 mm 及以上时，塞进深度不应超过 6 mm。

（4）绝缘瓷柱清洁、无裂痕和放电痕迹，破损面不大于 300 mm^2，用 2 500 kV 兆欧表测绝缘电阻与前一次比较不应有明显降低，测接地电阻不得大于 10 Ω。

（5）开关引线距绝缘子和接地体不小于 300 mm，引线张力不大于 500 N，跨越相邻承力索时，间距应大于 400 mm。带接地闸刀的开关，接地闸刀与两主闸刀在同时运行过程中，空气间隙之和不小于 400 mm。带接地闸刀的隔离开关，若主闸刀与接地闸刀分别操作者，其机械联锁必须可靠。

（6）开关应加锁，锁头无锈蚀，开闭方便。

（7）除铜件外的金属部件，应除锈涂漆，铜件应涂凡士林油。

（8）开关检调后应及时填写日志。

2. 隔离开关常见问题

（1）隔离开关绝缘子破损、脏污，会造成绝缘子闪络或击穿事故。

（2）电连接引线与开关设备上的设备线夹和接触线上的电连接线夹接触不良，会引起接触线、承力索、电连接线和吊弦等烧损事故。

（3）开关引线弛度小、拉力大，会使设备线夹或支持绝缘子折断。

（4）开关主刀闸闭合不良，会造成触头长期发热而烧损。

（5）开关长期不用，又未及时检修，会使传动轴锈蚀从而造成开关无法正常使用。

（6）在有负载的线路上操作隔离开关，会引起电弧烧损开关或支持绝缘子爆炸。

3. 操作隔离开关注意事项

进行维护和检修时，需要对隔离开关进行操作。操作时，必须规范，遵从一定的要求，否则会造成严重的后果。

（1）隔离开关开闭作业时，必须使用绝缘棒，有两人在场：一人操作，另一人监护。操作人员必须有供电段发给的隔离开关操作合格证。

（2）操作前，操作人员必须穿戴规定的绝缘鞋和绝缘手套，使用前进行简略漏气实验，并确认开关及其传动装置正常，接地线良好，方准按规程操作。

（3）操作要准确、迅速，一次开闭到底，中途不得停留和发生冲突。操作过程中人体各部不得与支柱及其构件相接触。在雷电来临和雷电时间，禁止操作隔离开关。

（4）当发现隔离开关及其传动装置状态不良时，车站值班员应立即要求电力调度派人检修，如危及人身、行车安全时，在修好之前不得进行操作，并严禁擅自攀登支柱自行维修。

（5）绝缘鞋、绝缘手套和绝缘棒，要存放于阴凉干燥、不落灰尘的容器内，每六个月由各站、段送供电段检查一次，每次使用后用干布擦拭干净。

（二）工具仪器介绍

1. 接地电阻测试仪

1）接地电阻测试仪按钮介绍

如图 15-1-7 所示，接地电阻测试仪主要包括接线端钮、测量盘、摇把、倍率盘等部分组成，各部分作用分别如下：

（1）接线端钮：接地极（E、E′）、电位极（P）、电流极（C），用于连接相应的探测针。

（2）调整旋钮：用于检流计指针调零。

（3）倍率盘：显示测试倍率，×0.1、×1、×10。

（4）测量标度盘：测试标度所测接地电阻阻值。

（5）测量盘旋钮：用于测试中调节旋钮，使检流计指针指于中心线。

（6）倍率盘旋钮：调节测试倍率。

（7）发电机摇把：手摇发电，为地阻仪提供测试电源。

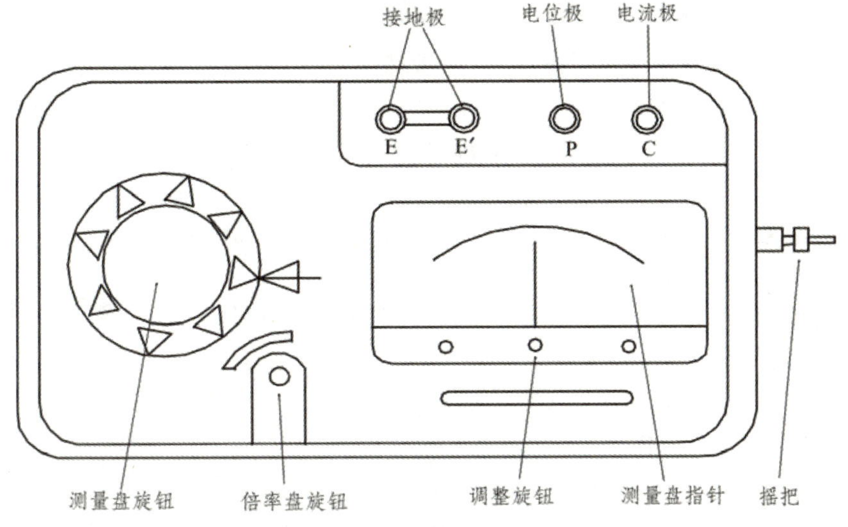

图 15-1-7　接地电阻测试仪

2）使用接地电阻测试仪测量步骤

（1）将两个接地探针沿接地体辐射方向分别插入距接地体 20 m、40 m 的地下，插入深度为 400 mm。接触网隔离开关地线电阻时的连接方法如图 15-1-8 所示。

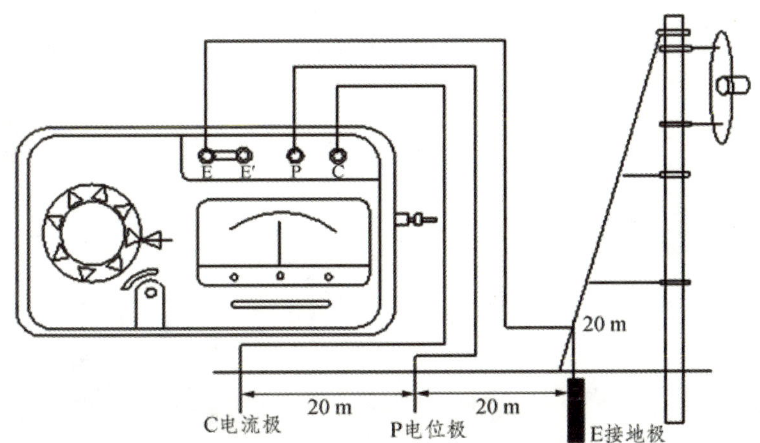

图 15-1-8　接地电阻测试方法

（2）将接地电阻测量仪平放于接地体附近，并进行接线，接线方法如下：

① 用最短的专用导线将接地体与接地测量仪的接线端“E′”（“E′”与“E”短接）相连。

② 用最长的专用导线将距接地体 40 m 的测量探针（电流探针）与测量仪的接线钮“C”相连。

③ 用余下的长度居中的专用导线将距接地体 20 m 的测量探针（电位探针）与测量仪的接线端“P1”相连。

④ 将测量仪水平放置后，检查检流计的指针是否指向中心线，否则调节“零位调整器”使测量仪指针指向中心线。

⑤ 将“倍率标度”（或称粗调旋钮）置于最大倍数，并慢慢地转动发电机转柄（指针开始偏移），同时旋动“测量标度盘”（或称细调旋钮）使检流计指针指向中心线。

⑥ 当检流计的指针接近于平衡时（指针近于中心线）加快摇动转柄，使其转速达到 120 r/min 以上，同时调整“测量标度盘”，使指针指向中心线。

⑦ 若“测量标度盘”的读数过小（小于 1）不易读准确时，说明倍率标度倍数过大。此时应将“倍率标度”置于较小的倍数，重新调整“测量标度盘”使指针指向中心线上并读出准确读数。

⑧ 计算测量结果，即 $R_{地}$ = “倍率标度”读数×“测量标度盘”读数。

3）注意事项

（1）使用前将仪器和接地探针擦拭干净，特别是接地探针，一定要将其表面影响导电能力的污垢及锈渍清理干净。

（2）将接地干线与接地体的连接点或接地干线上所有接地支线的连接点断开，使接地体脱离任何连接关系成为独立体。

（3）当有雷电，或被测物带电时，应严格禁止进行测量工作。

2. 兆欧表

兆欧表也称摇表，如图 15-1-9 所示，主要用于测量电气设备的绝缘电阻。它是由交流发电机倍压整流电路、表头、摇柄等部件组成。兆欧表摇动时，产生直流电压。当绝缘材料加上一定电压后，绝缘材料中就会流过极其微弱的电流，这个电流由三部分组成，即电容电流、吸收电流和泄漏电流。兆欧表产生的直流电压与泄漏电流之比为绝缘电阻，用兆欧表检查绝缘材料是否合格的试验叫绝缘电阻试验，它能发现绝缘材料是否受潮、损伤、老化，从而发现设备缺陷。

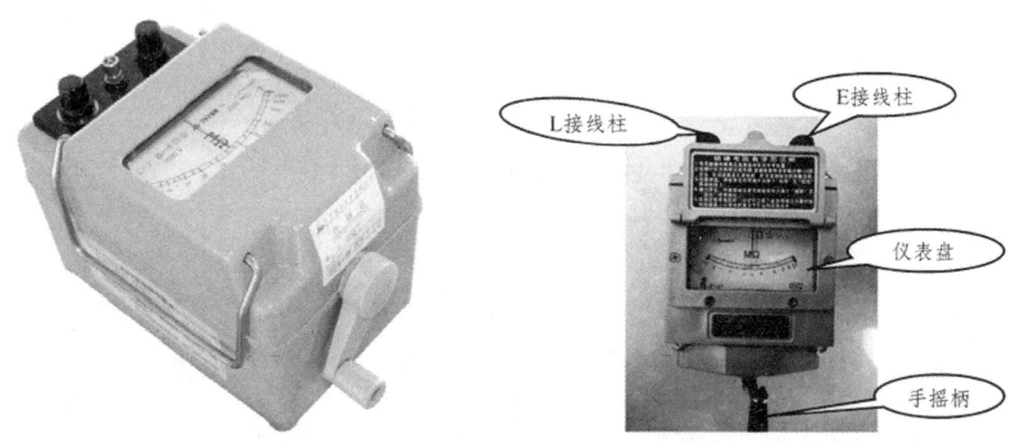

图 15-1-9　兆欧表

1）兆欧表的选用

选用兆欧表时，其额定电压一定要与被测电器设备或线路的工作电压相适应，测量范围也应与被测绝缘电阻的范围相吻合。兆欧表的额定电压有 250 V、500 V、1 000 V、2 500 V 等几种，测量范围有 500 MΩ、1 000 MΩ、2 000 MΩ 等几种。

2）兆欧表的接线

兆欧表有三个接线柱，上面分别标有线路（L）、接地（E）和屏蔽或保护环（G）。用兆欧表测量绝缘电阻时一般为线路（L）端子接被测体的芯线，接地（E）端子接大地，屏蔽或保护环（G）端子接钢铠。

3）使用注意事项

（1）要将兆欧表置于水平位置，并保证放置牢稳。

（2）使用前先空载摇测检查仪表指示是否正确：未接线之前，先摇动兆欧表，观察指针是否在“∞”处。再将 L 和 E 两接线柱短路，慢慢摇动兆欧表，指针应在零处，方证实兆欧表良好。

（3）使用时接线要正确，端钮要拧紧；兆欧表的引线应用多股软线，且两根引线切忌绞在一起，以免造成测量数据不准确。

（4）使用兆欧表摇测绝缘时，被测物必须从各方面与其他电源断开，测量完毕后，应将被测物充分放电。在兆欧表未停止转动和被测物未放电之前，不可用手去触及被测物的测量部位或进行拆线，以防止人身触电。

（5）兆欧表摇把在转动时，其端钮间不允许短路，而摇测电容时应在摇把转动的情况下将接线断开，以免造成反充电损坏仪表。

（6）手摇速度开始要慢，逐渐均匀加快至 120 r/min，以转动 1 min 后读数为准。

（7）被测物表面应擦拭干净，不得有污物（如漆等）以免造成测量数据不准确。

（8）所测绝缘电阻的准确性，与测量方法和测量时的天气情况有非常密切的关系，测量时应注意选择湿度在 70% 以下的天气进行测量。

（9）禁止在有雷电时或邻近高压设备时使用兆欧表，以免发生危险。

4）实例

用兆欧表测量高压电缆芯线对钢铠的绝缘电阻的方法。

（1）断电与放电：将被测电缆停电后断开其与设备的连接，并将芯线短接对钢铠进行放电。

（2）选表：因为是高压电缆，故选择 2 500 V 摇表。

（3）检查摇表：检查摇表是否好用，摇表放平时，指针应指在“∞”处，慢速转动摇表，瞬时短接 L、E 接线柱，指针应指在“0”处。

（4）接线：将 E（接地）柱接铠装，L（线路）柱接被测芯线，G（屏蔽）柱绕接在电缆的绝缘表层上（测量电缆的绝缘电阻时，为消除绝缘表面泄漏电流的影响）；端钮要拧紧；摇表引线应用多股软线且绝缘良好；摇表引线与带电体间应注意安全距离，防止触电。

（5）摇测、读数及断线：将摇表置于水平位置；手摇速度开始要慢，逐渐均匀加快至 120 r/min，以转动 1 min 后的读数为准；因较长的高压电缆被测时有寄存电容，结束时应先断开摇表线，然后停止摇动。

（6）放电：对被测电缆进行放电。

（7）恢复送电：将被测电缆恢复接线，按规定程序送电。

二、作业指导书

熟记接触网隔离开关检修调整所需要的各类工具及材料，掌握接触网隔离开关测量检查、调整和更换的作业步骤及方法，利用接触网实训室完成相应的技能操作。

（一）范　围

本作业指导书规定了接触网隔离开关调整检修的相关要点和步骤。

（二）引用规范性文件

《接触网运行检修规程》《高速铁路接触网运行维修规则》《接触网作业工作票管理办法》《接触网安全工作规程》。

（三）作业目的

达到掌握接触网隔离开关调整检修的目的。

（四）作业内容

1. 工机具及材料准备

作业前应根据作业内容准备工机具和材料，完成清点后才能作业，下面列举了接触网隔离开关调整检修所需的主要工具及材料，如表 15-1-4、表 15-1-5 所示。根据接触网实训室条件的不同可以对工具和材料进行更改。

表 15-1-4　接触网隔离开关检修工具表

序　号	名　称	规格或型号	单　位	数　量	备　注
1	接触网检修作业车		台	1	可省略
2	兆欧表	2 500 V	台	1	
3	水平仪	6 00 mm	个	1	
4	钢卷尺	2 m 或 10 m	把	1	
5	安全带		条		现场人员每人 1 条
6	温度计		个	1	
7	大绳		根	1	
8	小绳		根	1	
9	塞尺		套	1	
10	力矩扳手		套	1	
11	接地电阻测试仪		套	1	
12	兆欧表		套	1	
13	作业凳	0.9 m（高）	个	1	
14	安全帽		顶		作业人员人均 1 顶
15	电工工具		套		作业人员人均 1 套
16	验电、接地、防护工具		套		按停电作业需要配置
17	开关短接封线		套	1	
18	脚扣		套	1	根据支柱类型决定

表 15-1-5　接触网隔离开关检修材料表

序　号	名　称	规格或型号	单　位	数　量	备　注
1	润滑油		kg	适量	
2	铁线	ϕ 4.0mm	kg	适量	
3	酒精			适量	或其他中性洗涤剂
4	抹布		条	适量	
5	防锈漆		kg	适量	
6	钢丝刷		套	1	
7	刷子		套	1	

2. 作业实施步骤

1）测量检查

（1）开关托架状态：

用水平尺检查托架横、纵向是否水平。

（2）绝缘子表面状态：

① 检查绝缘子表面是否脏污、有无裂纹。

② 检查绝缘子表面有无放电痕迹、有无绝缘老化现象。

（3）接地线的状态：

① 检查接地线与各部螺栓连接是否紧密。

② 检查接地线表面是否锈蚀。

③ 地线并沟线夹内是否有放电痕迹。

（4）开关开合情况：

① 检查开关打开、分闸时刀闸角度、止钉间隙。

② 检查开关合闸时，刀闸是否呈水平状态，两刀闸中心线是否相吻合。

（5）接地刀闸开合状态：

① 接地刀闸开合是否到位。

② 刀闸接触是否紧密，在触头闭合时用 0.05×10 mm 的塞尺检查，对于线接触的应塞不进去，对于面接触的其塞入深度在接触表面宽度为 50 mm 及以下时，不应超过 4 mm，在接触表面宽度为 60 mm 及以上时不应超过 6 mm。

（6）刀闸接触状态：

① 检查刀闸触头表面有无锈蚀。

② 检查弹簧片压力。

（7）操作机构状态：

① 操作机构是否转动灵活。

② 分合标识是否正确。

③ 传动杆连接是否牢固。

（8）开关引线状态：

① 检查引线弛度是否过大或过小。

② 用水平尺和钢卷尺检查引线与钢轨相交处与接触线的高度差是否为 300 mm。

③ 用钢卷尺测量引线与接地体之间的最小绝缘距离是否小于 350 mm。

④ 检查引线与承力索和接触线连接处电连接线夹的状态。

（9）测试绝缘及接地电阻：

① 测试绝缘电阻：先将引线拆除，用 2 500 V 兆欧表测量绝缘电阻值是否小于 10 000 MΩ 或与上次测量有无明显降低。具体操作见绝缘电阻测量操作手册。

② 测试接地电阻：用接地电阻测试仪测量接地极接地电阻。具体操作见接地电阻测量操作手册。

（10）各部螺栓紧固力矩：按标准力矩进行紧固。

2）调整

（1）开关托架不水平时，将水平尺放在扎架上观察，同时调整斜撑角钢与水平角钢连接处的位置，直至托架水平，然后将螺栓紧固。

（2）绝缘子状态不良时：

① 按照绝缘子检查工艺要求对开关绝缘子进行检查，脏污时按要求进行清扫维护；损坏时，按要求进行更换。

② 当开关绝缘子要求直立安装时，其倾斜度不得超过 2°，超过时松开绝缘子底座，添加适量垫片使其垂直。

（3）接地线状态不良：

① 接地线与螺栓连接处松动时，按标准紧固螺栓。

② 接地线锈蚀时，用砂纸对其除锈，然后涂防腐漆。

（4）开关的分、合闸角度不合适时：

① 分闸角度不合适时：将开关倒至分闸位置后，先调整交叉连杆的长度，直至分闸角度符合要求，最后调分闸止钉的间隙 1 ~ 3 mm。

② 合闸不呈直线时，先将开关打至合闸的位置，调交叉连杆，使刀片合闸呈直线。然后调合闸止钉间隙。

（5）接地刀闸开合状态超标：

① 接地刀闸合后不到位或合后过头，可调整接地刀闸传动拐臂的角度及接地连杆的长度，使其接地符合要求。

② 刀闸接触不密贴或过紧，可调整螺头弹簧片的压力。

（6）开关触头状态不良时：

① 触头闭合时以 0.05×10 mm 的塞尺检查，当接触面宽度为 50 mm 及以下时超过 4 mm（或接触面宽度为 60 mm 以上时超过 6 mm），则调整刀闸的顶紧螺栓，增加弹簧片的接触压力，使两者密贴，但应保证其开合灵活。

② 触头表面有锈蚀、烧损痕迹时，对其进行打磨，涂电力复合脂；出现焊着、烧损时进行更换；对触头表面有特殊镀层的按照产品说明书处理。

（7）操作机构状态不良：

① 操作机构转动时有卡滞或冲击现象时，对转动部分注入润滑油。

② 手动操作机构分合闸与标识不一致时，调整标识，重新安装。

③ 传动杆与操作机构连接松动时，按照标准紧固法兰盘连接螺栓。

④ 传动杆安装不垂直时，调整操作机构安装位置，直至其垂直。

（8）开关引线状态不良：

① 开关引线弛度过小：根据安装曲线，将引线与承力索和接触线的连接点向靠近开关方向移动；开关引线弛度过大：根据安装曲线，将引线与承力索和接触线的连接点向远离开关方向移动。

② 引线距接地体的距离小于 350 mm 时，将引线与承力索和接触线的连接点向远离开关方向移动，必要时增加绑扎点。

③ 引线与设备线夹连接螺栓松动时，按标准力矩对螺栓进行紧固。

④ 设备线夹有裂纹时，对其进行更换。

⑤ 引线有烧伤、断股时，对其进行更换；散股时，进行绑扎处理。

⑥ 引线与承力索和接触线连接处的检修参照“电连接调整检修”。

（9）绝缘、接地电阻不合格：

① 对开关绝缘子进行一次绝缘电阻测试，当其测量结果比上次测量结果显著下降时，对该绝缘子进行更换。

② 若测量接地电阻超标，则应对该处添加降阻剂或增加接地极。

（10）按标准对各部位螺栓进行紧固，并检查防松措施。

（11）隔离开关整体更换。

① 吊架安装。

腕臂柱开关临时吊架安装在支柱田野侧。软横跨支柱临时吊架安装形式如图 15-1-10 所示。在开关支架上方 2 m 处安装一长约 2 m 的跳线槽钢，槽钢端部用 3 股 $\phi 4.0$ 铁线固定于支柱上。

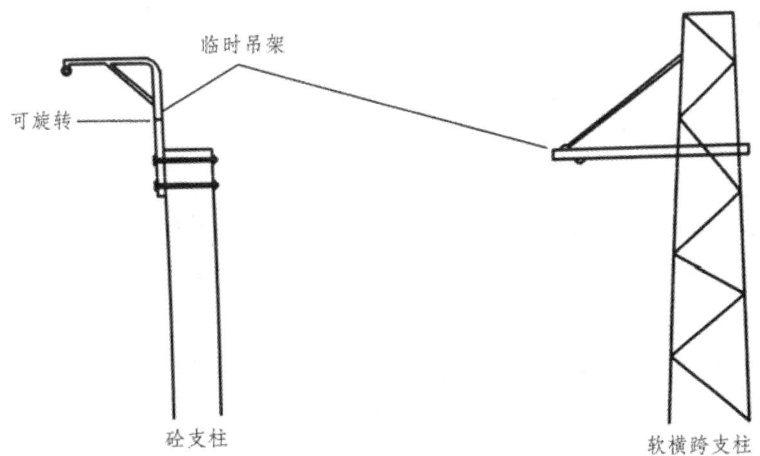

图 15-1-10　隔离开关临时吊架安装图

② 准备。

a. 将单滑轮与大绳组成滑轮组挂在临时吊架上。

b. 将开关绑扎好后连在单滑轮上。

c. 将开关瓷柱用草袋包扎好。

d. 在开关底座上绑一小绳作晃绳。

③ 拆除原有隔离开关。

a. 杆上人员拆下开关与托架间的连接螺栓，然后一人扶稳吊架，地上人员慢慢起吊开关，此时一人拉住晃绳稳定。

b. 地上人员松大绳，慢慢放下开关，如图 15-1-11 所示。

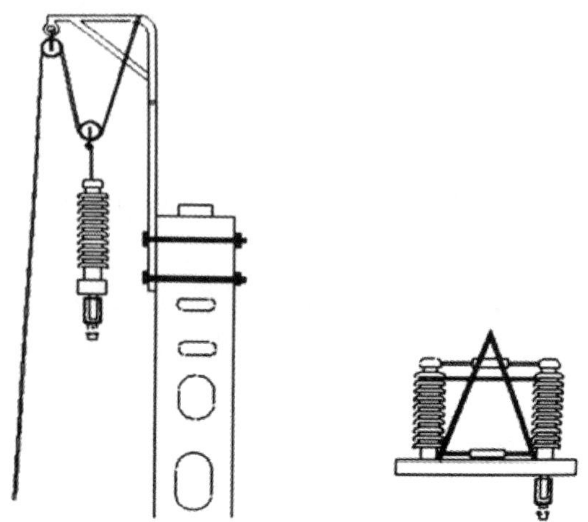

图 15-1-11 拆除与吊装隔离开关示意图

④ 吊装新开关。

吊装过程同图 15-1-11。

⑤ 安装开关。

a. 转动开关使开关闸刀开合方向正确。

b. 慢慢松吊绳，同时杆上人员扶稳开关使开关底座螺栓孔对准托架上的安装孔，然后使开关落于托架上。

c. 穿入螺栓，使开关初步固定。

d. 调整开关瓷柱，直至其竖直。

e. 转动部分、触头、设备端子涂抹相应润滑剂和电力复合脂。

⑥ 开关附件安装。

a. 地面人员将操纵管竖起，操动管轴套筒套入轴内，对准顶丝位置，拧紧顶丝。

b. 在支柱上与手动操作机构水平位置处安装操作机构托架，固定手动操作机构。

⑦ 调试。

在安装电动隔离开关操纵机构后，按照详细说明书进行手动和电动操作的配合调试。

【任务实施及考核】

一、任务实施

（一）任务实施目的

掌握接触网隔离开关的类型、作用和相关技术参数，掌握隔离开关的检调标准、检调顺序和方法及相关调整检修技能。

（二）任务实施准备工作

完成理论知识学习，并自主学习拓展资料，以作业指导书为操作要求完成接触网隔离开关的调检操作技能。

（三）任务实施场地器材

接触网实训基地或现场。主要材料及工机具见本任务作业指导书。

（四）任务实施步骤

（1）理论学习。完成本任务相关理论的学习。
（2）拓展学习。完成本任务拓展资料的学习。
（3）实际操作。在掌握相关理论的学习的基础上，进行实际操作。
（4）完成考核。

二、考核表

序　号	考核内容	考核标准	标　准	得　分
1	隔离开关	能说出隔离开关的作用、基本结构及不同的分类	5分（能完整/较好/较差的说出定义，给5/3/1分）	
2	隔离开关的操作要求及检修标准	能说出隔离开关操作要求及检修标准	10分（能完整/较好/较差的说出定义，给10/6/3分）	
3	兆欧表和接地电阻测试仪	能正确使用兆欧表和接地电阻测试仪	10分（能完整/较好/较差的使用，给10/6/3分）	
4	隔离开关的测量检查	能正确完成隔离开关的测量检查操作步骤	35分（能完整/较好/较差的操作，给35/20/10分）	
5	隔离开关的调整	能正确完成隔离开关的调整操作步骤	40分（能完整/较好/较差的操作，给40/25/15分）	
总　分			100分	

任务二　电连接检修调整

【任务描述】

本任务主要介绍接触网电连接的类型、作用和检修要求，重点介绍接触网电连接的检查、测量、调整及更换，掌握相关调整检修技能。

微信扫二维码，
看本章教案

【资讯】

动画演示：
连接线检查

一、理论学习部分

（一）电连接的作用

电连接的作用是将接触悬挂各分段供电间的电路连接起来，保证电路的畅通。通过电连接可实现并联供电，减少电能损耗，提高供电质量。在电气设备与接触网之间，用电连接进行可靠的连接，是设备充分发挥作用、避免出现烧损事故、完成各种供电方式和检修的需要。

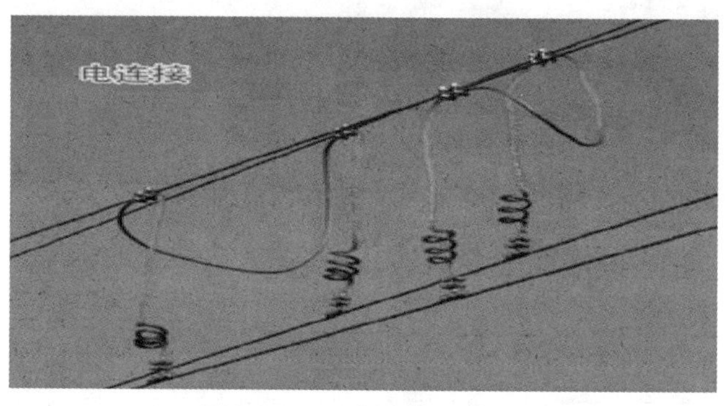

图 15-2-1 电连接示意图

电连接线用导电性能好的材料制成，多采用铜绞线 TJ-95 和铝绞线 LJ-150。为保持电连接处的弹性和接触良好，减轻硬点，电连接线做成螺旋弹簧状，以增加安装处所的弹性，并便于烧损后伸长使用，以便节约材料。电连接安装如图 15-2-1 所示。

（二）电连接的分类

电连接按照其使用位置的不同一般分为横向电连接、股道电连接、纵向电连接三种。

1. 横向电连接

这种电连接是承力索和接触线之间的连接。横向电连接的主要作用是实现并联供电，起到等位和或分流的作用。如在载流承力索区段，为使承力索上的电流通过接触线流向受电弓，需要每隔 100 ~ 200 m 在承力索与接触线间安装一组横向电连接，如图 15-2-2 所示。

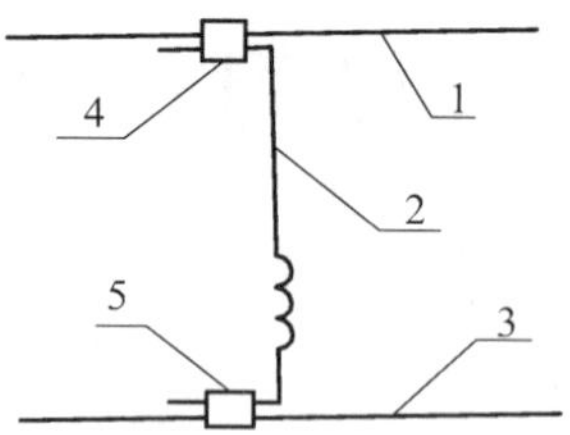

图 15-2-2 横向电连接器安装结构示意图

1—承力索；2—电连接线；3—接触线；4—承力索电连接线夹；5—接触线电连接线夹

2. 股道电连接

股道电连接的作用是将各股道并联起来，当电力机车启动时，多股道接触网并联供电可向电力机车提供所需的大电流。股道电连接结构如图 15-2-3 所示。

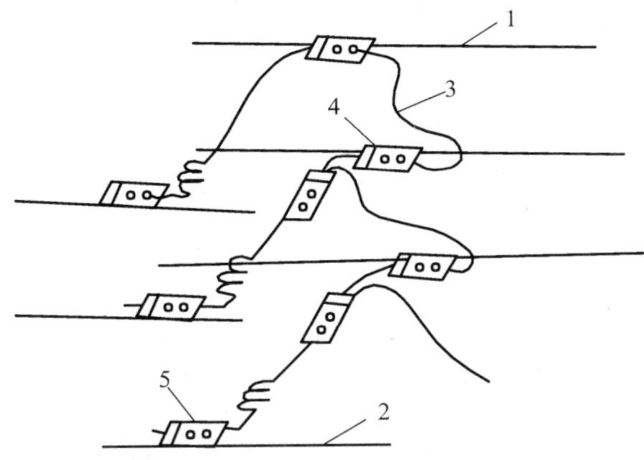

图 15-2-3　股道电连接器安装结构示意图

1—承力索；2—接触线；3—电连接线；4—承力索电连接线夹；5—接触线电连接线夹

3. 纵向电连接

纵向电连接的作用是使供电分段或机械分段处两侧接触悬挂实现电连通，在检修和事故处理时，可通过隔离开关达到电分段的目的。被连接的设备属于串联关系，如该电连接不存在，后端设备将失电。如锚段关节转换柱靠锚柱侧安装的电连接，电分段处隔离开关与接触悬挂间的电连接，线岔处的电连接等都称为纵向电连接。

1）线岔与锚段关节电连接

凡道岔上方，两工作支接触线相交处，除安装线岔外，均应安装电连接（交叉渡线的菱形交叉处仅安装线岔而不安装电连接）。线岔处电连接的作用是使线岔处两支接触悬挂连接起来，使之等电位。线岔电连接一般安装在线岔工作支侧两承力索间距 400 ~ 500 mm 处，如图 15-2-4 所示。线岔处两承力索间的电连接水平部分呈圆弧形，垂直部分顺直。

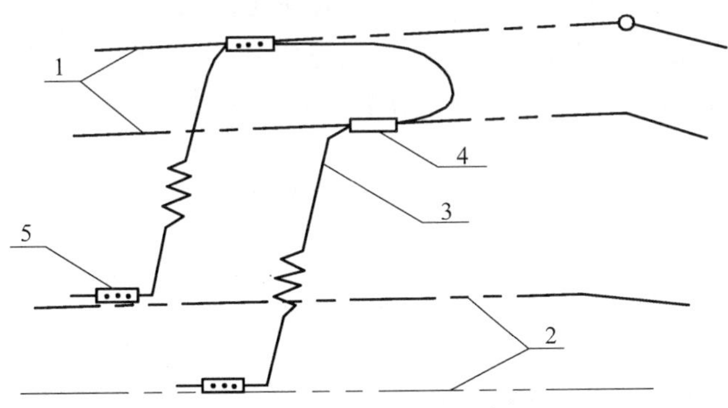

图 15-2-4　线岔与锚段关节电连接示意图

1—承力索；2—接触线；3—电连接线；4—承力索电连接线夹；5—接触线电连接线夹

2）隔离开关电连接

隔离开关电连接的作用是将点电分段的锚段与锚段之间、股道与股道之间的接触悬挂通过隔离开关连接起来。在绝缘锚段关节处隔离开关的电连接，一根电连接引线直接和关节的一处电连接相连，另一端引线则与转换柱内侧所需要绝缘的另一悬挂连接。隔离开关电连接如图 15-2-5 所示。

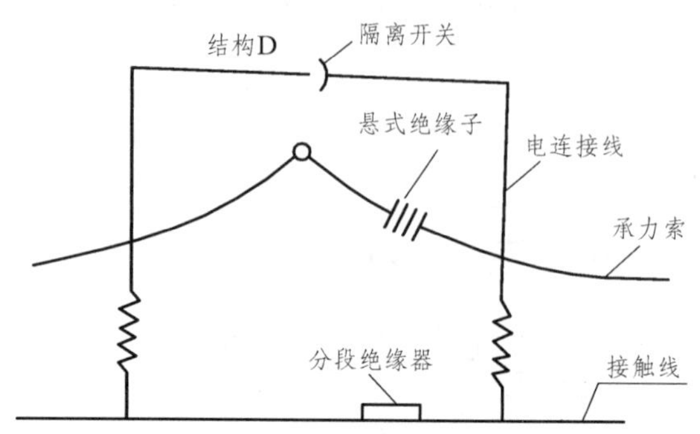

图 15-2-5 隔离开关电连接示意图

3）避雷器电连接

为了实现当接触网上有大气过电压时能通过避雷器直接接地，避雷器和接触网之间安装了电连接，电连接线的一端用电连接线夹固定在棒式绝缘子下面的连接板上，另一端用电连接线夹固定在线路方向距避雷器 10 m 的接触网上。避雷器电连接如图 15-2-6 所示。

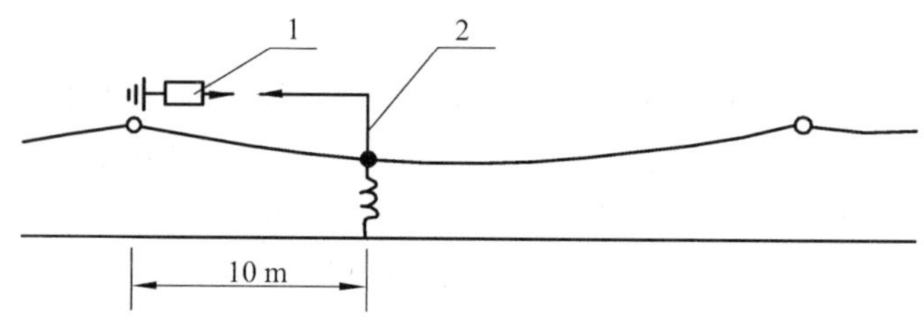

图 15-2-6 避雷器电连接示意图

1—避雷器；2—电连接

（三）电连接的安装要求

（1）电连接应安装在设计规定的位置，不得有接头、送股、断股现象，若铜接触线与铝绞线连接时，应采用铜铝过渡线夹。

（2）导线与线夹接触面应用砂布去除氧化膜，导线接触面涂 0.2 mm 厚的电力复合脂，电连接与接触线、承力索和供电线之间必须连接牢固。

（3）电连接的长度应根据实测确定，电连接应安装正确，确保主导电回路畅通，同时应考虑温度变化对接触线、承力索伸缩造成的影响。

（4）平均温度时，股道电连接应垂直于正线，无正线时垂直于较重要的一条线。

（5）电连接线接触线一端应做成螺旋弹簧状，一般绕 3 ~ 5 圈，最下面一圈距接触线 200 ~ 300 mm，圈的直径应为软铜线直径的 3 ~ 5 倍。若铝绞线作为电连接线时，弹簧圈直径可为铝绞线直径的 10 ~ 15 倍；电连接线头露出线夹 10 ~ 20 mm；接触线电连接线夹与接触线顶面接合处装有楔子时，安装时楔子应打紧。

（6）锚段关节处、馈线上网处、隔离开关引线与接触线相连处，需使用双电连接线夹。

（7）锚段关节电连接距转换柱 10 m；股道电连接距软横跨 5 m；线岔电连接一般安装在

线岔工作支侧两承力索间距 400 ~ 500 mm 处，误差不大于 500 mm。

二、作业指导书

熟记接接触网电连接检修调整所需要的各类工机具及材料，掌握电连接预制、测量检查、调整的作业步骤及方法，利用接触网实训室完成相应的技能操作。

（一）范　围

本作业指导书规定了电连接调整检修的相关要点和步骤。

（二）引用规范性文件

《接触网运行检修规程》《高速铁路接触网运行维修规则》《接触网安全工作规程》。

（三）作业目的

掌握电连接调整检修。

（四）作业内容

1. 工机具及材料准备

作业前应根据作业内容准备工机具和材料，完成清点后才能作业。下面列举了电连接调整检修所需的主要工机具及材料，如表 15-2-1、表 15-2-2 所示。根据接触网实训室条件的不同可以对工具和材料进行更改。

表 15-2-1　电连接调整检修工机具表

序　号	名　称	规格或型号	单　位	数　量	备　注
1	接触网检修作业车		台	1	
2	作业凳	0.9 m（高）	个	1	
3	激光测量仪	DJJ8	台	1	
4	液压钳		把	1	
5	断线钳		把	1	
6	钢卷尺		把	1	
7	钢丝刷		把	1	
8	小绳		根	1	
9	梅花扳手		套		作业人员人均 1 套
10	力矩扳手		把	2	
11	安全帽		顶		作业人员人均 1 顶
12	安全带		套		作业人员人均 1 套
13	验电、接地、防护工具		套		按停电作业需要配置

表 15-2-2　电连接调整检修材料表

序　号	名　称	规格或型号	单　位	数　量	备　注
1	电连接线		根	适量	
2	接触线电连接线夹		套	适量	
3	承力索电连接线夹		套	适量	
4	电力复合脂		kg	适量	
5	铁线	ϕ1.6 mm	kg	适量	

2. 作业实施步骤

1）电连接预制

① 根据安装位置，实测电连接长度，并应考虑余量。

② 按长度截取电连接线，预制弹簧圈。弹簧圈以三圈为宜，圈的直径为 60 ~ 100 mm，圈距保持 50 mm。预制时，底圈距线头间留有一定的调整余量，一般为 400 ~ 500 mm，使之安装好后，底圈距接触线保持在 200 ~ 300 mm。弹簧圈一般是将铜绞线在 51 mm 钢管上缠绕或手工盘制而成，为防止弹簧圈预制时松散，应用绑扎线扎紧。

2）电连接的检查

① 检查电连接器安装位置、偏移、截面是否符合要求。

② 检查电连接器是否有断股、烧伤，整理罗盘圈。

③ 检查电连接线夹接触是否良好，楔子是否打紧，螺栓是否紧固，并涂油。

④ 打开电连接线夹，检查线夹内壁是否氧化，接触面是否光洁、有无麻点和烧伤痕迹；检查线索夹持部分是否光洁、有无氧化和烧伤痕迹或断股现象。

⑤ 检查电连接线的预留量是否满足温度变化时承力索、接触线伸缩的要求。

3）电连接调整

① 更换电连接。

a.在更换的电连接旁边先安装一组电连接，然后拆除旧电连接。

b.先安装同等截面短接线，再拆除旧电连接，装上新电连接，并检查无误后，拆除短接线。

② 更换电连接线。

与更换电连接的方法一样。

③ 更换隔离开关顶端的电连接线夹。

应停电更换，如系横向电分段开关可设法将开关的电源端引线脱离电源，然后进行更换。

④ 电连接线夹的解体检修。

a. 在需要解体检修的电连接线夹旁装一组短接线，然后拆下电连接线夹。

b. 在线夹和线索需要打磨的地方先涂上一层中性凡士林，然后用钢丝刷或纱布打磨线夹接触面或线索被夹持位置，去掉接触面油污和氧化物。打磨时用力适中，不要过猛，防止伤及接触面或出现磨坑。打磨后用抹布擦去污秽的中性凡士林后立即再涂一层新的。对于楔子也用同样的方法处理。

c. 安装电连接线夹（安装时应先紧固螺栓后打紧楔子、弯折楔子叉口），用中性凡士林密封。

【任务实施及考核】

一、任务实施

（一）任务实施目的

掌握电连接的类型、分类和安装要求，掌握电连接的预制方法、检调顺序和方法及相关调整检修技能。

（二）任务实施准备工作

完成理论知识学习，并自主学习拓展资料，以作业指导书为操作要求完成电连接的调检操作技能。

（三）任务实施场地器材

实施场地为接触网实训基地或现场；主要材料及工机具见本任务作业指导书。

（四）任务实施步骤

（1）理论学习。完成本任务相关理论的学习。
（2）拓展学习。完成本任务拓展资料的学习
（3）实际操作。在掌握相关理论的学习的基础上，进行实际操作。
（4）完成考核。

二、考核表

序　号	考核内容	考核标准	标　准	得　分
1	电连接的基本概念	能说出电连接的作用、基本结构及不同的分类	5分（能完整/较好/较差的说出定义，给5/3/1分）	
2	电连接的分类	能说出电连接的分类及各类型的作用	10分（能完整/较好/较差的说出定义，给10/6/3分）	
3	电连接的安装要求	能正确说出电连接的安装要求	10分（能完整/较好/较差的使用，给10/6/3分）	
4	电连接的检查	能正确完成电连接检查操作步骤	35分（能完整/较好/较差的操作，给35/20/10分）	
5	电连接预制与调整	能正确完成电连接的预制和调整操作步骤	40分（能完整/较好/较差的操作，给40/25/15分）	
总　分			100分	

配套习题

一、单项选择题

1. 绝缘瓷柱清洁，无裂痕和放电痕迹，破损面不大于（　　）mm^2。

A. 100　　B. 200　　C. 300　　D. 500

2. 用 2500 kV 兆欧表测绝缘电阻与前一次比较不应有明显降低，测接地电阻不得大于（　　）Ω。

A. 5　　B. 10　　C. 15　　D. 20

3. 开关引线距绝缘子和接地体不小于（　　）mm。

A. 100　　B. 200　　C. 300　　D. 450

4. 开关引线张力不大于（　　）N。

A. 100　　B. 200　　C. 300　　D. 500

5. 跨越相邻承力索时，间距应大于（　　）mm。

A. 100　　B. 200　　C. 400　　D. 450

6. 带接地闸刀的开关，接地闸刀与两主闸刀在同时运行过程中，空气间隙之和不小于（　　）mm。

A. 100　　B. 200　　C. 400　　D. 450

7. 线岔电连接一般安装在线岔工作支侧两承力索间距（　　）mm 处。

A. 100 ~ 200　　B. 200 ~ 300　　C. 300 ~ 400　　D. 400 ~ 500

8. 电连接线的一端用电连接线夹固定在棒式绝缘子下面的连接板上，另一端用电连接线夹固在线路方向距避雷器（　　）m 的接触网上。

A. 5　　B. 10　　C. 15　　D. 20

9. 电连接线头露出线夹（　　）mm。

A. 5 ~ 10　　B. 10 ~ 20　　C. 20 ~ 30　　D. 40 ~ 50

10. 电连接线接触线一端应做成螺旋弹簧状，一般绕（　　）圈。

A. 1 ~ 3　　B. 3 ~ 5　　C. 5 ~ 8　　D. 8 ~ 10

11. 电连接线接触线一端应做成螺旋弹簧状，一般绕 3 ~ 5 圈，最下面一圈距接触线（　　）mm。

A. 100 ~ 200　　B. 200 ~ 300　　C. 300 ~ 400　　D. 400 ~ 500

12. 锚段关节电连接距转换柱（　　）m。

A. 5　　B. 10　　C. 15　　D. 20

13. 股道电连接距软横跨（　　）m。

A. 5　　B. 10　　C. 15　　D. 20

14. 线岔电连接一般安装在线岔工作支侧两承力索间距（　　）mm 处。

A. 100 ~ 200　　B. 200 ~ 300　　C. 300 ~ 400　　D. 400 ~ 500

15. GW4-25/630T 与 GW4-25/630TD. 为电气化铁道专用耐污型隔离开关，额定电压为（　　）kV。

A. 10　　B. 25　　C. 27. 5　　D. 55

16. 从事隔离开关倒闸作业的人员，其安全等级应不低于（　　）级。

A. 1　　B. 2　　C. 3　　D. 4

17. 凡接触网及电力作业人员进行隔离开关倒闸时，都必须有（　　）的命令。

A. 值班员　　B. 领班员　　C. 电力调度　　D. 上级领导

18. 经常操作的隔离开关，检修周期为（　　）个月。

A. 1～2　　B. 1～3　　C. 3～5　　D. 3～6

19. 不经常操作的隔离开关，检修周期为（　　）个月。

A. 3～6　　B. 6～9　　C. 9～10　　D. 9～12

20. 开关瓷柱转动灵活，水平转角 90°，误差为（　　）。

A. 1°　　B. 1.5°　　C. 2°　　D. 2.5°

21. 合闸时，刀闸触头接触紧密良好，呈水平状态，两闸刀中心线为一直线，止钉间隙（　　）mm。

A. 1～2　　B. 1～3　　C. 2～3　　D. 2～4

22. 带接地闸刀的开关，接地闸刀与两主闸刀在同时运行过程中，空气间隙之和不小于（　　）mm。

A. 200　　B. 300　　C. 400　　D. 500

23. 绝缘鞋、绝缘手套和绝缘棒，要存放于阴凉干燥、不落灰尘的容器内，每（　　）有各站、段送供电段检查一次，每次使用后用干布擦拭干净。

A. 1 个月　　B. 3 个月　　C. 6 个月　　D. 9 个月

24.（　　）电连接是承力索和接触线之间的连接。

A. 横向电连接　　B. 纵向电连接　　C. 交叉电连接　　D. 股道电连接

25.（　　）电连接的主要作用是实现并联供电，起到等位和或分流的作用。

A. 横向电连接　　B. 纵向电连接　　C. 交叉电连接　　D. 股道电连接

26.（　　）电连接的作用是将各股道并联起来，当电力机车启动时，多股道接触网并联供电可向电力机车提供所需的大电流。

A. 横向电连接　　B. 纵向电连接　　C. 交叉电连接　　D. 股道电连接

27.（　　）电连接的作用是使供电分段或机械分段处两侧接触悬挂实现电连通，在检修和事故处理时，可通过隔离开关达到电分段的目的。

A. 横向电连接　　B. 纵向电连接　　C. 交叉电连接　　D. 股道电连接

28. 导线与线夹接触面应用砂布去除氧化膜，导线接触面涂（　　）mm 厚电力复合脂，电连接与接触线、承力索和供电线之间必须连接牢固。

A. 0.1　　B. 0.2　　C. 0.5　　D. 1

29. 按长度截取电连接线，预制弹簧圈，弹簧圈以（　　）圈为宜。

A. 2　　B. 3　　C. 4　　D. 5

30. 弹簧圈一般是将铜绞线在（　　）mm 钢管上缠绕或手工盘制而成，为防止弹簧圈预制时松散，应用绑扎线扎紧。

A. 49　　B. 50　　C. 51　　D. 52

二、多项选择题

1. 为了保证安全，一般采用闭锁装置，下列属于闭锁装置的是（　　）。

A. 电气闭锁方式　　B. 机械闭锁方式

C. 手动闭锁方式　　D. 自动闭锁方式

2. 隔离开关接触头运动方式，可分为（　　）。

A. 水平回转式　　B. 垂直回转式

C. 伸缩式　　D. 直线移动式

3. 兆欧表的额定电压有（　　）等几种。

A. 250 V　　B. 500 V

C. 1000 V　　D. 2500 V

4. 电连接按照其使用位置的不同一般分为（　　）。

A. 横向电连接　　B. 纵向电连接

C. 交叉电连接　　D. 股道电连接

三、判断题

1.（　）断路器在分闸状态下有明显的断口，在合闸状态下能可靠地通过额定电流和短路电流。

2.（　）断路器与隔离开关串联组合时，合闸先合隔离开关，后合断路器

3.（　）断路器与隔离开关串联组合时，分闸先分隔离开关，后分断路器。

4.（　）隔离开关应具有明显的断开点（肉眼可见），易于鉴别负荷是否与电源断开。

5.（　）兆欧表也称摇表，主要用于测量电气设备的绝缘电阻。

6.（　）倒闸人员必须戴好安全帽和绝缘手套，接到倒闸命令后，要迅速准确地进行倒闸，一次开闭到位，中途可以停留和发生冲击。

微信扫码 习题自测

学习情境十六　中心锚结的调整

【导读】

本学习情境重点介绍中心锚结的功能、分类及基本结构，学习中心锚结检修流程及基本技能。

【学习目标】

通过完成学习任务，明确中心锚结的定义、作用、结构；明确中心锚结的安装及检修标准；对中心锚结安装及检修做出规划，选择所要用的材料、仪器、工具等；掌握中心锚结安装及检修的注意事项及检修步骤。

任务　中心锚结检修

【任务描述】

本任务主要包括接触网中心锚结的作用、结构和要求、检修标准等理论知识，培养学生掌握接触网中心锚结检测及调整的操作技能。

【资讯】

微信扫二维码，看本章教案

动画演示：锚结检查

一、理论学习部分

（一）中心锚结的作用

中心锚结是接触线相对承力索、承力索相对锚柱进行锚固的悬挂结构，具有以下作用：

（1）使锚段线索张力更均匀，保证接触悬挂处于良好工作状态。

（2）防断功能，即当一侧发生断线事故时不至于影响中心锚结另一侧悬挂线路，从而缩小事故范围和缩短事故抢修时间。

（3）防窜功能。可防止线索在外力作用下向一侧窜动，如因风力、受电弓摩擦力、坡道和自身重力引起的窜动。

（二）中心锚结的结构和要求

中心锚结的安装形式有多种，对于不同的悬挂形式，中心锚结的结构形式也不同。一般分为半补偿中心锚结、区间全补偿中心锚结、站场全补偿中心锚结和简单悬挂中心锚结。

1. 半补偿中心锚结

半补偿中心锚结辅助绳采用 GJ-50 镀锌钢绞线（19 股）制成，辅助绳中间用中心锚结线夹与接触线固定。当一侧接触线断线后，另一侧接触线在中心锚结辅助绳的拉力下，不发生松动现象，起到了缩小事故范围的作用，其结构形式如图 16-1 所示。

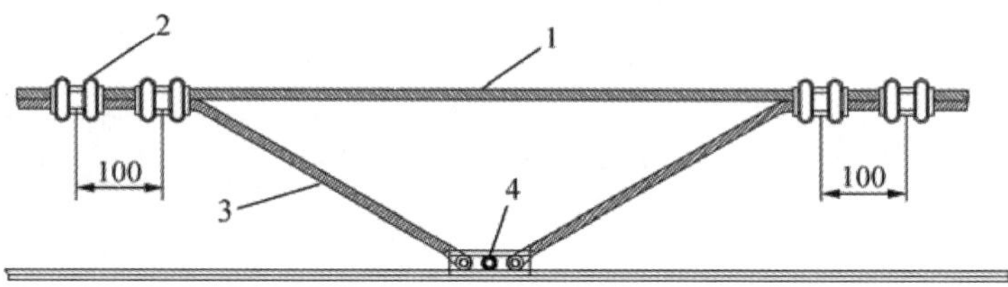

图 16-1 半补偿中心锚结结构图（单位：mm）

1—承力索；2—钢线卡子；3—中心锚结；4—中心锚结线夹

中心锚结的长度为所在跨距中心处接触线与承力索间距的 20 倍，但不应小于 15 m。若太短，当两侧张力不均匀时，接触线会向张力较大的一侧偏移，导致中心锚结线夹处接触线被抬高，出现较大的负弛度，使受电弓取流的情况变坏，造成该处接触线磨耗严重。

半补偿链形悬挂的中心锚结应装在设计指定跨距的中间位置。中心锚结线夹两端锚结绳的张力与长度应力求相等，线夹处接触线的高度应比相邻吊弦点高出 20 ~ 100 mm；中心锚结绳的两端应分别用两个相互倒置的钢线卡子固定，卡子之间的距离为 100 mm，绳头距卡子为 100 ~ 150 mm，绳头应用绑线缠绕绑固。由于承力索没有补偿装置，所以半补偿链形悬挂中心锚结应具备防断功能。

2. 区间全补偿中心锚结

区间全补偿中心锚结的应用，是因为全补偿链形悬挂时，接触线、承力索均设有补偿装置，因此，都应设置中心锚结。在全补偿悬挂时，接触线中心锚结结构与半补偿相同。承力索中心锚结辅助绳则采用 GJ-70 镀锌钢绞线制成，按其结构分为三跨式和二跨式。

三跨式中心锚结在跨距中间，相邻两悬挂点和跨中用钢线卡子将辅助绳与承力索固定在一起。辅助绳两端各通过一串悬式绝缘子硬锚在最外侧支柱上，两支柱均为锚柱应打拉线，具备防断功能。区间全补偿中心锚结结构如图 16-2 所示。

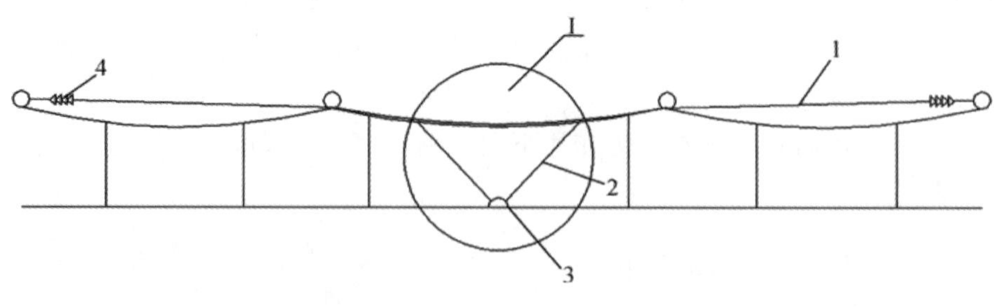

（a）立面图

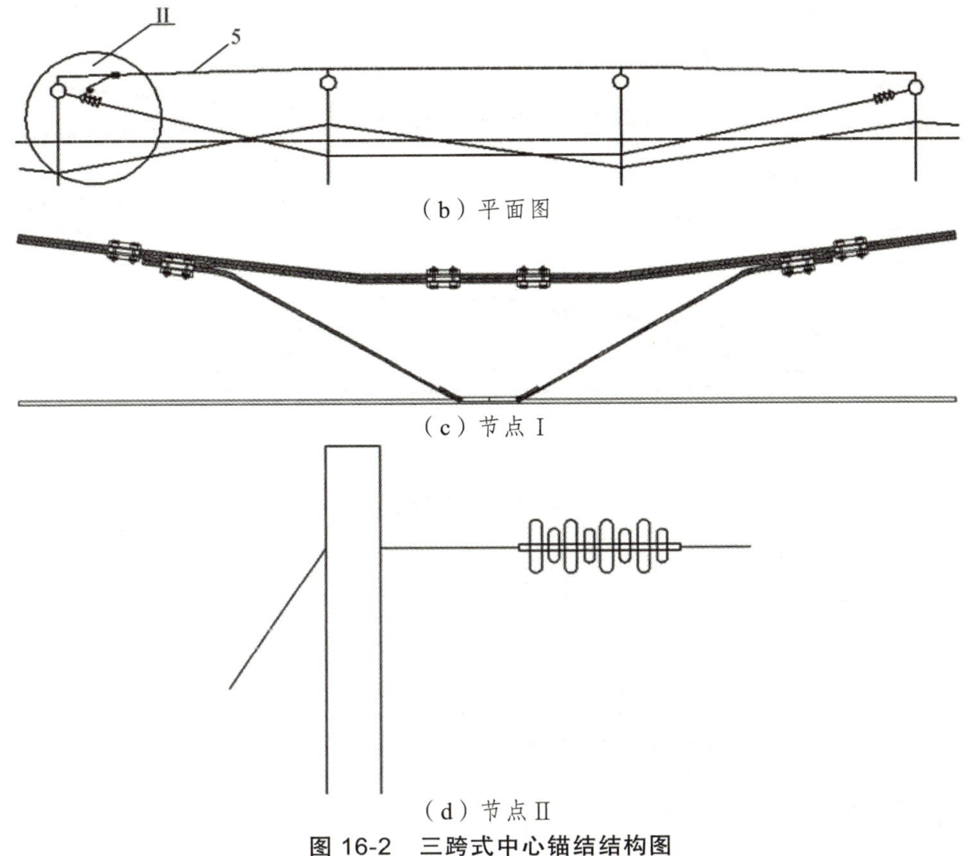

（b）平面图

（c）节点 I

（d）节点 II

图 16-2　三跨式中心锚结结构图

1—承力索辅助绳；2—接触线辅助绳；3—中心锚结线夹；4—绝缘子串；5—NF 线

二跨式中心锚结固定方式同三跨式中心锚结一样，由接触线中心锚结和承力索中心锚结两部分组成。接触线的中心锚结辅助绳采用不锈钢软绞线（截面面积不小于 50 mm^2），在定位点两端用专用的中心锚结线夹与接触线固定（中心锚结绳与中心锚结线夹压接连接）。而承力索的中心锚结材质和型号选用与所在的承力索相同，通过在接触线中心锚结所在的跨距内增加一根承力索，在该定位点的腕臂上固定后，使该跨距的承力索不产生移动，因此承力索中心锚结由两个跨距组成。承力索辅助绳固定在定位点两端支柱上，安装时辅助绳应抬高锚固，一般不低于承力索高度，如图 16-3 所示。

3. 站场防窜中心锚结

当站场上的接触网均为全补偿链形悬挂时，承力索全部设中心锚结是不可能的，因此站场一般采用防窜不防断式中心锚结。其分为软横跨式和硬横跨式，时速 120 km 及以下的线路多采用软横跨式（见图 16-4），承力索通过约 1 m 的辅助绳固定在软横跨的上部固定绳上，通过上部固定绳来平衡中心锚结两端产生的张力差；时速 160 km 以上的线路多采用硬横跨式（见图 16-5），中心锚结处腕臂上底座设计成三底座并增加 2 根斜腕臂形成三角形，当中心锚结两端张力发生变化时，形成对三底板的扭矩。防窜不防断式中心锚结的优点是结构简单、安装方便、节省投资。其缺点是不能防止断线事故，而且施工和运行经验表明，目前设计的防窜不防断式中心锚结的防窜效果不好。实际运行中，中心锚结会发生偏移，当偏移到一定程度时，双腕臂道岔柱的一支定位管会失去作用，使线岔的参数超过标准而发生弓网事故。

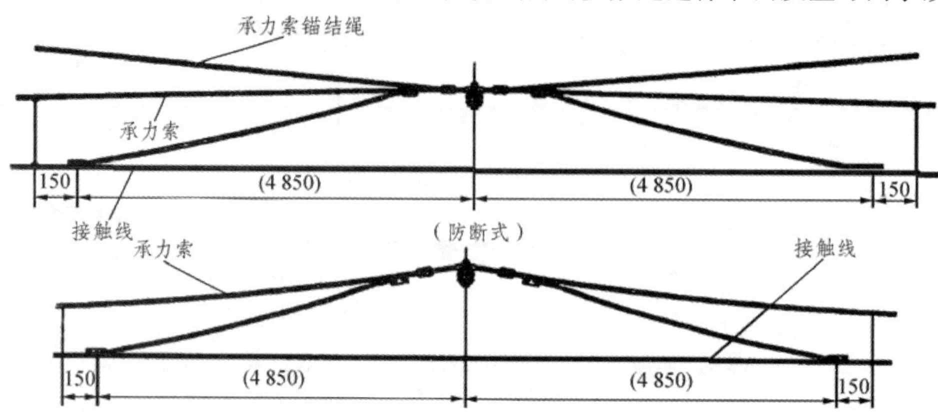

图 16-3　二跨式中心锚结结构图

图 16-4　软横跨式站场中心锚结

图 16-5　硬横跨式站场中心锚结

（三）中心锚结的安设

中心锚结布置的原则：使中心锚结两边线索的张力尽量相等。直线区段一般设在锚段中间处；曲线区段一般设在靠曲线多、半径小的一侧。

在两端装设补偿器的接触网锚段中，必须加设中心锚结。每个锚段中心锚结安设位置应根据线路情况和线索的张力增量计算确定。一般布置原则是使中心锚结固定点两侧线索的张力尽量相等，并尽可能靠近锚段中部。

当锚段全部在直线区段或整个锚段布置在曲线半径相同的曲线区段时，该锚段中心锚结应安设在锚段的中间位置。

当锚段布置在既有直线又有曲线且曲线半径不等时，该锚段的中心锚结应设在曲线多、曲线半径小的一侧。在特殊情况下，锚段长度较短时（一般定为锚段长度 800 m 以下），可不设中心锚结，视为半个锚段，可将锚段一端硬锚，另一端线索安装补偿器，此时的硬锚就相当于中心锚结。

（四）中心锚结检修标准

1. 防断中心锚结

正线、站线、联络线一般采用防断中心锚结。中心锚结安装位置、形式、采用的线材及连接件规格、型号应符合设计要求。

（1）承力索中心锚结绳。

① 中心锚结绳范围内承力索不得有接头和补强。

② 中心锚结绳、固定线夹与承力索材质匹配，其设置位置符合设计要求。承力索中心锚结线夹辅助绳外露不小于 50 mm。

③ 中心锚结绳弛度应等于或略高于该处承力索弛度，承力索中心锚结绳在其垂直投影与线路钢轨交叉处，应高于接触线 300 mm 以上。

④ 中心锚结绳的张力符合设计要求。

（2）接触线中心锚结绳。

① 中心锚结所在的跨距内接触线不得有接头和补强。

② 中心锚结绳范围内不得安装吊弦和电连接。两端距相邻的吊弦或电连接距离不得小于 500 mm。

③ 中心锚结线夹两边锚结绳的长度和张力力求相等。中心锚结绳处于受力状态，不得触及弹性吊索，不得改变相邻吊弦受力和接触线高度。

④ 中心锚结绳两端与承力索固定线夹的设置和间距符合设计要求。接触线侧锚结绳压接后回头外露长度不小于 20 mm。

（3）中心锚结线夹。

① 接触线中心锚结线夹应安装牢固。在直线上保持铅垂状态，在曲线上与接触线的倾斜度一致。

② 中心锚结线夹处接触线高度与相邻吊弦接触线高度应相等，允许偏差 0 ~ 10 mm。

2. 防窜式中心锚结

① 防窜绳两端固定线夹的设置位置符合设计要求。

② 接触线中心锚结绳与防断式相同。

二、作业指导书

熟记接触网中心锚结检修调整所需要的各类工机具及材料，掌握接触网中心锚结测量检查、调整的作业步骤及方法，利用接触网实训室完成相应的技能操作。

（一）范　围

本作业指导书规定了接触网中心锚结调整检修的相关要点和步骤。

（二）引用规范性文件

《接触网运行检修规程》《高速铁路接触网运行维修规则》《接触网安全工作规程》

（三）作业目的

掌握接触网中心锚结调整检修。

（四）作业内容

1. 工机具及材料准备

作业前应根据作业内容准备工机具和材料，完成清点后才能作业。下面列举了接触网中心锚结调整检修所需的主要工机具及材料，如表 16-1、表 16-2 所示。根据接触网实训室条件的不同可以对工具和材料进行更改。

表 16-1 中心锚结检修工机具表

序号	名称	规格或型号	单位	数量	备注
1	作业车（或车梯）		台	1	
2	接触网多功能检测仪	DJJ	台	1	
3	钢卷尺	5 m/50 m	把	1/1	
4	大绳		根	1	
5	小绳		根	1	
6	梅花扳手		套	2	
7	力矩扳手		套	1	
8	安全带		条		现场作业人员每人 1 条
9	安全帽		顶		现场作业人员每人 1 顶
10	电工工具		套		现场作业人员每人 1 套
11	验电器	27.5 kV	套	2	
12	接地线		套	2	
13	钢丝刷		套	2	
14	直弯器		套	1	
15	正面器		套	2	

表 16-2 中心锚结检修材料表

序号	名称	规格或型号	单位	数量	备注
1	接触线中心锚结线夹		套	1	规格按设计文件
2	承力索中心锚结线夹		套	1	规格按设计文件
3	承力索中心锚结绳	5 m/50 m	m	130	规格按设计文件
4	接触线中心锚结绳		m	20	规格按设计文件
5	可调式整体吊弦		套	适量	
6	钢线卡子		套	适量	
7	铁线		kg	适量	
8	电力复合脂		kg	适量	

2. 作业实施步骤

1）测量检查

（1）测量中心锚结线夹处的接触线弛度。

① 测量中心锚结线夹处接触线高度 H_1。

② 测量该中心锚节线夹处两侧吊弦的高度 H_2、H_3。

③ 弛度为 $\Delta H = H_2 - H_1$，$\Delta H = H_3 - H_1$，ΔH 小于零，则说明该弛度应为负值。

（2）检查中心锚结绳受力状态。

① 检查接触线中心锚结绳受力是否均匀。

② 检查接触线中心锚结绳、承力索中心锚结绳有无补强、接头情况，在中心锚结范围内无吊弦和电连接。

（3）检查接触线中心锚结线夹状态。

① 检查接触线中心锚结线夹有无偏斜。

② 检查接触线中心锚结线夹内线索有无烧伤。

（4）测量隧道内线索距地安全距离。

（5）螺栓紧固力矩。

用力矩扳手对线夹螺栓进行复核检查。

2）调整

（1）中心锚结绳状态。

① 中心锚结接触线辅助绳两侧弛度不均匀。

a. 首先测量该中心锚结接触线线夹处的接触线高度是否符合技术标准。

b. 根据测量值，确定调整的位置。需调整时，将辅助绳松弛的该段承力索中心锚结线夹打开，一人抽拉辅助绳头，当两侧辅助绳弛度达到一致时停止抽拉，另一人用扭矩扳手将承力索中心锚结线夹扭至设计要求力矩即可。

c. 对该处中心锚结接触线线夹处高度进行复测。

② 接触线中心锚结绳存在断股或散股现象时，更换接触线中心锚结绳。具体更换步骤如下：

a. 在要更换的中心锚结绳处，在承力索及接触线中锚线夹附近打上紧线器，并通过手扳葫芦将导链拉紧受上力，使接触线中心锚结绳松弛。

b. 两边锚结绳充分松弛后，拆除中心锚结绳，并在承力索上与接触线中心锚结线夹相对位置做好标记。

c. 将预制好的中心锚结绳在相应做好的地方进行安装，并保证该处接触线的高度高于两侧吊弦 0 ~ 20 mm。

（2）中心锚线线夹处接触线高度超标。

① 中心锚结线夹处接触线高度低于标准。

a. 用 ϕ4.0 mm 铁线将距接触线中心锚结线夹外侧 300 mm 的接触线吊起，使接触线中心锚结绳充分松弛，然后松开接触线中心锚结线夹。

b. 根据接触线中心锚结线夹处原导线高度值和悬挂点导线高度的差值向外移动接触线中心锚结线夹并紧固螺栓。

c. 测量接触线中心锚结线夹处导线高度，不符合要求时按以上步骤重新调整直至符合标准。最后拆除铁线。

② 中心锚结线夹处接触线高度高于标准。

准备工作同上，根据接触线中心锚结线夹处原导线高度值和悬挂点导线高度的差值向内移动接触线中心锚结线夹并紧固螺栓。

（3）接触线中心锚结线夹状态。

中心锚结线夹偏斜时：

① 用一个正面器首先卡在接触线偏磨起始位置。

② 用另一个正面器卡在偏磨接触线的偏磨面上距第一个正面器 200 ~ 300 mm 处。

③ 将第一个正面器固定不动，根据接触线偏磨方向和偏磨程度旋转另一个正面器 180°左右。

④ 松开两个正面器使接触线处于无外力状态，观察接触线线面情况（如果一次调整不到位，重复动作③直至接触线面符合要求为止）。

⑤ 对接出现偏磨的另一端采取同样的方法进行校正。

（4）螺栓紧固力矩。

各部位螺栓紧固按标准执行。

【任务实施及考核】

一、任务实施

（一）任务实施目的

掌握中心锚结的作用和安设；掌握中心锚结的检修方法；培养学生中心锚结的检修能力。

（二）任务实施准备工作

完成理论知识学习，并自主学习拓展资料，以作业指导书为操作要求完成接触网中心锚结的调检操作技能。

（三）任务实施场地器材

实施场地为接触网实训基地或现场；主要材料及工机具见本任务作业指导书。

（四）任务实施步骤

（1）理论学习。完成本任务相关理论的学习。

（2）拓展学习。完成本任务拓展资料的学习。

（3）实际操作。在掌握相关理论的学习的基础上，进行实际操作。

（4）完成考核。

二、考核表

序号	考核内容	考核标准	标准	得分
1	中心锚结的基本概念	能说出中心锚结的作用、基本结构及不同的分类	5 分（能完整/较好/较差的说出定义，给 5/3/1 分）	
2	中心锚结的安装要求及检修标准	能说出中心锚结有哪些安装要求及检修标准	15 分（能完整/较好/较差的说出定义，给 15/10/5 分）	
3	中心锚结测量检查	能正确完成中心锚结测量检查操作	35 分（能完整/较好/较差的使用，给 35/25/15 分）	
4	中心锚结的调整	能正确完成中心锚结调整的操作步骤	45 分（能完整/较好/较差的操作，给 45/30/15 分）	
总分			100 分	

配套习题

一、单项选择题

1. 中心锚结的长度为所在跨距中心处接触线与承力索间距的20倍，但不应小于（　　）m。

A. 5　　B. 10　　C. 15　　D. 20

2. 中心锚结线夹两端锚结绳的张力与长度应力求相等，线夹处接触线的高度应比相邻吊弦点高出（　　）mm。

A. 10～100　　B. 20～100　　C. 50～150　　D. 150～200

3. 中心锚结绳的两端应分别用两个相互倒置的钢线卡子固定，卡子之间的距离为（　　）mm。

A. 50　　B. 100　　C. 150　　D. 200

4. 中心锚结线夹处接触线高度与相邻吊弦接触线高度应相等，允许偏差（　　）mm。

A. 0～10　　B. 10～20　　C. 20～25　　D. 25～30

5. 半补偿中心锚结辅助绳采用GJ—50镀锌钢绞线（　　）股制成。

A. 15　　B. 18　　C. 19　　D. 21

6. 由于承力索没有补偿装置，所以半补偿链形悬挂中心锚结具备（　　）功能。

A. 防断　　B. 防窜

7. 中心锚结绳两端与承力索固定线夹的设置和间距符合设计要求。接触线侧锚结绳压接后回头外露长度不小于（　　）mm。

A. 10　　B. 20　　C. 30　　D. 40

8. 接触线的中心锚结辅助绳采用不锈钢软绞线，截面积不小于（　　）mm^2。

A. 30　　B. 40　　C. 50　　D. 60

9. 时速（　　）km的线路多采用软横跨式。

A. 120　　B. 160　　C. 180　　D. 240

10. 时速（　　）km以上的线路多采用硬横跨式。

A. 120　　B. 160　　C. 180　　D. 240

11. 中心锚结绳、固定线夹与承力索材质匹配，其设置位置符合设计要求。承力索中心锚结线夹辅助绳外露不小于（　　）mm。

A. 20　　B. 30　　C. 40　　D. 50

12. 中心锚结绳驰度应等于或略高于该处承力索驰度，承力索中心锚结绳在其垂直投影与线路钢轨交叉处，应高于接触线（　　）mm以上。

A. 100　　B. 200　　C. 300　　D. 400

13. 中心锚结绳范围内不得安装吊弦和电连接。两端距相邻的吊弦或电连接距离不得小于（　　）mm。

A. 400　　B. 500　　C. 800　　D. 1000

14. 中心锚结绳两端与承力索固定线夹的设置和间距符合设计要求。接触线侧锚结绳压接后回头外露长度不小于（　　）mm。

A. 10　　B. 15　　C. 20　　D. 30

二、多项选择题

1. 下列说法属于中心锚结的作用的是（　　）。

A. 使锚段线索张力更均匀，保证接触悬挂处于良好工作状态

B. 防断功能

C. 防窜功能

D. 便于加设张力补偿装置

2. 中心锚结的安装形式有多种，对于不同的悬挂形式，中心锚结的结构形式也不同。一般分为（　　）。

A. 半补偿中心锚结　　B. 区间全补偿中心锚结

C. 站场全补偿中心锚结　　D. 简单悬挂中心锚结

三、判断题

1.（　）半补偿链形悬挂的中心锚结应装在设计指定跨距的两边位置。

2.（　）中心锚结布置的原则是：使中心锚结两边线索的张力尽量相等。直线区段一般设在锚段中间处；曲线区段一般设在靠曲线多、半径大的一侧。

3.（　）防窜功能。即当一侧发生断线事故时不至于影响中心锚结另一侧悬挂线路，缩短事故范围和事故抢修时间。

4.（　）区间全补偿中心锚结的应用，是因为全补偿链形悬挂时，接触线、承力索均设有补偿装置。

5.（　）承力索中心锚结辅助绳则采用 GJ—70 镀锌钢绞线制成，按其结构分为三跨式和四跨式。

6.（　）三跨式中心锚结在跨距中间，相邻两悬挂点和跨中用钢线卡子将辅助绳与接触线固定在一起。

7.（　）二跨式中心锚结固定方式同三跨式中心锚结一样，由接触线中心锚结和承力索中心锚结两部分组成。

8.（　）在两端装设补偿器的接触网锚段中，必须加设中心锚结。

9.（　）一般布置原则是使中心锚结固定点两侧线索的张力尽量相等，并尽可能靠近锚段中部。

10.（　）中心锚结绳范围内接触线不得有接头和补强。

11.（　）中心锚结线夹两边锚结绳的长度和张力力求相等。中心锚结绳处于受力状态，不得触及弹性吊索，可以改变相邻吊弦受力和接触线高度。

微信扫码 习题自测

学习情境十七　线索接头及补强制作

【导读】

本学习情境重点介绍接触线和承力索接头及补强的制作方法和相关技术指标。

【学习目标】

本节主要通过完成 2 个任务，掌握线索接头的相关规定，线索接头的制作方法，培养学生线索接头的制作能力。

任务一　承力索接头及补强制作

【任务描述】

本任务主要介绍承力索及承力索断线故障抢修的基本知识，要求掌握中间接头的制作及承力索补强的制作工艺。

【资讯】

微信扫二维码，看本章教案

动画演示：承力索检修

一、理论学习部分

（一）承力索

承力索的作用是通过吊弦将接触线悬挂起来，要求承力索能够承受较大的张力和具有抗腐蚀能力，并且在温度变化时弛度变化较小。按照材质可以将承力索分为铜承力索、钢承力索、铝（铜）包钢承力索。

1. 铜承力索

铜承力索的优点是导电性能好，可作牵引电流的通道之一，和接触线并联供电，降低压损和能耗，且抗腐蚀性能高。缺点是铜承力索消耗铜多，造价高且机械强度低，不能承受较大的张力，温度变化时弛度变化也大。主要规格规格有 TJ-95、TJ-120 等几种，1997 年我国研制了新型铜镁合金承力索。铜合金承力索允许工作温度高、载流能力强，在高速、重载电气化线道上有广阔应用前景，常见型号为 THJ-95、THJ-70。铜承力索外形如图 17-1-1 所示。

图 17-1-1 铜承力索图示

2. 钢承力索

钢承力索的优点是用镀锌钢绞线制成，强度高、耐张力大，安装弛度小且弛度变化也小，节省有色金属且造价低。缺点是电阻大，导电性能差，一般为非载流承力索。钢承力索不耐腐蚀，使用时还要采用防腐措施。常用规格有 GJ-100、GJ-80、GJ-70 等类型。钢承力索外形如图 17-1-2 所示。

图 17-1-2 钢承力索图示

3. 铝（铜）包钢承力索

铝包钢承力索是铝覆钢线和铝线铰合而成，主要以铝覆钢线中的钢芯部分承受张力，覆铝层和铝线载流，导电性能好，机械强度和抗腐蚀性能较好。常用规格有 GLZ 类型。铜包钢承力索外形如图 17-1-3 所示。

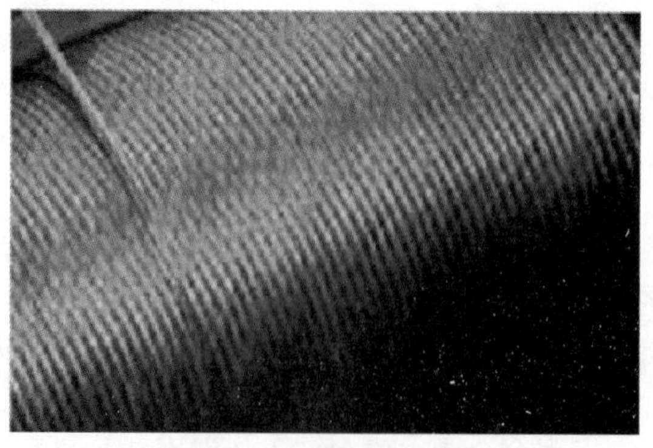

图 17-1-3 铜包钢承力索图示

4. 承力索接头线夹

承力索接头线夹用于直接连接承力索，在机械上满足承力索两端的张力，保证承力索接头线夹不产生滑动，即满足一定的滑动荷重。比如，T95 型承力索接头线夹满足滑动荷重不小于 32 kN，G70 型承力索接头线夹满足滑动荷重不小于 50 kN。同时，承力索接头线夹还需要满足电气连续载流量要求，必须达到与型号所对应的载流量，比如 T95 型承力索接头线夹连续载流量不小于 470 A，5 min 过载量不小于 660 A，T120 型承力索接头线夹连续载流量不小于 540 A，5 min 过载量不小于 760 A。

承力索接头线夹主要由线夹本体、锥筒螺栓、楔子等构成，结构如图 17-1-4 所示。

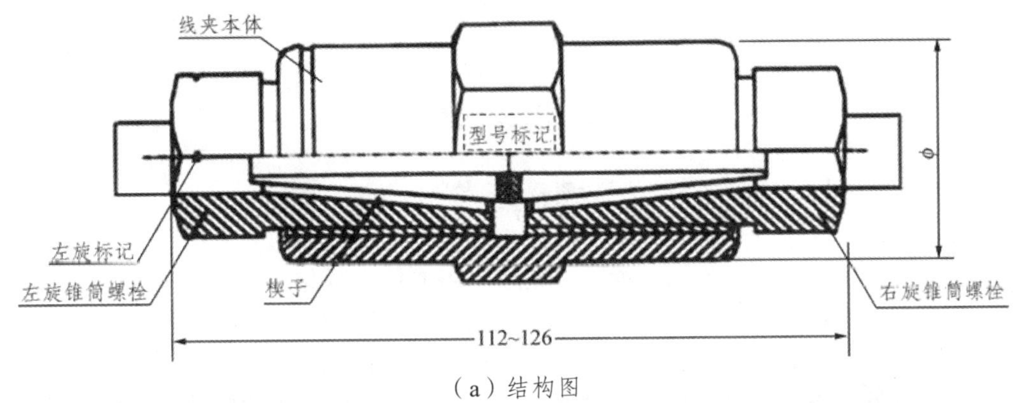

（a）结构图

（b）实物图

图 17-1-4　承力索接头线夹图示

5. 安装要求

每个锚段内承力索接头数不应超过 3 个，接头间距不得小于 150 m，接头到悬挂点的距离不得小于 2 m。

（二）承力索断线故障的处理

在电气化铁道运行过程中，接触网震动、摩擦、电弧和施工质量等外来因素都会影响承力索的工作状态。接触悬挂处往往采用不同的方式对承力索进行固定，会造成承力索接触面、接触紧密程度不均匀，极易引发金属疲劳或电气烧伤从而造成断股、断线等事故的发生。

根据事故现场的具体情况，承力索抢修分为多种处理方法，主要包括临时处理和正常处理两类。

1. 临时处理

如果断电两侧吊弦没有拉断，两侧断头距离较近时，可用手扳葫芦和紧线器直接将导线紧起，如图 17-1-5 所示。

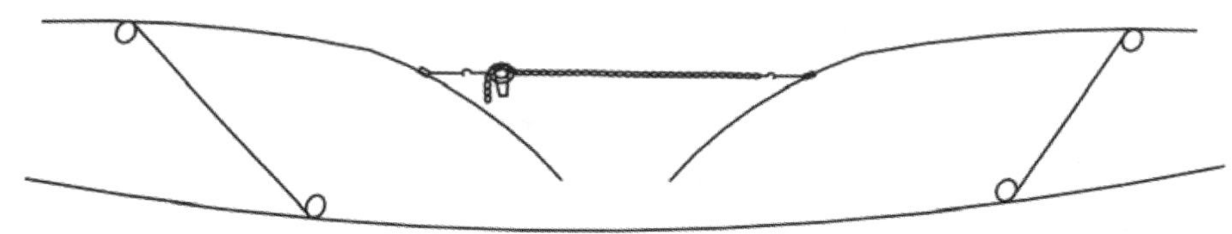

图 17-1-5 承力索断线事故临时处理（1）

如吊弦拉断，导线断头落地，两断头距离较远，则先用滑轮组和紧线器将导线拉起，再用手扳葫芦和紧线器将承力索紧起，拆除滑轮组。用滑轮组紧起承力索后，安装手扳葫芦和紧线器，在手扳葫芦紧线的过程中，抢修组长随时观察断线点到下锚方向的吊弦、腕臂偏移，在吊弦垂直、定位与腕臂处于一个断面时说明已恢复，停止紧线，如图 17-1-6 所示。拆除滑轮组和紧线器，用准备好的同型号的一段承力索（长度现场确定）临时并接在断线处，注意钢线卡子要紧固并两正一反或两反一正；把断头用铁线每隔 400 mm 固定到紧起的承力索上或直接断掉。如果导线高度符合要求就可以直接开通运行，否则就准备降弓运行。

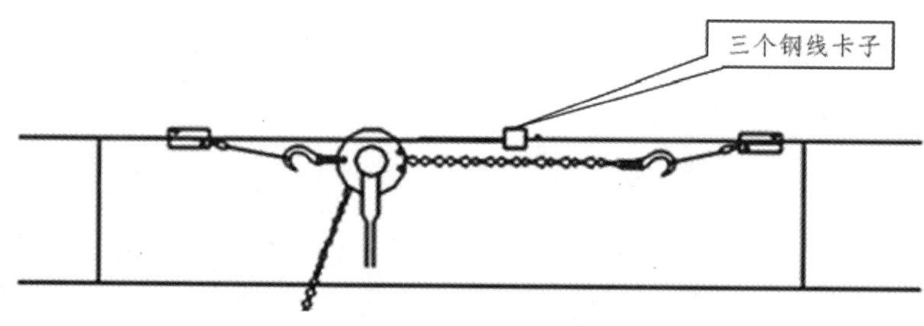

图 17-1-6 承力索断线事故临时处理（2）

若断线长度大于两跨距离。使用硅橡胶绝缘子、钢丝套子采用临时硬锚的方式，将断处承力索分别固定在断头两边相邻的支柱上，为防止支柱倾斜，使用大绳等做临时拉线，如图 17-1-7 所示。断头的跨距内用双股 $\phi 4.0$ 铁线把导线吊起，固定在承力索座上，并且保证跨中最小高度不低于 5 700 mm，准备降弓运行。

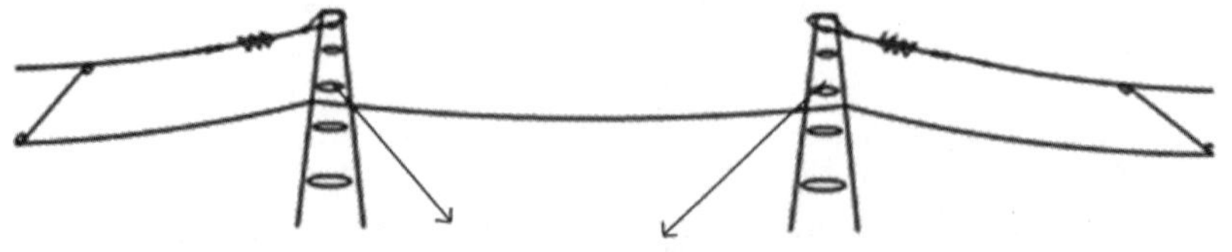

图 17-1-7 承力索断线事故临时处理（3）

2. 一般处理

承力索断线一般处理常用“双耳楔形线夹+双环杆+电连接”的方式和承力索中间接头方式。

1）“双耳楔形线夹+双环杆+电连接”

这种处理方式如图 17-1-8 所示。

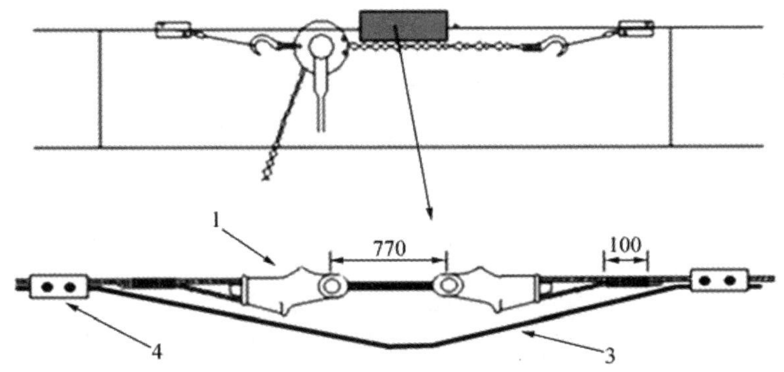

图 17-1-8　“双耳楔形线夹+双环杆+电连接”图

1—双耳楔形线夹；2—770 型双环杆；3　短接电连接线；4—承力索中锚线夹

接头技术要求如下：

① 在断头两侧各 2 m 的位置安装紧线器，挂好手扳葫芦紧线，注意紧起的承力索吊弦偏移情况不能过大。

② 根据双环杆长度确定承力索回头点，对承力索进行打回头（承力索要与楔子保持密贴），此时注意双耳楔形线夹的受力面。

③ 把打好回头的承力索双耳楔形线夹与双环杆连接后，松开手板葫芦，使承力索受力，观察吊弦偏移情况。

④ 上述步骤没有异常后，迅速把承力索回头进行临时固定，用“承力索中锚线夹+电连接线”的方式把双环杆进行短接。

注意事项：

① 接头完毕，确认接头牢固可靠后，拆除手扳葫芦和紧线器，检查周围设备正常后，作业结束。

② 抢修作业时严禁踩踏接触线。

③ 升降弓标按规定距离设置。

2）承力索接头处理

接头处理适用于承力索损伤很小，承力索对接后锚段内吊弦、腕臂基本没有偏移或偏移不大，不影响受电弓正常运行的情况。

接头时首先对两端承力索断头进行处理，保证承力索顺直，不扭曲和散股，同时用钢锯和钢锉处理断面，确保线头断面平齐、光滑无毛刺，然后用承力索接头线夹（螺纹楔套型）将断头直接，如图 17-1-9 所示。

如果承力索损伤严重，需要把损伤的部分截掉时，这就需要两个承力索接头线夹。首先在地面按照标准把备用的同型号承力索和其中一个断头连接好；再按照上述紧线步骤紧线，在备用承力索的合适位置用钢锯断开（注意腕臂和吊弦的偏移），按要求把第二个接头接好。

拆除手扳葫芦和紧线器，检查承力索接头质量，保证接头端正、顺直。

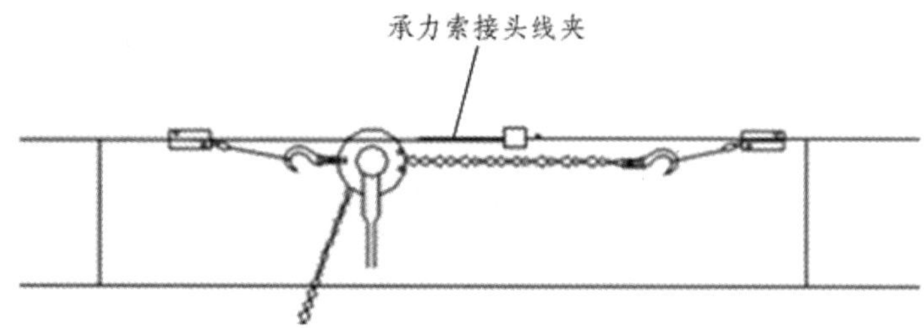

图 17-1-9 承力索接头处理图

二、作业指导书

熟记承力索中间接头和补强制作所需要的各类工机具及材料，掌握承力索中间接头和补强制作的作业步骤及方法，利用接触网实训室完成相应的技能操作。

（一）范 围

本作业指导书规定了承力索中间接头和补强制作的相关要点和步骤。

（二）引用规范性文件

《接触网运行检修规程》《高速铁路接触网运行维修规则》《接触网安全工作规程》。

（三）作业目的

达到掌握承力索中间接头和补强制作。

（四）作业内容

1. 工机具及材料准备

作业前应根据作业内容准备工机具和材料，完成清点后才能作业。下面列举了承力索中间接头和补强制作所需的主要工机具及材料，如表 17-1-1、表 17-1-2 所示。根据接触网实训室条件的不同可以对工具和材料进行更改。

表 17-1-1 承力索中间接头和补强制作工机具表

序 号	名 称	规格或型号	单 位	数 量	备 注
1	车梯		台	1	
2	紧线器		套	2	
3	手扳葫芦		套	1	
4	断线钳		把	2	
5	钢锯		把	1	
6	三角锉		把	2	
7	平锉		把	2	

续表

序　号	名　称	规格或型号	单　位	数　量	备　注
8	木锤		把	1	
9	安全带		套	现场作业人员每人 1 条	
10	安全帽		顶	现场作业人员每人 1 顶	
11	验电器	27.5 kV	套	1	
12	接地线		套	2	
13	钢丝套		根	2	

表 17-1-2　承力索中间接头和补强制作材料表

序　号	名　称	规格或型号	单　位	数　量	备　注
1	承力索接头线夹		套	1	
2	吊弦线夹		套	2	
3	钢线卡子		套	4	
4	中性凡士林		kg	适量	
5	电连接线夹		套	4	
6	软铜绞线		m	适量	
7	细铜丝	ϕ1.6	kg	适量	

2. 作业实施步骤

1）承力索接头制作

（1）作业辅助人员将车梯立到需做接头处承力索下方，然后作业人员上梯，系好安全带，擦去承力索上距接头点两侧 2.5 ~ 3.0 m 位置处油污，将楔形紧线器安紧，并在紧线器前安紧两个钢线卡子，以防滑动。

（2）在楔形紧线器套子上挂钢丝套，将双钩紧线器的双钩与楔形紧线器上的钢丝套挂牢，紧动双钩紧线器（或手扳葫芦）使承力索充分松弛后停止紧线，然后确认紧线工具受力可靠、无滑动现象后，绑扎端口两侧，用断线钳切断承力索。

（3）在线头断线处和在距绞线断线 150 mm 处缠上胶带以防绞线张开。截断后必须保持绞线终端光滑、无毛刺，如有则用平板锉除掉，绞线表面必须裸露且无油脂。

（4）去掉承力索端头胶带，将线头从锥筒螺栓六方端穿入，然后将大铝楔子小头穿入承力索。

（5）把承力索外层 12 股铝线散开，把小钢楔子由小头端穿入承力索的 7 股钢芯，直至承力索芯线露出小楔子大头端面 10 mm。12 股铝线均匀分布在楔子外表面。

（6）将大铝楔子前移压在小钢楔子周围的铝线上，用手拉紧，然后将锥筒螺栓套在楔子上，一人用手把住锥筒螺栓，同时拉紧承力索，使楔子同承力索一起进入锥筒螺栓，且楔子与承力索之间不再滑动。

（7）将两锥筒螺栓与连接套筒连接，先用手拧，两锥筒螺栓旋入连接套筒长度应基本相等。

（8）用扳手分别卡住两个锥筒螺栓六棱，再用扭矩扳手旋转连接套筒进行紧固。

（9）检查锥筒螺栓六棱端面与连接套筒端面之间的距离，如图 17-1-10 所示，确认绞线无单股进入槽内后，按标准坚固力矩连接套筒。用毛笔在接头线夹端面的承力索上涂一圈红色油漆。

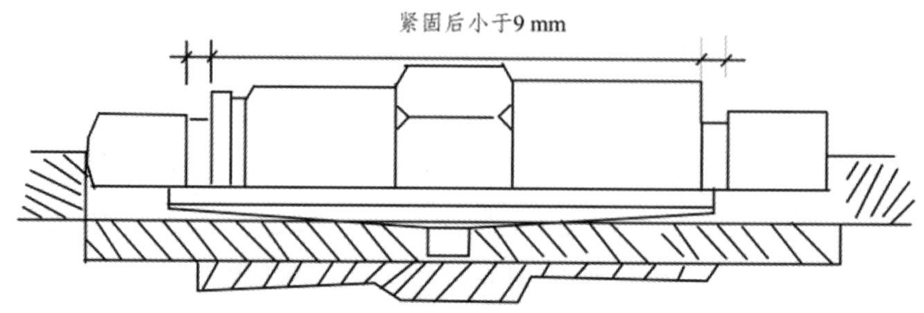

图 17-1-10 承力索接头线夹安装示意图

（10）稍松双钩，使承力索接头受载，检查确认接头处受力无异常后，缓松双钩紧线器（或手扳葫芦）。然后撤出所有紧线工具。

（11）在接头两侧且距接头 500 ~ 600 mm 处承力索上擦去油污，用钢丝刷打磨并涂中性凡士林，然后将 TRJ-95 软铜复绞线两端距端头 200 mm 处分别用电连接线夹与承力索连接。

（12）在电连接线夹两侧距线夹 100 mm 处用 ϕ1.6 mm 细铜丝将 TRJ-95 软铜复绞线和承力索绑扎 50 mm。

（13）第一组电路连接线安装完毕后，作业人员擦去距接头 450 mm 处承力索上油污，用钢丝刷打磨并涂中性凡士林，然后将 TRJ-95 软铜复绞线两端距端头 200 mm 处分别用电连接线夹与承力索连接，并在电连接线夹两侧距线夹 100 mm 处用 ϕ1.6 mm 细铜丝将 TRJ-95 软铜复绞线和承力索绑扎 50 mm。

（14）将两组电路连接线中部用 ϕ1.6 mm 细铜丝绑扎。要求绑扎三组，每组长 50 mm，间距 100 mm。

（15）紧固各部螺栓，线夹涂油。

2）承力索补强制作

（1）作业辅助人员将梯车立到需做补强处承力索下方，然后作业人员上梯，系好安全带，擦去承力索上需做补强位置的油污并涂上中性凡士林。

（2）使用三个承力索电连接线夹把承力索与 TRJ-95 软铜复绞线连接，三个承力索电连接线夹间距 300 mm。

（3）紧固各部螺栓，线夹涂油。

【任务实施及考核】

一、任务实施

（一）任务实施目的

掌握承力索的类型、作用和相关技术参数，掌握承力索接头线夹的基本结构，掌握承力索断线故障的处理方式，掌握承力索接头和补强制作方法和工艺要求。

（二）任务实施准备工作

完成理论知识学习，并自主学习拓展资料，以作业指导书为操作要求完成承力索接头和补强制作操作技能。

（三）任务实施场地器材

实施场地为接触网实训基地或现场；主要材料及工机具见本任务作业指导书。

（四）任务实施步骤

（1）理论学习。完成本任务相关理论的学习。
（2）拓展学习。完成本任务拓展资料的学习。
（3）实际操作。在掌握相关理论的学习的基础上，进行实际操作。
（4）完成考核。

二、考核表

序号	考核内容	考核标准	标准	得分
1	承力索类型及中间接头安装要求	能说出承力索类型及中间接头安装要求	20 分（能完整/较好/较差的说出定义，给 20/12/7 分）	
2	承力索断线事故的处理方法	能说出承力索断线事故的处理方法	30 分（能完整/较好/较差的说出定义，给 30/20/10 分）	
3	承力索接头及补强制作	能正确完成承力索接头及补强制作的操作步骤	50 分（能完整/较好/较差的使用，给 50/30/10 分）	
总分			100 分	

任务二　接触线接头及补强制作

【任务描述】

本任务主要介绍接触线及接触线断线故障抢修的基本知识，要求掌握接触线中间接头的制作及补强的制作工艺。

【资讯】

微信扫二维码，看本章教案

动画演示：接触线检修

一、理论学习部分

（一）接触线

接触线是接触网中直接和受电弓滑板摩擦接触取流的部分，电力机车从接触线上取得电能。接触线的材质、工艺及性能对接触网起着重要的作用，要求它具有较小的电阻率、较大的导电能力；要有良好的抗磨损性能，具有较长的使用寿命；要有高度的机械性，具有较强的抗张能力。接触线外形如图 17-2-1 所示。

图 17-2-1 接触线示意图

接触线制成上部带沟槽的圆柱体，沟槽是为了便于安装固定接触线的线夹，同时又不影响受电弓取流。接触线底面与受电弓接触的部分呈圆弧状。

1. 接触线的技术参数

铜接触线型号一般以 C□□表示，其中各位的含义如下：

第一位：C 表示接触线；

第二位：表示材料（T—铜；TA—铜银合金；TAH—高强度铜银合金；TS—铜锡合金；TM—铜镁合金；TMH—高强度铜镁合金）；

第三位：表示规格（标称截面面积数值 mm^2）。

接触线截面结构如图 17-2-2 所示，各类数据分别表示为 *A*—截面直径（高度）；*D*—（沟）槽底间距；*R*—圆角半径；*B*—截面宽度；*E*—（沟）槽尖间距；*H*—上斜角；*C*—头部宽度；*K*—头部高度；*G*—下倾角。

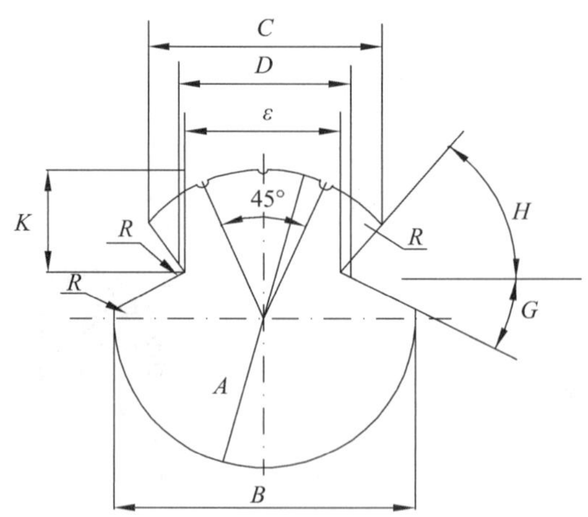

图 17-2-2 接触线截面示意图

铜合金接触线小面存在型号识别沟槽，三种沟槽分别代表三种不同的合金类型，沟槽数量及结构如图 16-2-3 所示。

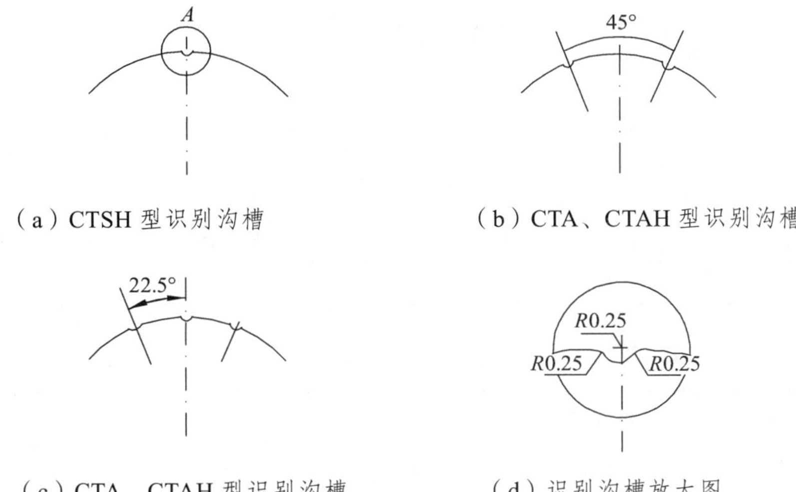

（a）CTSH 型识别沟槽　（b）CTA、CTAH 型识别沟槽

（c）CTA、CTAH 型识别沟槽　（d）识别沟槽放大图

图 17-2-3　接触线型号识别沟槽示意图

2. 铜接触线

我国电气化铁路建设初期，采用的是铜接触线。目前使用较多的型号为 CT-120、CT-110 和 CT-85 型。

CT-120、CT-110 型主要用于站场正线和区间，CT-85 型主要用于站场侧线。铜接触线规格、尺寸参数如表 17-2-1 所示。

表 17-2-1　铜接触线规格、尺寸参数表

型　号	标称截面（mm^2）	计算截面（mm^2）	尺寸及偏差（mm）							角度及偏差		参考单位质量（kg/km）
			A（±1%）	B（±2%）	C（±2%）	D（$^{+4\%}_{-2\%}$）	E	K	R	G	H	
										±1°		
CT	85	86	10.8	10.76	9.40	7.24	6.80	4.60	0.40	27°	51°	769
	110	111	12.34	12.34	9.73	7.24	6.80	4.47	0.40	27°	51°	992
	120	121	12.90	12.90	9.76	7.24	6.80	4.35	0.40	27°	51°	1082
	150	151	14.40	14.10	9.71	7.24	6.80	4.00	0.40	27°	51°	1350

注：参考单位质量按密度 8.94 g/cm^3 计算。

3. 铜合金接触线

随着电气化铁路的大幅度提速和高速电气化铁路的建设，进入 20 世纪 90 年代以后，我国研制了 CTAH-110 型、CTAH-120 型银铜合金接触线（也称为 AgCu-110，AgCu-120），MgCu-120 型镁铜合金接触线也有使用。

银铜合金接触线与铜接触线相比，具有热软化特性高、耐高温的特点，从而适合于大电流及最高时速可达 250 km 的运行条件；镁铜合金接触线应用于列车更高速运行的环境。银铜合金接触线规格如表 17-2-2 所示。

表 17-2-2　银铜合金接触线规格、尺寸参数表

型　号	标称截面（mm^2）	计算截面（mm^2）	尺寸及偏差（mm）							角度及偏差		参考单位质量（kg/km）
			A（±1%）	B（±2%）	C（±2%）	D（$^{+4\%}_{-2\%}$）	E	K	R	G	H	
										±1%		
CTAH	85	86	10.8	10.6	9.40	7.24	6.80	4.60	0.40	27°	51°	769
	110	111	12.34	12.34	9.73	7.24	6.80	4.47	0.40	27°	51°	992
	120	121	12.90	12.90	9.76	7.24	6.80	4.35	0.40	27°	51°	1082
	150	151	14.40	14.40	9.71	7.24	6.80	4.00	0.40	27°	51°	1350

注：参考单位质量按密度 8.94 g/cm^3 计算。

铜合金接触线以其抗拉强度高、耐高温性能好的优势逐渐被人们所认可，目前已成为我国繁忙干线或提速干线接触导线的主流产品。

（二）接触线的主要技术要求

高速接触网要求受流性能好、稳定性能好、抗张性能好、导电性能好、电流强度大的人接触，因而要求具备下述主要技术性能。

1. 较高的抗拉强度

抗拉强度是接触线的主要技术性能指标。一般要求抗拉强度在 500 N/mm^2左右。在考虑选择高强度材料以提高其应力的同时，还要注意其线密度要低。提高接触线张力，是目前各国普遍采取的技术措施，它可以有效地提高接触线的波动速度，同时相应地提高列车运行速度。提高接触线的张力以后，可以得到两个附加效果：第一，可以相应地限制高速运行时的动态升量；第二，可以提高弹性系数的不均匀度，使跨中的弹性得以有效降低，约为 0.5 mm/N，而悬挂点处约为 0.4 mm/N，从而使弹性在整个跨距内趋于一致，大大降低了弹性不均匀系数。

2. 较低的电阻系数

在高度接触网中，电流强度一般要求较大。通过增大接触线截面面积满足负载电流增大的要求是有局限性的。虽然增大接触线截面面积可以有效提高拉断力，增大载流量，相应地降低温升。但是过大地增大接触线的截面面积会产生两个负面效果：第一，使接触线密度增加，从而降低了波动速度，最终限制了行车速度；第二，使架设时的不均匀性及平直性的危险增加，出现硬弯、扭转后很难取直、整正。目前，德国在研制 Re330C 型接触悬挂时，把接触线的截面面积限制在 120 mm^2以下，以防止由此产生的负面影响。

因此，在额定的电压和有限的截面面积条件下，只有降低接触线的电阻率，才能获得较大的电流强度。一般在工作温度 20 ℃ 时，电阻率应控制在 0.017 68 ~ 0.020 0 $\Omega \cdot mm^2/m$ 范围内，以适应流经大电流的需要。

3. 较好的耐热性能

高速接触网一般都具有列车运行速度快、密度大、持续时间长的特点。因此，接触线内长时间流经大电流，在持续流过大的载流量以后，会引起导线发热，当温升达到一定程度时，导线的材质会软化，硬度会降低，严重时，接触中会产生因温度影响形成的蠕动性伸长，从而破坏正常的受流。因此，选择的接触线材质应具有良好的耐热性能，一般要求软化点在300 ºC以上，以适应较高载流量。

4. 较强的耐磨性能

由于接触线和受电弓是滑动接触的，接触压力大，速度高，所以接触线要求具有良好的耐磨性能，同时注意其抗腐蚀性能，尽量延长接触线的使用寿命。

5. 合理的制造长度

为了保证高速电气化区段的良好受流，消除硬点及断线隐患，一般要求在一个锚段内不允许有接头，这就要求接触线的制造长度在1 800 ~ 2 000 m，以适应锚段长度的需要。

纯铜接触线具有导电性能和施工性能好的优点，但是存在抗拉力差、耐磨性能差及高温易软化等缺点，无法适应高速度、大载流量的要求。铜合金可以提高接触线的机械强度、软化点、耐磨性能等，但是在铜内不管渗进什么金属，都会相应提升其电阻率，所以研制高强度耐磨性能好的铜合金接触线，是以有限地牺牲导电性能为代价的。如在铜中渗入0.4% ~ 0.7%的镁可以大幅度地提高抗拉强度，使其应力达到490 N/mm²，其导电率只有纯铜的68.1%。近年来研制的银铜合金接触线、镁铜合金接触线都有比较优秀的性能指标。

（三）接触线接头

为保证整个接触网线路质量，规定：新架设的车站正线及区间干线上，每个锚段接触线接头不应超过 2 个，其他接触线不应超过 3 个（不包括非工作支接头），接头间距不应小于150 m。对于旧线锚段长度在800 m及以下时不超过4个，锚段长度超过800 m时，铜接触线不超过8个（钢铝接触线不超过6个）。

在运营中，要求每年至少进行一次接触线磨耗测试。如发现全锚段接触线平均磨耗超过该型接触线面积的 25%时，应全部更换；局部磨耗超过 30%时可进行补强；当局部磨耗达到40%时应更换接头。

接触线接头线夹按结构不同一般分为JA型和JB型两种，由线夹本体、螺栓等部分组成，其外形及主要尺寸如图17-2-4所示，规格型号如表17-2-3所示。

表17-2-3　接触线接头线夹型号规格表

零件型号	适用接触线标称截面（mm^2）	参考质量（kg）
JA	85、110、120	1.4
JB	150	1.9

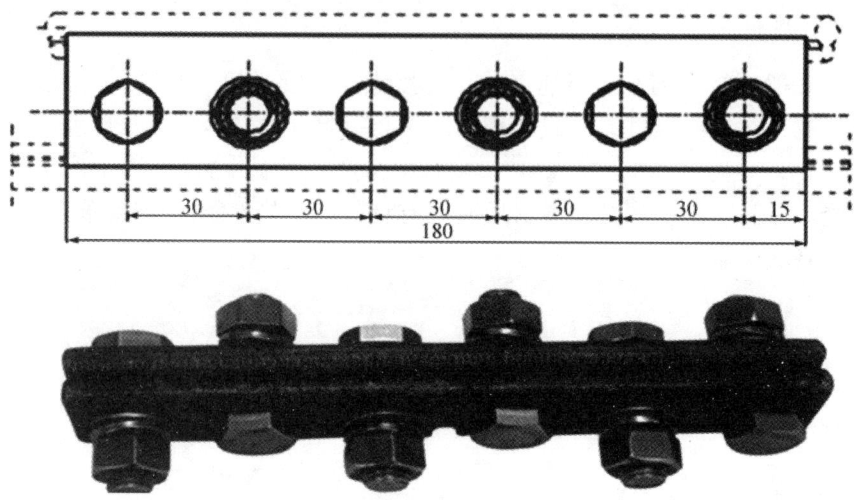

图 17-2-4 接触线中间接头线夹图示

JA 型接触线接头线夹最大工作荷重为 22 kN，JB 型为 33 kN；接头线夹的破坏荷重不小于最大荷重的 3 倍，即 JA 型接触线接头线夹破坏荷重为 66 kN，JB 型为 99 kN；在所连接触线标称拉断力的 95%范围内，接触线不应从线夹中滑脱及在线夹内和线夹端口处断线；接头线夹紧固力矩为 44 ~ 56 N · m。

（四）接触线断线故障的处理

能引起接触线烧损原因有：硬点、导电回路不通、安全距离不够、接触网线索存在非正常电流转换、拉弧、短路等。

1. 临时处理

若断线点两侧吊弦没有拉断，两侧断头距离较近，可用手扳葫芦和紧线器直接将导线紧起。用电连接短接，保证接触线高度不低于 6 330 mm，送电时降弓通过，如图 17-2-5 所示。

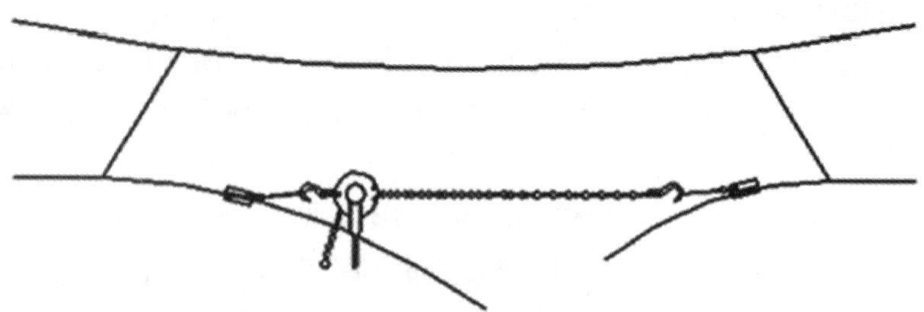

图 17-2-5 接触线断线故障处理图示（两侧吊弦未断）

若吊弦拉断，导线断头落地，两断头距离较远，则先用滑轮组和紧线器将导线拉起，再用手扳葫芦和紧线器将导线紧起，拆除滑轮组。用电连接短接，保证接触线高度不低于 6 330 mm，送电时降弓通过。如图 17-2-6、图 17-2-7 所示。

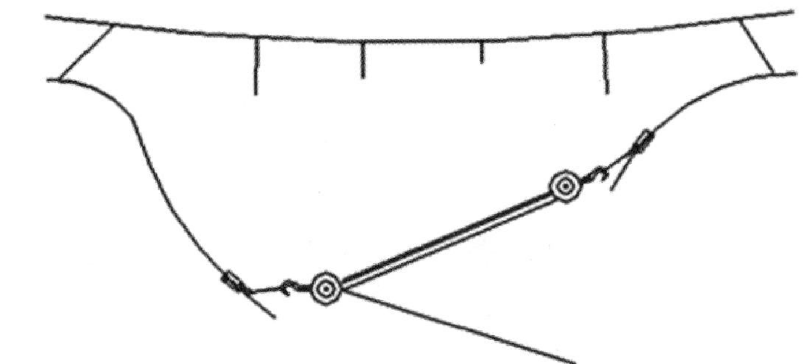

图 17-2-6　滑轮组将导线拉起示意图

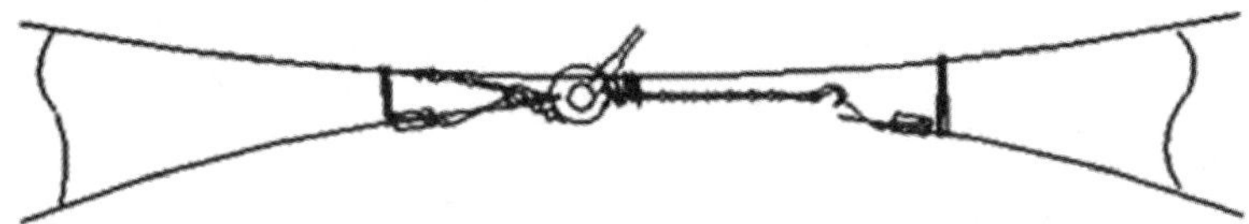

图 17-2-7　利用链条葫芦将导线临时固定示意图

2. 一般处理

制作做接触线中间接头，如图 17-2-8 所示，在任务作业指导书中将详细介绍。

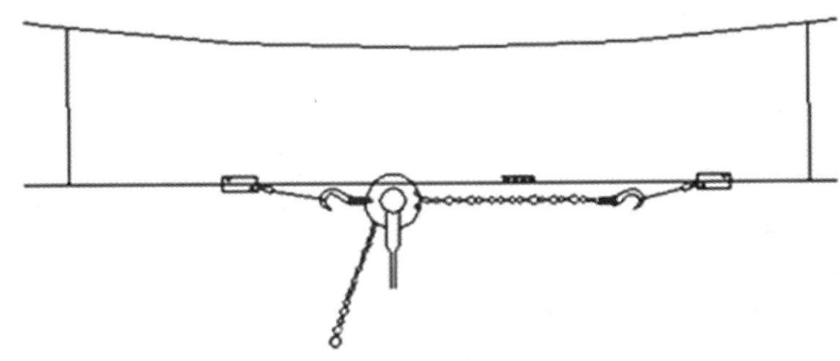

图 17-2-8　利用链条葫芦承力索做接头示意图

注意：升降弓标按规定距离设置，严防因标志设置错误导致电力机车停入故障区，如图 17-2-9 所示。

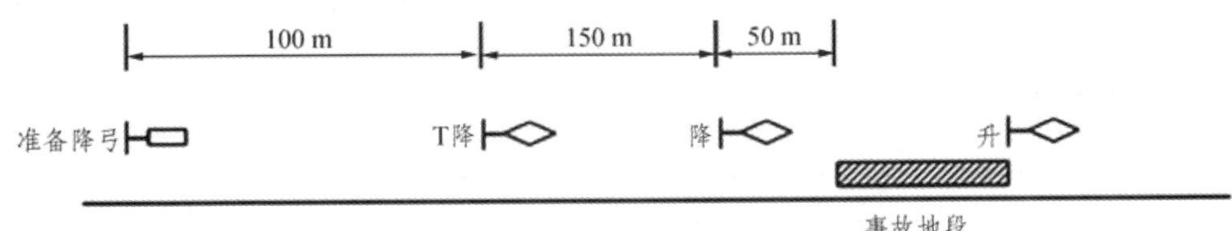

图 17-2-9　升降弓设置示意图

二、作业指导书

熟记接触线中间接头和补强制作所需要的各类工机具及材料，掌握接触线中间接头和补强制作的作业步骤及方法，利用接触网实训室完成相应的技能操作。

（一）范　围

本作业指导书规定了接触线中间接头和补强制作的相关要点和步骤。

（二）引用规范性文件

《接触网运行检修规程》《高速铁路接触网运行维修规则》《接触网安全工作规程》。

（三）作业目的

掌握接触线中间接头和补强制作。

（四）作业内容

1. 工机具及材料准备

作业前应根据作业内容准备工机具和材料，完成清点后才能作业。下面列举了接触线中间接头和补强制作所需的主要工机具及材料，如表 17-2-4、表 17-2-5 所示。根据接触网实训室条件的不同可以对工具和材料进行更改。

表 17-2-4　接触线接头及补强工机具表

序　号	名　称	规格或型号	单　位	数　量	备　注
1	车梯/挂梯		台	1	
2	紧线器		套	2	
3	手扳葫芦		套	1	
4	断线钳		把	2	
5	钢锯		把	1	
6	三角锉		把	2	
7	平锉		把	2	
8	木锤		把	1	
9	安全带		套	现场作业人员每人 1 条	
10	安全帽		顶	现场作业人员每人 1 顶	
11	验电器	27.5 kV	套	1	
12	接地线		套	2	
13	钢丝套		根	2	

表 17-2-5　接触线接头及补强材料表

序　号	名　称	规格或型号	单　位	数　量	备　注
1	接触线接头线夹		套	1	
2	吊弦线夹		套	2	
3	中性凡士林		kg	适量	
4	接触线		M	适量	

2. 作业实施步骤

1）接触线接头制作

（1）用断线钳切一段 180 mm 长的新接触线，然后用锉刀将接触线断头及附加导线端头打磨平。

（2）在断头两侧 500 ~ 1 000 mm 处接触线上擦去油污后安紧线器，并在紧线器受力侧前安紧两个吊弦线夹，以防滑动。

（3）将双钩紧线器（手扳葫芦）及钢丝索分别与紧线器套子相连，紧动手扳葫芦至两断头相距 1 ~ 2 mm 时停止紧线。

（4）将接触线两断头用接头线夹的带螺纹侧夹住，两断头均在线夹的中部，并留有 1 ~ 2 mm 间隙，然后将附加线安装在接头线夹的无螺纹侧。

（5）将接触线工作面和附加线面调正后，从螺纹侧穿入螺栓并紧固，紧固顺序如图 17-2-10 所示，扭矩为 54 N·m。

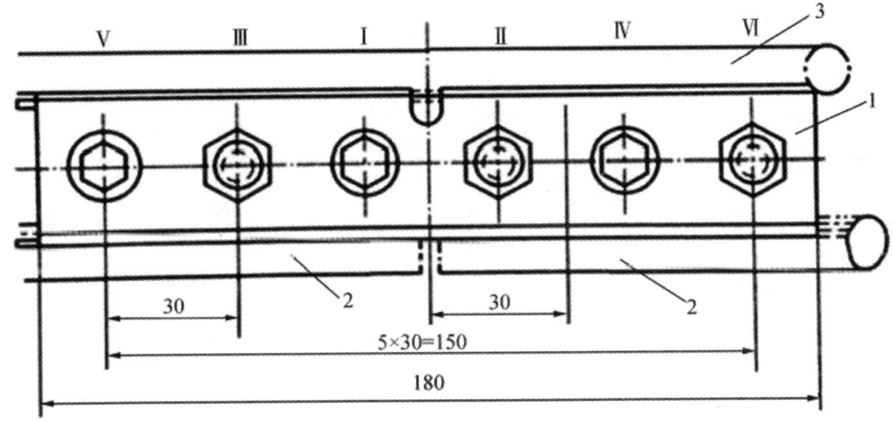

图 17-2-10　接触线接头线夹螺栓紧固顺序图

（6）用木锤或橡胶锤调整接触线工作面和附加线线面平正，线夹端正。

（7）稍松一下双钩紧线器（手扳葫芦）使接头受力。如果线夹不端正或过渡不平滑，则用导线整正器整正并用平锉打磨，或紧线重新制作。确定线夹无异状、无滑动且接触良好后，完全松开并撤除所有紧线工具。

（8）再次紧固线夹各螺栓。安装接头线夹上的环节吊弦并调整接触线高度。接头处接触线高度比两侧吊弦接触线高度略高。

2）接触线补强制作

（1）用断线钳切一段 1 200 mm 长的新接触线，然后用锉刀将接触线两端锉平。

（2）使用三个接触线补强线夹将新接触线与被补强接触线并接起来，三个补强线夹间距 300 mm，两头预留接触线 300 mm 向上作折弯处理。如图 17-2-11 所示。

图 17-2-11　接触线补强安装示意图

（3）在中间的补强线夹左侧或右侧安装一根新的吊弦。

【任务实施及考核】

一、任务实施

（一）任务实施目的

掌握接触线的类型、作用和相关技术参数，掌握接触线接头线夹的基本结构，掌握承接触线断线故障的处理方式，掌握接触线接头和补强制作方法和工艺要求。

（二）任务实施准备工作

完成理论知识学习，并自主学习拓展资料，以作业指导书为操作要求完成接触线接头和补强制作操作技能。

（三）任务实施场地器材

实施场地为接触网实训基地或现场；主要材料及工机具见本任务作业指导书。

（四）任务实施步骤

（1）理论学习。完成本任务相关理论的学习。
（2）拓展学习。完成本任务拓展资料的学习。
（3）实际操作。在掌握相关理论的学习的基础上，进行实际操作。
（4）完成考核。

二、考核表

序号	考核内容	考核标准	标准	得分
1	接触线类型及中间接头安装要求	能说出接触线类型及中间接头安装要求	20分（能完整/较好/较差的说出定义，给20/12/7分）	
2	接触线断线事故的处理方法	能说出接触线断线事故的处理方法	30分（能完整/较好/较差的说出定义，给30/20/10分）	
3	接触线接头及补强制作	能正确完成接触线接头及补强制作的操作步骤	50分（能完整/较好/较差的使用，给50/30/10分）	
总分			100分	

配套习题

一、单项选择题

1. T95 型承力索接头线夹满足滑动荷重不小于（　　）kN。
   A. 22　　B. 32　　C. 40　　D. 50

2. G70型承力索接头线夹满足滑动荷重不小于（ ）kN。

A. 22 B. 32 C. 40 D. 50

3. 每个锚段内承力索接头数不应超过（ ）个。

A. 1 B. 2 C. 3 D. 5

4. 每个锚段内承力索接头间距不得小于（ ）m。

A. 50 B. 100 C. 150 D. 200

5. 每个锚段内承力索接头到悬挂点的距离不得小于（ ）m。

A. 1 B. 2 C. 5 D. 10

6. 断头的跨距内用双股 Φ4.0 铁线把导线吊起，固定在承力索座上，并且保证跨中最小高度不低于（ ）mm，准备降弓运行。

A. 4700 B. 500 C. 5700 D. 6000

7. 在线头断线处和在距绞线断线（ ）mm 处缠上胶带以防绞线张开。截断后必须保持绞线终端光滑，无毛刺，如有则用平板锉除掉，绞线表面必须裸露且无油脂。

A. 50 B. 100 C. 150 D. 200

8. 新架设的车站正线及区间干线上，每个锚段接触线接头不应超过（ ）个，其他接触线不应超过（ ）个（不包括非工作支接头），接头间距不应小于 150 m。

A. 1 2 B. 2 3 C. 3 2 D. 2 4

9. 新架设的车站正线及区间干线上，每个锚段接触线接头不应超过 2 个，其他接触线不应超过 3 个（不包括非工作支接头），接头间距不应小于（ ）m。

A. 50 B. 100 C. 150 D. 200

10. 在运营中，要求每年至少进行（ ）次接触线磨耗测试。

A. 1 B. 2 C. 3 D. 4

11. 发现全锚段接触线平均磨耗超过该型接触线面积的（ ）%时，应全部更换。

A. 15 B. 25 C. 35 D. 50

12. 发现全锚段接触线局部磨耗超过（ ）%时可进行补强。

A. 10 B. 20 C. 30 D. 40

13. 发现全锚段接触线局部磨耗达到（ ）%时应切换做接头。

A. 10 B. 20 C.. 30 D. 40

14.（ ）的优点是导电性能好，可做牵引电流的通道之一，和接触线并联供电，降低压损和能耗，且抗腐蚀性能高。

A. 铜承力索 B. 钢承力索 C. 铝包钢承力索 D. 铜包钢承力索

15.（ ）的优点是用镀锌钢绞线制成，强度高、耐张力大，安装弛度小且弛度变化也小，节省有色金属又造价低。

A. 铜承力索 B. 钢承力索 C. 铝包钢承力索 D. 铜包钢承力索

16.（ ）年我国研制了新型铜镁合金承力索。

A. 1996 B. 1997 C. 1998 D. 1999

17.（ ）缺点是电阻大，导电性能差，一般为非载流承力索。

A. 铜承力索 B. 钢承力索 C. 铝包钢承力索 D. 铜包钢承力索

18. 在线头断线处和在距绞线断线（ ）mm 处缠上胶带以防绞线张开。

A. 100　B. 150　C. 200　D. 250

19 我国电气化铁路建设初期，采用的是（　）。

A. 铜接触线　B. 铜合金接触线　C. 铝接触线

20.（　）具有热软化特性高、奶高温的特点，从而适合于大电流及最高时速可达 250 km 的运行条件。

A. 铜接触线　B. 铜合金接触线　C. 铝接触线

21. JA 型接触线接头线夹最大工作荷重为（　）kN 。

A. 20　B. 22　C. 33　D. 44

22JB. 型接触线接头线夹最大工作荷重为（　）kN。

A. 20　B. 22　C. 33　D. 44

23 接头线夹的破坏荷重不小于最大荷重的 3 倍，即 JA 型接触线接头线夹破坏荷重为（　）kN。

A. 60　B. 66　C. 99　D. 132

24. 接头线夹的破坏荷重不小于最大荷重的 3 倍，即 JB 型接触线接头线夹破坏荷重为（　）kN。

A. 60　B. 66　C. 99　D. 132

25. 在所连接触线标称拉断力的（　）%范围内，接触线不应从线夹中滑脱及在线夹内和线夹端口处断线。

A. 80　B. 85　C. 90　D. 95

26. 接头线夹紧固力矩为（　）N · m ~ 56N · m。

A. 40　B. 41　C. 42　D. 44

27. 若断线点两侧吊弦没有拉断，两侧断头距离较近，可用手扳葫芦和紧线器直接将导线紧起。用电联接短接，保证接触线高度不低于（　）mm，送电降弓通过。

A. 5770　B. 6000　C. 6200　D. 6330

二、多项选择题

1. 承力索接头线夹主要由（　）等构成

A. 线夹本体　B. 锥筒螺栓　C. 楔子　D. 连接零件

2. 接触线断线故障的处理分为（　）

A. 临时处理　B. 一般处理　C. 重大处理　D. 危险处理

三、判断题

1.（　）承力索断线一般处理常用“双耳楔形线夹+双环杆+电联接”方式和承力索两边接头方式。

2.（　）CT-120、CT-85 型主要用于站场正线和区间，CT-110 型主要用于站场测线。

3.（　）接触线接头线夹按结构不同一般分为 JA 型和 JB 型两种，由线夹本体、螺栓等部分组成。

微信扫码 习题自测

附　录

附录一　普铁接触网岗位技能达标培训课件

定位支撑装置检修　接触悬挂检修　无交叉线岔检修

交叉线岔检查　电连接检修　隔离开关设备检修

绝缘锚段关节检修　锚段关节式分相检修　分相绝缘器检修

非绝缘锚段关节检修　菱形分段绝缘器检修　消弧菱形分段绝缘器检修

滑轮补偿装置检查　避雷器检修　附加悬挂检修

接地装置检查

接触网验电接地及监护

附录二　高铁接触网岗位技能达标培训课件

接触悬挂检修

附加悬挂检修

避雷器检查

棘轮补偿装置检修

滑轮补偿装置检修

西门子分段绝缘器检修

六跨分相检修

支撑定位装置检修

隔离开关设备检修

无交分线岔检查.pps

隧道预埋件及吊柱检查

空气绝缘距离

电连接检查

硬横梁平推检查

支柱基础及拉线平推检查

交叉线岔检修

吴江天龙分段绝缘器检修

接触网验电接地及监护

附录三　城轨岗位技能达标课件

接触网设备结构及刚性悬挂安装

附录四　动画演示

避雷器检查作业准备

避雷器检查项目

避雷器检查方法与标准

避雷器重点控制事项

保护铠甲检修

弹性吊索检修

参考文献

[1] 于万聚．电气化铁路接触网 CAD 系统[M]．成都：西南交通大学出版社，1998.

[2] 于万聚．接触网设计及检测原理[M]．北京：中国铁道出版社，1991.

[3] 于万聚．高速电气化铁路接触网[M]．成都：西南交通大学出版社，2003.